実務解説

労働争訟手続法

ロア・ユナイテッド
法律事務所［編］

青林書院

はしがき

　長期不況を反映した企業組織の再編，労使関係の変容，雇用形態の多様化などにより，近年，企業内では処理しきれない労働関係紛争が急速に増加しており，今後も相当増加していくことが見込まれている。折しも，平成23年3月11日の東日本大震災とその後の福島原発事故，その余波たる電力不足等，さらには，体力の落ちた我が国経済に止めを刺すかのごとく沸き起こった国際金融不安による歴史的円高問題等は，多くの企業の倒産や事業縮小を招き，これに伴うリストラ関連等多様な労使紛争を既に多発させており，今後，ますます，多くの問題を惹起していくことになろう。

　これらの経済・雇用環境の悪化は，裁判所に提起された労働事件の新受件数においても顕著に反映され，訴訟事件数のみの推移で見ても，平成3年にわずか662件であったのが，平成22年労働関係民事通常訴訟事件の新受件数3,127件，平成22年労働審判事件の新受件数3,375件にまで急増している。

　他方，訴訟事件にまで至らない多様な労働紛争の急増の状況は，平成23年5月25日厚生労働省公表の『平成22年度個別労働紛争解決制度施行状況』からも読み取れる。即ち，これによれば，労働相談，助言・指導件数は高水準を継続し，総合労働相談件数113万234件，民事上の個別労働紛争相談件数24万6,907件，助言・指導申出件数7,692件，あっせん申請受理件数6,390件にまで及び，いずれも急増のカーブは昨年やや緩んだかにみえるが，高止まり状態というのが正確なところであろう。

　かかる状況の中で，現在，若手弁護士を中心に労働法に関する関心が非常に高まり，弁護士会等では，労働事件の担い手の弁護士育成のための活動を活発に行っている（例えば，東京弁護士会や第一東京弁護士会の労働法制特別委員会等への加入申し込みが殺到し，各弁護士会主催の労働法セミナーは満杯の状態が続いている）。

　これらの委員会活動や，セミナー等を通じてもかねがね指摘されていることであるが，労働事件を担当する弁護士にとっては，労働事件を取り扱ううえで

の重要な問題の一つとして，それぞれの労働紛争に適合した合理的な手続の選択が極めて重要な検討課題となっている。

そこで，本書は，労働関係紛争を迅速・簡易・柔軟・円満に解決するため，同紛争の調整・処理・解決を規整する法律群たる「労働紛争処理法」「労働争訟法」の全貌を概説しつつ，司法・行政における重層的かつ多様な機関による様々な手続から構成される労働関係紛争解決システムの全体像を把握し，各システムはどのような特色・長所をもち，それらシステムが典型的にはどのような紛争の解決に適しているのかを学び，紛争解決手段の合理的な手続選択とその利用上の実務的留意点を習得するための一指針となるような実務解説書となることを目指している。

本書における全体の構成は，総論において，労働争訟法の概要と労働法の基礎概念を把握し，各論において，各労働紛争解決システムの具体的な実務手続を解説する構成を採用している。各論における各章の解説には，紛争解決における手続上の問題の所在，実務上の対応，裁判例の状況把握等も含むものとし，適宜，訴訟等に必要な書式等も豊富に掲載し，法律実務家にとって，紛争解決手続を実践するうえでのマニュアルとなるのはもちろん，社会保険労務士や企業の担当者等にとっても役立つ一冊となることを目指している。

執筆にあたっては，できる限り簡明な表現とし，私見にわたることは差し控え，判例に依拠し，客観的な叙述となるように留意している。さらに，具体的な紛争事例の解決を念頭におき，実践的な実務処理の仕方，実践的ノウハウ，残された実務的諸問題の解説もできる限り提示している。

なお，本書は，編者代表による章立て，テーマ，文例選択等の調整はなされているが，各執筆者は，自説を述べるのではなく，判例を中心に，でき得る限り客観的に，前述の目的を狙って各自が独自に執筆した。したがって，各所で示されている見解は各担当執筆者の個人の責任において示されたもので，著者全員の統一見解でも，編者たるロア・ユナイテッド法律事務所の見解というものでもないこと，そのため，最低限の調整はしたものの，各所での各人の説明と利用者の便宜のためリファーには留意したが，強いて各項目相互間の解説につき若干の，重複・矛盾にも調整を行っていないことをお断りしておく。

本書が，人事・労務に関係し，あるいは，これに興味ある方々にいささかで

もお役に立ち，各企業と従業員全体が，良い意味での日本的経営の根幹である人本主義の理念の下に，公正かつ規律ある企業文化を形成され，もって，正に，労働関係紛争の未然の防止，発生の場合の迅速・適確な解決により，企業の発展と従業員の福祉を向上させることに寄与できれば筆者一同の望外の喜びとするところである。

　最後に，本書の企画，刊行全般について，株式会社青林書院編集部長島晴美様，同編集部加藤朋子様，当事務所の担当秘書の吉野麻耶，裁判例等の整理や判例・文献の出典点検等の校正全般には法政大学法科大学院を卒業し当事務所でパラリーガルで働く岩出亮をはじめとする皆さんに色々とお骨折りいただいたことに御礼申し上げる。

　平成 24 年 3 月

　　　　　　　　　　　編者代表　ロア・ユナイテッド法律事務所
　　　　　　　　　　　代表パートナー　弁護士　岩　出　　誠

凡　例

1. 用字・用語等

本書の用字・用語は，原則として常用漢字，現代仮名づかいによったが，法令に基づく用法，及び判例，文献等の引用文は原文どおりとした。

2. 関係法令

関係法令は，原則として平成24年3月末日現在のものによった。

3. 法令の引用表示

本文解説中における法令条項は，原則としてフルネームで引用したが，法令名が長いもので通称があるものについては通称を用いた。
カッコ内における法令条項のうち主要な法令名は，後掲の「主要法令等略語表」によった。

4. 判例の引用表示

本文解説中における判例の引用は，原則として次のように行った。その際に用いた略語は，後掲の「判例集等略語表」によった。
　（例）　昭和43年12月25日最高裁判所大法廷判決，最高裁判所民事判例集22巻13号3459頁〔秋北バス事件〕
　　　　→　秋北バス事件・最大判昭和43・12・25民集22巻13号3459頁
　　　　平成10年2月18日大阪高等裁判所判決，労働判例744号63頁〔安田病院事件〕
　　　　→　安田病院事件・大阪高判平成10・2・18労判744号63頁

5. 文献の引用表示

本文解説中に引用した文献について，頻出する文献は略語を用いて引用し，その際用いた略語は，後掲の「主要文献略語表」によった。それ以外のものについては，著者（執筆者）及び編者・監修者の姓名，『書名』（「論文名」），巻数又は号数（掲載誌とその巻号又は号），発行所，刊行年，引用（参照）頁を掲記した。

主要法令等略語表

育児介護休業法	育児休業，介護休業等育児又は家族介護を行う労働者の福祉に関する法律	民訴法	民事訴訟法
		民訴則	民事訴訟規則
		民保法	民事保全法
ADR法	裁判外紛争解決手続の利用の促進に関する法律	労委則	労働委員会規則
		労基法	労働基準法
行訴法	行政事件訴訟法	労組法	労働組合法
均等法	雇用の分野における男女の均等な機会及び待遇の確保等に関する法律	労組令	労働組合法施行令
		労契法	労動契約法
		労災保険法	労働者災害補償保険法
均等則	雇用の分野における男女の均等な機会及び待遇の確保等に関する法律施行規則	労審法	労働審判法
		労審則	労働審判規則
		労調法	労働関係調整法
高年齢者雇用安定法	高年齢者等の雇用の安定等に関する法律	労調令	労働関係調整法施行令
		労働契約承継法	会社分割に伴う労働契約の承継等に関する法律
個別紛争法	個別労働関係紛争の解決の促進に関する法律	労働者派遣法	労働者派遣事業の適正な運営の確保及び派遣労働者の就業条件の整備等に関する法律
個別紛争則	個別労働関係紛争の解決の促進に関する法律		
社労士法	社会保険労務士法	労保審査法	労働保険審査官及び労働保険審査会法
パートタイム労働法	短時間労働者の雇用管理の改善等に関する法律	労保審査令	労働保険審査官及び労働保険審査会法施行令
不競法	不正競争防止法		
民執法	民事執行法		

凡　　例

判例集等略語表

大	大審院	民集	最高裁判所（大審院）民事判例集
最	最高裁判所		
最大	最高裁判所大法廷	刑集	最高裁判所（大審院）刑事判例集
最一小	最高裁判所第一小法廷		
最二小	最高裁判所第二小法廷	裁判集民事	最高裁判所裁判集民事
最三小	最高裁判所第三小法廷	東高民時報	東京高等裁判所民事判決時報
高	高等裁判所	下民集	下級裁判所民事裁判例集
地	地方裁判所	労民集	労働関係民事裁判例集
支	支部	命令集	不当労働行為事件命令集
判	判決	新聞	法律新聞
決	決定	判時	判例時報
中労委	中央労働委員会	判タ	判例タイムズ
千葉地労委	千葉県地方労働委員会	労経速	労働経済判例速報
民録	大審院民事判決録	労判	労働判例
		労働委年報	労働委員会年報

主要文献略語表

荒木・労働法　→荒木尚志『労働法』（有斐閣，平成21年）

石井　→石井照久『新版労働法〔第3版〕』（弘文堂，昭和48年）

石川　→石川吉右衛門『法律学全集（46）労働組合法』（有斐閣，昭和53年）

岩出・論点整理　→岩出誠『労働契約法・改正労基法の個別論点整理と企業の実務対応』（日本法令，平成19年）

岩出・労契法　→岩出誠ほか『労働契約法って何？』（岩出執筆部分，労務行政研究所，平成20年）

岩出・現代〔岩出〕　→岩出誠編著『論点・争点現代労働法〔改訂増補版〕』（岩出執筆部分，民事法研究会，平成20年）

岩出・現代〔三上安雄〕　→岩出誠編著『論点・争点現代労働法〔改訂増補版〕』（三上執筆部分，民事法研究会，平成20年）

岩出・講義（上）（下）　→岩出誠『実務法律講義（4）実務労働法講義〔第3版〕上巻・下巻』（民事法研究会，平成22年）

江頭・会社法　→江頭憲治郎『株式会社法〔第4版〕』（有斐閣，平成23年）

菅野　→菅野和夫『法律学講座双書 労働法〔第9版〕』（弘文堂，平成22年）

土田・労契法　→土田道夫『労働契約法』（有斐閣，平成20年）

西谷・労働法　→西谷敏『労働法』（日本評論社，平成20年）

野川　→野川忍『わかりやすい労働契約法』（商事法務，平成19年）

山川・雇用関係法　→山川隆一『新法学ライブラリ (32) 雇用関係法〔第4版〕』(新世社, 平成20年)

山口ほか・審理　→山口幸雄＝三代川三千代＝難波孝一編『労働事件審理ノート〔第3版〕』(判例タイムズ社, 平成23年)

現代講座 (8)　→日本労働法学会編『現代労働法講座第8巻 (不当労働行為2)』(総合労働研究所, 昭和57年)

厚労省・労基法 (下)　→厚生労働省労働基準局編『労働法コンメンタール (3) 労働基準法下巻〔平成22年版〕』(労務行政, 平成23年)

東大労研・注釈労基法 (上)(下)　→東京大学労働法研究会編『注釈労働基準法上巻・下巻』(有斐閣, 平成15年)

東弁・実務　→東京弁護士会労働法制特別委員会編著『新労働事件実務マニュアル〔第2版〕』(ぎょうせい, 平成22年)

主要雑誌等略語表

ジュリ	ジュリスト	判タ	判例タイムズ
中労時報	中央労働時報	判評	判例評論
判時	判例時報	労判	労働判例

告示・解釈例規略語

昭和23・1・9基発1号とあるのは, 通達の示された年月日, 発局および発課, 整理番号を示す.

厚労告＝厚生労働省告示
労告＝労働省告示
基発＝厚生労働省労働基準局長通達
厚労省発地＝都道府県労働局長あて厚生労働省大臣官房長通達

職高発＝厚生労働省職業安定局長通達
庁文発＝社会保険庁運営部企画課長通達
政発＝厚生労働省政策統括官通達
保発＝厚生労働省保険局長通達

編集代表者・執筆者紹介

【編集代表者紹介】

岩　出　　誠（いわで　まこと）
弁護士（ロア・ユナイテッド法律事務所代表パートナー）
　元厚生労働省労働政策審議会労働条件分科会公益代表委員
　現在，千葉大学法科大学院客員教授，青山学院大学客員教授，同大学院ビジネス法務専攻講師，首都大学東京法科大学院講師
〔略　歴〕
　昭和44年　都立日比谷高校卒業
　昭和48年　千葉大学人文学部法経学科（法律専攻）卒業
　　　　　　東京大学大学院法学政治研究科入学（労働法専攻）
　　　　　　司法試験合格
　昭和50年　同研究科を修了
　　　　　　司法研修所入所
　昭和52年　同所修了
〔主な著書〕
　『労災民事訴訟の実務』（ロア・ユナイテッド法律事務所編，ぎょうせい，2011年），『判例にみる労務トラブル解決のための方法・文例〔第2版〕』（編著，中央経済社，2011年），『新・労働法実務相談：職場トラブルの解決のためのQ&A 417問〔新版〕』（共著，労政時報別冊，労務行政研究所，2010年），『人事労務担当者の疑問に応える　平成22年施行　改正労働基準法』（編著，第一法規，2010年），『実務労働法講義〔第3版〕（上・下）』（民事法研究会，2010年），『最新　労働関係法改正にともなう就業規則変更の実務』（編著，清文社，2009年），『改正労働基準法と企業の実務対応』（日本法令，2009年），『Q&A 会社の合併・分割・事業譲渡をめぐる労務管理』（編著，新日本法規出版，2009年），『論点・争点　現代労働法〔改訂増補版〕』（編著，民事法研究会，2008年），『注釈労働基準法（上・下）』（共著，有斐閣，2003年），『会社分割における労働契約承継法の実務Q&A』（共著，日本法令，2000年），『労働事件実務マニュアル』（編著，ぎょうせい，1999年），『労使関係の法律相談〔第3版〕』（共著，有斐閣，1999年），『働く人のための法律相談』（編著，青林書院，1996年），『注釈労働時間法』（共著，有斐閣，1990年），『注釈労働組合法（上・下）』（共著，有斐閣，1980年（上），1982年（下））ほか多数
〔主な論文〕
　「高年法に基づく再雇用制度での違法な採用拒否の効果―日本ニューホランド（再雇用拒否）事件」ジュリスト1436号119頁（2012年），「偽装請負的態様

編集代表者・執筆者紹介

で就労中の派遣労働者の過労自殺と企業責任―アラスト（ニコン熊谷製作所）事件」ジュリスト 1414 号 250 頁（2011 年），「会社分割に伴う労働契約承継手続と同手続違反の効果―日本アイ・ビー・エム上告事件」商事法務 1915 号 4 頁（2010 年），「ファーストフード店長の管理監督者該当性―日本マクドナルド事件」ジュリスト 1363 号 136 頁（2008 年），「健康配慮義務を踏まえた労働者の処遇・休職・解雇」日本労働法学会誌 109 号 51 頁（2007 年），「情報の管理―労働者の守秘義務，職務著作等の知的財産権問題を中心として」21 世紀の労働法 4 巻 114 頁（2000 年），「従業員の健康管理をめぐる法的諸問題」日本労働研究雑誌 39(1)号 12 頁（1997 年），「脳・心臓疾患等の労災認定基準改正の与える影響」ジュリスト 1069 号 47 頁（1995 年），「雇用・就職情報誌への法的規制の諸問題」ジュリスト 850 号 82 頁（1985 年），ほか多数

〔事務所所在地〕

〒105-0001　東京都港区虎ノ門 1-1-23　虎ノ門東宝ビル 9 階
　　　　　　ロア・ユナイテッド法律事務所
　　　　　　TEL：03-3592-1791（代），Fax 03-3592-1793
　　　　　　URL：www.loi.gr.jp

【執筆者紹介】

（執筆順）

岩　出　　誠（いわで　まこと）
【第Ⅰ編第 1 章・第 2 章・第 3 章，第Ⅱ編第 4 章Ⅲ⑧⑩・⑪，第 5 章担当】
（略歴等前掲参照）

鳥　井　玲　子（とりい　れいこ）
【第Ⅱ編第 1 章Ⅰ～Ⅳ・Ⅵ・Ⅸ・Ⅹ，第 4 章Ⅲ⑧(1)・(2)担当】
特定社会保険労務士（ロア・ユナイテッド法律事務所パートナー）
〔主要著書・論文〕

『人材サービスの実務』（共著，第一法規，2012 年），『未払い残業代をめぐる法律と実務』（共著，日本加除出版，2011 年），『判例にみる労務トラブル解決のための方法・文例〔第 2 版〕』（共著，中央経済社，2011 年），『労災民事訴訟の実務』（ロア・ユナイテッド法律事務所編，ぎょうせい，2011 年），『トクをする年金と保険　2011 年版』（共著，主婦と生活社，2010 年），『人事労務担当者の疑問に応える　平成 22 年施行　改正労働基準法』（共著，第一法規，2010 年），『最新　労働関係法改正にともなう就業規則変更の実務』（共著，清文社，2009 年），『論点・争点　現代労働法〔改訂増補版〕』（共著，民事法研究会，2008 年）

村上　理恵子（むらかみ　りえこ）
【第Ⅱ編第1章Ⅴ担当】
特定社会保険労務士（ロア・ユナイテッド法律事務所）
〔主要著書・論文〕
　『判例にみる労務トラブル解決のための方法・文例〔第2版〕』（共著，中央経済社，2011年），『労災民事訴訟の実務』（ロア・ユナイテッド法律事務所編，ぎょうせい，2011年），『最新　労働関係法改正にともなう就業規則変更の実務』（共著，清文社，2009年）

石居　茜（いしい　あかね）
【第Ⅱ編第1章Ⅶ・Ⅷ，第4章Ⅲ⑧(4)・(6)担当】
弁護士（ロア・ユナイテッド法律事務所）
〔主要著書・論文〕
　『人材サービスの実務』（共著，第一法規，2012年），『労災民事訴訟の実務』（ロア・ユナイテッド法律事務所編，ぎょうせい，2011年），『新・労働法実務相談：職場トラブルの解決のためのQ&A 417問〔新版〕』（共著，労政時報別冊，労務行政研究所，2010年），『人事労務担当者の疑問に答える　平成22年施行　改正労働基準法』（共著，第一法規，2010年），『論点・争点　現代労働法〔改訂増補版〕』（共著，民事法研究会，2008年），『Q&A労働契約法の解説』（ロア・ユナイテッド法律事務所編，ぎょうせい，2008年），『即答人事トラブル110問—リスク回避の基本と問題解決の実務』（共著，労政時報別冊，労務行政研究所，2006年），『会社と社員の法律相談』（共著，学陽書房，2005年）

竹花　元（たけはな　はじめ）
【第Ⅱ編第2章担当】
弁護士（ロア・ユナイテッド法律事務所）
　　労働法制特別委員会（東京弁護士会）
　　消費者問題特別委員会（東京弁護士会）
　　医療過誤法部（東京弁護士会）
〔主要著書・論文〕
　『労災民事訴訟の実務』（ロア・ユナイテッド法律事務所編，ぎょうせい，2011年），『未払い残業代をめぐる法律と実務』（共著，日本加除出版，2011年），「震災対応の業務量増加に伴い，当面の間，所定の始終業時刻を個別に変更する場合の留意点」労政時報3797号146頁（2011年），「消化器外科手術に伴う縫合不全及び腹膜炎の治療等における医療水準」ドクターズマガジン148号28頁（2012年）

岩野　高明（いわの　たかあき）
【第Ⅱ編第3章Ⅰ～Ⅳ④担当】
弁護士（ロア・ユナイテッド法律事務所）
〔主要著書・論文〕
　　『人材サービスの実務』（共著，第一法規，2012年），『労災民事訴訟の実務』（ロア・ユナイテッド法律事務所編，ぎょうせい，2011年），『論点・争点　現代労働法〔改訂増補版〕』（共著，民事法研究会，2008年）

中村　博（なかむら　ひろし）
【第Ⅱ編第3章Ⅳ⑤，第4章Ⅲ⑧(8)担当】
弁護士（ロア・ユナイテッド法律事務所パートナー）
　　東京弁護士会人事委員会委員
　　東京都港区人権擁護委員
　　東京都人権擁護委員協議会第Ⅰ部会副部会長
〔主要著書・論文〕
　　『労災民事訴訟の実務』（ロア・ユナイテッド法律事務所編，ぎょうせい，2011年），『新・労働法実務相談：職場トラブルの解決のためのQ&A 417問〔新版〕』（共著，労政時報別冊，労務行政研究所，2010年）

難波　知子（なんば　ともこ）
【第Ⅱ編第4章Ⅰ①～⑧(2)・⑧(4)～⑨，Ⅲ⑧(3)・(5)担当】
弁護士（ロア・ユナイテッド法律事務所）
　　東京弁護士会広報委員会委員
〔主要著書・論文〕
　　『労災民事訴訟の実務』（ロア・ユナイテッド法律事務所編，ぎょうせい，2011年），『判例にみる労務トラブル解決のための方法・文例〔第2版〕』（共著，中央経済社，2011年），『未払い残業代をめぐる法律と実務』（共著，日本加除出版，2011年），『人事労務担当者の疑問に応える　平成22年施行　改正労働基準法』（共著，第一法規，2010年），『しんきん経営情報・特集』（ダイヤモンド社，2010年）

村林　俊行（むらばやし　としゆき）

【第Ⅱ編第4章Ⅰ⑧(3)担当】

弁護士（ロア・ユナイテッド法律事務所パートナー）
　　青山学院大学大学院ビジネス法務専攻講師（労働法担当，2006年〜現在）
　　日弁連高齢社会対策本部新規事業企画部会部会長

〔主要著書・論文〕

　　『労災民事訴訟の実務』（ロア・ユナイテッド法律事務所編，ぎょうせい，2011年），『未払い残業代をめぐる法律と実務』（編著，日本加除出版，2011年），『新労働事件実務マニュアル』（共著，ぎょうせい，2008年），『Q&A労働契約法と改正パート労働法等のポイント』（共著，新日本法規，2008年）

木原　康雄（きはら　やすお）

【第Ⅱ編第4章Ⅱ，Ⅲ⑧(9)担当】

弁護士（ロア・ユナイテッド法律事務所）

〔主要著書・論文〕

　　『人材サービスの実務』（共著，第一法規，2012年），『未払い残業代をめぐる法律と実務』（共著，日本加除出版，2011年），『労災民事訴訟の実務』（ロア・ユナイテッド法律事務所編，ぎょうせい，2011年），『Q&A　企業法務における損害賠償の実務』（共著，ぎょうせい，2010年）

村木　高志（むらき　たかし）

【第Ⅱ編第4章Ⅲ①〜⑦，⑧(7)担当】

弁護士（ロア・ユナイテッド法律事務所）

〔主な著書・論文〕

　　『労災民事訴訟の実務』（ロア・ユナイテッド法律事務所編，ぎょうせい，2011年），『新・労働法実務相談：職場トラブル解決のためのQ&A 417問〔新版〕』（共著，労政時報別冊，労務行政研究所，2010年），『Q&A　労働契約法の解説』（ロア・ユナイテッド法律事務所編，ぎょうせい，2008年），『Q&A　労働契約法と改正パート労働法等のポイント』（共著，新日本法規，2008年），『即答人事トラブル110問―リスク回避の基本と問題解決の実務』（共著，労政時報別冊，労務行政研究所，2006年），「採用内定者が行方不明になった場合，どう対応すればよいか」労政時報3806号178頁（2011年），「期間の定めのある労働契約の中途解約」ビジネスガイド738号104頁（2011年）

目　次

第 I 編　総　論

第 1 章　労働法の概念 ─── 3

- I　労働法の意義と類型 …… 3
- II　労働法における市民法理とその修正 …… 3
- III　我が国の労働法立法の沿革 …… 4
- IV　戦後労働立法の発展と再編成 …… 6
- V　労働法の未来 …… 9
  - ❶　労働契約法の課題 …… 9
  - ❷　労働基準法改正の課題 …… 10
  - ❸　いわゆる規制緩和の進行と格差拡大への労働法の対応 …… 11

第 2 章　労働法の法源・類型 ─── 13

- I　憲法上の基本規定 …… 13
  - ❶　勤労の権利 …… 13
  - ❷　勤労条件の法定 …… 13
  - ❸　団結権，団体交渉権，団体行動権 …… 13
  - ❹　その他の憲法規定と憲法規定の法的性格 …… 13
- II　実定法たる労働法の類型 …… 14
  - ❶　狭義の労働法 …… 14
  - ❷　広義の労働法 …… 14
- III　その他の法源 …… 14
  - ❶　政省令・通達等 …… 14

- ❷ 指針・告示等の法的意義 …… 15
    - (1) 指針・告示等の用語の混乱　15
    - (2) 「基準」「指針」「ガイドライン」と「告示」　15
- ❸ 法令，基準，指針等の成立手続 …… 16
    - (1) 法　　令　16
    - (2) 基準，指針等　16
- ❹ 法令，基準，指針等の一般的な法的地位・効力の序列関係 …… 16
    - (1) 法令と基準，指針等との関係　16
    - (2) 基準と指針等との関係　17
- ❺ 基準，指針等遵守・不遵守の法的効果 …… 17
    - (1) 指導，是正勧告，企業名公表等の行政上の措置と罰則等　17
    - (2) 指針等の民事的効果　17
    - (3) 個別労働紛争解決制度による指導・助言・あっせん　17

Ⅳ 労働法の4類型の法律群 …… 18
- ❶ 労働市場の法 …… 18
- ❷ 個別的労使関係法 …… 18
- ❸ 集団的労使関係法 …… 18
- ❹ 労働紛争処理法 …… 18
- ❺ 4類型の法律群の関係 …… 19

第3章　労働法上の基礎概念 —— 21

Ⅰ 使用者，労働者等の各概念の相対性 …… 21
Ⅱ 労働契約の意義 …… 21
- ❶ 労働法上の労働契約と民法上の雇用契約との異同 …… 21
- ❷ 労働契約法における労働契約と従前の労働契約概念 …… 22
    - (1) 労働契約法での定め方　22
    - (2) 従前の労働基準法上の労働契約，雇用契約との関係　22
    - (3) 労働契約と委託，請負の区分基準　23
- ❸ 労働契約の基本的権利・義務と付随義務 …… 25

Ⅲ 労働者概念 …… 25

- ❶ 労働基準法上の労働者 …… 25
  - (1) 労働基準法上の労働者画定問題頻発の背景　25
  - (2) 労働基準法上の労働者　26
  - (3) 役員と労働者（使用人兼務役員）　29
  - (4) 執行役と執行役員　30
- ❷ 労働組合法上の労働者 …… 32
  - (1) 従前の裁判例等　32
  - (2) 労使関係法研究会報告書による判断基準の意義　32
  - (3) 判断基準の概要　33
  - (4) 判断要素ごとの具体的判断の実相　35

Ⅳ 使用者概念 …… 36

- ❶ 使用者概念の拡大 …… 36
- ❷ 労働基準法上の使用者 …… 36
  - (1) 労働基準法10条の定義規定　36
  - (2) 定義規定設置の趣旨　36
  - (3) 使用者の意義　37
- ❸ 事業場と使用者 …… 38
- ❹ 労働契約法上の使用者概念 …… 38
  - (1) 労働契約法での使用者　38
  - (2) 従前の労働基準法上の使用者概念との関係　39

第Ⅱ編　各　論

第1章　個別労働関係紛争の裁判外の紛争調整機関等 ── 43

Ⅰ 個別労働関係紛争の現状
── 個別労働紛争法制定の背景・立法経緯 …… 43

- ❶ 最近の雇用環境の状況 …… 43
- ❷ 個別労働事件数の増加とリストラの進行 …… 43
- ❸ 急激な労働立法の変容 …… 45
- ❹ 個別労働関係紛争の多発化と合同労組等の活動の活発化 …… 45
- ❺ 個別労働関係紛争への立法的対応の経緯 …… 46

Ⅱ 個別労働関係紛争の調整スキームの全体的構造 … 47
Ⅲ 個別労働紛争法の概要 … 47
❶ 個別労働紛争法の主な内容 … 47
(1) 目　的　47
(2) 紛争の自主的解決　49
(3) 都道府県労働局長による情報提供，相談等　49
(4) 都道府県労働局長による助言および指導　50
(5) 紛争調整委員会によるあっせん　52
(6) 地方公共団体の施策等　52
(7) 船員に関する特例　53
(8) 地方公務員等への適用除外　53
(9) 不利益取扱いの禁止　53
❷ 委員会によるあっせんの具体的内容 … 53
(1) あっせんの委任　53
(2) あっせんの申請　54
(3) 委員会の設置　55
(4) あっせん手続　55
　●書式１　あっせん申請書　56
　●書式２　あっせんの申請について　57
　●書式３　あっせん申請書記載例　58
　●書式４　あっせん打切り通知書　59
(5) 労使代表団体からの意見聴取　60
(6) あっせんの打切り　60
(7) 時効の中断　60
(8) 資料提供の要求等　60
(9) あっせん状況の報告　61
❸ 労働局のあっせんの実務上の諸問題 … 61
(1) 原則１回結審の限界　61
(2) 利害関係者等を含めた解決の困難　61
(3) あっせんの結果による和解の効力　62
Ⅳ 労働基準監督署の監督行政・刑事手続 … 62
❶ 労働基準法104条による申告等の監督行政 … 62
❷ 労働基準監督署の助言・指導・監督・是正勧告・刑事処分・送検事例 … 63

(1)　労働基準監督署の是正勧告の意味と送検事例等　63
　　　(2)　定期監督等への対応　65
　　　(3)　是正指導・是正勧告への対応　66
　❸　監督権限不行使の責任 …… 66
　　　●書式5　労働基準監督署の定期監督の場合の準備書類　67
　　　●書式6　是正勧告書（例）　68
　　　●書式7　指導票（例）　69
　　　●書式8　是正（改善）報告書（例）　70

Ⅴ　雇用機会均等法，パートタイム労働法，改正育児介護休業法上の紛争解決援助・調整手続等 …………………………… 72

　❶　雇用機会均等法，パートタイム労働法，改正育児介護休業法上の紛争調整手続等の異同・関係 …… 72
　　　(1)　解決に向けた援助の制度の概要　72
　　　(2)　紛争解決援助制度の利用状況　74
　❷　雇用機会均等法上の紛争調整手続等 …… 76
　　　(1)　厚生労働大臣による助言・指導・勧告・企業名公表制度等　76
　　　(2)　都道府県基準局の紛争調整委員会への調停申請　77
　　　(3)　労働者の募集および採用に関する紛争の除外　77
　　　(4)　紛争調整手続等利用者への不利益取扱い禁止　77
　　　(5)　セクハラ事案での機会均等調停の効用・利用上の留意点　78
　　　(6)　平成22年度雇用機会均等法の施行状況について　78
　　　(7)　雇用機会均等法に基づく調停申請書　79
　　　●書式9－1　調停申請書の記載例　80
　　　●書式9－2　調停申請書の記載要領（雇用機会均等法）　81
　❸　パートタイム労働法上の紛争調整手続等 …… 82
　　　(1)　厚生労働大臣による助言・指導・勧告等　82
　　　(2)　都道府県基準局の紛争調整委員会への調停申請　83
　　　(3)　紛争調整手続等利用者への不利益取扱い禁止　85
　　　(4)　パートタイム労働法上の均衡待遇調停の効用・利用上の留意点　85
　　　●書式10－1　調停申請書の記載例　86
　　　●書式10－2　調停申請書の記載要領（パートタイム労働法）　87
　　　(5)　パートタイム労働法に基づく調停申請書　88
　❹　改正育児介護休業法上の紛争調整手続等 …… 88
　　　(1)　厚生労働大臣による助言・指導・勧告・企業名公表制度等　88
　　　(2)　都道府県基準局の紛争調整委員会への調停申請　91

(3) 紛争調整手続等利用者への不利益取扱い禁止　92
　　　(4) 改正育児介護休業法上の均等調停の効用・利用上の留意点　92
　　　(5) 育児介護休業法に基づく調停申請書　92
　　　　●書式11-1　調停申請書の記載例　93
　　　　●書式11-2　調停申請書の記載要領（育児介護休業法）　94

Ⅵ　都道府県労政主管課・労働委員会等によるあっせん等　95

❶　都道府県労政主管課によるあっせん　95
❷　地方労働委員会によるあっせん等　96

Ⅶ　仲裁──弁護士会の仲裁センター等　97

❶　仲裁法による仲裁　97
　　(1) 仲裁制度　97
　　(2) 弁護士会の仲裁センター　97
❷　仲裁の効力　98
❸　将来において生ずる個別労働関係紛争の仲裁からの対象除外　98
❹　個別労働関係紛争解決手続としての仲裁の今後の課題　98

Ⅷ　簡易裁判所の調停　99

❶　新たな労使関係調停制度の創設の経緯とその意義　99
　　(1) 労使関係調停の試行　99
　　(2) 民事調停制度の労働事件への利用　99
❷　調停制度の概要　99
　　(1) 調停制度　99
　　(2) 管轄裁判所　100
❸　個別労働関係紛争への実務的留意点　100
　　(1) 調停が成立した場合の効果　100
　　(2) 調停が成立しなかった場合のその後の手続　100

Ⅸ　ADR法の概要と労使紛争への利用　101

❶　裁判外紛争解決手続（ADR）の概要　101
　　(1) 裁判外紛争解決手続（ADR）の定義　101
　　(2) 裁判外紛争解決手続に何が求められているのか　101
　　(3) ADR法の目的　102
❷　ADR法が設けた「認証の制度」と効果　102

　　　　　　　　　　　目　次　　　　　　　　　　　　xxi

　　❸　認証を受けない民間事業者の取扱い……103
　Ⅹ　社会保険労務士と代理業務の範囲…………………………104
　　❶　特定社会保険労務士制度の概要……104
　　❷　特定社会保険労務士の取扱業務の範囲・制限……104
　　　(1)　特定社会保険労務士の取扱業務の範囲　104
　　　(2)　社会保険労務士法人と紛争解決手続代理業務　107
　　　(3)　特定社会保険労務士の取扱業務への制限　108

第2章　労災保険給付をめぐる紛争調整手続 ——— 109

　Ⅰ　労災保険給付への不服申立て………………………………109
　　❶　労働保険審査官への審査請求……109
　　❷　労働保険審査会への再審査請求……109
　　❸　裁決前置主義の採用……110
　　❹　時効中断効……110
　　　●書式1　労働保険審査請求書　111
　Ⅱ　不支給処分取消行政訴訟……………………………………113
　　❶　不服申立期間の始期……113
　　❷　審査請求前置を要しない場合……113
　　❸　不支給処分取消行政訴訟の特徴
　　　　──過労死等をめぐる労災認定関係訴訟での行政側の敗訴率の高さ
　　　　……114
　　　●書式2　行政訴訟の訴状　115
　Ⅲ　不支給処分に対する新しい争い方……………………………116
　Ⅳ　労災認定をめぐる行政訴訟への事業主の補助参加の可否………117
　　❶　労災行訴までの事業主の参加不能……117
　　　(1)　労災審査手続への事業主の関与　117
　　　(2)　労災給付・不支給・支給取消認定や労災審査手続への事業主の情報提供等　117
　　❷　労災行訴への事業主の参加をめぐる検討課題……118
　　❸　レンゴー事件決定の意義と疑問点……118

(1)　労働保険徴収法上のメリット制に基づく法律上の利害関係の認定　118
　　　(2)　安全配慮義務違反等との関係に基づく法的利害関係の否定への疑問　119
　　❹　レンゴー事件決定の射程範囲 ……　120
　　　(1)　射程範囲をめぐる問題　120
　　　(2)　労災上積み補償規定に関する問題　120
　　　(3)　労働災害総合保険に関する問題　121

第3章　集団的労使紛争の解決手続
（労働争議の調整と不当労働行為救済手続等）──── 122

Ⅰ　集団的労使紛争 ……………………………………………… 122
　❶　集団的労使紛争と個別労働関係紛争 ……　122
　❷　集団的労使紛争の減少と個別労働紛争の増加傾向 ……　122
　❸　合同労組事件の増加（個別労働関係紛争事件の集団紛争化） ……　123

Ⅱ　労働委員会 …………………………………………………… 124
　❶　集団的労働関係紛争に関する専門的な紛争解決機関 ……　124
　❷　労働委員会の権限 ……　124
　　　●労働組合の資格審査●　125
　❸　労働委員会の構成 ……　125

Ⅲ　労働関係調整法上の紛争調整手続 ……………………………… 126
　❶　あっせん・調停・仲裁制度の概要 ……　126
　❷　申請後の進行概要 ……　127
　　　(1)　あっせん　127
　　　　●書式1　あっせん申請書　128
　　　(2)　調　停　130
　　　(3)　仲　裁　131
　❸　管　轄 ……　132
　　　●調整手続等の係属を理由とする団体交渉拒否●　132

Ⅳ　不当労働行為救済手続 ……………………………………… 136
　❶　手続の基本的な枠組み ……　136

❷ 初審手続 …… 136
 (1) 管　　轄　136
 (2) 申　立　人　137
 (3) 申立期間　138
 (4) 申立ての取下げ　138
 (5) 審　　査　139
 (6) 調　　査　140
  ●審査計画制度導入の背景●　141
 (7) 審　　問　142
 (8) 和　　解　142
 (9) 合　　議　144
  ●不当労働行為救済事件における事実の証明度と主張・立証責任●
  144
 (10) 命　　令　145
  ●バックペイと中間収入の控除●　148
  ●不当労働行為と不法行為●　152
  ●書式2　不当労働行為救済申立書●　155
  ●書式3　答弁書（不当労働行為救済申立事件）●　158
  ●書式4　証人等出頭命令申立書●　161
  ●書式5　物件提出命令申立書●　162

❸ 再審査手続 …… 163
 (1) 再審査の申立て　163
 (2) 調査，審問等　163
  ●書式6　再審査申立書●　164
 (3) 初審命令の履行勧告　166
 (4) 再審査の命令　166

❹ 取消訴訟 …… 166
 (1) 取消しの訴えの提起　166
 (2) 取消しの訴えと再審査申立てとの関係　167
 (3) 取消訴訟の当事者　168
 (4) 緊急命令　169
 (5) 取消訴訟の審理　169
  ●取消訴訟における新証拠の提出制限●　170
 (6) 取消訴訟の判決の効力とその後の処理　171
  ●不当労働行為救済手続・取消訴訟と民事訴訟との競合●　172
  ●書式7　取消訴訟の訴状●　174

❺ 具体的な訴訟上の諸問題 …… 176
　(1) 不当労働行為意思　176
　(2) 人事考課・賃金差別と不利益取扱い　178

第4章　労働民事訴訟手続 ———————————184

Ⅰ　労働審判制度 …………………………………………… 184
　❶ 労働審判制度の概要と特色 …… 184
　　(1) 立法経緯　184
　　(2) 運用状況の概要　185
　　(3) 制度の特色　186
　❷ 労働審判手続の主体 …… 191
　　(1) 労働審判委員会の構成　191
　　(2) 労働審判員の特徴　191
　❸ 手続の対象 …… 191
　　(1) 審判対象の拡大的運用の実情　191
　　(2) 派遣労働者と派遣先事業主間の紛争　192
　　(3) 労働審判の対象とならない紛争　193
　❹ 管轄裁判所・書面作成, 提出手続等 …… 193
　　(1) 管轄裁判所　193
　　(2) 申立書・答弁書等　194
　　(3) 労働審判手続の代理人　195
　　(4) 複数名による労働審判の共同申立て　196
　❺ 手続の進行 …… 197
　　(1) 第1回期日の調整　197
　　(2) 出席者　197
　　(3) 傍聴　198
　❻ 迅速な審理 …… 198
　　(1) 審尋　198
　　(2) 記録の存否・内容　199
　❼ 労働審判手続の終了 …… 199
　　(1) 調停　199

(2) 労働審判　199
　　　(3) 取　下　げ　200
　　　(4) 労働審判法 24 条による終了　200
　❽　労働審判と訴訟手続との連携関係 …… 201
　　　(1) 訴訟への移行　201
　　　(2) 訴訟への移行時の実務的留意点　201
　　　(3) 労働審判官の訴訟担当可能性　203
　　　(4) 労働審判での付加金請求　205
　❾　労働審判と他の手続との選択基準 …… 206
　　　(1) 各種制度の特徴を踏まえた手続選択　206
　　　(2) 労働審判と訴訟・仮処分等との選択基準　207
　　　●書式1　労働審判手続申立書　209
　　　●書式2　労働審判手続申立書【別紙　時系列表】　216
　　　●書式3　労働審判の答弁書　217
　　　●書式4　意義申立書　224

Ⅱ　**労働仮処分を中心とした民事保全** …………………………………… 224
　❶　民事保全手続・保全処分の概要 …… 224
　　　(1) 民事保全制度の趣旨・必要性　224
　　　(2) 労働事件での保全処分の利用形態と特徴　226
　❷　地位保全・賃金仮払いの仮処分（労働仮処分）…… 227
　　　(1) 被保全権利と申立て趣旨　227
　　　(2) 保全の必要性判断の厳格化　228
　　　(3) 地位保全申請の意義と必要性　229
　　　(4) 仮払いの範囲——支払額・支払期間　230
　❸　団交をめぐる仮処分
　　　——団体交渉を求める地位にあることを仮に定める仮処分 …… 232
　❹　違法争議行為禁止の仮処分 …… 233
　❺　即時抗告 …… 234
　❻　保全異議 …… 235
　　　(1) 趣旨・手続等　235
　　　(2) 原状回復の裁判　236
　❼　保全取消し …… 236
　　　(1) 総　　説　236

目次

　　　(2) 起訴命令等　236
　　　(3) 事情変更による場合　237
　　　(4) 特別事情による場合　238
　❽ 保全抗告 …… 238
Ⅲ 民事通常訴訟 …………………………………………………… 239
　❶ 民事通常訴訟手続の概要 …… 239
　　　(1) 手続の開始――訴えの提起　239
　　　(2) 口頭弁論等　241
　　　(3) 訴訟の終了　243
　❷ 労働事件における訴訟の審理促進のための留意点と事件類型
　　における要件事実等 …… 244
　　　(1) 基本的事実の早期主張（原告）　244
　　　(2) 基本的事実の早期主張（被告）　244
　　　　●書式5　訴状（普通解雇に対して解雇無効を求める事案）　245
　　　(3) 基本的書証の早期提出　248
　　　　●書式6　答弁書（普通解雇に対して解雇無効を求める事案）　249
　　　(4) 準備書面の提出期限　252
　　　(5) 争点整理終了段階　252
　　　(6) 証拠調べ　253
　　　　●書式7　証拠説明書　254
　　　　●書式8　第1準備書面　255
　　　　●書式9　【原告側】証拠申出書　256
　　　　●書式10　【原告側】陳述書　258
　　　　●書式11　【被告側】証拠申出書　259
　　　　●書式12　【被告側】陳述書　261
　　　　●書式13　【事件類型ごとの主張】①地位確認等請求事件　262
　　　　●書式14　【事件類型ごとの主張】②未払賃金等請求事件　264
　　　　●書式15　【事件類型ごとの主張】③退職金請求事件　266
　❸ 労働事件における諸問題 …… 267
　　　(1) 確認の利益　267
　　　(2) 将来給付の訴えの利益　269
　　　(3) 釈明権行使　270
　❹ 文書提出命令 …… 271
　　　(1) 雇主企業等に対する命令　271
　　　(2) 官公署等に対する文書提出命令等　273

- ⑤ 和　解 …… 274
  - ●書式 16　和解条項例　275
- ⑥ 少額訴訟手続 …… 277
- ⑦ 判決に対する上訴——控訴と上告 …… 277
  - (1) 控訴と上告の概要　277
  - (2) 控訴審の審理における留意点　278
  - (3) 上告審での審理　278
- ⑧ 具体的な訴訟上の諸問題 …… 279
  - (1) 社外労働者との黙示の労働契約の認定　279
  - (2) 労働者派遣法の派遣先企業と派遣労働者の間の黙示の労働契約の成否　280
  - (3) 就業規則不利益変更の主張・立証責任　282
  - (4) 割増賃金請求の主張・立証責任——民事訴訟法 248 条援用による時間外労働の和解的認定等　284
  - (5) 私傷病休職の復職可否の認定　287
    - ●書式 17　会社指定の受診命令　291
  - (6) セクハラ民事損害賠償請求事件における該当事由・同意の存否の存在　291
  - (7) 労災民事賠償請求事件における安全配慮義務とその主張・立証責任等の諸問題　295
  - (8) 解雇理由の主張・立証責任　299
  - (9) 高年齢者雇用安定法に基づく継続雇用制度の意義と対象者該当性判断　304
  - (10) 会社分割手続上の労働契約承継手続と同手続違反の争訟方法等　309
  - (11) 付加金——命令の裁量性・除斥期間・労働審判との関係等　315
    - ●書式 18　請求の趣旨の記載方法　319

第 5 章　国際労働争訟法　320

I　海外派遣または国内の外国企業勤務における労働契約関係をめぐる裁判管轄 …… 320

- ❶ 民間企業の場合 …… 320
  - (1) はじめに　320

(2) 従前の国際労働事件の管轄をめぐる裁判例　321
　　　(3) 改正民事訴訟法による国際裁判管轄の画定　323
　❷ 外国政府機関の場合──主権免除の抗弁への制限法理 …… 328
　　　(1) 裁判例による主権免除の抗弁への制限法理の形成　328
　　　(2) 外国等に対する我が国の民事裁判権に関する法律　332
Ⅱ 国際的労働契約関係の準拠法 ………………………………………… 334
　❶ はじめに …… 334
　❷ 従前の「法例」に基づく準拠法画定をめぐる裁判例 …… 335
　　　(1) 当事者の合理的意思の探求による黙示の合意による画定　335
　　　(2) 労務給付地が日本国内に限定されているような場合等　335
　　　(3) 具体的労務管理が外国でなされている場合等　336
　❸ 法の適用に関する通則法による労働事件の準拠法の画定 …… 339
Ⅲ 国際的労働契約関係紛争で起こるその他の実務上の留意点 …… 341
　❶ 送達・書証・執行判決等 …… 341
　❷ 外国在住の労働者からの提訴への対抗策
　　　──提訴への担保提供命令の申立て …… 342
　　　(1) 訴訟費用の担保提供命令の申立て　342
　　　　●書式 1　訴訟費用の担保提供命令の申立書　343
　　　(2) 申立要件の立証　344
　　　　●書式 2　調査嘱託申出書　344

事項索引 ……………………………………………………………………… 345
判例索引 ……………………………………………………………………… 359

第Ⅰ編
総論

第1章　労働法の概念

Ⅰ　労働法の意義と類型

　実務法学としての「労働法の意義」については，今日，実定法としての数多くかつ多様な法令が整備され，あるいは膨大な判例が現れる時代を迎え，これを「職場に関する法律」ととらえ，大きく分けて，労働組合が直接には関係しない，企業と従業員の個別的関係を規整する法律群「個別的労使関係法」と，労働組合が関係する集団的労使関係を規整する法律群「集団的労使関係法」，不特定多数の労働者と使用者の間の労働力需給調整に関する法律群「労働市場の法」の総体であると定義できる（岩出・講義（上）2頁以下）。しかし，個別労働関係紛争の解決の促進に関する法律，労働審判法等の成立前から，以上の3つの法群に加えて，労使紛争の調整・処理・解決を規整する法律群が，「労働紛争処理法」「労働争訟法」などと呼称され，新たな類型として加えて論じられていた。そして，この類型の法群の内容の解説と運用上の留意点の探求が本書の直接的課題である。

　なお，本書における「法規整」とは，法律による労使の行為の行為禁止・義務付け等の制限をイメージする「法規制」とは異なり，菅野和夫教授に従い，より広く，「法の装置を用いての社会生活のコントロール」の意味として用いることとする（菅野1頁参照）。

Ⅱ　労働法における市民法理とその修正

　職場に適用される法律としては，民法上の債務不履行・不法行為責任，不当利得等の市民法理がそのまま適用される場面も少なくない。しかし，労働法に

おいては，労働基準法による民法への修正としての解雇規制や，労働組合による争議行為についての民法上の債務不履行・不法行為からの免責のように，いわゆる民法・商法等の市民法理に一定の修正がなされている。この点，たとえば，判例においても（丸島水門事件・最三小判昭和50・4・25民集29巻4号481頁），「個別的労働契約関係その他の一般市民法」との関係において，「争議行為は，主として団体交渉における自己の主張の貫徹のために，現存する一般市民法による法的拘束を離れた立場において，就労の拒否等の手段によって相手方に圧力を加える行為であり，法による争議権の承認は，集団的な労使関係の場におけるこのような行動の法的正当性を是認したもの，換言すれば，労働争議の場合においては一定の範囲において一般市民法上は義務違反とされるような行為をも，そのような効果を伴うことなく，することができることを認めたものにほかならず（労働組合法8条参照），憲法28条や労働法令がこのような争議権の承認を専ら労働者のそれの保障の形で明文化したのは，労働者の取りうる圧力行使手段が一般市民法によって大きく制約され，使用者に対して著しく不利な立場にあることから解放する必要が特に大きいためであると考えられるのである。」などと労働法による市民法理への修正が明言されている。

III 我が国の労働法立法の沿革

　我が国の労働法は，第二次世界大戦前からの長い伝統を持っている（典型は，工場法と労働基準法の関係，労働者災害扶助保険法と労災保険法との関係等。たとえば，菅野5頁以下参照）。しかし，労働法の本格的な発展と展開は，第二次世界大戦後に連合軍GHQの指導の下，農地解放，婦人解放等の一連のいわゆる戦後解放政策の下で展開された労働立法の中で成立した，集団的労使関係法の基礎たる労働組合法，個別的労使関係法の基礎たる労働基準法，労働市場の法の基礎たる職業安定法，そして労働争訟法の基礎たる労働関係調整法等の成立に始まる。その後，幾多の微調整がなされつつも，基本的な構造・枠組みの変化はなかったが，昭和48年の第一次石油危機を契機に雇用関係法を基本とした雇用政策立法が充実化され，さらに，昭和60年以降は，労働基準法等の基本立法の大改正や雇用機会均等法，労働者派遣法等の重要な新立法の制定とその改正

が続いている（菅野14頁）。

　すなわち，昭和60年以降，我が国の労働立法は，労働市場内外の構造変化に対応した「大きな再編過程」に入った。しかも，その再編は，単なる規制緩和ではなく，不必要な規制は廃止し，必要な規制は行う，という意味での規制の再編である。そして，その再編の中で見えてきた新しい2つの潮流が指摘されている（荒木尚志ほか「座談会・改正労基法の理論と運用上の留意点」ジュリ1255号（2003）6頁以下の荒木発言・同34頁以下）。すなわち，第1は，現在では，労働契約法5条・7条・10条・14条ないし16条などに示される判例法理の立法化という点である。平成15年労働基準法改正の際には，労働基準法の体系とは異質の規定（旧労基法18条の2〔現行労契法16条〕）の挿入が実現したが，そこからは，配転，出向等の労働契約法の制定という課題が見え，厚生労働省の平成17年9月15日付「今後の労働契約法制の在り方に関する研究会」報告書（以下「労契研報告書」という）においても，「労働関係が公正で透明なルールによって運営されるようにするため，労働基準法とは別に，労働契約の分野において民法の特別法となる労働契約法制を制定し，労使当事者がその実情に応じて対等な立場で自主的に労働条件を決定することができ，かつ，労働契約の内容が適正なものになるような労働契約に関する基本的なルールを示すことが必要である。／この労働契約法制においては，単に判例法理を立法化するだけでなく，実体規定と手続規定とを組み合わせることや，当事者の意思が明確でない場合に対応した任意規定，推定規定を活用することにより，労使当事者の行為規範となり，かつ，具体的事案に適用した場合の予測可能性を高めて紛争防止にも役立つようなルールを形成することが必要である。」と指摘されていた。その結実は，現在の労働契約法では矮小化されたものにとどまった。すなわち，労契研報告書の提言は，その後の政治情勢と労使の鋭い対立の中で，大きく変容を迫られ，後述のように（Ⅴ❶），実現したのは，わずか19か条の労働契約法の制定にとどまったが（労働契約法の通常国会提出時の法案の立法経緯等の詳細な資料に関しては岩出・論点整理1頁以下，労働契約法全体の逐条解釈に関しては，岩出・労契法18頁以下，最近の研究者の労働契約法への解説に関しては，野川69頁以下，荒木尚志ほか「パネルディスカッション・新労働立法と雇用社会の行方」ジュリ1347号（2007）9頁以下等参照），立法動向の流れ自体は押しとどめられないものがある。

第2は，規制手法の変化，すなわち，実体的な規制から手続的な規制への流れの存在である。企画業務型裁量労働制における労使委員会の決議要件の緩和がその例とされ，平成20年改正労働基準法の時間外労働割増賃金の特別加算部分への労使協定による代替休暇制度等（労基法37条3項）もその系譜上にある。

　この点は，労契研報告書では，手続規定の整備と労使委員会の活用が提言されていた。しかし，労働契約法では，課題は残ったままにもかかわらず，これは実現されず，後述Ⅴ❶のように今後の課題として残った。

Ⅳ　戦後労働立法の発展と再編成

　上記平成15年の各改正に至るまでの，ごく最近の労働立法の動向のみを概観してみても，まさに，戦後労働法制が再編過程の真っ只中であることが痛感される。

　たとえば，高年齢者雇用安定法による平成10年からの60歳定年制の義務化に始まり，平成11年4月1日以降，女性への深夜・時間外労働の規制の撤廃等について定められた改正労働基準法の施行，採用・昇進等での差別禁止の強化，セクハラ規定等について定められた改正雇用機会均等法の施行，育児介護休業法による介護休暇の義務化，平成12年4月1日以降企画業務型裁量労働制の解禁，平成11年12月1日以降派遣労働対象の原則自由化を認める改正労働者派遣法の施行，平成12年12月1日からは，企業の雇用リスクを軽減できる，いわゆる紹介予定派遣が解禁され，その利用が急増するなど，労働法全体が大きく変容している。

　さらに，平成13年の育児介護休業法等の改正により，平成14年4月1日からは，家族的責任を有する男性労働者にも，1か月24時間，年間150時間以上の残業拒否権が認められ，いわゆる育児勤務態勢の期間も3年間に延長されるなど，仕事と家庭生活の調和と，これらの改正を通じたいわゆるジェンダーフリーな社会の形成に向けた動きには急なものがある。さらに，雇用形態の柔軟化・規制緩和の流れの中で，平成14年4月1日からは，労働基準法施行規則の改正により，3年の期間労働者の範囲や専門業務型裁量労働制の適用

範囲が拡大され，企業の再編統合・リストラへの対応としては，平成13年4月1日からは，企業分割に伴う労働者の同意なしの転籍を認めた労働契約承継法が施行され，他方，前述のごとく多発するリストラ等に伴う非自発的失業の増大，中高年労働者の再就職の困難と保険財政の健全化に対応すべく，一般の離職者への給付を抑制し，倒産，解雇等により離職した者への保険給付を手厚くした改正雇用保険法が施行され，平成16年1月1日からは，不正競争防止法の改正により営業秘密の漏洩に刑事罰が科され，さらに平成17年11月1日より退職者等へと処罰対象を拡大した同改正法が施行されるなど，いずれも人事の現場では大きな影響を与えている。

　他方，多発するいわゆる過労死・過労自殺等に対応すべく，労災認定にあたっては，厚生労働省は，平成11年9月14日，過労自殺認定基準を示し，さらに，平成23・12・26基発1226第1号をもって，これまでの膨大な裁判例を踏まえて新たな精神障害の労災認定基準を公表した。さらに，過労死につき，平成13年12月12日過労死新認定基準を公表し，この間にも，過労死の予防対策として，平成13年4月1日以降，二次健康診断およびその結果に基づく保健指導が労災保険の保険給付として認められた。平成14年2月12日には「過重労働による健康障害防止のための総合通達」が出され，平成22年4月1日には，職病疾病の例示規定である労働基準法施行規則35条の別表第1の2が改正され，過労死・過労自殺等につき明示されている。

　そして，最近の，人事考課・セクハラ等の労働条件その他労働関係に関する事項についての個々の労働者と事業主との間の紛争（個別労働関係紛争）が多発していることに対応するため，平成13年6月に個別労働紛争法が成立し，平成13年10月1日から施行され，一定の成果を上げている。

　さらに，平成16年以降の立法動向を概観してみても，平成17年1月1日から施行されている改正労働組合法により今まで強制できなかった証人等出頭命令，物件提出命令，執行文の付与等が行われ，同年4月1日から施行されている特許法の職務著作規定（35条），育児期間の延長と適用対象を拡大する改正育児介護休業法，個人情報保護法（労働者の個人情報保護を含め職場に関係する要素が大きい），平成18年4月1日から施行されている公益通報者保護法，継続雇用制度の導入等による高年齢者の安定した雇用の確保に関する改正高年齢

者雇用安定法と，次々と立法・法改正が行われている。加えて，労働審判法により，労働審判官と労働審判員の3人が合議体をつくり，不当解雇などをめぐる申立てを審理し，審理では証拠調べを行うとともに両当事者の合意を目指す調停を試み，調停が不調に終われば，合議体が解決案を示す労働審判制度が新設され，爆発的に同制度の利用が拡大している。

さらに平成17年の通常および特別国会でも，過重労働への対策の立法化を目指す労働安全衛生法，単身赴任者の赴任先住居・帰省先住居間の移動を通勤災害保護制度の対象とする労災保険法等の改正，加えて，精神障害者の雇用も障害者雇用率に算入され，メンタルヘルスに悩む企業にとっては，障害者の雇用率の向上を目指した障害者の雇用の促進等に関する法律，退職者の営業秘密漏洩に対する罰則の新設等を加えた不正競争防止法の改正（施行は平成17年11月1日）等がなされ，平成18年4月1日から施行されている。

平成19年は労働法に大きな変化が現れた年であった。すなわち，「労働国会」「雇用国会」ともいわれた平成19年通常国会と臨時国会において，多数の労働関連法案が上程された。具体的には，臨時国会までもつれた労働契約法，労働基準法改正（労働基準法の一部を改正する法律），最低賃金法の一部を改正する法律と雇用保険法等の一部を改正する法律，雇用対策法及び地域雇用開発促進法の一部を改正する法律，短時間労働者の雇用管理の改善等に関する法律の一部を改正する法律である。この内，労働基準法改正も，平成20年11月5日に成立し，平成22年4月1日に施行となったが，それ以外は平成20年中にはすべての改正法や新法が施行されている。

さらに，労働市場の国際化に対応すべく，準拠法に関しては，平成18年，法例に代わる「法の適用に関する通則法」が成立し，平成19年1月1日から施行され，管轄に関しても，平成21年4月20日，外国等に対する我が国の民事裁判権に関する法律が成立し，一般民事個別関係訴訟に関する「民事訴訟法及び民事保全法の一部を改正する法律」が平成23年4月20日に成立し，平成24年4月1日から施行されている。

実は，これらの動きは，前述の平成15年の労働立法の際に現れた大きな流れに沿うものである。

V 労働法の未来

1 労働契約法の課題

　まず，個別的労使関係法においては，労契研報告書が詳細な検討をなしていた以下の①ないし⑩の諸課題も実務的には大きな問題として残っている。この内，労働契約法では，立法自体が自己目的的に優先され，その内の下線部分のようにいくつかは立法化されたが，その内容も労使間の現下の妥協の産物のため，極めて不備が目立つほかにも，項目のみ見ても，そのほとんどは立法化には至っていない。したがって，労契研報告書が整理し，問題点の指摘をしているように，予告可能性の低い判例法理で対応せざるを得ない状況が続いている。そこで，労働契約法は，下記の残った問題を含めて「小さく生んで大きく育てる」ことが期待されているところから，今後の厚生労働省の動きにも注目していく必要がある（既に，この中で，有期労働契約に関しては，厚生労働省労政審議会労働条件分科会が，平成23年12月26日に，有期労働契約法制につき「有期労働契約の在り方について（報告）」として公表し，平成24年3月23日通常国会に労働契約法の改正案が上程された。改正案の主な内容は，労働契約法の改正としては，雇止め制限法理の明文化，雇用期間が契約更新を含めて5年を超えた場合，労働者の申し出があれば，契約満了の時期を定めない無期雇用に転換し，雇用契約が終了してから再び契約するまで6か月以上の期間が空いた場合は，雇用期間には算定せず，無期雇用に転換する場合，給与や勤務時間など契約期間を除く労働条件は原則として有期のときと同一とするなどである。労働基準法の改正としては，契約更新の判断基準を同法15条1項後段に明文化するなどである。この改正法が成立した場合，新ルールの対象になるのは施行後に締結・更新された雇用契約である〔厚生労働省HP参照〕）。

　①使用者の範囲
　②配置転換（特に転居を伴う転勤）
　③<u>出向</u>
　④転籍
　⑤休職
　⑥服務規律・<u>懲戒</u>

⑦昇進, 昇格, 降格
⑧労働契約に伴う権利義務関係
　(a)就労請求権
　(b)労働者の付随的義務
　　ア兼業禁止義務
　　イ競業避止義務
　　ウ秘密保持義務
　(c)使用者の付随的義務
　　<u>ア安全配慮義務</u>
　　イ職場環境配慮義務
　　ウ個人情報保護義務
⑨労働者の損害賠償責任
　(a)労働者の損害賠償責任
　(b)留学・研修費用の返還
⑩雇用関係終了に絡む問題
　(a)使用者の働きかけに応じてなされた労働者の退職の申出等
　(b)書面による退職の意思表示等
　(c)労働者の退職の予告期間
等である。
　その他にも，依然として実務的に大きな問題として残っている項目としては懸案の解雇の金銭解決，整理解雇の基準，労働者の側の安全配慮義務（自己健康配慮義務，受診義務，医療情報開示義務の要件等），就業規則の不利益変更の際の，過半数代表または過半数労働組合の同意がある場合の合理性の推定規定の可否，全般的な均衡処遇義務の強化，個人請負等の労働者に類似した従属的関係下での役務提供関係への労働契約法等の保護範囲の拡大等々があり，数え挙げればきりがない。

❷ 労働基準法改正の課題

　労働基準法改正についても，日本型ホワイトカラー・エグゼンプション制度（自己管理型労働制），企画業務型裁量労働制の要件の緩和（企画・立案・調査・分析

のみでなく，従たる他業務関与の許容要件），事業場外労働時間協定の事業場内外通算協定の許容要件，年休付与義務制度の導入，複数企業勤務労働者への時間通算規制の解消等の問題が山積している。

❸ いわゆる規制緩和の進行と格差拡大への労働法の対応

　経済界からの規制緩和の要請は依然として強いものがある。具体的には，前述の労働基準法の改正においても含められるが，その他にも，労働者派遣法の事前面接や期間制限の撤廃，派遣と請負の区分基準への規制の見直し等と要求は際限ない（たとえば，経団連の平成19年12月11日付「優先政策事項」等参照）。しかし，規制緩和路線の負の面であるいわゆる格差拡大は労働立法においても新たな政策課題を突きつけている。このため，労働者派遣法では，いわゆる偽装請負や日雇い派遣への立法ないしは現行法の解釈・運用による規制の強化が具体化しつつある。既に，平成21年通常国会以来，30日以内の日雇い派遣の原則禁止やグループ内企業への派遣規制などを主な内容とする「労働者派遣事業の適正な運営の確保及び派遣労働者の就業条件の整備等に関する法律等の一部を改正する法律案」が上程され続けていた。しかし，一方で，平成20年秋以降の世界同時不況の深刻な影響を受けた「派遣切り」などの続出により労働者派遣法の矛盾点が噴出，他方で，派遣労働への規制強化により企業の国際競争力の低下への懸念が高まるなど，同法の全体的見直し論が与党の一部や厚労大臣までを巻き込んで騒然となり，平成24年通常国会で，以下のうち経済界へ大幅に譲歩した内容による改正法が同年3月28日成立した。すなわち，政府案に対する主な修正は，①労働者派遣が禁止される日雇い労働者とは，日々または30日以内の期間を定めて雇用される労働者をいうこととするとともに，日雇い派遣労働の禁止の例外として，雇用機会の確保が特に困難であると認められる労働者の雇用の継続等を図るために必要であると認められる場合等を追加すること，②違法派遣の場合の派遣先の派遣労働者に対する労働契約申込みみなし規定の施行期日を，この法律の施行日から起算して3年を経過した日とすること，③物の製造業務派遣の原則禁止規定を削除すること，④いわゆる登録型派遣の原則禁止規定を削除すること，⑤政府は，この法律の施行後，いわゆる登録型派遣，物の製造業務派遣等のあり方について，速やかに検

討を行うものという内容である。政府案からすると，当初の派遣法規制強化の方針は大きく後退している。しかし，多くの派遣先企業では，既に今後政府案レベルでの改正が現実となった際にも対応できるコンプライアンス態勢整備や，派遣元企業でも，再編統合が進行している。

　また，平成19年のパートタイム労働法，最低賃金法や雇用対策法の各改正も格差是正の一環であったが，事態はさらに深刻化しており，パートタイム労働法の改正によるさらなる均衡処遇義務の強化，差別禁止対象労働者の拡大，最低賃金法の最低賃金のかさ上げと法文化，障害者雇用促進法の適用範囲の拡大，ワークライフバランスへの対応としての改正雇用保険法のほか，3歳未満の子を持つ労働者への残業免除，育児休業取得や残業制限についての労使協定による「専業主婦（夫）除外規定」の廃止，介護のための短期休暇の新設などを盛り込んだ改正育児介護休業法も平成21年通常国会で成立している。

　さらに，平成24年通常国会には，高年齢者雇用安定法9条2項の削除による雇用確保措置の強化の改正案が同年3月9日に上程された。

●岩　出　　誠●

第2章 労働法の法源・類型

I 憲法上の基本規定

1 勤労の権利

憲法 27 条 1 項は,「すべて国民は, 勤労の権利を有し, 義務を負ふ。」と「勤労の権利」を定め, これを受け, 職業安定法等の労働市場の法が雇用の保障に関する具体的法規整をなしている。

2 勤労条件の法定

憲法 27 条 2 項は,「賃金, 就業時間, 休息その他の勤労条件に関する基準は, 法律でこれを定める。」と, 同条 3 項は「児童は, これを酷使してはならない。」として, 勤労条件を法定することを求め, 労働基準法等の個別的労使関係法が具体的規定を設けている。

3 団結権, 団体交渉権, 団体行動権

憲法 28 条は,「勤労者の団結する権利及び団体交渉その他の団体行動をする権利は, これを保障する。」として, いわゆる団結権, 団体交渉権, 団体行動権（争議権）の労働三権を保障し, これを受けて, 労働組合法が具体的な不当労働行為救済制度等による具体的立法措置をとっている。

4 その他の憲法規定と憲法規定の法的性格

労働法に関する憲法条文はこれらにとどまらない。たとえば, 職場での支持政党, 宗教等による差別に絡んで思想・信条の自由 (19条), 退職後の競業避

止義務に絡んで職業選択の自由（22条），労働者のプライバシーに絡んで個人の尊重・幸福追求の権利（13条）等が各所で現れてくる。

Ⅱ　実定法たる労働法の類型

1　狭義の労働法

　狭義の労働法とは，主に厚生労働省が関与する一連の法律群である。「労働契約法」「労働基準法」等を中心とした個別的労使関係法，「労働組合法」を中心とした集団的労使関係法，「雇用対策法」「職業安定法」等を中心とした労働市場の法，「個別労働関係紛争の解決の促進に関する法律」「労働審判法」等を中心とした労働紛争処理法等がある。

2　広義の労働法

　現実の職場を法規整する法律は，上記狭義の労働法に限らず，民法や会社法，商法における，雇用契約（民法623条等）や先取特権（民法308条，商法842条等），使用人に関する規定（会社法10条〜14条・295条・362条等），不法行為責任（民法709条以下），債務不履行責任（民法415条以下等）等にとどまらず，各倒産処理法における賃金債権の処理に関する規定（会社更生法130条等），知的財産権法制における職務発明（特許法35条等）・職務著作（著作権法15条），営業秘密等に関する規定（不競法2条1項4号以下等）等，さらに，個人情報保護法，公益通報者保護法等個別的労使関係に関する膨大な法律群があり，これらを含めた広義の労働法についても，実務的ニーズに合わせ，フォローする必要がある。

Ⅲ　その他の法源

1　政省令・通達等

　労働法の法源としては，前述の3つの法律群と労働紛争処理法に関する数

Ⅲ●その他の法源

多くの施行規則，施行令，通達，指針に加え，最高裁判決を含む膨大な数の判例があり，それらが職場のルールを形成している。

② 指針・告示等の法的意義

(1) 指針・告示等の用語の混乱

労働法の世界では，「基準」，「指針」，「ガイドライン」や「告示」という用語が頻繁に出てくる。しかし，これらの用語が各場面で同じ法的意味を持っているとも限らず，人事・労務管理を担当している者にとってのみならず，研究者の間でも混乱してしまうほどである。なぜなら，あまりにその数が多く，その根拠や成立経緯も多様だからである（たとえば，これらの一部しか掲載されていない厚生労働省のHPの「厚生労働省法令等データベースシステム」の欄等を見ていただければわかる）。

(2) 「基準」「指針」「ガイドライン」と「告示」

「基準」「指針」や「ガイドライン」は，告示という手続を経て，法令の具体的適用にあたっての詳細な具体的内容や技術的詳細事項等を国民に周知する内容を意味する場合が多い。「基準」の典型例として，労働基準法36条2項に基づく「時間外労働限度基準」（労働基準法第36条第1項の協定で定める労働時間の延長の限度等に関する基準）があるが，これは平成10・12・28労告154号として，「告示」されている。「指針」の典型例として，労働基準法38条の4第3項に基づく「企画業務型裁量労働指針」（労働基準法第38条の4第1項の規定により同項第1号の業務に従事する労働者の適正な労働条件の確保を図るための指針）があるが，これは，「平成11・12・27労告149号」として「告示」されている。なお，ガイドラインは，公的にこの用語のみを使う場合もあるが（たとえば，平16・12・27厚生労働省保険局長通達「健康保険組合等における個人情報の適切な取扱いのためのガイドライン」保発1227001号等），一般には指針と同義語で用いられている。最近の典型例として，「労働時間等見直しガイドライン」は，「（労働時間等設定改善指針）」と表記されたうえで，「平成20厚労告108号」として「告示」されている。その意味で，以下，本章では，指針とガイドラインは「指針等」と呼ぶことにする。

3 法令，基準，指針等の成立手続

(1) 法　令

　法令，基準，指針等とその他の通達との法的地位・効力の序列関係を，一般的に述べれば，国会で成立する法律，その委任に基づき，内閣の制定する政令がある。政令には，憲法および法律の規定を実施するために制定される執行命令である「施行令」と，法律の委任に基づいて制定される「委任命令」の二種があり，執行命令には「○○法施行令」（たとえば，労働者派遣事業の適正な運営の確保及び派遣労働者の就業条件の整備等に関する法律施行令等），委任命令には「○○に関する政令」（たとえば，労働基準法の一部を改正する法律の施行に伴う年次有給休暇に関する経過措置に関する政令等）等の名称が付き，原則として厚労省労政審議会の審議を経て厚生労働省の制定する省令として作成される「○○法施行規則」（たとえば，雇用の分野における男女の均等な機会及び待遇の確保等に関する法律施行規則等）が法令となる。

(2) 基準，指針等

　前述のとおり，基準，指針等は，原則として，各法令の規定に基づき（法律の委任のみでなく政令や省令による委任の場合もある），通常は厚労省労政審議会の審議を経て策定され，告示される。

　しかし，基準，指針等には，まったく法令上の根拠を持たないもの，具体的には関連法令があるが委任規定がないものもある。

4 法令，基準，指針等の一般的な法的地位・効力の序列関係

(1) 法令と基準，指針等との関係

　法令，基準，指針等の一般的な法的地位・効力の序列関係については，前述の成立手続の序列からしても，一般には，「法律＞政令＞省令＞基準＞指針」とのイメージであり，特に，明確な委任規定がある場合には，この序列が妥当するが，実際には，それほど単純ではない。基準や指針の各内容によっては，実施義務事項に関する指針への違反には是正勧告等の実効性確保措置が法律に置かれている場合を典型として，訓示的規定，努力義務や配慮義務的な法令規

定より，基準や指針が実際上の拘束力を持つ場合がある。

(2) 基準と指針等との関係

　基準と指針等との関係について見ておく。ここでも，法的地位・効力の序列は用語のニュアンスからすると，前述の「基準＞指針」とのイメージがあるが，実際には，基準や指針の各内容やその違反等への実効性確保等の規定の存否等によってその優劣が決まるもので，一概にはいえない。さらには，基準，指針等への明確な委任規定の存否がその実効性を左右するとは限らない。

5　基準，指針等遵守・不遵守の法的効果

(1) 指導，是正勧告，企業名公表等の行政上の措置と罰則等

　基準，指針等（以下，全体を一括して「指針等」ともいう）遵守の効果，逆に，違反の場合の制裁として挙げられるのは，すべての場合ではないが，指針等の各内容により，定められた実施義務事項に関しては，実効性確保の措置として，その違反に対して，各法令により異なるが，何らかの行政上の措置・処分や，最悪の場合は検察庁に送検のうえ，刑罰まで用意されている場合がある。したがって，指針等遵守の効果は，それらの制裁を回避することであり，その不遵守の効果は，行政的措置や刑事罰の適用を受けることがあるということである。

(2) 指針等の民事的効果

　指針等の民事的効果について検討してみる。一般には，指針等はあくまで，上記(1)の行政的措置の判断基準であり，民事的には，直ちに必然的に，契約無効や，損害賠償責任等の民事的効果を導くものではない。しかし，指針等が，あくまで，「直ちに必然的に」民事的効果を導くものではない，というにとどまる。端的にいえば，間接的な影響はあり，その範囲も拡大することもあるように不透明である。

(3) 個別労働紛争解決制度による指導・助言・あっせん

　後述（第Ⅱ編1章Ⅲ参照）のように，個別労働紛争法に基づく，都道府県労働

局長による助言および指導（個別紛争法4条）や紛争調整委員会によるあっせん（個別紛争法5条）については，あくまでも当事者の自主的解決をうながすものであり強制力を持つものではない。しかし，これらの制度において，指針等がそれらへの違反につき，是正勧告等を導くほどの効力がない場合や，(2)のような民事紛争にも利用されることはあり得る。

Ⅳ 労働法の4類型の法律群

1 労働市場の法

最近の労働法の体系書では，欧米の体系書の影響もあり，労使関係の発生以前の雇用行政等に関する労働市場の法，あるいは，雇用政策法，雇用保障法などという法律群の分類を追加することが増えている（菅野31頁以下，山川・雇用関係法3頁以下，西谷・労働法51頁以下等）。この労働市場の法に分類される法律としては，職業安定法，雇用保険法，雇用対策法などが挙げられる。

2 個別的労使関係法

個別的労使関係法に属する主な法律としては，労働契約法，労働基準法，労働者災害補償保険法，労働安全衛生法，労働者派遣法，雇用機会均等法，育児介護休業法，最低賃金法，賃金の支払の確保等に関する法律，労働契約承継法等に加え，民法や商法，会社法等にも，雇用契約や不法行為責任，債務不履行責任等にとどまらず，個別的労使関係に関する規定が数多くある。

3 集団的労使関係法

集団的労使関係についての基本法としては，労働組合法が挙げられる。

4 労働紛争処理法

本書が対象とする個別労働紛争法や，労働関係調整法，労働審判法等の労働紛争処理法・労働争訟法などと呼ばれる分野も労働法の実務では不可欠である。

Ⅳ ● 労働法の 4 類型の法律群

図 1 ● 労働法の 4 種類の法律群

① 労働市場の法　　職業安定法　雇用保険法　雇用対策法　等

② 個別的労使関係法　　労働契約法　労働基準法　労災保険法
　　　　　　　　　　　労働安全衛生法　労働者派遣法　雇用機会均等法
　　　　　　　　　　　育児介護休業法　最低賃金法
　　　　　　　　　　　賃金の支払の確保等に関する法律　労働契約承継法
　　　　　　　　　　　民法　商法　会社法　等

③ 集団的労使関係法　　労働組合法

④ 労働紛争処理法／労働争訟法　　個別労働紛争法　労働関係調整法　労働審判法　等

　または

　国際労働法　　国家公務員法等の特別労働法　ILO 条約

5　4 類型の法律群の関係

　これらの類型の法律群は，それぞれ別個の体系で機能し，同じ「使用者」，「事業主」，「労働者」などの用語（後述の第 3 章Ⅰ以下参照）が各条文ごとに別異に解釈される場合もある。さらに，これらの各法律群に関する数多くの施行規則，施行令，通達，指針等に加え，最高裁判決を含む膨大な数の判例が職場のルールを形成している。なお，その他に，第 4 類型として，労働争訟法を挙げずに，公務員等の特別労働法や，ILO 条約や国際労働関係から生じるいわゆる渉外労働関係につき国際労働法等の類型が挙げられる場合がある。これらでは，上記の各類型の法律群が適用または修正して適用されたり，適用除外のう

え，特別な規制がなされたりしている。

●岩　出　誠●

第3章 労働法上の基礎概念

I 使用者，労働者等の各概念の相対性

　同じ労働法の中でも，たとえば，使用者，労働者等の同じ用語が，労働基準法や労働組合法で，異なって使われることがある。すなわち，使用者等の各概念が各法によって，それぞれの立法趣旨等から，相対的に概念規定されることがある，ということである。なお，労働基準法において，ある条文の違反主体として使用者となる者が，同時に，賃金請求権の主体としては同法上の労働者である，という意味で，この相対性が指摘される場合もある（岩出・講義（上）22頁以下）。

II 労働契約の意義

❶ 労働法上の労働契約と民法上の雇用契約との異同

　労働契約なる用語は，民法にはなく，同法では雇用が用いられている（民法623条以下）。実定法のうえでは，労働契約の用語は，後述❷の労働契約法が現れるまでは，主に狭義の労働法たる労働基準法（2条2項・第2章・58条・93条等）や労働組合法（16条等）等に表れる用語である。そこで，雇用と労働契約との異同が，解雇権濫用法理の適用範囲を画する基準等として議論されてきた（学説の紹介につき，東大労研・注釈労基法（上）184頁以下〔和田肇〕参照）。裁判例の中には，労働契約の存否につき，雇用とは異なり，事実上の使用従属関係の存否から判断する裁判例も存する（安田病院事件・大阪高判平成10・2・18労判744号63頁と同判決を維持した同上告事件・最三小判平成10・9・8労判745号7頁）。しか

し，その使用従属関係の理解によっては，平成16年改正前民法623条の「労務ニ服スル」場合と同様（現行民法同条では「労働に従事する」となっているが，同旨と解される），使用者の指揮命令関係の存否で判断しているにすぎずトートロジー（同義反復）となっている場合も多い。実務的には，契約の名称によることなく，実際の指揮命令関係の存否を基準として実態的に契約の性格を認定するのであれば，上記の民法の雇用と労働契約はほぼ同一のものと見て大過ない。

しかし，狭義の労働法では，雇用のみならず，委任・請負等の混合契約的な形態も含む趣旨から，有力学説も，労働契約法が成立するまでは，各狭義の労働法の対象とする労務供給契約として把握すれば足りると解していた（菅野和夫『労働法〔第7版補正版〕』（弘文堂，2006）64頁）。実際，最高裁判例は，次のⅢに典型的に見られるように，労災保険法の適用等では，抽象的な労働契約論には立ち入らず，当該事案の解決に必要な範囲で，個別に，労働基準法上の労働者と判断している。しかし，解雇権濫用法理の適用等について，下級審裁判例では，労働契約の成否を個別に判断することがあり，成立否定例も少なくない（最近の否定例として，朝日新聞社（国際編集部記者）事件・東京高判平成19・11・29労判951号31頁，パシフィック野球連盟（審判員契約）事件・東京地判平成20・2・26労判961号87頁，ソクハイ（バイシクルメッセンジャー）事件・東京地判平成22・4・28労判1010号25頁，さいたま労基署長（登録手話通訳者）事件・東京地判平成23・1・20労経速2104号15頁等参照）。

❷ 労働契約法における労働契約と従前の労働契約概念

(1) 労働契約法での定め方

労働契約法では，労働契約の定義や概念につき，特別な規定を置いていない。わずかに，その6条（労働契約の成立）に，「労働契約は，労働者が使用者に使用されて労働し，使用者がこれに対して賃金を支払うことについて，労働者及び使用者が合意することによって成立する。」と定められるのみである。

(2) 従前の労働基準法上の労働契約，雇用契約との関係

労働契約の成立に関する労働契約法6条の規定は，労働契約法の中では，ある意味で，労働契約の概念を示す規定となっている。それでは，労働契約法

にいう労働契約と前述の民法623条の雇用の規定とは，どういう関係になるのか。

　文理解釈では，表現が異なっている以上，別異の解釈は可能であろう。しかし，実際の用語を仔細に見ると，民法623条の「労働に従事すること」とは，雇用者の指揮命令の下で働くこと，すなわち，労働契約法6条の，「労働者が使用者に使用されて労働し」と実質的差異はないとも解される。少なくとも，労働者からの使用者の指揮命令下での役務の提供に対して賃金支払義務が発生するという意味での，有償双務諾成契約であるという点では，民法上の雇用とは異ならないと解される。元来，労働契約法の立法趣旨が，民法の雇用の特別法であるとの性格からしてもそのように解される。

　その他，労働契約法2条の労働者の定義や使用者の定義が基本的に労働基準法9条を受けた規定となっていることなどを踏まえると，結局，労働契約法上の労働契約とは，労働基準法の適用がある労働関係を基礎付け，発生させる有償双務諾成契約ということとなり，後述Ⅲにおいて労働者概念につき指摘するとおり，ここでの労働契約の適用範囲を探る判断基準については，従前の労働基準法上の労働者概念の判断基準（たとえば，後述Ⅲ❶参照）が用いられることになるものと解される（菅野68頁も同旨であるが，基本的に，労働基準法においては，事業に使用されていることが「加重的（限定的）要件」とされているとしている）。

　すなわち，労働契約は，大枠は民法上の雇用と重なる部分が多いが，労働契約法における労働契約は，多様な就業形態に対応するため，形式上の民法の雇用契約に限定されるべきではなく，労働基準法とほぼ同様に使用従属性があるものを含めることで，その適用範囲は民法の雇用契約よりも広いものとなっていると解される。換言すれば，民法の雇用契約より広く，労働基準法と同範囲で，個人業務請負等についても，実態が労働契約であれば，別異に解する必要はないものと解される（野川100頁，土田・労契法7頁以下等も同旨と解される）。

(3)　**労働契約と委託，請負の区分基準**

　当面は，後述Ⅲの労働者概念との相関関係で，個別具体的に労働契約の存否の判断がなされることになろう。具体的には，判例等の挙げる次の**表1**のような各基準を数値化してその判断を行うなどの方法を試みている企業もある

が，実際の作業は困難である。しかし，判断を下す参考にはなろう。各項目の事情が多いほど労働契約とされる可能性は高まる。同時に後述Ⅲの労働者該当性が高まる，といえよう。

表1●労働契約と委託，請負の区分基準

判断基準	具体的判断事情
時間的拘束性	毎日一定の時間業務を行うという定めがある。
	明確な定めはないが，実質的には，ほぼ毎日一定の時間業務を行う必要がある。
	業務の開始・終了時間の定めがある。
	週に数回，営業会議等のため一定時間に出社する必要がある。
	遅刻・早退による報酬減額制度がある。
	タイムカード等で時間管理している。
場所的拘束性	会社にその人のための席・机があり，業務は基本的にその場所で行うこととなっている。
	業務遂行場所の定めがある。
	明確な定めはないが，発注主の事業所に常駐している。
	日報等のため，1日一定時間，発注主の事業所にて業務を行う必要がある。
諾否の自由等	専属契約をしている，他の業務を行うことを禁止している。
	実質的に，他の業務を行うことはできない。
	仕事量が安定している。
指揮命令	典型雇用従業員と同様にマネジメントしている。
	業務遂行の過程において，細かな指揮命令を受ける。
費用負担	業務に必要な用具・交通費等はすべて会社が最終的に負担する。
	業務に必要な用具・交通費等は大半を会社が最終的に負担する。
報酬・その他	月額支給である。
	時間外加算がある。
	大半が固定給である。
	典型雇用従業員の賞与に準じた報奨金制度がある。
	契約終了時に典型雇用従業員の退職金に準じた一定の慰労金を支払う。
	注文書，注文請書，請求書，領収書等は存在しない。
	社会保険および雇用保険の保険料の控除がある。
	給与所得扱いである。
	契約金額は，同様の業務の典型雇用従業員に準じているか低い。

3 労働契約の基本的権利・義務と付随義務

労働契約法6条の用語からは，労働契約上の基本的権利・義務は，従前，雇用につき指摘されていたのと同様に，「労働者の労務提供と使用者の報酬支払をその基本内容とする」（川義事件・最三小判昭和59・4・10民集38巻6号557頁）。そして，同法5条の安全配慮義務は，従前の判例においても，「当該法律関係の付随義務として当事者の一方又は双方が相手方に対して信義則上負う義務として一般的に認められるべきもの」と位置付けられていた（自衛隊車両整備工場事件・最三小判昭和50・2・25民集29巻2号143頁）。

労働契約法は，新たに，その法的意義・効果の程度・内容には争いがあるが（岩出・講義（上）58頁以下参照），以下の義務を定めている。労使双方に対して，信義則の遵守（労契法3条4項）と権利濫用を禁止している（同条5項）。いわゆる均衡考慮配慮義務（同条2項）や仕事と生活の調和配慮義務（同条3項）も，形式上は労使双方の労働契約締結に際しての配慮義務となっているが，実際の義務者は使用者といわざるを得ない。さらに，使用者に対しては，労働契約内容の理解促進義務等を定めている（労契法4条）。これらも，労働契約上の付随義務である。

なお，裁判例は，セクシュアル・ハラスメントに関しては，雇用機会均等法上のセクシュアル・ハラスメント防止措置義務とは別に，これを含んだ内容として，より拡大した範囲でのセクシュアル・ハラスメントを防止し発生後の適切な対応をとり，再発防止を図るべき意味でのいわゆる職場環境調整義務を課しているが（福岡セクシュアル・ハラスメント事件・福岡地判平成4・4・16労判607号6頁等），これらも使用者の付随義務に含まれる。

Ⅲ 労働者概念

1 労働基準法上の労働者

(1) 労働基準法上の労働者画定問題頻発の背景

労働法上の労働者の範囲画定の問題は，以前から裁判例や労働委員会命令で

論じられてきた（岩出誠「委託集金人と労基法上の労働者」ジュリ576号（1974）139頁等参照）。この問題が取り上げられる最近の大きな事情としては26業務以外の派遣制限回避手段としての個人委託化などがあるが（岩出・講義（上）28頁以下参照），これに限らず，企業にとって，雇用の場合の法規制は，最低賃金法，雇用機会均等法，育児介護休業法等において強化され，かつ経済的にも，世界同時不況突入の前から，慢性化した経済情勢の低迷の中で，労働保険，社会保険の負担も大きいことから，企業はこれらの規制・負担を回避したい衝動にかられている。そして，労働者側においても，かかる企業行動から，企業に対する見切りをつける動きや，起業家志向の高揚の中で，とりわけ情報技術関連で，指揮命令等の拘束を受けず，まさに個人事業主としてサービスを提供したいとのニーズも生まれてはいる。

(2) **労働基準法上の労働者**

(a) **具体的な判断の困難**

労働基準法上の労働者の範囲については，一般的な労働法上の労働者概念として論じる立場もあるが，最近では，個々の法律に即した労働者概念が論じられている。そこで，労災保険法，労働者派遣法等の個別的労使関係法上の労働者概念の基礎となる労働基準法上の労働者概念を概説しておく。労働基準法9条は，その適用対象である「労働者」を「使用される者で，賃金を支払われる者をいう」と規定しているが，具体的な事案についてこの「労働者」に該当するかどうかの判断は必ずしも容易ではない（この点に関しては，昭和60年の労働基準法研究会報告「労働基準法の"労働者"の判断基準について」，平成8年の労働省労働基準法研究会労働契約法制部会「労働者性検討専門部会報告」が詳細に検討している）。

(b) **裁判例に見る具体的判断**

外務員や在宅ワーカー等の特殊契約関係にある就業者について，労働基準法上，「使用される」といえる典型例は，具体的には（従前の裁判例の紹介につき，岩出・講義（上）30頁以下，土田・労契法47頁以下等参照），仕事依頼に対して断ることができず，業務の内容や遂行の仕方・方法について指揮命令を受け，就業場所や就業時間が拘束され，業務遂行を他の人に交替させることができないなどといった事情がそろう場合である。報酬面でも，その計算方法，支払形態に

Ⅲ●労働者概念

おいて従業員の賃金と同質か，事業所得としての申告の有無，個人事業主への契約代金といえるかなどを，所得税の源泉徴収の有無または，労働保険，社会保険料徴収の有無などから総合的に見て，当該報酬が賃金にあたるか否かが判断されている（最近の事例で，労働者性肯定例として，国・甲府労基署長（甲野左官工業）事件・甲府地判平成22・1・12労判1001号19頁，スキールほか（外国人研修生）事件・熊本地判平成22・1・29労判1002号34頁，国・西脇労基署長（加西市シルバー人材センター）事件・神戸地判平成22・9・17労判1015号34頁等。労働者性否定例として，新国立劇場運営財団事件・最二小決平成21・3・27労判1035号177頁，ソクハイ事件・東京地判平成22・4・28労判1010号25頁，伊藤工業（外国人研修生）事件・横浜地川崎支判平成22・5・18労判1004号154頁，S特許事務所事件・東京地判平成22・12・1労経速2104号3頁，さいたま労基署長事件・東京地判平成23・1・20労経速2104号15頁等）。

特に，個人事業主に限って見ると，基本的には以上と同様の判断基準が適用されるが，たとえ専属的下請関係にあっても，自営事業者で，自己の計算と責任において事業を営む個人事業主として，機械・器具やノウハウを保有しているか，さらには経費の負担，剰余金の取得，危険の負担・責任の引受け，他人の雇用，相当な報酬額の相応の決定，専属性の程度，事業所得としての申告の有無などの観点から総合的に判断される。

(c) 最高裁判例における労働者性の判断

たとえば，自己所有のトラックを持ち込み，会社の指示に従って製品等の輸送に従事していた運転手（傭車運転手）が災害を被ったことにつき，労働基準法上の労働者概念を前提として，労災保険法上の労働者性が争われ労働者性が否定された判例（横浜南労基署長事件・最一小判平成8・11・28労判714号14頁）では，以下のように，判断されている。

当該運転手（上告人）は，「自己の所有するトラックを旭紙業株式会社の横浜工場に持ち込み，同社の運送係の指示に従い，同社の製品の運送業務に従事していた者であるが，(1)同社の上告人に対する業務の遂行に関する指示は，原則として，運送物品，運送先及び納入時刻に限られ，運転経路，出発時刻，運転方法等には及ばず，また，1回の運送業務を終えて次の運送業務の指示があるまでは，運送以外の別の仕事が指示されるということはなかった，(2)勤務時間

については，同社の一般の従業員のように始業時刻及び終業時刻が定められていたわけではなく，当日の運送業務を終えた後は，翌日の最初の運送業務の指示を受け，その荷積みを終えたならば帰宅することができ，翌日は，出社することなく，直接最初の運送先に対する運送業務を行うこととされていた，⑶報酬は，トラックの積載可能量と運送距離によって定まる運賃表により出来高が支払われていた，⑷上告人の所有するトラックの購入代金はもとより，ガソリン代，修理費，運送の際の高速道路料金等も，すべて上告人が負担していた，⑸上告人に対する報酬の支払に当たっては，所得税の源泉徴収並びに社会保険及び雇用保険の保険料の控除はされておらず，上告人は，右報酬を事業所得として確定申告をしたというのである。

　右事実関係の下においては，上告人は，業務用機材であるトラックを所有し，自己の危険と計算の下に運送業務に従事していたものであるうえ，旭紙業は，運送という業務の性質上当然に必要とされる運送物品，運送先及び納入時刻の指示をしていた以外には，上告人の業務の遂行に関し，特段の指揮監督を行っていたとはいえず，時間的，場所的な拘束の程度も，一般の従業員と比較してはるかに緩やかであり，上告人が旭紙業の指揮監督の下で労務を提供していたと評価するには足りないものといわざるを得ない。そして，報酬の支払方法，公租公課の負担等についてみても，上告人が労働基準法上の労働者に該当すると解するのを相当とする事情はない。そうであれば，上告人は，専属的に旭紙業の製品の運送業務に携わっており，同社の運送係の指示を拒否する自由はなかったこと，毎日の始業時刻及び終業時刻は，右運送係の指示内容のいかんによって事実上決定されることになること，右運賃表に定められた運賃は，トラック協会が定める運賃表による運送料よりも1割5分低い額とされていたことなど原審が適法に確定したその余の事実関係を考慮しても，上告人は，労働基準法上の労働者ということはできず，労働者災害補償保険法上の労働者にも該当しないものというべきである」，と。この判断が同種の事案の検討の際にも大きく影響している（裁判例の紹介につき岩出・講義（上）33頁参照）。その後，最高裁は，藤沢労基署長（労働者災害補償保険給付不支給処分取消請求）事件（最一小判平成19・6・28労判940号11頁）でも，作業場を持たずに1人で工務店の大工仕事に従事する形態で稼動していた大工が，工事に従事するにあたり，

元請はもとより，下請の指揮監督の下に労務を提供していたものと評価することはできず，下請から大工に支払われた報酬は，仕事の完成に対して支払われたもので，労務の提供の対価として支払われたものとみることは困難で，大工の自己使用の道具の持込み使用状況，下請に対する専属性の程度等に照らしても，大工は労働基準法上の労働者に該当せず，労災保険法上の労働者にも該当しない，として，労働基準法および労災保険法上の労働者にあたらないとしている。

他方，関西医科大学研修医事件（最二小判平成17・6・3労判893号14頁）では，過労死が認定された関西医科大学病院（大阪府守口市）の研修医の未払い賃金をめぐり，遺族が最低賃金の水準を下回っているのは不当として，病院側に差額分の支払を求めた訴訟の上告審判決で，研修医は労働基準法上の労働者にあたるとの初判断を示した。判決理由で臨床研修は医師の資質向上を図る教育的な側面もあるが，指導に基づき医療行為などに従事すれば，病院の指揮監督下で労務を提供したといえる，病院は医療行為に対して払った奨学金に源泉徴収もしており，労働者として最低賃金を支払う義務があったと判断されている。

(3) **役員と労働者（使用人兼務役員）**

ある労働者が，労働基準法上の労働者にあたるか否かは実態によって判断され，形式的に取締役等の役員に就任していることをもって労働者該当性が否定されるものでなく，肩書きの名目のいかんにかかわらず，実質的に判断される（名実ともに取締役で労働者にあたらないとされた最近の例としてエスエー・SPARKS事件・東京地判平成23・3・14労判1030号98頁）。

すなわち，一般には，「法人，団体，組合等の代表者又は執行機関たる者の如く，事業主体との関係において使用従属の関係に立たない者は労働者ではない」（昭和23・1・9基発14号）が，「法人の所謂重役で業務執行権又は代表権を持たない者が，工場長，部長の職にあって賃金を受ける場合は，その限りにおいて法第9条に規定する労働者である」（昭和23・3・17基発461号）とされている（なお，法人役員と労働保険の適用関係については，岩出・現代〔岩出〕83頁以下の「法人の適用一覧表」参照）。

したがって，たとえば，「取締役営業部長」などのいわゆる使用人兼務役員においては，当然に役員と労働者たる地位を持つこととなる（取締役経営企画部

長の労働者性が認められなかった三菱スペース・ソフトウェア事件・東京地判平成 23・3・3 労経速 2105 号 24 頁には疑問がある)。この場合,労働者たる地位においては,兼務役員につき適用除外や特別規定がない限り,通常の就業規則や退職金規定等の適用を受けることになる (前田製菓事件・最二小判昭和 56・5・11 労経速 1083 号 12 頁,取締役営業部長につき給与支払を認めたアンダーソンテクノロジー事件・東京地判平成 18・8・30 労判 925 号 80 頁。なお,過労死につき労災認定されている専務取締役の過労死に対する安全配慮義務違反が認められた珍しい事例であるおかざき事件・大阪高判平成 19・1・18 (変更判決 19・1・23) 労判 940 号 58 頁,海外子会社に副社長として出向中にくも膜下出血を発症して死亡した事例につき労働者性と業務起因性を認めた国・中央労基署長 (興国鋼線索) 事件・大阪地判平成 19・6・6 労判 952 号 64 頁がある)。他方,取締役たる地位に伴う会社法の報酬規制は (会社法 361 条),取締役報酬部分には適用があるが,労働者たる地位に関する部分には及ばないこととなる (シチズン時計事件・最三小判昭和 60・3・26 労経速 1252 号 11 頁)。

　他方,形式的には,使用人兼務役員でなく,専務取締役に就任していても,その者が,専務取締役に就任後も,就任以前に担当していた業務に格別変更はないことをみれば,被災者が専務取締役に就任したことをもって直ちに本件会社との使用従属関係が消滅したとはいえず,また本件会社との雇用契約が合意解約されたともいえないとされることとなる (大阪中央労基署長 (おかざき) 事件・大阪地判平成 15・10・29 労判 866 号 58 頁等。なお,ケービーアール事件・大阪地判平成 17・7・21 労経速 1915 号 27 頁では,専務取締役につき,国・さいたま労基署長 (建設技術研究センター) 事件・東京地判平成 20・1・29 労判 965 号 90 頁では代表取締役につき,萬世閣 (顧問契約解除) 事件・札幌地判平成 23・4・25 労判 1032 号 52 頁では常務取締役につき,各々,実質的に使用人兼務役員であるとされている)。

(4)　執行役と執行役員

　(a)　執行役と労働者

　(3)と同様の問題は,いわゆる委員会設置会社における執行役 (会社法 402 条) についても上記(3)と同様に解されよう。

Ⅲ ● 労働者概念

(b) 執行役員と労働者
(ア) 執行役員の法的地位

執行役員制度とは，会社法等の法的制度ではなく，各社の各規定により，形式的には，その地位も執行役と同様，委任契約関係に置かれる場合から，労働契約関係下に置かれる場合まで様々である。一般的に，取締役会が決定した基本方針に従ってその監督の下で業務執行にあたる代表取締役以下の業務執行機能を強化するために，取締役会によって選任される執行役員が，代表取締役から権限委譲を受けて業務執行を分担し，それぞれが担当する領域において代表取締役を補佐する制度とされている（執行役員の法的地位等については，東大労研・注釈労基法（上）156頁〔橋本陽子〕等がある）。

執行役員の法的性質については，委任契約説，雇用契約（商業使用人）説，両者の混合契約説の対立がある。そして，その法的性質のいかんは，執行役員に対する民法上の委任に関する規定の適用の有無，会社法上の取締役に関する規定の適用ないし準用の有無，労働基準法，労働契約法等の労働関係法規の適用の有無，就業規則や従業員退職金規程の適用の有無（たとえばセイビ事件・東京地判平成23・1・21労判1023号22頁では，就業規則の適用を前提に懲戒解雇・予備的普通解雇が無効とされ，執行役員に就任する直前の給与額を受け取る権利があるとされ，萬世閣（顧問契約解除）事件・前掲札幌地判平成23・4・25も常務執行役員につき労働者の地位が認められ，いずれも労働契約上の地位確認が認められた），従業員に関する福利厚生制度の適用の有無，雇用保険や労災保険の適用の有無（国・船橋労基署長〔マルカキカイ〕事件・東京地判平成23・5・19労判1034号62頁では，執行役員の労働者性を認め，労災の適用を認めた）等に影響を与え得るものである。もっとも，執行役員は，会社の機関ではなく，企業がその業務上の必要性等にかんがみ任意に設ける役職であるから，会社においてこれを委任型，雇用型または両者の混合型の制度として導入することは，強行法規に反しない限り自由に許されてよいと考えられるのであって，その法的性質は個別事案ごとにその実態に即して判断されるほかなく，一般論としてこれを論ずることにはあまり意味がないとも考えられる。たとえば，従前は専務または常務取締役であったのに，執行役員制度の導入に伴って取締役を退任し，執行役員のみに選任されるケースでは，実態は取締役と同じく会社との法律関係は委任と解すべき場合もあるとされ

ことがある(三菱自動車事件・最二小判平成19・11・16労判952号5頁は,判示事項からは,このような経緯での採用で,委任型での退職慰労金請求権が問題とされた事案とも解される)。しかし,前述の使用人兼務役員のような○×部長執行役員などにおいては当然,それ以外の場合においても,実際上,代表取締役・代表執行役(CEO)等の業務執行権限を有する者の指揮命令の下で,企業組織の中で,諾否の自由などなく,業務を執行する執行役員は,原則として,労働基準法上の労働者,すなわち,労働契約法上の労働者に該当するものといえよう(東大労研・注釈労基法(上)156頁〔橋本陽子〕,土田・労契法54頁等参照)。

❷ 労働組合法上の労働者

(1) 従前の裁判例等

労働組合法3条は,同法上の「労働者」とは,「職業の種類を問わず,賃金,給料その他これに準ずる収入によって生活する者をいう。」としている。実務的観点からは,前述の労働基準法上の労働者同様,最高裁を除く多くの裁判例・多数説では,実質的な使用従属関係の有無で労働者該当性が判断されているが,概ね,以下の点で,特徴がある。すなわち,まず,緩やかに判断されるということがある(労働基準法上の労働者が否定された新国立劇場運営財団事件・前掲最二小決平成21・3・27の判断と以下の記述の対比が両法上の判断の違いを示す典型例となろう)。たとえば,労働者該当性を認めた例として,賃加工ないし家内労働者についての東京ヘップサンダル事件があるが(中労委命令昭和35・8・1労働委年報15号30頁),端的な違いは,ここでは,失業者を含む,という点である(従前の裁判例等の紹介については,岩出・講義(上)39頁以下,裁判例・労働委員会命令の動向の詳細は,労使関係法研究会の各回の「労組法上の労働者性における判断基準比較表」が詳細に分析しているので参照されたい,厚生労働省HP参照)。

(2) 労使関係法研究会報告書による判断基準の意義

厚生労働省は,平成23年7月25日,労働法学会でも大きな影響力のある研究者を揃えた労使関係法研究会による「労使関係法研究会報告書(労働組合法上の労働者性の判断基準について)」による判断基準(以下,「判断基準」という)を公表した。判断基準は,ほぼこれまで示された最高裁判例(CBC管弦楽団

労組事件・最一小判昭和51・5・6民集30巻4号437頁，国・中労委（INAXメンテナンス）事件・最三小判平成23・4・12労判1026号27頁，国・中労委（新国立劇場運営財団）事件・最三小判平23・4・12労判1026号6頁），下級審裁判例・労働委員会命令における業務委託・独立自営業者といった就労形態にある者に関する労働組合法上の労働者判断要素を抽出した基準として，実務的には重要な指針となることが予想される内容であり，実務的対応においても十分に留意すべき内容となっている。

(3) 判断基準の概要
(a) 労働組合法上の労働者性の基本的な考え方

判断基準における，労働組合法上の労働者性の基本的な考え方は，「労働組合法における労働者は，労働条件の最低基準を実体法上強行的に，罰則の担保を伴って設定する労働基準法上の労働者や，労働契約における権利義務関係を実体法上設定し，かつ一部に強行法規を含んだ労働契約法上の労働者とは異なり，団体交渉の助成を中核とする労働組合法の趣旨に照らして，団体交渉法制による保護を与えるべき対象者という視点から検討すべき」としている。そのうえで，「労働組合法第16条の『労働契約』の概念は，労働基準法が制定される以前の旧労働組合法当時から存在し，労働基準法上の労働者概念に限定して解する必然性はないことを踏まえると，労働組合法第16条にいう『労働契約』は，労働基準法上の労働者に該当しない労務供給者の締結する労務供給契約をも含むと解される。したがって，労働基準法上の労働者ではないが労働組合法上の労働者には該当する者を組織した労働組合が締結した労働協約に規範的効力が生じると解することは十分可能である。」とし，「したがって，労働組合法第16条にいう労働契約をいずれに解するとしても，同法の労働者性の判断を労働基準法におけると同様に解すべきことにはならない。」との基本的考え方を示している。

(b) 労働組合法上の労働者性の判断要素の考え方

判断基準は，具体的な労働組合法上の労働者性の判断要素につき，「労働組合法の趣旨や立法者意思を踏まえると，同法上の労働者には，売り惜しみのきかない自らの労働力という特殊な財を提供して対価を得て生活するがゆえに，

相手方との個別の交渉においては交渉力に格差が生じ，契約自由の原則を貫徹しては不当な結果が生じるため，労働組合を組織し集団的な交渉による保護が図られるべき者が幅広く含まれると解される。加えて，同法第3条の文言，学説，これまでの労働委員会命令，3で記載したCBC管弦楽団労組事件，新国立劇場運営財団事件，INAXメンテナンス事件の最高裁判所判決等を踏まえると，同法上の労働者性は以下の判断要素を用いて総合的に判断すべきである。」として以下の判断要素を，「基本的判断要素」，「補充的判断要素」と「阻害的判断要素」に分類して抽出し，その優劣を明示し，判断枠組みを提示している（この優劣関係は，第5回労使関係法研究会の「判断基準案」〈資料4〉まではなかったもので，第7回までのわずかな時間に大幅な修正がなされており注目される。厚生労働省HP参照）。

(c) 基本的判断要素

基本的判断要素としては，①事業組織への組み入れ，②契約内容の一方的・定型的決定，③報酬の労務対価性が挙げられている。そして，上記「①は労務供給者が相手方の業務の遂行に不可欠ないし枢要な労働力として組織内に確保されており，労働力の利用をめぐり団体交渉によって問題を解決すべき関係にあることを示す」とされている。「②は相手方に対して労務供給者側に団体交渉法制による保護を保障すべき交渉力格差があることを示す。③は労働組合法第3条の労働者の定義規定に明示された『賃金，給付その他これに準ずる収入』に対応したものであり，労務供給者が自らの労働力を提供して報酬を得ていることを示す。以上の理由から，それぞれ労働組合法上の労働者性判断における基本的判断要素と解される。」としている（私見では，この内の③の労務対価性は，実際には，①，②の判断要素からの結果であるという意味合いもある。このことは，第6回の同研究会の報告書案での具体的判断でも言及される，「労働基準法の労働者性の判断においては，報酬が賃金であるか否かによって使用従属性を判断することはできないが，報酬の性格が使用者の指揮監督の下に一定時間労務を提供していることに対する対価と判断される場合には，使用従属性を補強する要素となる」との指摘が，労働組合法上の労働者性の判断においても妥当すると解される）。

(d) 補充的判断要素

補充的判断要素では，「④業務の依頼に応ずべき関係」，「⑤広い意味での指

揮監督下の労務提供，一定の時間的場所的拘束」が指摘されている。「④は，労務供給者が自己の労働力を相手方に提供しないという選択が困難であり，労務供給者が労働力の処分権を相手方に委ねる行為規範が当者間に存在することを推認させ，①の事業組織への組み入れの判断に当たってこれを補強するものとして勘案される要素である。④が完全に認められなくても，他の事実から①が肯定されれば労働者性の判断に影響を与えない。④の判断にあたっては，契約上設定された法的権利義務関係のみに限定した判断ではなく，当事者の認識や契約の実際の運用を重視して判断されるべきである。」とされる。そして，「⑤は，相手方に人的に従属していることを推認させるものであり，労働組合法第3条の労働者の定義には労働基準法第9条におけるような『使用される』という文言が無いため基本的判断要素とは考えられないが，これらの事情が存在すれば労働者性を肯定する方向に働く補完的判断要素である。最高裁判所判決においては，必ずしも労働基準法上の労働者性を肯定すべき程度に至らないような広い意味での指揮監督の下における労務供給や，労務供給の日時・場所についての一定の拘束であっても，労働組合法上の労働者性を肯定的に評価する要素として勘案されている。」と指摘している。

(e) 阻害的判断要素

判断基準は，労働組合法上の労働者判断の阻害的判断要素として，⑧事業者性を挙げ，「そもそも自己の労働力を提供していない者，あるいは恒常的に自己の才覚で利得する機会を有し自らリスクを引き受けて事業を行う者等の事業者性が顕著である者は，相手方の事業組織から独立してその労働力を自らのために用いているということができ，契約内容等についても交渉することが可能であるなど団体交渉による保護の必要性が高くないと解される。したがって，こういった事業者性が顕著であることは，労働者性を消極的に解すべき阻害的判断要素と解される。」と指摘している。

(4) 判断要素ごとの具体的判断の実相

判断基準は，上記(2)の各判断要素の具体的判断を詳細に分析しているので，全貌は厚生労働省のHPを参照されたい。

Ⅳ 使用者概念

❶ 使用者概念の拡大

　労働関係においては，一般には前述❹の労働契約の当事者として，労働者の相手方となる者を使用者という場合が多く（労働契約上の使用者），一般にはその範囲を議論する必要がない場合が多い。しかし，企業経営のグループ化，アウトソーシング等の拡大に伴い，労働契約上の使用者についても，一定の場合，例外的ではあるが，親会社・元請・派遣先・事業譲渡先等のように，直接的な労働契約を超えて拡大することがある（使用者概念の拡大）。この現象は，労働契約法でも起こるが，特に労働基準法，労働組合法の適用対象の画定に関して起こることがある。

❷ 労働基準法上の使用者

(1)　労働基準法 10 条の定義規定

　労働基準法 10 条は，「使用者の定義」として，「この法律で使用者とは，事業主又は事業の経営担当者その他その事業の労働者に関する事項について，事業主のために行為をするすべての者をいう。」との定めを置いている（以下については，東大労研・注釈労基法（上）166 頁〔岩出誠〕参照）。

(2)　定義規定設置の趣旨

　労働基準法は，大多数の条項が「使用者は……すべし（すべからず）」と規定して「使用者」を各条の名宛人，すなわち，義務者（違反の場合の責任者）として（使用者が明示されない 14 条，24 条も同旨。使用者以外を名宛人としているのは，6 条，58 条，59 条），労働条件基準の設定とその履行を義務付け，その違反に罰則を科している（117 条～120 条）。したがって，「使用者」がいかなる者であるかを定義する必要がある。労働基準法 10 条は，労働条件規制の責任主体である「使用者」として，「事業主」，「事業主の経営担当者」および「労働者に関する事項について，事業主のために行為をするすべての者」の 3 類型を掲げているが，このような観点から，労働基準法各条に定める事項に関する現実の

行為者（実質的な責任者）を使用者として把握し，各条違反の責任主体とする趣旨の規定であるといえる。

(3) 使用者の意義
(a) 使用者概念の多様性

　労働基準法10条における「事業主」とは，事業経営主体の意で，個人企業であれば企業主であり，法人企業であれば法人となるが，法人は後述の両罰規定（労基法121条参照）によってのみ処罰されることとなっている。また，「経営担当者」とは，法人の理事，会社の役員，支配人などをいい，「事業主のために行為をするすべての者」とは，各条に定める労働者に関する事項についての実質的権限（指揮監督・決定権限）を有する者（実質的責任者）をいい，これが満たされる限り，設備改善のための費用の支出権限等の存否は問われない（係長に関する入善町役場事件・最二小決昭和47・2・10刑集26巻1号52頁）。

　以上のように，労働基準法上の「使用者」は，労働契約当事者としての「使用者」とは異なり，あくまで同法上の概念であり，同法の各条の趣旨・目的等から，具体的な諸事情・当該労働者等の地位・権限等に応じて確定されていくことになる。たとえば，労働基準法で定義された「労働者」（9条）に該当する者であっても，その者が同時に「使用者」として処罰されることも，また，その逆に，「使用者」とされる者が「労働者」としての保護を受けることもある（秋北バス事件・仙台高秋田支判昭和39・10・26労民集15巻5号1137頁等）。

　なお，土木・建築事業の数次請負の場合，災害補償については，その元請負人を「使用者」とみなす旨が定められ（労基法87条），一般には，労働基準法87条は，労働基準法上の災害補償に係る「使用者」責任についての，特別なみなし規定とされている。しかし，前述のとおり，元来，労働基準法上の使用者概念は，労働基準法の各条の趣旨・目的等から，具体的な諸事情・当該労働者等の地位・権限等に応じて確定されていくものであり，使用者が労働契約当事者間に限定されないことは上記の数次請負の災害補償に限られない。たとえば，実質的な使用従属関係が及ぶ限り，下請労働者に対して元請業者の現場監督も，「事業主のために行為をするすべての者」にあたる者として，使用者とされることもある（河村産業事件・最二小判昭和48・3・9労働法令通信26巻15号8

頁，原審・名古屋高判昭和 47・2・28 判時 666 号 94 頁等)。

❸ 事業場と使用者

労働基準法の規制は，各種の労使協定（労基法 24 条・36 条等）や就業規則の作成手続（労基法 90 条）等に見られるように，事業場単位でなされているところ，この労使協定の当事者は，事業主たる使用者ではなく，各事業場の長（支社長，工場長等）であることに注意が要る（詳細については，東大労研・注釈労基法（上）160 頁以下〔山川隆一〕参照)。

❹ 労働契約法上の使用者概念

(1) 労働契約法での使用者

労働契約法では，使用者の定義につき，第 1 章総則 2 条の「定義」の 2 項で「この法律において『使用者』とは，その使用する労働者に対して賃金を支払う者をいう。」と定めている（以下につき，岩出・現代〔岩出〕37 頁以下参照)。

なお，偽装請負の場合の派遣先と派遣労働者の黙示の労働契約の成否に関しては，後述するが（第Ⅱ編第 4 章Ⅲ❽(1)(2)参照。なお，最近の否定例であるパナソニックエコシステムズ（派遣労働）事件・名古屋地判平成 23・4・28 労判 1032 号 19 頁が，派遣先との黙示の労働契約の成立を否定しつつも，派遣労働者を受け入れ就労させるにおいては，労働者派遣法上の規制を遵守するとともに，その指揮命令の下に労働させることにより形成される社会的接触関係に基づいて派遣労働者に対し信義誠実の原則に則って対応すべき条理上の義務があるというべきであり，ただでさえ雇用の継続性において不安定な地位におかれている派遣労働者に対し，その勤労生活を著しく脅かすような著しく信義にもとる行為が認められるときには，不法行為責任を負うと解するのが相当であるとし，派遣先会社としての信義則違反の不法行為に対する慰謝料として，それぞれ 100 万円ないし 30 万円が相当であるとされた点は注目される。他方，日本トムソン事件・大阪高判平成 23・9・30 労判 1039 号 20 頁や三菱電機ほか（派遣労働者・解雇）事件・名古屋地判平成 23・11・2 労判 1040 号 5 頁では不法行為を否定している)，グループ関係の企業において，いずれの企業が雇主たる使用者か判別し難い場合がある。かかる事案で，ソフトウェア興業（蒲田ソフトウェア）事件（東京地判平成 23・5・12 労判 1032 号 5 頁）は，雇用先がいずれの会社であるかについて争いがある場合における雇用先に関する

判断は，具体的実態から使用従属関係にあるか，使用従属関係から客観的に推認される労働契約締結の意思の合致があるかによって判断するのが相当であるとされた例（本件4当事者の採用，配置，昇級や賃金，労働時間等の労働条件をX社が決定していたこと，賃金が実質的には原資を負担していたX社から支払われていたと評価できること，本件4当事者も退職時にX社に対する誓約書等に署名し，特に疑問を持つことなくX社から退職金を受領していること，所属がX社ではなくY社またはT社である旨の説明を受けた後にも本件4当事者は雇用主が誰であるかについて特段関心を払わなかったこと）を指摘して，本件4当事者の雇用先はX社であるとした。

なお，企業の倒産に際し，それが，いわゆる偽装倒産とされ，法人格否認の法理により，親会社が労働契約上の使用者とされる場合もある（第一交通産業ほか（佐野第一交通）事件・大阪高判平成19・10・26労判975号50頁では，親会社による子会社の実質的・現実的支配がなされている状況の下において，労働組合を壊滅させる等の違法・不当な目的で子会社の解散決議がなされ，かつ，子会社が真実解散されたものではなく偽装解散であると認められる場合，すなわち，子会社の解散決議後，親会社が自ら同一事業を再開継続したり，別の子会社によって同一事業が継続されているような場合には，子会社の従業員は，親会社による法人格の濫用の程度が顕著かつ明白であるとして，親会社に対して，子会社解散後も継続的，包括的な雇用契約上の責任を追及できるとされ，被告Y_1社の子会社でタクシー事業を営む本件会社の従業員である原告Xら52名に対する，本件会社の解散を理由とする解雇につき，本件会社の法人格が形骸化しているとまではいえないが，Y_1社により本件会社の実質的・現実的支配がなされている状況下において，原告組合を壊滅させる目的で本件会社の解散決議がなされ，かつ当該解散は偽装解散と認められるから，XらはY_1社に対して，本件会社解散後も継続的，包括的な雇用契約上の責任を追及できるとされた）。

(2) 従前の労働基準法上の使用者概念との関係

使用者の定義に関する労働契約法2条2項の規定は，労働契約法の中では使用者概念を示す規定となっている。条文の用語は，ほとんど労働者に関する労働基準法9条と，「職業の種類を問わず」の点を除いて同じ条文の裏返しで，基本的には，同法10条の「事業主」がこれに該当することになる。しかし，同法10条の「又は事業の経営担当者その他その事業の労働者に関する事

項について，事業主のために行為をするすべての者」などは労働契約法上の使用者にはあたらない。

　前述第3章Ⅱ❷の労働契約法6条での労働契約の概念に照らしても，同法の事業主たる使用者と労働基準法上の使用者とは，「又は事業の経営担当者その他その事業の労働者に関する事項について，事業主のために行為をするすべての者」の部分を除いては，基本的には同一と考えられる。したがって，労働基準法上の使用者概念，労働契約法上の使用者に関する従前の判例・学説の判断基準が，使用者の画定には援用されることになるものと解される。

　すなわち，労働関係においては，一般には労働契約の当事者として，労働者の相手方となる者を使用者という場合が多く（労働契約上の使用者），一般にはその範囲を議論する必要がない場合が多いが，前述❶の「使用者概念の拡大」が労働契約適用対象の画定に関しても起こることがある。

●岩　出　　誠●

第Ⅱ編

各論

第1章 個別労働関係紛争の裁判外の紛争調整機関等

I 個別労働関係紛争の現状――個別労働紛争法制定の背景・立法経緯

1 最近の雇用環境の状況

　我が国の完全失業率（労働力人口に占める完全失業者の割合）は，平成20年の世界同時不況の影響もあり，平成21年，22年と2年連続で5％台となり，平成23年には，4.5％と，前年に比べ0.5ポイント低下したものの，相変わらず高い水準で推移している。

　平成23年の完全失業者は284万人と，前年に比べて33万人減少し，雇用者（役員を除く）は4918万人と前年に比べて23万人の増加となったが，内訳をみてみると，正規の職員・従業員は25万人の減少で，パート・アルバイト，派遣社員，契約社員などの非正規の職員・従業員が48万人の増加となっている。

　したがって，依然として，厳しい雇用環境が続いている現状がうかがえる（http://www.stat.go.jp/data/roudou/sokuhou/nen/dt/pdf/ndtindex.pdf〔平成23年平均（速報）結果の概要〕）。

2 個別労働事件数の増加とリストラの進行

　このような厳しい雇用環境の継続は，裁判所に提起された労働事件の新受件数においても顕著に反映されている。労働審判事件の新受件数は，平成18年4月の制度導入以降，増加の一途をたどり，平成21年には，3400件を超え，平成22年（3375件）に若干減少したものの，高水準で推移している。労働審判制度の導入に伴い，いったん減少した労働関係訴訟および労働関係仮処分事

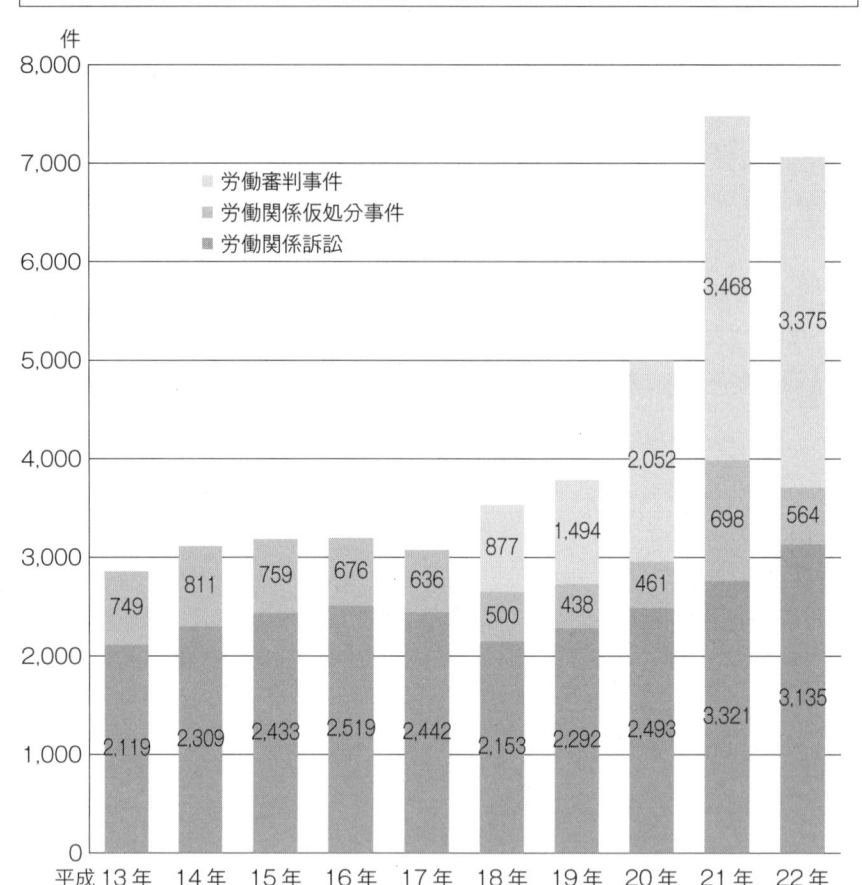

図1●新受件数の推移（労働関係訴訟，労働関係仮処分事件および労働審判事件）

年	労働関係訴訟	労働関係仮処分事件	労働審判事件
平成13年	2,119	749	
14年	2,309	811	
15年	2,433	759	
16年	2,519	676	
17年	2,442	636	
18年	2,153	500	877
19年	2,292	438	1,494
20年	2,493	461	2,052
21年	3,321	698	3,468
22年	3,135	564	3,375

（注1）労働関係仮処分事件，労働審判事件及び平成16年までの労働関係訴訟の数値は，各庁からの報告に基づくものであり，概数である。
（注2）労働審判事件の平成18年の数値は，同年4月から同年12月までの数値である。

件も，その後は増加に転じ，平成21年には労働審判制度導入前の平成17年新受件数を超え，平成21年および平成22年には労働審判事件と併せて合計7000件を超えており，平成13年当時3000件に満たなかった労働関係訴訟及び労働関係仮処分事件の合計の2倍以上となっている（裁判所HP「裁判の迅速化に係る検証に関する報告書（第4回）」（平成23年7月8日公表）（図1参照）（http://

www.courts.go.jp/about/siryo/jinsoku/hokoku/04/hokokusyo.html）。

　そして，現在の企業経営スタンスとして，業況のいかんにかかわらず，今後もリストラの継続が予想される。すなわち，企業の側においては，この経営環境に対応すべく，企業組織の再編や，企業の人事労務管理の個別化等を遂行せざるを得ない。他方，それは労働者に対しては，解雇，労働者の業績評価等をめぐる紛争の火種となっている（以上および以降について，岩出・講義（下）1426～1430頁参照）。

❸ 急激な労働立法の変容

　他方，遡れば，裁量労働の適用拡大，女性への深夜・時間外の規制の撤廃等についての労働基準法の施行，採用・昇進等での差別禁止の強化，セクハラ規定等についての雇用機会均等法の施行等に加えて，平成13年4月1日施行の労働契約承継法，平成20年3月1日からの労働契約法の施行，同年4月1日からの改正パートタイム労働法の施行，最近では，平成22年4月1日からの改正労働基準法の施行，同年6月30日からの改正育児介護休業法の施行など，労働法全体が大きく変容し続け，それらが以上の傾向をより加速させることは，想像するに難くない。雇用機会均等法の強化に伴うセクハラ紛争の急増がその典型例といえよう。

❹ 個別労働関係紛争の多発化と合同労組等の活動の活発化

　このような事件数の急増の中で，近時の労働事件は，労働組合の組織率が20％を切る状態が継続している（平成22年18.5％）こともあり，従前のような産別単位や企業単位の大争議や企業別全体の組合活動に関連して発生するといったものが減少している。これに代わって，企業別労働組合らが関与しない，個人ベースや，個人加盟の一般労働組合・合同労働組合の単位での紛争が増加し（中央労働委員会資料の「新規係属事件における合同労組事件・駆け込み訴え事件の割合」によると，平成22年は，全事件数に占める「合同労組事件」の割合が，約7割（69.8％）と過去最高となっている），訴訟も一個人や個人加盟組合の支援の下での個人の訴訟や団交要求として提起されることが増えてきている。典型的なものが，企業別労働組合が改正を認めた就業規則改正の効力を争う管理職の改正前

の規定による退職金請求事件や，競業避止義務をめぐる事件などである。

⑤ 個別労働関係紛争への立法的対応の経緯

　以上のような状況下で，訴訟や集団紛争化する前に，行政に持ち込まれる個別的労使紛争に関する労働相談件数も急増した（平成10年10月15日公表の旧労働省労使関係法研究会「我が国における労使紛争の解決と労働委員会制度の在り方に関する報告」〔以下，「報告」という〕等参照）。

　かくて，以上のような個別的労使紛争を的確・迅速・簡易かつ公正に解決すべき法的枠組み構築の必要性への認識自体は，早くから政労使の認識の一致するところであった（前掲の報告等参照）。また，労働契約承継法の附帯決議においても，紛争の迅速な解決のための制度の充実が強く求められていた。

　問題は，それをいかなる形で調整解決するかであり，報告は，①労働委員会活用案，②雇用関係委員会案，③労政主管事務所活用案，④民事調停制度活用案，⑤都道府県労働局案，⑥雇用関係相談センター案を併記していたが，概ね，旧労働省は⑤案を，経営側は④案を，労働側は①案を主張していた。

　このような経緯の中で，旧労働省は，平成12年8月25日，「簡易・迅速な個別的労使紛争処理システムの整備について」を公表し，上記⑤案の延長上に，紛争のより総合的な解決を図るため，都道府県ごとに設置されている機会均等調停委員会を紛争調停委員会に改組し，調停の対象範囲を拡大するとともに機能の強化を図るべく個別的労働関係紛争の処理に関する法律案の作成に入った。また，旧労働省の調査によれば，労使のニーズにおいても，労使ともに，概ね50％以上が，「あっせん」（労働行政機関が解決のための具体的改善について指導）や「調停」（労働行政機関が運営する調停委員会で円満な調停案を提示）による解決を，すなわち，上記⑤案を基本的に希望している，とされ（平成12年9月25日公表の「個別的労使紛争に係るニーズ調査結果について」参照），かくて，後述の労使の意見調整による修正を経て，平成13年6月に「個別労働関係紛争の解決の促進に関する法律」（以下，「個別労働紛争法」ともいう）が成立し，同年10月1日から施行されている。

Ⅱ　個別労働関係紛争の調整スキームの全体的構造

　前述のとおり，企業の組織再編や人事労務管理の個別化，雇用形態の変化等に伴い，労働関係に関する事項についての個々の労働者と事業主との間の紛争（以下，「個別労働関係紛争」という）が増加している。紛争の最終的解決手段としては，民事訴訟手続による（あるいは労働審判の申立てを経て，民事訴訟を提起する）ことになろうが，これには時間とコストがかかる。そこで，個別労働関係紛争の未然防止と，職場慣行を踏まえた円満な解決を図るため，都道府県労働局において，無料で個別労働関係紛争の解決援助サービスを提供し，個別労働関係紛争の未然防止，迅速な解決を促進することを目的として，前述のとおり「個別労働関係紛争の解決の促進に関する法律」が施行され，この法律に基づいて，①総合労働相談コーナーにおける情報提供・相談，②都道府県労働局長による助言・指導，③紛争調整委員会によるあっせん，という3つの制度等により総合的な個別労働紛争解決システムの整備を図ることとされている（図2）。

Ⅲ　個別労働紛争法の概要

１　個別労働紛争法の主な内容

　以上の経緯で成立した個別労働紛争法（以下，本節では「法」ともいう）の主な内容は，以下のとおりである（以降について，岩出・講義（下）1430〜1438頁参照）。

(1) **目的**（法1条）

　法は，労働条件その他労働関係に関する事項についての個々の労働者と事業主との間の紛争（労働者の募集および採用に関する事項についての個々の求職者と事業主との間の紛争を含む。以下，「個別労働関係紛争」という）について，あっせんの制度を設けること等により，その実情に即した迅速かつ適正な解決を図ることを目的とする。

図2●個別労働関係紛争処理システムのスキーム

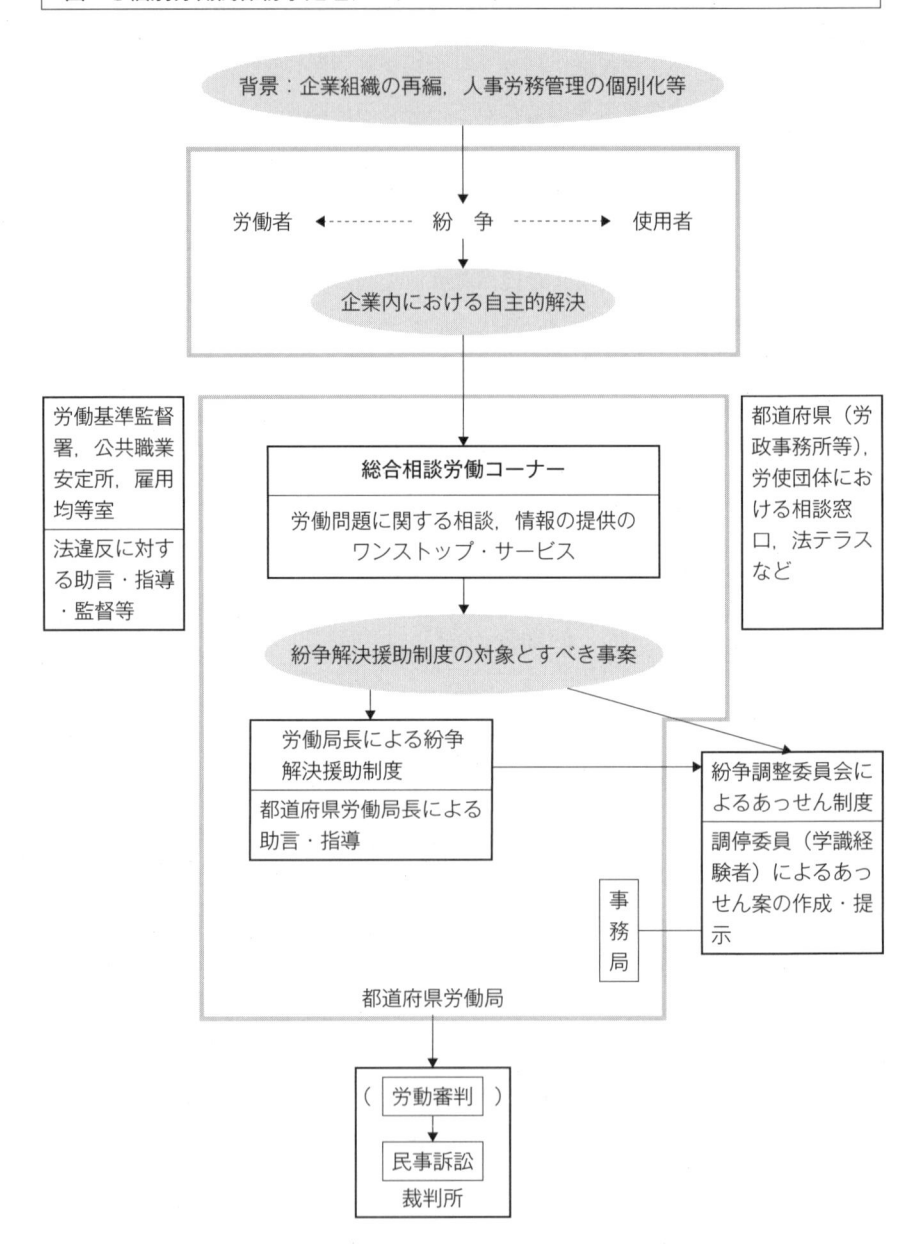

背景：企業組織の再編，人事労務管理の個別化等

労働者 ←------ 紛 争 ------→ 使用者

企業内における自主的解決

【労働基準監督署，公共職業安定所，雇用均等室】
法違反に対する助言・指導・監督等

【都道府県（労政事務所等），労使団体における相談窓口，法テラスなど】

総合相談労働コーナー
労働問題に関する相談，情報の提供のワンストップ・サービス

紛争解決援助制度の対象とすべき事案

労働局長による紛争解決援助制度
都道府県労働局長による助言・指導

紛争調整委員会によるあっせん制度
調停委員（学識経験者）によるあっせん案の作成・提示

事務局

都道府県労働局

（労働審判）
民事訴訟
裁判所

Ⅲ●個別労働紛争法の概要

(2) 紛争の自主的解決（法2条）

　個別労働関係紛争が生じたときは，紛争当事者は，自主的な解決を図るように努めなければならない（企業内の自主的紛争解決の実態については，独立行政法人労働政策研究・研修機構「企業内紛争処理システムの整備支援に関する調査研究」労働政策研究報告 No.98〔平成20年7月28日〕同HP参照）。

(3) 都道府県労働局長による情報提供，相談等（法3条）

　都道府県労働局長は，個別労働関係紛争を未然に防止し，および個別労働関係紛争の自主的な解決を促進するため，労働者または事業主に対し，情報の提供，相談その他の援助を行う。

　本制度が爆発的に利用されているのは，厚生労働省HPに毎年度掲載される，「個別労働紛争解決制度」の施行状況に明らかである。

　厚生労働省HP掲載の「平成22年度個別労働紛争解決制度施行状況」（平成23年5月25日）（以下「平成22年度個別労働紛争状況報告」という）によれば，平成22年度，各都道府県労働局，各労働基準監督署内，駅近隣の建物などに設置している総合労働相談コーナーによせられた総合労働相談件数は，1,130,234件で，民事上の個別労働紛争相談件数は，246,907件であった。平成21年度と比べて，総合労働相談件数は10,772件（前年度比0.9%減）減少し，民事上の個別労働紛争相談件数は395件（同0.2%減）と微減した。制度発足以降，件数は右肩上がりで増加してきたが，平成22年度はほぼ横ばいであり，過去最高を更新した平成21年度と同水準で高止まりしている状況である（図3）。

　民事上の個別労働紛争相談の内訳を見ると，「解雇」に関するものが21.2%と最も多く，「いじめ・嫌がらせ」が13.9%，「労働条件の引下げ」が13.1%と続いている。平成21年度と比べて，高水準である「解雇」に関するものの件数は減少（前年度比13.0%減）し，「いじめ・嫌がらせ」，「その他の労働条件」などが増加（同10.2%増，17.1%増），紛争内容は多様化した。なお，「その他の労働条件」の中では，「自己都合退職」の件数は増加（同21.8%増）した。また，解雇に関する相談では，「整理解雇」に関するものは大幅に減少（同37.0%減）し，「普通解雇」，「懲戒解雇」に関するものも減少（同7.5%減，6.4%減）している。

図3●総合労働相談件数の推移

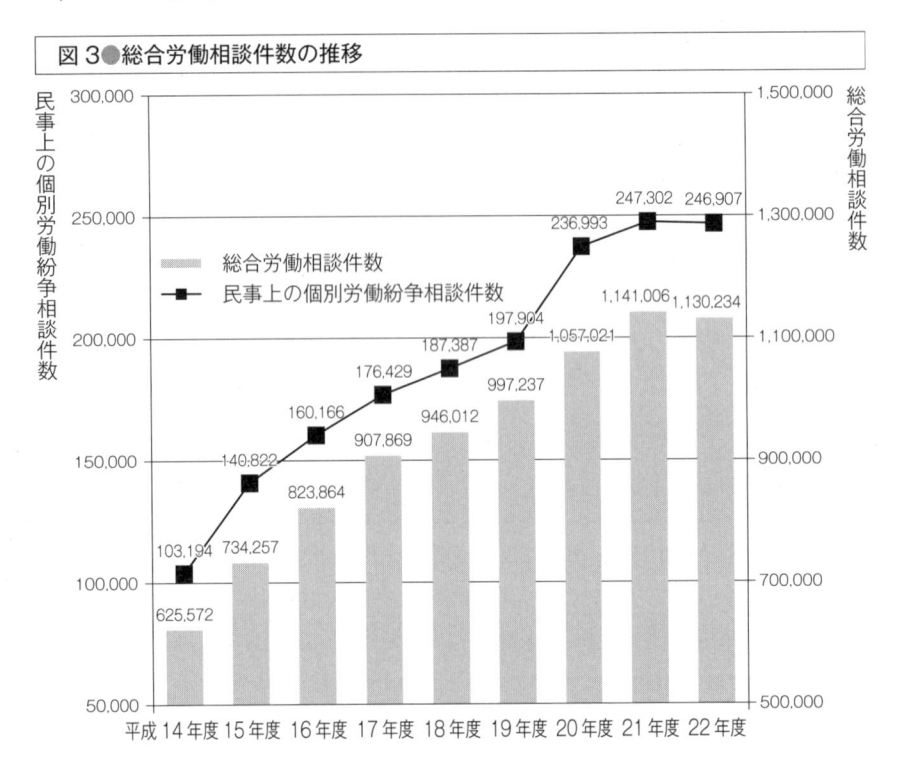

年度	民事上の個別労働紛争相談件数	総合労働相談件数
平成14年度	103,194	625,572
平成15年度	140,822	734,257
平成16年度	160,166	823,864
平成17年度	176,429	907,869
平成18年度	187,387	946,012
平成19年度	197,904	997,237
平成20年度	236,993	1,057,021
平成21年度	247,302	1,141,006
平成22年度	246,907	1,130,234

　なお，平成22年度の民事上の個別労働紛争相談の相談者は，労働者（求職者を含む）が81.2％と大半を占めているが，事業主からの相談（11.4％）も寄せられている。労働者の就労状況は，「正社員」が44.0％と最も多く，「パート・アルバイト」が17.6％，「期間契約社員」が10.2％，「派遣労働者」が4.0％となっている。平成21年度と比べて，「正社員」，「派遣労働者」の割合が減少し，「パート・アルバイト」，「期間契約社員」の割合は増加している。

(4) 都道府県労働局長による助言および指導 (法4条)

　(a) 都道府県労働局長は，個別労働関係紛争に関し，紛争当事者の双方または一方からその解決につき援助を求められた場合には，必要な助言または指導をすることができるものとされている。

　都道府県労働局長の助言および指導の利用状況は，前掲「平成22年度個別

III●個別労働紛争法の概要

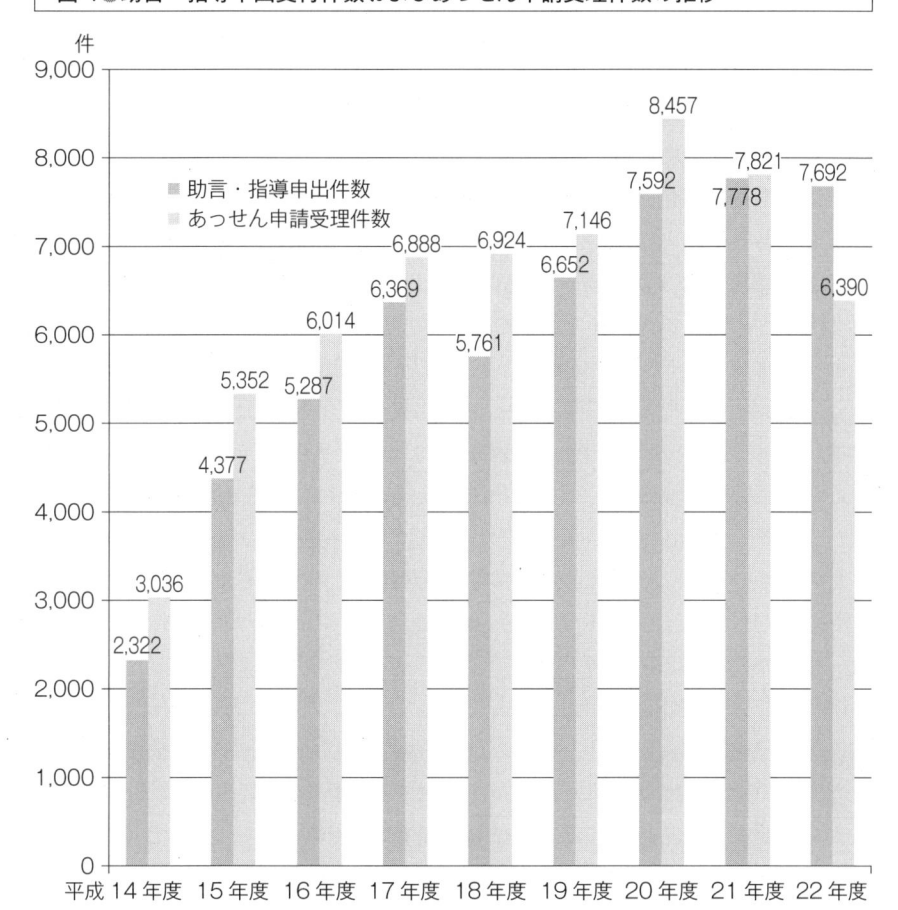

図4●助言・指導申出受付件数およびあっせん申請受理件数の推移

年度	助言・指導申出件数	あっせん申請受理件数
平成14年度	2,322	3,036
15年度	4,377	5,352
16年度	5,287	6,014
17年度	6,369	6,888
18年度	5,761	6,924
19年度	6,652	7,146
20年度	7,592	8,457
21年度	7,778	7,821
22年度	7,692	6,390

労働紛争状況報告」によれば，助言・指導申出受付件数は，7,692件となり，これは平成21年度と比べて，助言・指導申出受付件数は86件（前年度比1.1％減）と前年度とほぼ同水準で，高止まりの状態にある（図4）。

(b) ただし，助言および指導の対象になる紛争からは，労働関係調整法6条に規定する労働争議にあたる紛争および特定独立行政法人等の労働関係に関する法律26条1項に規定する集団的紛争，雇用機会均等法16条に規定する紛争は除かれる（均等法16条・18条）。

(c) また，都道府県労働局長は，以上の助言または指導をするため必要があると認めるきは，広く産業社会の実情に通じ，かつ，労働問題に関し専門的知識を有する者の意見を聴くものとされている（法4条2項）。

(5) **紛争調整委員会によるあっせん**

都道府県労働局長は，個別労働関係紛争について，紛争当事者の双方または一方からあっせんの申請があった場合において，当該紛争の解決のために必要があると認めるときは，紛争調整委員会（以下，「委員会」という）にあっせんを行わせるものとされている（法5条）（詳細については❷で後述）。

前掲「平成22年度個別労働紛争状況報告」によれば，あっせん申請受理件数は，6,390件となっており，あっせん申請受理件数は1,431件で，平成21年度に比べると18.3％減少した（図4）。

なお，後述するように，この紛争調整委員会の中に，雇用機会均等法，改正パートタイム労働法，改正育児介護休業法における紛争解決援助制度の一環としての調停のため，各法により，調停会議が設けられ利用されている。

(6) **地方公共団体の施策等**

(a) 地方公共団体は，国の施策と相まって，当該地域の実情に応じ，個別労働関係紛争を未然に防止し，および個別労働関係紛争の自主的な解決を促進するため，労働者，求職者または事業主に対する情報の提供，相談，あっせんその他の必要な施策を推進するように努めるものとされている。また，国は，地方公共団体が実施するこれらの施策を支援するため，情報の提供その他の必要な措置を講ずるものとされている（法20条）。

(b) (a)の施策として，地方自治法180条の2の規定に基づく都道府県知事の委任を受けて都道府県労働委員会が行う場合には，中央労働委員会は，当該都道府県労働委員会に対し，必要な助言または指導をすることができる。

(c) なお，上記(a)(b)により，東京，兵庫，福岡を除く44道府県労働委員会では，個別労働関係紛争のあっせんを行っている。都道府県労働局のあっせん件数に比べるとかなり少ないものの，平成21年のあっせん件数は全国合計で534件（前年445件，対前年比20％増）と，制度発足以来最も多くなった（厚生労

働省 HP「労働委員会で扱った平成 21 年の調整事件件数について」〔平成 22 年 2 月 24 日〕参照）。

(7) 船員に関する特例 (法 21 条)

船員職業安定法 6 条 1 項に規定する船員および同項に規定する船員になろうとする者に関しては，「都道府県労働局長」に代わり「地方運輸局長（運輸監理部長を含む）」が助言・指導等を行うなど特別な規定が置かれている（法 21 条）。

(8) 地方公務員等への適用除外

法は，国家公務員および地方公務員については，適用されない。ただし，特定独立行政法人等の労働関係に関する法律 2 条 4 号の職員，地方公営企業法 15 条 1 項の企業職員，地方独立行政法人法 47 条の職員および地方公務員法 57 条に規定する単純な労務に雇用される一般職に属する地方公務員であって地方公営企業等の労働関係に関する法律 3 条 4 号の職員以外のものの勤務条件に関する事項についての紛争については，適用される（法 22 条）。

(9) 不利益取扱いの禁止

事業主は，労働者が法 4 条 1 項の助言・指導等の援助を求めたこと，または法 5 条 1 項のあっせん申請をしたことを理由として，当該労働者に対して解雇その他不利益な取扱いをしてはならない（法 4 条 3 項・5 条 2 項）。

2　委員会によるあっせんの具体的内容

(1) あっせんの委任

前述のとおり，都道府県労働局長は，個別労働関係紛争について，委員会にあっせんを行わせる（法 5 条）。ただし，ここでのあっせん対象から，労働者の募集および採用に関する事項についての紛争は除かれ，また，後述のとおり，雇用機会均等法，パートタイム労働法，改正育児介護休業法上の一定の紛争に関しては，委員会によるが，ここでのあっせんではなく調停にゆだねられていることに注意がいる（たとえば均等法 16 条・18 条）。逆に，それらの法律で調停

の対象とされていない各法に絡む紛争は、都道府県労働局のあっせん等にゆだねられることになる。

(2) あっせんの申請

前述のように、あっせんは、個別労働関係紛争の紛争当事者の双方または一方からあっせんの申請があり、当該紛争の解決のために必要があると認めるときに行われる。したがって、労働者からの申請のみならず、使用者からの申請でも行うことができる。総合労働相談コーナー等への相談からあっせんまでの簡単な流れは次のようになっている（厚生労働省パンフレット「職場のトラブル解決サポートします」より）。なお、あっせんを受けるのに費用はかからない。

図5●あっせんの申請手続の流れ

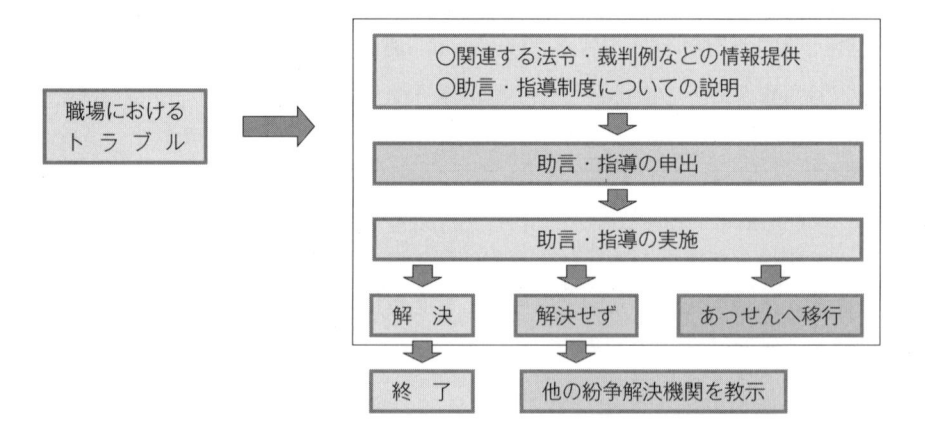

```
職場における          ○関連する法令・裁判例などの情報提供
 トラブル    ⇒       ○助言・指導制度についての説明
                            ↓
                     助言・指導の申出
                            ↓
                     助言・指導の実施
                     ↓       ↓        ↓
                  解 決   解決せず   あっせんへ移行
                   ↓       ↓
                  終 了   他の紛争解決機関を教示
```

また、あっせんの申請提出後の手続の流れは、次のとおりである（申請書の書式、記載例は**書式1～書式3**参照）（以上厚生労働省・前掲パンフレットより）。

図6●あっせん申請提出後の手続の流れ

```
あっせんの申請
　都道府県労働局総務部企画室（所在地一覧参照），最寄りの総合労働相談コーナー
　に，あっせん申請書を提出
             ↓
① 都道府県労働局長が，紛争調整委員会へあっせんを委任
② あっせんの開始通知
　　あっせん参加・不参加の意思確認
③ あっせん期日（あっせんが行われる日）の決定，あっせんの実施
　　あっせん委員が
　　　・紛争当事者双方の主張の確認，必要に応じ参考人からの事情聴取
　　　・紛争当事者間の調整，話し合いの促進
　　　・紛争当事者双方が求めた場合には両者が採るべき具体的なあっせん案の提示
　　などを行います。

  ↓                    ↓
合意の成立などにより    合意できない場合，打切り    他の紛争解決機関を教示
紛争の迅速な解決
```

(3) 委員会の設置

　紛争調整委員会は，都道府県労働局におかれ，学識経験を有する者のうちから，厚生労働大臣が任命した3人以上36人以内の委員をもって組織されている（法6条・7条）。具体的には，弁護士，大学教授，社会保険労務士などの労働問題の専門家が委員となっており，委員の中から事案ごとに指名されたあっせん委員が担当することになる。

(4) あっせん手続

　(a) あっせん委員は，紛争当事者の双方の主張の要点を確かめ，実情に即して事件が解決されるように努める（法12条2項）。なお，あっせん委員が行うあっせんの手続は，非公開となっている（個別紛争則14条）。

　(b) あっせん委員は，紛争当事者から意見を聴取するほか，必要に応じ，参考人から意見を聴取し，またはこれらの者から意見書の提出を求め，事件の解

書式1 ●あっせん申請書

(様式第1号(第4条関係)(表面)

あっせん申請書

紛争当事者	労働者	氏名(ふりがな)	
		住所	〒　　　　　　　　　　電話　　(　　)
	事業主	氏名又は名称(ふりがな)	
		住所	〒　　　　　　　　　　電話　　(　　)
		※上記労働者に係る事業場の名称及び所在地	〒　　　　　　　　　　電話　　(　　)
あっせんを求める事項及びその理由			
紛争の経過			
その他参考となる事項			

　　年　　月　　日

　　　　　　　　　　　申請人　氏名又は名称　　　　　　　㊞

　　労働局長　殿

書式2●あっせんの申請について

様式第1号（第4条関係）（裏面）

あっせんの申請について

(1) あっせんの申請は，あっせん申請書に必要事項を記載の上，紛争の当事者である労働者に係る事業場の所在地を管轄する都道府県労働局の長に提出してください。
　申請書の提出は原則として申請人本人が来局して行うことが望ましいものですが，遠隔地からの申請等の場合には郵送等による提出も可能です。
(2) 申請書に記載すべき内容及び注意事項は，次のとおりです。
① 労働者の氏名，住所等
　紛争の当事者である労働者の氏名，住所等を記載すること。
② 事業主の氏名，住所等
　紛争の当事者である事業主の氏名（法人にあってはその名称），住所等を記載すること。また，紛争の当事者である労働者に係る事業場の名称及び所在地が事業主の名称及び住所と異なる場合には，（　　）内に当該事業場の名称及び所在地についても記載すること。
③ あっせんを求める事項及びその理由
　あっせんを求める事項及びその理由は，紛争の原因となった事項及び紛争の解決のための相手方に対する請求内容をできる限り詳しく記載すること（所定の欄に記載しきれないときは，別紙に記載して添付すること。）。
④ 紛争の経過
　紛争の原因となった事項が発生した年月日及び当該事項が継続する行為である場合には最後に行われた年月日，当事者双方の見解，これまでの交渉の状況等を詳しく記載すること（所定の欄に記載しきれないときは，別紙に記載して添付すること。）。
⑤ その他参考となる事項
　紛争について訴訟が現に継続しているか否か，確定判決が出されているか否か，他の行政機関での調整等の手続へ係属しているか否か，紛争の原因となった事項又はそれ以外の事由で労働組合と事業主との間で紛争が起こっているか否か，不当労働行為の救済手続が労働委員会に継続しているか否か等の情報を記載すること。
⑥ 申請人
　双方申請の場合は双方の，一方申請の場合は一方の紛争当事者の氏名（法人にあってはその名称）を記名押印又は自筆による署名のいずれかにより記載すること。
(3) 事業主は，労働者があっせん申請をしたことを理由として，当該労働者に対して解雇その他不利益な取扱いをしてはならないこととされています。

書式3 ●あっせん申請書記載例

(様式第1号(第4条関係)(表面)

あっせん申請書

紛争当事者	労働者	氏名	労働　太郎
		住所	〒〇〇〇-〇〇〇〇　千葉県〇〇市〇〇町〇-〇 電話　〇〇〇(〇〇〇)〇〇〇〇
	事業主	氏名又は名称	A株式会社 代表取締役　東京　花子
		住所	〒〇〇〇-〇〇〇〇　東京都〇〇区〇〇〇-〇-〇 電話　〇〇(〇〇〇〇)〇〇〇〇
	※上記労働者に係る事業場の名称及び所在地		A株式会社B工場 〒〇〇〇-〇〇〇〇　東京都〇〇区〇〇〇-〇-〇 電話　〇〇(〇〇〇〇)〇〇〇〇
あっせんを求める事項及びその理由			平成〇年〇月〇日に入社し、平成〇年〇月〇日から正社員として工場勤務をしていたが、平成〇年〇月〇日、工場長から経営不振を理由として、同年〇月〇日付けの解雇を通告された。 経営不振というが、整理解雇しなければならないほどではなく、また、なぜ私が整理解雇の対象になったのか何の説明もない。本当は復職したいが、それがだめなら、経済的・精神的損害に対する補償金として、〇万円の支払いを求めたい。
紛争の経過			〇年〇月〇日に、社長に連絡をとり、解雇を撤回してくれるよう要請したが、聞き入れてもらえなかった。併せて、補償金の支払いなどの提案も行ったが、拒否された。
その他参考となる事項			訴訟は提起しておらず、また、他の救済機関も利用していない。会社には労働組合はない。

平成〇年　〇月　〇日

　　　　　　　　　　　　　申請人　氏名又は名称　労働　太郎　㊞

東京　労働局長　殿

書式4 ●あっせん打切り通知書

様式第5号の2（第12条第2項関係）

番　　　号
年　　月　　日

　　　　殿

紛争調整委員会
あっせん委員　　㊞

あっせん打切り通知書

　下記の事件について，あっせん委員3人（　　　，　　　，　　　）で協議を行った結果，あっせんによっては紛争の解決の見込みがないと認め，個別労働関係紛争の解決の促進に関する法律第15条の規定に基づきあっせんを打ち切ることとしたので，個別労働関係紛争の解決の促進に関する法律施行規則第12条第2項の規定に基づき，通知します。

記

1　事件番号

2　申請人

3　被申請人

4　申請日

5　あっせんを求める事項（変更又は追加があった場合はその内容及び変更又は追加を求めた年月日）

6　打切り年月日

7　打切りの理由

決に必要なあっせん案を作成し、これを紛争当事者に提示することができる。ただし、上記あっせん案の作成は、あっせん委員の全員一致による（法13条）。

ここでいう「参考人」とは、紛争当事者本人およびその補佐人または代理人を除く第三者のうち、事件に関して必要な意見を述べることができるものすべてを含むものである。なお、法14条に規定する「関係労働者を代表する者又は関係事業主を代表する者」も参考人に含まれるとされている（平成22・4・1厚労省発地0401第1号）。

(5) 労使代表団体からの意見聴取

あっせん委員は、紛争当事者からの申立てがある場合で、その必要があると認めるときは、当該委員会が置かれる都道府県労働局の管轄区域内の主要な労働者団体または事業主団体が指名する関係労働者を代表する者または関係事業主を代表する者から当該事件につき意見を聴くものとされている（法14条）。

(6) あっせんの打切り

あっせん委員は、あっせんに係る紛争について、あっせんによっては紛争の解決の見込みがないと認めるときは、あっせんを打ち切ることができる（法15条）（書式4参照）。

(7) 時効の中断

上記(6)によりあっせんが打ち切られた場合、当該あっせんの申請をした者がその旨の通知を受けた日から30日以内にあっせんの目的となった請求について訴えを提起したときは、時効の中断に関しては、あっせんの申請の時に、訴えの提起があったものとみなされる（法16条）。これは、たとえば、交渉中に、賃金請求権が2年間の短期消滅時効にかかる危険が大きいところから（労基法115条）、重要な規定である。

(8) 資料提供の要求等

委員会は、当該委員会に係属している事件の解決のために必要があると認めるときは、関係行政庁に対し、資料の提供その他必要な協力を求めることがで

きる（法17条）。

(9) あっせん状況の報告

委員会は，都道府県労働局長に対し，厚生労働省令で定めるところにより，あっせんの状況について報告しなければならない（個別紛争則15条）。

❸ 労働局のあっせんの実務上の諸問題

(1) 原則1回結審の限界

あっせんの利用状況については，前掲図4のとおりであるが，あっせん申請を受理した事案の都道府県労働局における処理状況をみると，平成22年度に手続を終了したもの，6,416件のうち，合意が成立したものは2,362件（36.8％）となっている。合意成立率は，制度開始当初から数年は，平均して40％後半の高い率となっていたが，平成20年度には，33.4％に落ち込み，21年度は，35％，22年度は，36.8％となっている。これに比べ，紛争当事者の一方が手続に参加しないなどの理由で，あっせんを打ち切った割合は，平成22年度は，56.6％と，合意成立率を大きく上回っている（前掲「平成22年度個別労働紛争状況報告」）。

また，実務的に原則1回の結審であるため，込み入った案件の処理には対応できない難点がある。ただし，1回での解決を目指し，本人申立てが多い中，労働局での助言による主張や証拠の整理等につき運用上の配慮がなされている。

なお，前述の労働委員会でのあっせんでは，事情を異にし，平成20年度の都道府県労働委員会で行う個別労働関係紛争のあっせん新規係属件数は，前掲のとおり対前年度増20％の534件で，このうち解決件数は272件で，50％以上が解決している（前掲「労働委員会で扱った平成21年の調整事件件数について」参照）。

(2) 利害関係者等を含めた解決の困難

また，この手続が，「個々の労働者と事業主との間の紛争」に限られているため，いわゆるパワハラ案件での直接の加害者をも含めた解決には適さないこ

とがある。実際上の処理としては，当事者に異議ない場合には，利害関係人を含めた和解の成立例はある。なお，セクハラ事案での直接の加害者に関する場合については，現行雇用機会均等法によれば，紛争調整委員会の調停会議の調停において，加害者も交えた調停が可能となっている（均等法20条2項）。

(3) あっせんの結果による和解の効力

なお，ここでのあっせんにより解決した場合には，一定の合意書が作成されることになるが，仲裁と裁判所の調停以外の他のADR全般に共通する課題だが，その法的性格は，あくまで民法上の和解（民法695条・696条）であり，それ自体で，調停や確定した労働審判，裁判上の和解のような強制力を持っていない。そのため，相手方の不履行に対しては改めて労働審判，訴訟等の法的手続を要する，という限界を持っている。

なお，あっせんの性格について，行政通達が出されており（平成22・4・1厚労省発地0401第1号），「あっせんは紛争当事者の間に第三者が入り，双方の主張の要点を確かめ，双方に働きかけ，場合によっては，両者が採るべき具体的なあっせん案を提示するなど，紛争当事者間の調整を行うことにより，その自主的な解決を促進するものである。したがって，話合いの促進のためにあっせん案を提示することはあっても，当該あっせん案はあくまで話合いの方向性を示すものであり，その受託を強制するものではない」とされている。

Ⅳ 労働基準監督署の監督行政・刑事手続

1 労働基準法104条による申告等の監督行政

労働基準監督署は，労働基準法等関係法令等の周知徹底を図り，労働者の労働条件や安全衛生の確保改善に努めるとともに，労働災害を被った者に対してはその補償を行うなど様々な業務を行っている。これら業務の中でも，労働基準法等関係法令等の内容を周知するとともに，その履行を確保していくことが労働基準監督署の基本的な業務であり，これを実現するための行政手法として，具体的には，①事業場に対する臨検監督指導（立入調査），②労働災害が発

生した場合の原因の調査究明と再発防止対策の指導，③重大な法違反事案等についての送検処分，④使用者等を集めての説明会の開催等のほか，⑤申告・相談等に対する対応等を行っている。

　ちなみに，我が国の一部の労働組合の体質を垣間見る珍しい事例として，下津井電鉄労組統制処分無効確認等請求控訴事件（広島高岡山支判平成元・10・31労判591号86頁）がある。この事件は，組合員が組合執行部に無断で労働基準法104条1項所定の申告権を行使したことを理由に組合が同組合員に対してした戒告処分等の統制処分が違法であるとして，組合に対し上記戒告処分の無効確認，慰謝料金100万円の支払，謝罪文の交付および名誉回復措置としての告示文の掲載を求めた事案の控訴審判決で，原審（岡山地判昭和62・5・27労民集38巻3＝4号354頁）が戒告処分の無効確認の訴えを却下しその余の請求を棄却したのに対し，本判決は，戒告処分の無効確認請求は原審と同様にこれを却下したものの，組合がした戒告処分等の統制処分は違法であるとして，組合に対し，慰謝料として金10万円の支払および名誉回復措置としての告示文の掲載を命じている（以上および以降について，岩出・講義（下）1438～1439頁参照）。

❷　労働基準監督署の助言・指導・監督・是正勧告・刑事処分・送検事例

(1)　労働基準監督署の是正勧告の意味と送検事例等

　労働基準監督官が行う是正勧告は，行政指導として行われているものであって，それ自体からは法的効果を生じさせるものではない。また，被勧告者が是正勧告に従わなかったとしても，そのこと自体を理由に何らかの不利益処分を課されたり，義務を負わされたりすることはないとされ，是正勧告は行政事件訴訟法3条2項に定める「行政庁の処分その他の公権力の行使に当たる行為」には該当しないと解されている（国・亀戸労基署監督官（エコシステム）事件・東京地判平成21・4・28労判993号94頁）。しかし，労働基準監督署の立入検査を拒んだり，是正勧告に従った報告を怠ったりした場合には，刑事罰による間接強制がある。すなわち，是正勧告をしてもこれを改善しない場合，あるいは重大・悪質な法令違反を行った者については，これを司法事件として捜査し，検察庁へ送検することができる。後述の是正勧告書においても，法条項に係る法違反

（罰則のないものを除く）については，所定の期日までに是正しない場合又は当該期日前であって当該法違反を原因として労働災害が発生した場合には，事案の内容に応じ，送検手続をとることがある旨が記されている。また，「過重労働による健康障害防止のための総合対策について」（平成18・3・17基発0317008号〔平成21年4月1日一部改正〕）でも，過重労働による業務上の疾病を発生させた事業場であって労働基準関係法令違反が認められるものについては，司法処分を含めて厳正に対処することが明言されているし，各労働局が公表している「定期監督等の実施結果」でも，効果的な監督指導を実施するとともに，法令違反を繰り返すなど悪質な事業主については，厳正に司法処分に付すことが明言されている。この「定期監督等の実施結果」は，各都道府県労働局が毎年公表しているもので，定期監督等（過去の監督指導結果，各種の情報，労働災害報告等を契機として，労働基準監督官が実施する事業場に対する立入検査をいう。以下同じ）の実施件数・違反率，定期監督等における主要な法違反の内容に加え，司法処理（労働基準監督官が労働基準法，労働安全衛生法等の違反被疑事件を検察庁へ送検することをいう。以下同じ）の状況や具体的事例が公表されている。たとえば東京労働局であれば，平成22年度の定期監督等における実施件数は，9,469件（前年比4,195件増）で違反率は，71.5％（前年比2.9ポイント増）となっており，違反件数が多い違反内容は，①労働時間2,911件（30.7％），②割増賃金2,237件（23.6％），③就業規則2,025件（21.4％）④労働条件明示1,770件（18.7％）の順となっている。また，同年度の東京労働局における司法処理状況は，送検件数39件（対前年度比16件減29.1％減）で，このうち，労働条件に関するもの24件（対前年度比5件減，17.2％減），安全衛生に関するもの15件（対前年度比11件減，42.3％減）となっている。具体的送検事例は，**表1**のとおりである（以上，東京労働局「平成22年の定期監督等の実施結果」〔平成23年5月17日発表〕）。

表1●送検事例

《送検事例》
◆事例1
　最低賃金法違反容疑で貸しおしぼり業者と同社の取締役を書類送検。
　平成21年5月21日から同年9月30日までの間，10名の労働者に対し，東京都最低賃金（時間額766円）以上の賃金を支払わなければならないのに，これを支払わず，また，平成21年10月1日から同年11月20日までの間，8名の労働者に対し，東京都最低賃金（時間額791円）（当時）以上の賃金を支払わなければならないのに，これを支払わなかったもの。
　所轄の労働基準監督署は，被疑者に対して不足賃金を支払うよう行政指導を行っていたが，これに応じなかったために，書類送検に踏み切ったもの。
◆事例2
　地下道建設工事現場で土砂が崩壊し労働者1名が死亡した労災事故に関連し，施工業者3社及び3社の現場責任者を労働安全衛生法違反の容疑で書類送検。
　労働安全衛生法では，トンネル内の掘削面が土砂崩壊するおそれがある場合には，土止めを設けるなど土砂崩壊の危険を防止する措置を講じることが定められているが，二次下請の現場責任者が，これらの措置を講じることなく，作業を行わせていたもの。
　また，事故発生の前日にも，一次下請の現場責任者が同様に土止めを設けるなど土砂崩壊の危険を防止する措置を講じることなく別の労働者を同場所で作業させ，元請もこれを黙認していたことから，それぞれの違反について送検したもの。

　なお，賃金不払い事案に関する申告への対応は，別途，各労働局で「賃金不払事案の処理状況の概要」などの名称で公表されている。

(2) 定期監督等への対応
　以上のように労働基準監督署の定期監督等についても，決して軽視してはならない。定期監督の場合には，通常，調査協力の依頼の通知文が届き，通知文

には，事前準備書類等が記載されている（具体例については**書式5**参照）。調査日については，指定している場合と会社が指定できる場合があるようだが，指定している場合でも真に定期監督なのであれば（定期監督と称していても，実際は，申告によるものの場合もある），前後の日程への変更等多少の調整は可能と思われる。

調査対象となった企業においては，指示された書類等の準備とともに，内容の説明ができる状態にしておく必要があろう。

(3) 是正指導・是正勧告への対応

前掲の定期監督，労働者からの申告または労働災害発生時の立入検査（一般に，これらを総称して，「臨検監督」または略して「臨検」という）などで，法違反に該当する事項が認められれば，是正勧告がなされ，法違反とまではいかないが，改善の必要がある場合には，是正指導となり，それぞれ是正勧告書（**書式6**），指導票（**書式7**）が交付される。これらの交付を受けた場合には，指定期日までに報告書（**書式8**）を提出し，それぞれ，是正・改善の状況を報告しなければならない。

3 監督権限不行使の責任

労働者は，事業場に，労働基準法または労働基準法に基づいて発する命令に違反する事実がある場合その事実を行政官庁または労働基準監督官に申告することができ（労基法104条1項），使用者は，労働基準法104条1項の申告をしたことを理由として，労働者に対して解雇その他不利益な取扱いをしてはならないとされている（同条2項）。「申告」とは，行政官庁に対する一定事実の通告であり，労働基準法の場合は，労働者が違反事実を通告して監督期間の行政上の権限を発動することを促すことをいうとされている（厚労省・労基法（下）994頁）。そして，労働基準法104条について裁判例（東京労基局長事件・東京高判昭和56・3・26労経速1088号17頁）は，「同法は，使用者がその申告をしたことを理由に労働者に不利益な取扱をしてはならない旨を定める（同法2項）のみで，その申告の手続きや申告に対する労働基準監督官の措置について別段の規定を設けていないことからして，労働基準監督官は使用者に対する監督権発

書式5 ●労働基準監督署の定期監督の場合の準備書類

ご準備いただきたい書類等

1．ご準備いただきたい書類は次のとおりです。
　① 事業概要がわかる書類（会社案内等）
　② 会社組織図
　③ 就業規則（賃金規程，退職金規程等も含む）
　④ 時間外労働・休日労働に関する協定書
　⑤ 変形労働時間制を採用している場合はその協定書
　⑥ 年次有給休暇管理簿
　⑦ 賃金台帳（直近の賃金締切日から3カ月分）
　⑧ 労働者名簿
　⑨ タイムカード等の労働時間を管理する書類
　⑩ 残業申請書等の時間外労働を記録している書類
　⑪ 雇入れ時の労働条件通知書
　⑫ 一般健康診断の個人票
　⑬ 衛生管理者・産業医・安全管理者等の選任報告書の写し※
　⑭ 衛生委員会の議事録
　⑮ 定時健康診断の結果報告書の写し※
　　※労働者50人以上の場合

2．事前に調査していただきたいことは，次のとおりです。
　① 労働者数
　② 労働組合の有無，ある場合は組織率・組合上部団体名
　③ 最も賃金の低い者の額
　④ 年間所定休日日数

3．労働者派遣を行っている事業場につきましては，次の事項も調査してください。
　① 派遣業の許可または届出年月日
　② 派遣対象業務
　③ 派遣先企業数
　④ 派遣元責任者職氏名および製造業派遣元責任者職氏名

4．上記1，2，3以外の書類等につきましても，当日ご提示等のお願いをさせて頂くことがありますので，ご了承下さい。

　　　　　　　　　　　　　　　　　　　　　　　　　　　以上

書式6●是正勧告書（例）

是 正 勧 告 書 （例）

平成〇〇年〇〇月〇〇日

〇〇〇〇株式会社
代表取締役 〇 〇 〇 〇 殿

〇〇〇〇労働基準監督署
労働基準監督官 〇 〇 〇 〇 ㊞

　貴事業場における下記労働基準法及び労働安全衛生法違反については，それぞれ所定期日までに是正の上，遅滞なく報告するよう勧告します。
　なお，法条項に係る法違反（罰則のないものを除く。）については，所定の期日までに是正しない場合又は当該期日前であって当該法違反を原因として労働災害が発生した場合には，事案の内容に応じ，送検手続きをとることがあります。
　また，「法条項等」欄に□印を付した事項については，同種違反の繰り返しを防止するための点検責任者を事項ごとに指名し，確実に点検補修を行うよう措置し，当該措置を行った場合にはその旨を報告してください。

労基法32条	時間外労働に関する協定がないにもかかわらず，労働者に時間外労働を行わせていること。	即時
労基法37条	管理監督者に対し，深夜労働に対する割増賃金を払っていないこと。	〇〇・〇・〇
安衛法18条 （安衛則22条）	上記50人以上の労働者を使用しているにもかかわらず，衛生委員会を設けていないこと。	〇〇・〇・〇
	（以下余白）	
受領年月日 受領者職氏名	平成　年　月　日 人事部長　〇　〇　〇　〇　㊞	（１）枚のうち （１）枚目

書式7 ●指導票（例）

指 導 票 （例）

平成〇〇年〇〇月〇〇日

〇〇〇〇株式会社
代表取締役 〇 〇 〇 〇 殿

〇〇〇〇労働基準監督署
労働基準監督官 〇 〇 〇 〇 ㊞

　あなたの事業場の下記事項については，改善措置をとられるようお願いします。
　なお，改善の状況については，〇〇月〇〇日までに報告してください。

指導事項
1．タイムカードに記録されている時間外労働時間と別途申請する方法により管理されている時刻に大きな差がありますが，これらをチェックしていません。適切な労働時間の把握を行うよう，対策を講じてください。

受領年月日 受領者職氏名	平成　年　月　日 　　人事部長　〇〇〇〇　㊞

書式8 ● 是正（改善）報告書（例）

是正（改善）報告書（例）

平成〇〇年〇〇月〇〇日

〇〇〇〇労働基準監督署長　殿

〇〇〇〇株式会社
代表取締役　〇　〇　〇　〇　㊞

　平成〇〇年〇〇月〇〇日〇〇〇〇労働基準監督署労働基準監督官より是正勧告を受けました事項について，下記のとおり是正しましたので報告します。

記

違反の条項または指導事項	是　正　内　容	是正年月日
労基法32条	労働者の過半数を代表する者と時間外・休日労働に関する協定を〇〇年〇〇月〇〇日付で締結し，直ちに貴署に届け出ました。	〇〇・〇・〇
労基法37条	今後支払う措置をとるとともに，不足分については，平成〇〇年〇〇月〇〇日支給の給与にて支給しました。	〇〇・〇・〇
安衛法18条（安衛則22条）	衛生委員会を立ち上げることとし，平成〇〇年〇〇月〇〇日に第1回衛生委員会を開催致しました。	〇〇・〇・〇

(1枚のうち1枚)

動の有力な契機をなすものではあっても，監督官に対して調査などの措置をとるべき職務上の作為義務まで負わすものと解することはできない」としており，同事件上告審判決もこの立場を支持している（東京労基局長事件上告審・最三小判昭和 57・4・27）。

そして，労働基準法 104 条では，かかる申告に対し，監督機関がそれに基づき監督または調査を実施することを義務付けてはいないが，監督機関としては，本条により労働者から申告を受けた場合，当然これを迅速に処理すべきものである。また，本条の申告は，刑事訴訟法 230 条の告訴および同法 239 条の告発のように当該犯罪の訴追を求める意思表示を必要としないが，犯罪の訴追を求める意思をもってなされた申告は，上記の告訴または告発であるから，この場合，監督官は，司法警察職員として刑事訴訟法 241 条以下の手続により処理しなければばらないことになるとされている（厚労省・労基法（下）994 頁）。

しかし，労働者の申告に対する監督官の作為義務を否定する点については，労働基準法 104 条 1 項は，監督官の職権発動を促す端緒に関する規定のみと解することはできない。本条による申告制度は，まさに具体的な各事業場における労働基準法違反により被害を被った個々の労働者に，労働基準法の目的を実現するために認められた一種の個人的な権利として構成されたものであり，申告を権利として承認する以上，被害者からの申告がなされた限り，監督官は調査を開始する義務を申告者に対して負担するものと解される，とする見解もある。ただし，この場合においても，調査義務を超えて，申告に対する監督官の具体的な監督実施義務までは，労働基準法 104 条 1 項の解釈としては導き難いとしてしている（岩出誠「労働基準監督官への申告に対する調査・監督権発動義務の存否」ジュリ 778 号（1982）110 頁）。なお，特段の事情から監督官がなすべき監督実施義務が一義的に明白な場合などについては，国家賠償責任が生ずることがあるとし（岩出・前掲論文 111 頁），実際に，中央労基署長事件・東京地判平成 15・2・21（労判 847 号 45 頁）は，労働基準法 41 条 3 号に基づく宿日直の許可権限の不行使が違法とされ損害賠償が認められている例がある。これは，労基署長が，大島町診療所による宿日直勤務許可申請の内容が，許可基準に合致しているか否かを判断するにあたり，大島町の説明や報告書による調査にとどめ，看護婦からの事情聴取をするなどしたうえで，資料として看護日誌等の

客観性のある資料の提出を求めるなどの十分な調査を行わず，許可をしたことについて，職務上尽くすべき注意義務に欠ける過失があり，本件許可は違法であり，過失による賠償責任を免れないとしたものである。

●鳥井　玲子●

V 雇用機会均等法，パートタイム労働法，改正育児介護休業法上の紛争解決援助・調整手続等

① 雇用機会均等法，パートタイム労働法，改正育児介護休業法上の紛争調整手続等の異同・関係

雇用機会均等法，パートタイム労働法，改正育児介護休業法において，労働者と事業主との間の紛争については，それぞれの紛争調整手続等の対象となる紛争につき，個別労働紛争法の規定は適用されず，各法の定めによるとの紛争の解決の促進に関する特例規定が定められている（以下は，岩出・講義（下）1439頁以下による）。

助言・指導・勧告・均等調停会議の調停等を含む紛争調整手続等は，まず，雇用機会均等法で発展を遂げ，平成18年改正で現在の姿に整備されたが，この制度は，その後，パートタイム労働法，改正育児介護休業法でも，ほぼ同様な形で導入されている。

そこで，後述の❷で，雇用機会均等法をめぐる紛争調整手続等を説明し，その後，パートタイム労働法，改正育児介護休業法上の紛争調整手続等を概説し，制度ごとの差異とその利用上の留意点等を指摘することとする。

(1) 解決に向けた援助の制度の概要

雇用機会均等法，パートタイム労働法および改正育児介護休業法に基づく紛争解決援助制度には，「労働局長による援助」と「調停委員（弁護士や学識経験者等の専門家）による調停」の2種類がある。

また，それぞれの援助の対象は**表2**のとおりとなっている。

V 雇用機会均等法,パートタイム労働法,改正育児介護休業法上の紛争解決援助・調整手続等

表2 ●紛争解決援助制度の援助の対象

	雇用機会均等法	パートタイム労働法	改正育児介護休業法
援助の対象	① 以下に関する性別による差別的取扱い 募集・採用（注1），配置（業務の配分および権限の付与を含む）・昇進・降格・教育訓練，一定の範囲の福利厚生，職種・雇用形態の変更，退職勧奨・定年・解雇・労働契約の更新 ② 雇用機会均等法で禁止される間接差別 ③ 婚姻を理由とする解雇等，妊娠・出産等を理由とする解雇その他不利益取扱い ④ セクシュアルハラスメント ⑤ 母性健康管理措置（妊娠中・出産後の女性労働者の健康管理）	① 労働条件の文書交付等 ② 通常の労働者と同視すべきパートタイム労働者に対する差別的取扱い ③ 職務の遂行に必要な教育訓練 ④ 福利厚生施設の利用の機会 ⑤ 通常の労働者への転換を推進するための措置 ⑥ 待遇の決定についての説明	① 育児休業制度 ② 介護休業制度 ③ 子の看護休暇制度 ④ 介護休暇制度（※） ⑤ 育児のための所定外労働の制限（※） ⑥ 時間外労働の制限，深夜業の制限 ⑦ 育児のための所定労働時間の短縮措置（※） ⑧ 介護のための短時間勤務制度等の措置 ⑨ 育児休業等を理由とする不利益取扱い ⑩ 労働者の配置に関する配慮

（注1） 募集・採用に関する措置は，調停の対象とはならない。
（注2） （※）これら3つの制度 は，平成21年の育児介護休業法の改正で新設された。改正法施行（平成22年6月30日）時点で，常時雇用する労働者数が100人以下の事業主については，平成24年7月1日からの適用となる。

紛争解決援助制度のおおまかな流れは以下のとおりである。

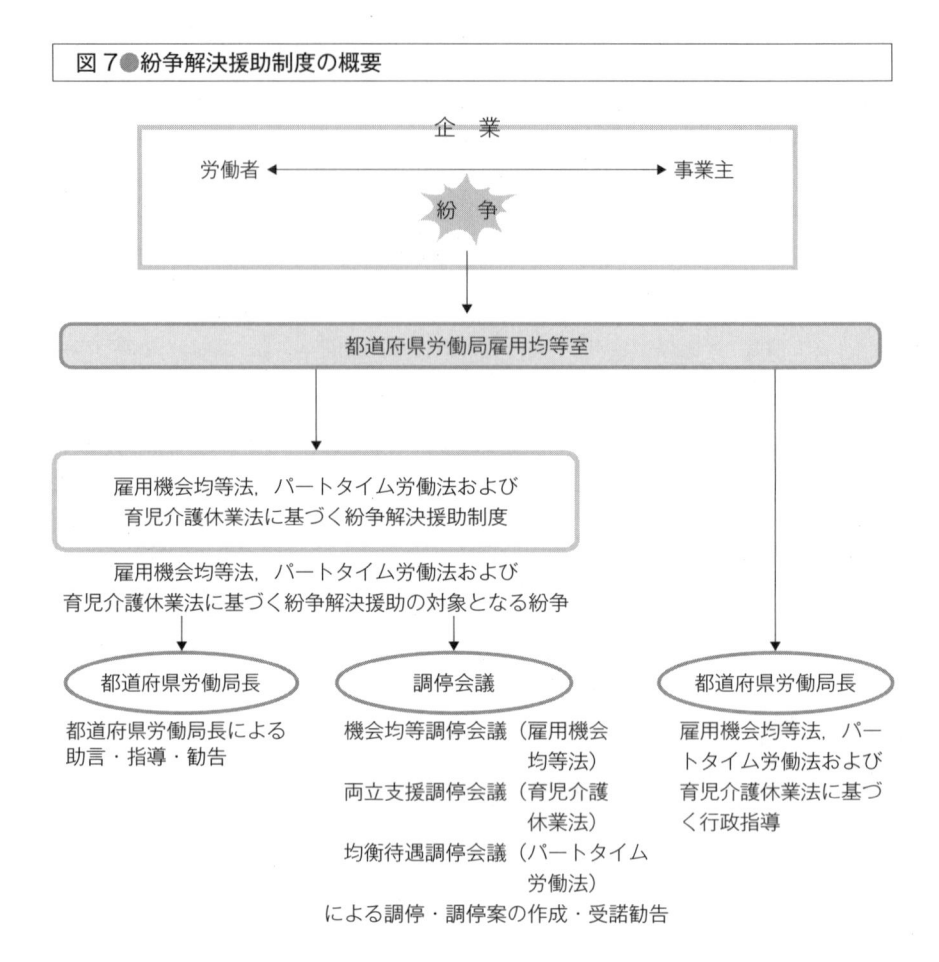

```
図7●紛争解決援助制度の概要
```

企　業
　労働者 ←　　　紛争　　　→ 事業主

↓

都道府県労働局雇用均等室

↓

雇用機会均等法，パートタイム労働法および
育児介護休業法に基づく紛争解決援助制度

雇用機会均等法，パートタイム労働法および
育児介護休業法に基づく紛争解決援助の対象となる紛争

都道府県労働局長	調停会議	都道府県労働局長
都道府県労働局長による助言・指導・勧告	機会均等調停会議（雇用機会均等法） 両立支援調停会議（育児介護休業法） 均衡待遇調停会議（パートタイム労働法） による調停・調停案の作成・受諾勧告	雇用機会均等法，パートタイム労働法および育児介護休業法に基づく行政指導

(2) **紛争解決援助制度の利用状況**

　厚生労働省HPで四半期ごとの利用状況を掲載しているので，参照されたい。

表3 ●平成23年度雇用均等室における法施行状況(7〜9月)(速報値)

1. 相　談

(件)

	合　計	労働者※	事業主	その他
男女雇用機会均等法	6,255	3,366	1,652	1,237
育児・介護休業法	17,112	2,345	11,463	3,304
パートタイム労働法	1,953	353	1,057	543
合　計	25,320	6,064	14,172	5,084

(注)　※パートタイム労働法は短時間労働者。

2. 是正指導

(件)

男女雇用機会均等法	3,173
育児・介護休業法	8,223
パートタイム労働法	7,272
合　計	18,668

3. 紛争解決の援助

(1) 都道府県労働局長による援助

(申立受理件数)

男女雇用機会均等法	158
育児・介護休業法	63
パートタイム労働法	0
合　計	221

(2) 調　停

(申請受理件数)

男女雇用機会均等法	25
育児・介護休業法	7
パートタイム労働法	0
合　計	32

表4 ●平成23年度雇用均等室における法施行状況（10〜12月）（速報値）

1. 相　談

(件)

	合　計	労働者※	事業主	その他
男女雇用機会均等法	5,545	2,936	1,425	1,184
育児・介護休業法	17,873	2,251	11,912	3,710
パートタイム労働法	2,080	411	990	679
合　計	25,498	5,598	14,327	5,573

（注）※パートタイム労働法は短時間労働者。

2. 是正指導

(件)

男女雇用機会均等法	3,072
育児・介護休業法	9,183
パートタイム労働法	6,837
合　計	19,092

3. 紛争解決の援助

(1) 都道府県労働局長による援助

（申立受理件数）

男女雇用機会均等法	161
育児・介護休業法	61
パートタイム労働法	0
合　計	222

(2) 調　停

（申請受理件数）

男女雇用機会均等法	23
育児・介護休業法	4
パートタイム労働法	1
合　計	28

❷　雇用機会均等法上の紛争調整手続等

(1) 厚生労働大臣による助言・指導・勧告・企業名公表制度等

　厚生労働大臣は，雇用機会均等法の施行に関し必要があると認めるときは，事業主に対して，報告を求め，または助言，指導もしくは勧告をすることができる（均等法29条1項）。その権限は，具体的には都道府県労働局長により行使

される（同条2項）。

　上記の指導等を実効あらしめるため厚生労働大臣の勧告に従わない場合に，厚生労働大臣が，セクハラ問題等も含めて，違反企業名を公表する制裁制度が用意されている（均等法30条）（紛争解決援助制度の利用状況については，厚生労働省HP掲載の『平成22年度個別労働紛争解決制度施行状況』参照〔Ⅲ❶(3)で詳しく紹介されている〕）。

(2) 都道府県基準局の紛争調整委員会への調停申請

　雇用機会均等法では，同法16条に定める紛争（性別を理由とする差別の禁止〔同法5条，6条関係〕，性別以外の事由を要件とする措置〔同法7条関係〕，妊娠，出産等を理由とする不利益取扱いの禁止等〔同法9条3項，4項関係〕，ならびに妊娠中および出産後の健康管理に関する措置に係る事項〔同法12条，13条関係〕）については，紛争調整委員会内に設置される「機会均等調停会議」が調停を担当し（均等法18条・19条～27条，均等則3条～12条），労使一方の申請により調停が開始される。しかし，以前からの自主的解決の原則（均等法15条），都道府県労働局長が当該紛争の当事者の双方または一方からその解決につき援助を求められた場合の助言・指導・勧告（均等法17条1項）の制度も残っている。

(3) 労働者の募集および採用に関する紛争の除外

　募集および採用に関する措置については，都道府県労働局長による紛争解決の援助の対象とはなるが，調停等の紛争解決援助の対象からは除かれている（均等法15条・18条1項）。

(4) 紛争調整手続等利用者への不利益取扱い禁止

　なお，女性労働者が調停の申請をしたことや，都道府県労働局長への援助要請を理由として，事業主は，当該女性労働者に対して解雇その他不利益な取扱いをしてはならない（均等法17条2項・18条2項）。

(5) セクハラ事案での機会均等調停の効用・利用上の留意点

(a) 加害者を加えた三者間調停の可能性

機会均等調停会議による調停では，セクハラに関する事項についての労働者と事業主との間の紛争に係る調停のために必要があると認め，かつ，関係当事者の双方の同意があるときは，関係当事者のほか，当該事件に係る職場において性的な言動を行ったとされる者の出頭を求め，その意見を聴くことができる（均等法20条2項）。これにより，被害者と事業主に加えて，加害者を加えた三者間調停の可能性が高まった。

(b) セクハラの存否等につき真偽不明の際の機会均等調停の利用

事業主が，職場におけるセクシュアルハラスメント防止のために雇用管理上必要な講ずべき事項については，指針（「事業主が職場における性的な言動に起因する問題に関して雇用管理上講ずべき措置についての指針」平成18年厚生労働省告示615号。以下，「セクハラ指針」ともいう）が定められているが，同指針によれば，「事実関係を迅速かつ正確に確認しようとしたが，確認が困難な場合などにおいて，法第18条に基づく調停の申請を行うことその他中立な第三者機関に紛争処理を委ねること。」とされている。これにより，セクハラの存否等につき真偽不明等の紛争が継続している場合（にセクハラと申し立てられた行為自体の存否や同意の有無，賠償額，謝罪方法，加害者への処分内容，再発防止措置等をめぐる紛争をも含むものと解される），機会均等調停を事業主が申請することにより，迅速な全面的な解決が実現できる可能性があるばかりでなく，少なくとも，事業主は，均等室や（セクハラ指針は「事業主は，職場におけるセクシュアルハラスメントに係る相談の申出があった場合において，その事案に係る事実関係を迅速かつ正確に確認し，適正に対処することについて」，同指針の定める一定の「措置を講じなければならない」とされている），被害者からのセクハラの被害申出後の対応上の責任（いわゆるセコンドセクハラ責任）を免れる可能性が高まった（岩出・講義（下）1441頁）。

(6) 平成22年度雇用機会均等法の施行状況について

都道府県労働局雇用均等室への相談件数は23,000件を超えており，そのうち労働者からの相談割合は前年度に引き続いて全体の過半数を占めている（図8参照）。

V 雇用機会均等法,パートタイム労働法,改正育児介護休業法上の紛争解決援助・調整手続等　79

図8●都道府県労働局雇用均等室への相談件数推移

（件）

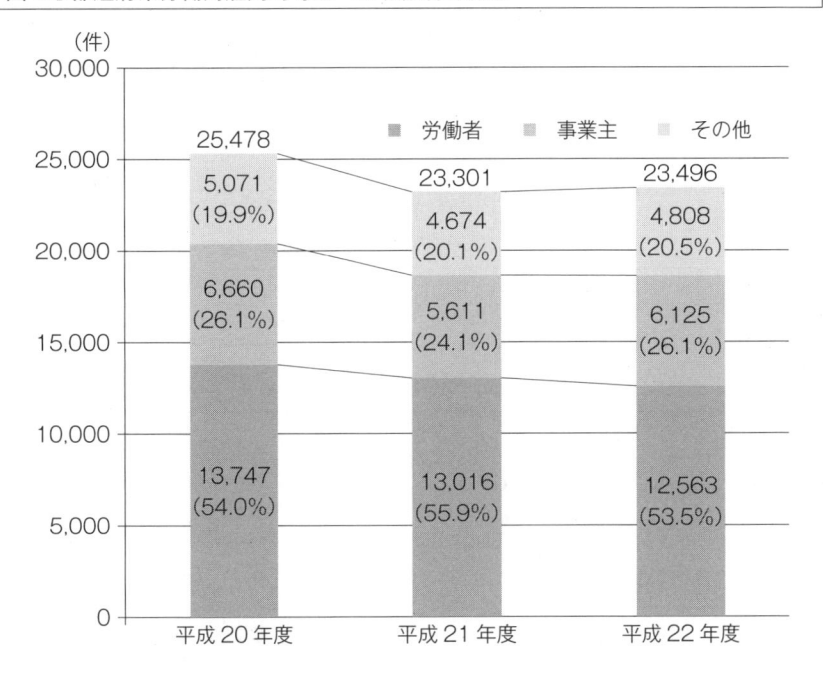

年度	合計	労働者	事業主	その他
平成20年度	25,478	13,747 (54.0%)	6,660 (26.1%)	5,071 (19.9%)
平成21年度	23,301	13,016 (55.9%)	5,611 (24.1%)	4,674 (20.1%)
平成22年度	23,496	12,563 (53.5%)	6,125 (26.1%)	4,808 (20.5%)

　また，相談内容は，「セクシュアルハラスメント」に関する事案が全体の5割を占めて最多であり，次いで，「婚姻，妊娠・出産等を理由とする不利益取扱い」に関する事案，「母性健康管理」に関する事案であり，それらの割合は徐々に上昇し，合わせて3割という結果になっている（「平成22年度男女雇用機会均等法の施行状況」の詳細は次のURL参照。http://www.mhlw.go.jp/general/seido/koyou/danjokintou/dl/sekoujyoukyou_h22.pdf）。

(7) **雇用機会均等法に基づく調停申請書**
　調停申請書の書式については，厚生労働省HPからダウンロードできる（http://www.mhlw.go.jp/general/seido/koyou/woman/index.html）。
　申請書の記載例については**書式9−1，書式9−2**を参照されたい。

書式9-1●調停申請書の記載例

調 停 申 請 書

関係当事者	労働者 氏　名	○ 山 ○ 子
	住　所	(〒○○○-○○○○) 東京都○○区○-○-○ 　　　　　　　　　　　　　電話 03(○○○○)○○○○
	事業主 氏　名 　　　又は名称 　　　住　所	△　△　株式会社 　代表取締役　△△　△子 (〒△△△-△△△△) 東京都○○区△-△-△ 　　　　　　　　　　　　　電話 03(△△△△)△△△△
調停を求める事項 及びその理由		妊娠の報告直後から，執拗な退職の強要を受け，退職せざるをえなくなった。会社は勤務状況の不良が理由と言うが納得できるものではなく，妊娠を理由とする解雇であると考えるため，本来働き続けていれば得られたはずの期間の賃金補償を求める。
紛争の経過		○月×日に妊娠したことを上司に伝えたところ，その直後の○月△日頃から，周りに迷惑をかけているため，自分から辞めるようにと何度も言われ，執拗な退職の強要を受けるようになった。 働き続けたい旨を何度も社会に伝えたが，聞き入れてもらえず，○月□日に解雇理由を「勤務状況の不良のため」とする通知書を渡された。 ※様式で足りない場合は別紙を添付することも可能です。
その他参考となる事項		訴訟は提起しておらず，また，他の救済機関も利用していない。会社には労働組合があるが，本問題が労使交渉で取り上げられたことはない。

平成 ○年 ○月 ○日

　　　　申請者　　氏名又は名称　　　○ 山 ○ 子

○○労働局長　　殿

Ⅴ 雇用機会均等法，パートタイム労働法，改正育児介護休業法上の紛争解決援助・調整手続等

書式9-2 ●調停申請書の記載要領（雇用機会均等法）

(1) 調停の申請は，調停申請書に必要事項を記入の上，労働者に係る事業場の所在地を管轄する都道府県労働局長（雇用均等室経由）あて提出してください。
　申請書の提出は原則として申請者本人が来局して行うことが望ましいものですが，郵送，電子申請等による提出でも受け付けます。
　なお，申請書の提出が来局して行われなかった場合は，申請者本人に来局を求め，事実確認を行うことがあります。
(2) 申請書に記載すべき内容及び注意事項は，次のとおりです。
　① 労働者の氏名，住所等
　　当該調停の申請に係る労働者の氏名，住所等を記載すること。
　　なお，複数の労働者が事業主の同一の措置について申請を行う場合は，1葉の申請書の本欄に連名で記載すれば足りるものであること。
　② 事業主の氏名，住所等
　　当該調停に係る紛争の関係当事者である労働者に係る事業場の名称，住所，代表者の職・氏名等を記載するものであり，必ずしも当該企業の本店，本社所在地とは限らないこと。
　③ 調停を求める事項及びその理由
　　調停を求める事項については，紛争の解決のため希望する措置を，その理由については，紛争の原因となった事業主の措置（不作為を含む）の法違反であると争われている点を正確に記載すること（様式で足りない場合は別紙を添付することも可）。
　　なお，1人の労働者が事業主の複数の措置について申請を行う場合又，事業主が1人の労働者に対し複数の措置について申請を行う場合は，1葉の申請書の本欄に併記すれば足りるものであること。
　④ 紛争の経過
　　紛争に関する措置の内容によって，下記の年月日，並びに他の関係当事者の見解及び企業内苦情処理機関等での取扱い状況等を詳しく記載すること（様式で足りない場合は別紙を添付することも可）。
　・禁止規定に係る紛争については，当該紛争に係る事業主の措置が行われた日（継続する行為の場合は，当該行為が終了した日）
　・セクシュアルハラスメントの措置義務に係る紛争のうち，指針3(3)

イ及びロに関する紛争については，セクシュアルハラスメントが行われた日（継続する行為の場合は，当該行為が終了した日）
・セクシュアルハラスメントの措置義務に係る紛争のうち，指針 3 (4) イ及びロに関する紛争については，プライバシーが保護されなかった日又は不利益取扱いが行われた日（継続する行為の場合は，当該行為が終了した日）
・母性健康管理の措置義務に係る紛争については，女性労働者からの申出に対し事業主が必要な措置を講じなかった日

⑤　その他参考となる事項

当該紛争について確定判決が出されているか否か，起訴手続き又は調停以外の裁判外紛争処理手続きが進行しているか否か，当該事業主の措置又はそれ以外の事由で集団的労使紛争が起こっているか否か，又，企業の雇用管理がこれまでどのように行われてきたか等の情報を記載すること。

⑥　申請者の記名

双方申請の場合は双方の，一方申請の場合は一方の関係当事者の記名を行うこと。

（出典）　厚生労働省パンフレット「男女雇用機会均等法　育児・介護休業法　パートタイム労働法に基づく紛争解決援助制度について」より。

❸ パートタイム労働法上の紛争調整手続等

(1) 厚生労働大臣による助言・指導・勧告等

(a) 手続の概要

　パートタイム労働法上の紛争調整手続等も基本的に，雇用機会均等法上の上記❷と同様の手続を採用している。すなわち，都道府県労働局長による助言・指導・監督等が設けられ（パートタイム労働法21条・22条），都道府県基準局の紛争調整委員会への調停申請手続も利用でき（パートタイム労働法23条・24条），紛争調整手続等利用者への不利益取扱い禁止も設けられている（パートタイム労働法21条2項）。ただし，パートタイム労働法では，現在のところは，企業名公表制度は採用されていないことに留意する必要がある。

(b) 平成 22 年度のパートタイム労働法の施行状況について

　厚生労働省の平成 23 年 5 月 27 日付「平成 22 年度のパートタイム労働法の施行状況等について」によれば，平成 22 年度は相談件数が 6,307 件となり，前年度の約 5,200 件から増加している。

　平成 22 年度の相談件数 6,307 件のうち，事業主からの相談が 43.9％ (2,767 件)，短時間労働者からの相談が 35.8％ (2,255 件) を占めており，事業主からの相談が最多となっている。

　相談内容のうち，指針関係およびその他 (年休，解雇，社会保険等) を除いて，最も多いものは「通常の労働者への転換推進措置」に関するもので 937 件 (14.9％)。次いで，「労働条件の文書交付等」が 809 件 (12.8％)，「差別的取扱いの禁止」に関するものが 406 件 (6.4％)，「賃金の均衡待遇」が 404 件 (6.4％) となっている。

　なお，都道府県労働局雇用均等室による是正指導件数は，前年度と変わらず約 26,000 件であり，「通常の労働者への転換推進措置」に関するものが多かった（「平成 22 年度のパートタイム労働法の施行状況等について」の詳細は http://www.mhlw.go.jp/stf/houdou/2r9852000001djs9-att/2r9852000001djtq.pdf 参照）。

　さらに，厚生労働省では，平成 23 年 2 月 3 日から，「今後のパートタイム労働対策に関する研究会」を開催しており，パートタイム労働法の施行状況等を踏まえ，パートタイム労働法の見直しの検討を進めている。

(c) パートタイム労働法上の紛争調整手続等の対象

　ただし，留意すべきは，この制度の利用は，パートタイム労働法上のすべての紛争ではなく，努力義務規定対象には及んでいない点である。すなわち，調停の対象となる紛争とは，事業主が措置しなければならない事項の内，労働条件の明示，待遇の差別的取扱い，職務の遂行に必要な教育訓練，福利厚生施設の利用の機会の配慮，通常の労働者への転換を推進するための措置，待遇の決定についての説明に関する事項に関する紛争に限られている（パートタイム労働法 20 条）。

(2) 都道府県基準局の紛争調整委員会への調停申請

　パートタイム労働法では，上記(1)(a)のとおり，その対象となる紛争について

図9●相談内容の内訳

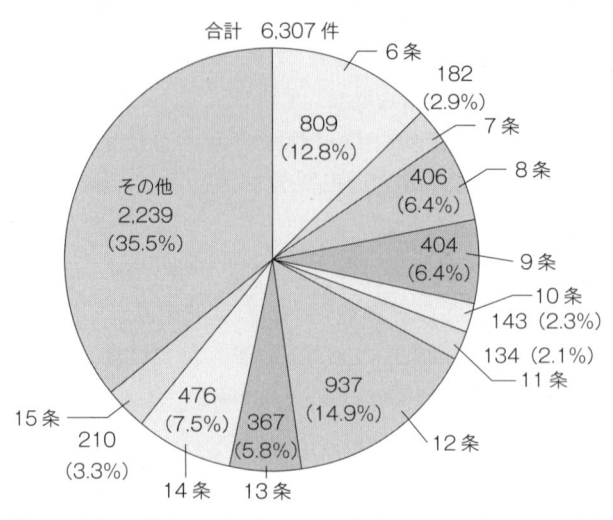

合計 6,307件

- 6条: 809 (12.8%)
- 6条: 182 (2.9%)
- 7条: 406 (6.4%)
- 8条: 404 (6.4%)
- 9条: 143 (2.3%)
- 10条: 134 (2.1%)
- 11条: 937 (14.9%)
- 12条: 367 (5.8%)
- 13条: 476 (7.5%)
- 14条: 210 (3.3%)
- 15条:
- その他: 2,239 (35.5%)

6条（労働条件の文書交付等）、7条（就業規則の作成手順）、8条（差別的取扱いの禁止）、9条（賃金の均衡待遇）、10条（教育訓練）、11条（福利厚生施設）、12条（通常の労働者への転換）、13条（待遇に関する説明）、14条（指針関係）、15条（短時間雇用管理者の選任）

図10●相談件数の推移

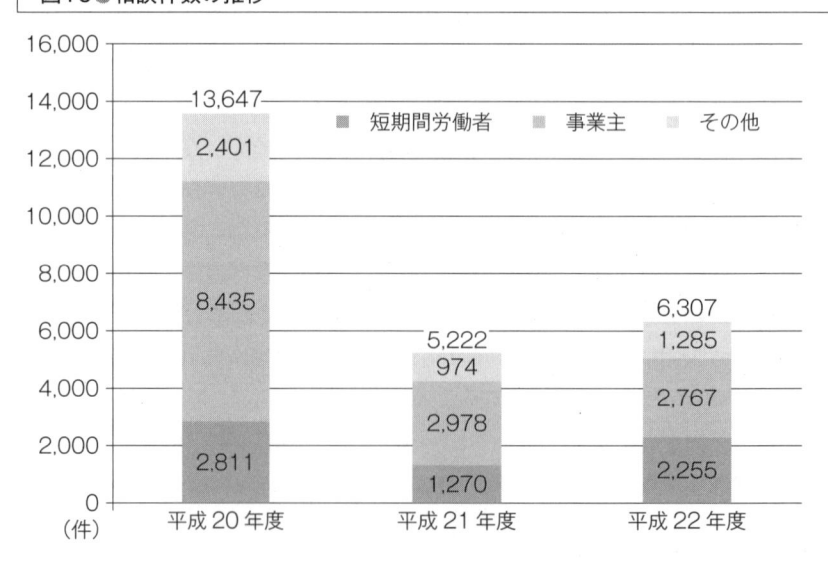

凡例: 短期間労働者　事業主　その他

年度	短期間労働者	事業主	その他	合計
平成20年度	2,811	8,435	2,401	13,647
平成21年度	1,270	2,978	974	5,222
平成22年度	2,255	2,767	1,285	6,307

(件)

は，紛争調整委員会内に設置される「均衡待遇調停会議」が調停を担当し（パートタイム労働法22条），労使一方の申請により調停が開始される。その他，自主的解決の原則（パートタイム労働法19条），都道府県労働局長が当該紛争の当事者の双方または一方からその解決につき援助を求められた場合の助言・指導・勧告（パートタイム労働法21条）の制度が定められている。

(3) 紛争調整手続等利用者への不利益取扱い禁止

パートタイム労働法でも，短時間労働者が調停の申請をしたことや，都道府県労働局長への援助要請を理由として，事業主は，当該短時間労働者に対して解雇その他不利益な取扱いをしてはならない（パートタイム労働法21条2項・22条2項）と定められている。

(4) パートタイム労働法上の均衡待遇調停の効用・利用上の留意点

(a) 調停等の対象

前述(1)(c)のとおり，パートタイム労働法での紛争の解決の促進に関する特例の対象となるのは，配慮義務，実施義務，差別禁止義務対象で，努力義務事項に関しては，都道府県労働局の指導・助言や紛争調整委員会で対応することになる。

(b) 雇用機会均等法上の調停より柔軟な運用が期待される

特徴的なのは，パートタイム労働法では，雇用機会均等法20条1項中「関係当事者」とあるのは「関係当事者又は関係当事者と同一の事業所に雇用される労働者その他の参考人」とされ（パートタイム労働法23条），雇用機会均等法以上に「同一の事業所に雇用される労働者その他の参考人」も参加した紛争処理が可能となっていることである。いたずらに参加者を増やすのが必ずしもよいとはいえないが，多くの関係者からの事情聴取等で調停委員により妥当な調停案を勧告してもらうチャンスが増えることは間違いない。

(c) 使用者側からの利用の工夫

これらの紛争解決援助制度は，多くの場合，労働者側から利用される場合が多いであろう。しかし，昨今，非典型雇用労働での個別的労働関係紛争が，いわゆる個人加盟組合の関与等の，より集団紛争化へと拡大・深刻化するリスク

書式10−1 ●調停申請書の記載例

調 停 申 請 書

関係当事者	短時間労働者	氏 名	○ 田 ○ 子
		住 所	(〒＊＊＊−＊＊＊)東京都○○区○−○−○ 電話　03(＊＊＊＊)＊＊＊＊
	事業主	氏 名 又は名称	△　△　株式会社 　代表取締役　××　×夫
		住 所	(〒※※※−※※※※)東京都◇◇区◇−◇−◇ 電話　03(※※※※)※※※※
	調停を求める事項 及びその理由		契約期間の定めはなく，同僚の正社員□□□□と，職務の内容が同じであり，どちらも転勤がないにもかかわらず，正社員には支給される賞与，退職金が支給されず，賃金も著しく低い等，法第8条で禁止している差別的取扱いがあるので，速やかに，正社員と同じ待遇としてほしい。(詳細別紙)
	紛争の経過		平成20年○月○日に入社をして以来，所定労働時間は短いものの，正社員と全く同じ仕事をしてきたが，賃金額等において差別的取扱いを受けてきたため，○月○日以降，数回に渡り，人事課長に対し，パートタイム労働法で禁止されている差別的取扱いである旨，苦情を申し立ててきたが，正社員とパートでは仕事が異なるとの返答を繰り返すのみであった。(詳細別紙) ※様式で足りない場合は別紙を添付することも可能です。
	その他参考となる事項		訴訟は提起しておらず，また，他の救済機関も利用していない。会社には労働組合はあるが，パートタイム労働者は加入できない。

　平成　○年　○月　○日

　　　　　　申請者　　氏名又は名称　　　○　田　○　子

　○○労働局長　　殿

V 雇用機会均等法,パートタイム労働法,改正育児介護休業法上の紛争解決援助・調整手続等

書式10-2 ●調停申請書の記載要領（パートタイム労働法）

(1) 調停の申請は，調停申請書に必要事項を記入の上，紛争の当事者である短時間労働者に係る事業所の所在地を管轄する都道府県労働局長（雇用均等室経由）あて提出してください。

　申請書の提出は原則として申請者本人が来局して行うことが望ましいものですが，郵送，電子申請等による提出でも受け付けます。

　なお，申請書の提出が来局して行われなかった場合は，申請者本人に来局を求め，事実確認を行うことがあります。

(2) 申請書に記載すべき内容及び注意事項は，次のとおりです。

① 短時間労働者の氏名，住所等

　当該調停の申請に係る短時間労働者の氏名，住所等を記載すること。

　なお，複数の短時間労働者が事業主の同一の措置について申請を行う場合は，1葉の申請書の本欄に連名で記載すれば足りるものであること。

② 事業主の氏名，住所等

　当該調停に係る紛争の関係当事者である短時間労働者に係る事業所の名称，住所，代表者の職・氏名等を記載するものであり，必ずしも当該企業の本店，本社所在地とは限らないこと。

③ 調停を求める事項及びその理由

　調停を求める事項については，紛争の解決のため希望する措置を，その理由については，紛争の原因となった事業主の措置（不作為を含む）が法的に問題であると争われている点を正確に記載すること（様式で足りない場合は別紙を添付することも可）。

　なお，1人の短時間労働者が事業主の複数の措置について申請を行う場合又は，事業主が1人の短時間労働者に対し複数の措置について申請を行う場合は，1葉の申請書の本欄に併記すれば足りるものであること。

④ 紛争の経過

　紛争に関する措置の内容によって，紛争にかかる経緯（時系列），被申請者に対して苦情を述べた時期及び企業内苦情処理機関等での取扱い状況等について詳しく記載すること（様式で足りない場合は別紙を添付することも可）。

⑤ その他参考となる事項

> 当該紛争について確定判決が出されているか否か，訴訟手続又は調停以外の裁判外紛争処理手続が進行しているか否か，当該事業主の措置又はそれ以外の事由で集団的労使紛争が起こっているか否か，又，企業の雇用管理がこれまでどのように行われてきたか等の情報を記載すること。
> ⑥ 申請者の記名
> 双方申請の場合は双方の，一方申請の場合は一方の関係当事者の記名押印を行うこと。ただし，短時間労働者が申請を行う場合は自筆による署名でもかまわないこと。
> (3) 事業主は，短時間労働者が調停申請をしたことを理由として，当該短時間労働者に対して解雇その他不利益な取扱いをしてはならないこととされています。

(出典) 厚生労働省パンフレットより。

が高まっていることを考慮すると，苦情処理での解決困難と認めた場合で，企業側に正当性があると考えらえる場合には，企業の側で先手をとって，上記調停の利用により早期な解決を図ることが得策である場合も少なくない（岩出・講義（下）1443頁）。

(5) パートタイム労働法に基づく調停申請書

調停申請書の書式については，厚生労働省HPからダウンロードできる(http://www.mhlw.go.jp/general/seido/koyou/woman/index.html)。

申請書の記載例については書式10－1，書式10－2を参照されたい。

❹ 改正育児介護休業法上の紛争調整手続等

(1) 厚生労働大臣による助言・指導・勧告・企業名公表制度等

(a) 手続の概要

平成21年に改正された育児介護休業法（一部を除き平成22年6月30日施行。以下，改正育児介護休業法という）上の紛争調整手続等も基本的に，雇用機会均等

法上の手続を採用している。すなわち，労働局長による助言・指導・勧告等が設けられ（育児介護休業法52条の4第1項），都道府県基準局の紛争調整委員会への調停申請手続も利用でき（育児介護休業法52条の5・52条の6），紛争調整手続等利用者への不利益取扱い禁止も設けられている（育児介護休業法52条の4第2項・52条の5第2項）。なお，改正育児介護休業法では，雇用機会均等法と同様に，企業名公表が採用されていることに留意する必要がある（育児介護休業法56条の2）。

(b) 改正育児介護休業法上の紛争調整手続等の対象

この制度の対象となるのは，育児休業制度，介護休業制度，子の看護休暇制度，時間外労働の制限，深夜業の制限，勤務時間の短縮等の措置，育児休業等を理由とする不利益取扱い，労働者の配置に関する配慮である（育児介護休業法52条の3）。

なお，介護休暇制度，育児のための所定外労働の制限，育児のための所定労働時間の短縮措置については，平成21年の育児・介護休業法の改正で新設された内容だが，改正法施行（平成22年6月30日）時点で，常時100人以下の労働者を雇用する事業主への猶予措置が設けられているため，平成24年7月1日からの適用となる点に留意する必要がある。

(c) 平成22年度の育児介護休業法施行状況について

厚生労働省の平成23年5月27日付「平成22年度育児・介護休業法施行状況について」によれば，育児介護休業法に関する相談は約143,000件で，平成22年6月30日から改正育児介護休業法が施行されたことが影響し，前年度の約73,500件から，ほぼ倍増した。このうち，相談者の内訳で見ると，事業主からの相談が全体の78.7％を占め，前年度から62,891件増加し，労働者からの相談も前年度より約900件増加し，10,193件となった。

相談内容の内訳としては，育児関係で最も多いのが「育児休業関係」で28,796件，次いで多いのが「所定労働時間の短縮措置等（第23条）関係」(19,621件)，「その他」(14,828件)となっている。介護関係では，「介護休業関係」が10,809件，「所定労働時間の短縮措置等（第23条）関係」7,010件，「その他」6,320件の順となっている（「平成22年度育児・介護休業法施行状況について」の詳細は http://www.mhlw.go.jp/stf/houdou/2r9852000001dk1v.html 参照）。

表5 ●労働者からの権利等に関する相談内容内訳

(件)

	相談内容	平成22年度			平成21年度
			女性	男性	
育児関係	育児休業関係（期間雇用者の休業関係を除く）	1,001	921	80	900
	期間雇用者の休業関係	325	315	10	228
	子の看護休暇関係	165	155	10	120
	休業に係る不利益取扱い関係	1,543	1,510	33	1,657
	休業以外に係る不利益取扱い関係	178	166	12	／
	所定外労働の制限関係	57	50	7	／
	時間外労働の制限関係	49	42	7	41
	深夜業の制限関係	102	95	7	99
	所定労働時間の短縮措置等（第23条）関係	678	656	22	572
	所定労働時間の短縮措置等（第24条）関係	38	35	3	29
	労働者の配置に関する配慮関係	177	158	19	148
	紛争解決援助制度に係る不利益取扱い関係	14	14	0	／
	休業期間等の通知関係	16	15	1	／
	その他	261	248	13	263
	小計	4,604	4,380	224	4,057
介護関係	介護休業関係（期間雇用者の休業関係を除く）	128	79	49	119
	期間雇用者の休業関係	12	10	2	13
	介護休暇関係	35	21	14	／
	休業に係る不利益取扱い関係	31	21	10	39
	時間外労働の制限関係	6	3	3	3
	深夜業の制限関係	9	2	7	6
	所定労働時間の短縮措置等（第23条）関係	20	11	9	22
	所定労働時間の短縮措置等（第24条）関係	1	1	0	4
	労働者の配置に関する配慮関係	33	9	24	16
	紛争解決援助制度に係る不利益取扱い関係	1	0	1	／
	休業期間等の通知関係	1	0	1	／
	その他	26	12	14	19
	小計	303	169	134	241
	合計	4,907	4,549	358	4,298

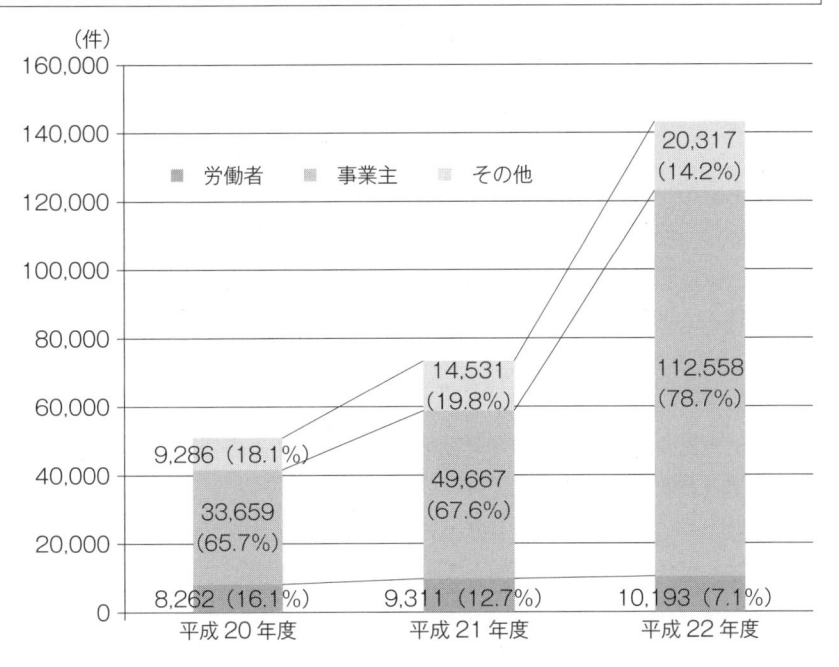

図11● 育児介護休業法に関する相談件数推移

年度	労働者	事業主	その他
平成20年度	33,659 (65.7%)	9,286 (18.1%)	8,262 (16.1%)
平成21年度	49,667 (67.6%)	14,531 (19.8%)	9,311 (12.7%)
平成22年度	112,558 (78.7%)	20,317 (14.2%)	10,193 (7.1%)

(2) 都道府県基準局の紛争調整委員会への調停申請

　平成21年7月1日に改正育児介護休業法が公布され，段階的に施行されており，調停制度は平成22年4月1日から，また，紛争解決の援助，公表制度，過料の規定については，平成21年9月30日から施行されている。平成21年改正前においては，育児介護休業法に関連する紛争については，個別労働紛争法に基づき，都道府県労働局長による助言，指導や，紛争調整委員会によるあっせんにより解決が図られていた。しかし，改正後は，改正育児介護休業法の規定に基づき，都道府県労働局長の助言・指導・勧告等の対象となり，また，当事者の双方または一方が，紛争調整委員会に調停を申請することも可能になった。

　改正育児介護休業法では，前述(1)(b)のとおり，その対象となる紛争については，紛争調整委員会内に設置される「両立支援調停会議」（育児介護休業則60条の2）が調停を担当し（育児介護休業法52条の5第1項），労使一方の申請により

調停が開始される。その他，自主的解決の原則（育児介護休業法 52 条の 2），都道府県労働局長が当該紛争の当事者の双方または一方からその解決につき援助を求められた場合の助言・指導・勧告（育児介護休業法 52 条の 4 第 1 項）の制度が設けられている。

(3) 紛争調整手続等利用者への不利益取扱い禁止

雇用機会均等法，パートタイム労働法と同様に，労働者が妊娠または出産したこと，産前産後休業または育児休業等の申出をしたことまたは取得をしたこと等を理由として，解雇その他不利益な取扱いをすることは禁止されている（育児介護休業法 52 条の 4 第 2 項・52 条の 5 第 2 項）。

(4) 改正育児介護休業法上の均等調停の効用・利用上の留意点

(a) 使用者側からの利用の工夫

前述❸(4)(c)でも指摘したとおり，これらの紛争解決援助制度を，企業の側で先手をとって，上記調停の利用により早期な解決を図ることが得策である場合も少なくない（岩出・講義（下）1444 頁）。

(b) 改正育児介護休業法上の紛争調整手続等の施行時期

改正育児介護休業法上の紛争調整手続等の施行時期は，他の介護休暇等と異なり，調停については平成 22 年 4 月 1 日から，また，紛争解決の援助，公表制度，過料の規定については，平成 21 年 9 月 30 日から施行されている。

(5) 育児介護休業法に基づく調停申請書

調停申請書の書式については，厚生労働省 HP からダウンロードできる（http://www.mhlw.go.jp/general/seido/koyou/woman/index.html）。

申請書の記載例については**書式 11－1**，**書式 11－2**を参照されたい。

V 雇用機会均等法, パートタイム労働法, 改正育児介護休業法上の紛争解決援助・調整手続等

書式11−1 ●調停申請書の記載例

調 停 申 請 書

関係当事者	労働者 氏 名	○ 村 ○ 美
	住 所	(〒○○○−○○○○)東京都○○区○−○−○ 電話 03(○○○○)○○○○
	事業主 氏 名 又は名称 住 所	□ □株式会社 代表取締役 ×田 ×雄 (〒□□□−□□□□)東京都□□区□−□−□ 電話 03(□□□□)□□□□
調停を求める事項及びその理由		育児休業から復帰直前に会社から解雇を予告された。会社は経営困難が理由と言うが, 納得できるものではなく, 育児休業を取得したことを理由とする解雇であると考えるため, 解雇の撤回を求める。
紛争の経過		○月×日に育児休業復帰後の職務について相談したところ, 復帰しても仕事がないので, 退職してほしいと言われた。○月△日に退職するつもりはないことを人事課長に伝えたが, その後も復帰後の職務等について問い合わせても, 復帰は難しいので育児に専念することを考えてほしいと言われた。復帰の1ヵ月前の△月○日になって経営困難であることを理由に育児休業終了日をもって解雇すると言われた。(詳細別紙) ※様式で足りない場合は別紙を添付することも可能です。
その他参考となる事項		訴訟は提起しておらず, また, 他の救済機関も利用していない。会社には労働組合があるが, 本問題が労使交渉で取り上げられたことはない。

平成 ○年 ○月 ○日

　　　　申請者　　氏名又は名称　　　○ 村 ○ 美

○○労働局長　　殿

書式11-2●調停申請書の記載要領（育児介護休業法）

1 調停の申請は，調停申請書に必要事項を記入の上，労働者に係る事業所の所在地を管轄する都道府県労働局長（雇用均等室経由）あて提出してください。
　申請書の提出は原則として申請者本人が来局して行うことが望ましいものですが，郵送，電子申請等による提出でも受け付けます。
　なお，申請書の提出が来局して行われなかった場合は，申請者本人に来局を求め，事実確認を行うことがあります。
2 申請書に記載すべき内容及び注意事項は，次のとおりです。
　(1) 労働者の氏名，住所等
　　当該調停の申請に係る労働者の氏名，住所等を記載すること。
　　なお，複数の労働者が事業主の同一の措置について申請を行う場合は，1葉の申請書の本欄に連名で記載すれば足りるものであること。
　(2) 事業主の氏名，住所等
　　当該調停に係る紛争の関係当事者である労働者に係る事業所の名称，住所，代表者の職・氏名等を記載するものであり，必ずしも当該企業の本店，本社所在地とは限らないこと。
　(3) 調停を求める事項及びその理由
　　調停を求める事項については，紛争の解決のため希望する措置を，その理由については，紛争の原因となった事業主の措置（不作為を含む）の法違反であると争われている点を正確に記載すること（様式で足りない場合は別紙を添付することも可）。
　　なお，1人の労働者が事業主の複数の措置について申請を行う場合又，事業主が1人の労働者に対し複数の措置について申請を行う場合は，1葉の申請書の本欄に併記すれば足りるものであること。
　(4) 紛争の経過
　　紛争に関する措置の内容によって，当該紛争に係る事業主の措置が行われた年月日（継続する行為の場合は，当該行為が終了した年月日），並びに他の関係当事者の見解及び企業内苦情処理機関等での取扱い状況等を詳しく記載すること（様式で足りない場合は別紙を添付することも可）。
　(5) その他参考となる事項

当該紛争について確定判決が出されているか否か，起訴手続き又は調停以外の裁判外紛争処理手続きが進行しているか否か，当該事業主の措置又はそれ以外の事由で集団的労使紛争が起こっているか否か，又，企業の雇用管理がこれまでどのように行われてきたか等の情報を記載すること。
  (6) 申請者の記名
     双方申請の場合は双方の，一方申請の場合は一方の関係当事者の記名を行うこと。
 3 事業主は，労働者が調停申請をしたことを理由として，当該労働者に対して解雇その他不利益な取扱いをしてはならないとされています。
  ※調停を求める事項が男女雇用機会均等法又はパートタイム労働法と育児・介護休業法の双方に関係する場合であっても，1葉の申請書を提出すれば足ります。

(出典) 厚生労働省パンフレットより。

●村上　理恵子●

Ⅵ　都道府県労政主管課・労働委員会等によるあっせん等

1　都道府県労政主管課によるあっせん

　一部の大都市に限られてはいるが，都道府県労政主管課（具体的申請・相談先の名称は各都道府県によって異なる）で個別労働関係紛争のあっせんを行っている場合があり，現実に相当な解決率が見られ，労使紛争の簡易・迅速な解決に向け，大きな役割を果たしている。ただし，当事者に対して，あっせんに応じることや，あっせんの結果としての合意内容を強制することはできない。なお，個別労働関係紛争のあっせんを行っている都道府県労政主課等は表6のとおりである。
　たとえば，東京都の労働相談情報センター（旧称は労政事務所）での相談件数の高止まりの様子は（東京都HP掲載の「労使別・年度別労働相談件数」によれば，平

表6 ●個別労働関係紛争のあっせんを行っている都道府県労政主管課等

都道府県名	申請・相談先
埼玉県	産業労働部勤労者福祉課，地域振興センター
東京都	労働相談情報センター
神奈川県	労働センター
大阪府	総合労働事務所
兵庫県	労使相談センター（経営者協会と連合による共同運営）
福岡県	労働者支援事務所
大分県	労政・相談情報センター

（出典）厚生労働省・中央労働委員会HP参照。
http://www.mhlw.go.jp/churoi/assen/kobetsuhp.html

成22年度の労使相談件数は，52,196件で，平成18年度以降，5年連続で5万件を超える高い水準となっている），かかる機関へのニーズの高さを示している（以上および以降岩出・講義（下）1444頁参照）。

❷ 地方労働委員会によるあっせん等

　前述のとおり，労働委員会が，後述の集団労働関係のあっせんや，国の紛争調整委員会とは別個に，各自治体の条例に従い，個別労働関係紛争の調整を行うことができることになり，少なからぬ自治体で労働事務所等との連携の下に，あっせん等を行っている。ただし，中央労働委員会，東京都労働委員会，兵庫県労働委員会，福岡県労働委員会では個別労働関係紛争のあっせんは，行っていない。

●鳥 井 玲 子●

Ⅶ　仲裁──弁護士会の仲裁センター等

1　仲裁法による仲裁

(1)　仲裁制度

　仲裁法による仲裁制度とは，当事者の合意により，既に生じた民事上の紛争または将来において生ずる一定の法律関係（契約に基づくものであるかどうかを問わない）に関する民事上の紛争の全部または一部の解決を仲裁人にゆだね，かつ，その判断に服することを合意し，仲裁によって紛争を解決する制度である（仲裁法2条）。

　仲裁人（仲裁機関）は，仲裁法の規定に基づき，当事者の合意によって決めることができる。

　将来発生するかもしれない紛争については，当事者間で，あらかじめ仲裁合意をしておく使われ方が多い。仲裁合意が利用されている例としては，①国際商事関係の紛争において仲裁機関が当事者の仲裁合意に基づいて行う仲裁，②建築した建物に欠陥がある，請負代金の未払いがある等の請負契約の解釈または実施をめぐる紛争において，当事者の一方または双方が建設業者である場合に，建設業法に基づき各都道府県に設けられた建設工事紛争審査会が行う仲裁，③交通事故の被害者と加害者の紛争について，財団法人交通事故紛争処理センターが行う仲裁等がある。

(2)　弁護士会の仲裁センター

　弁護士会の仲裁センターでは，当事者間の話合いで和解により解決ができる紛争すべてを対象として，あっせんを行っている。扱っている例としては，借地借家のトラブル，近隣トラブル，家族や親族間のもめごと，男女関係のトラブル，解雇をめぐるトラブル，売買・請負契約に関する紛争，医療事故，金融商品に関するトラブル，損害賠償等があり，多岐にわたる。和解で決着がつかず，両当事者が仲裁人の判断に従うという仲裁合意をした場合には，仲裁判断を行う。

2 仲裁の効力

　仲裁合意は，紛争の解決を仲裁人にゆだね，その判断に服することへの当事者の合意であるので，仲裁合意がなされている場合には，紛争について仲裁手続を起こすしかなく，裁判を起こすことはできなくなる。

　裁判を起こした場合，相手の当事者から，仲裁合意があるのだから仲裁によるべきだとの主張がなされれば，裁判は却下される（仲裁法14条）。

　また，裁判と異なり，仲裁手続は，公開の法廷で当事者が民事訴訟法上の様々な規定に基づき，証拠を集め，主張・立証を尽くし，裁判所が審理をするのではなく，仲裁機関の定める比較的簡便な手続によって行われ，その結果に不満があったとしても，不服申立ての手続がない。仲裁判断には，確定判決と同一の効力があって，仲裁判断に基づき強制執行ができる（仲裁法45条）。

3 将来において生ずる個別労働関係紛争の仲裁からの対象除外

　仲裁法の施行（平成16年3月1日）後に成立した仲裁合意であって，将来において生ずる個別労働関係紛争を対象とする合意は，当分の間，無効とされている（仲裁法附則4条）。

　将来において生ずる個別労働関係紛争について，たとえば，労働契約締結の時に紛争の解決は仲裁合意にゆだねる旨合意するとなると，労使当事者間の情報の質および量，交渉力の格差，採用を希望する労働者が仲裁合意の内容をよく吟味したうえで締結する，しないの選択をすることは現実的には困難な場面が多いといえ，労働者の裁判を受ける権利を制限することにもつながりかねないとの懸念から，このような附則が設けられた。

4 個別労働関係紛争解決手続としての仲裁の今後の課題

　しかしながら，今後，個別労働関係紛争についても，労働者の不利益にならない形での仲裁であれば，裁判とは異なる簡易迅速な紛争解決方法の一つとして利用が期待される面もある。

　社会保険労務士が，認証されたADR（裁判外紛争解決手続）機関での紛争解決において，代理人となることが認められたことから，こうしたADRの一つと

して，仲裁制度が個別労働関係紛争の解決手段として利用されることが考えられる。

Ⅷ　簡易裁判所の調停

1　新たな労使関係調停制度の創設の経緯とその意義

(1)　労使関係調停の試行

　雇用や賃金をめぐる労使間トラブルの増加に対応するため，平成23年4月より，東京簡易裁判所で，労働問題に詳しい弁護士を調停委員として参加させて行う労使関係調停が試験的に始まった。

　民事調停法の枠内で試験的に行っているものであるが，調停委員のうち1名は，労働問題に精通した弁護士とする体制で行われている。解決機能も高いようで，今後，紛争解決手段の一つとして注目されている。

　今後，労使関係調停での紛争解決事例が増加すれば，労使関係調停が制度化され，東京以外の地域の主要都市の簡易裁判所でも，労使関係調停が行われるようになる予定である。

(2)　民事調停制度の労働事件への利用

　労働事件への民事調停の利用も少なくはない。手続が非公開であるため，話合いによる解決になじむセクハラ・パワハラ事案，立証に困難がある事案，金銭的な請求になじまず，現在在職中で処遇を問題としたい場合などに，紛争解決の役割が期待される。

2　調停制度の概要

(1)　調停制度

　調停は，裁判官のほかに一般市民から選ばれた調停委員2人以上が加わって組織した調停委員会が，当事者双方の言い分を聴き，必要があれば事実調査し，法律的な評価をもとに，条理に基づいて当事者に対し互いに譲歩を促し，実情に即して紛争を解決することを目的とした制度である。

調停は，非公開の手続で，申立てにかかる裁判所の手数料も訴訟より安価であり，訴訟のように手続が厳格ではなく，当事者が専門家に頼まなくてもよいという点において，利用がしやすいという利点がある。

医事関係，建築関係，賃料の増減，騒音・悪臭等の近隣公害などの解決のために専門的な知識経験を要する事件についても，医師，建築士，不動産鑑定士等の専門家の調停委員が関与するため，専門家の意見を反映した解決が可能である。

(2) 管轄裁判所

調停を行うにあたっての管轄裁判所は相手方の住所，居所，営業所または事務所の所在地を管轄する簡易裁判所である。また，当事者が合意で定めた簡易裁判所，地方裁判所で行うこともできる（民事調停法3条）。

3 個別労働関係紛争への実務的留意点

(1) 調停が成立した場合の効果

調停が成立した場合の調停調書は，確定判決と同じ効力があり（民事調停法16条），後から不服申立てはできない。また，調停調書において約束した事項が守られなかった場合，調停調書により，強制執行をすることができる。

(2) 調停が成立しなかった場合のその後の手続

当事者が話合いで折り合えれば調停成立となるが，折り合えない場合，調停委員会は，調停を打ち切る。

裁判所は，調停が成立する見込みがない場合でも，当事者双方のために，衡平に考慮し，一切の事情を見て，職権で，事件の解決のために必要な決定をすることがある（民事調停法17条）。これを「調停に代わる決定」という。

この決定に対しては，当事者は2週間以内に異議を申し立てることができ，異議の申立てがあると決定は効力を失い，不調となるが，当事者双方から異議の申立てがなかった場合には，裁判上の和解と同一の効力，すなわち，確定判決と同じ効力を持ち，前述のように，強制執行も可能となる。

調停が成立しなかった場合に，紛争の解決を求める場合は，労働審判や訴訟

などの利用を検討することとなる。

なお，調停打切りの通知を受けてから2週間以内に同じ紛争について訴訟を起こした場合には，不調の証明書を裁判所に提出すれば，調停申立ての際に納めた手数料の額は，訴訟の手数料の額から差し引くことができる。

●石　居　茜●

IX　ADR法の概要と労使紛争への利用

1　裁判外紛争解決手続（ADR）の概要

(1)　裁判外紛争解決手続（ADR）の定義

裁判外紛争解決手続とは，ADR (Alternative Dispute Resolution) とも呼ばれるが，仲裁，調停，あっせんなどの，裁判によらない紛争解決方法を広く指す。たとえば，裁判所において行われている民事調停もこれに含まれ，紛争調整委員会等の行政機関（たとえば建設工事紛争審査会，公害等調整委員会など）が行う仲裁，調停，あっせんの手続や（以上につき，公的ADRや行政型ADRということもある），弁護士会の仲裁センター，社労士会労働紛争解決センター，社団法人その他の民間団体が行うこれらの手続も，すべて裁判外紛争解決手続に含まれる。

このような裁判外紛争解決手続を定義すれば，「訴訟手続によらず民事上の紛争を解決しようとする紛争の当事者のため，公正な第三者が関与して，その解決を図る手続」となる（以上および以降，岩出・講義（下）1449～1453頁参照）。

(2)　裁判外紛争解決手続に何が求められているのか

我が国には，裁判所，行政機関，民間といった多様な主体による，仲裁，調停，あっせんなどの，多様な形態の裁判外紛争解決手続がある。しかしながら，現在のところ，裁判所の調停などは大いに利用されているが，民間事業者の行う裁判外紛争解決手続は，一部を除き，国民への定着が遅れ，必ずしも十分には機能していないという状況にある。

裁判外紛争解決手続は，厳格な手続にのっとって行われる裁判に比べて，紛争分野に関する第三者の専門的な知見を反映して紛争の実情に即した迅速な解決を図るなど，柔軟な対応が可能であるという特長がある。したがって，このような裁判外紛争解決手続の機能を充実し，利用しやすくすれば，紛争を抱えている国民が，世の中の様々な紛争解決手段の中から，自らにふさわしいものを容易に選択することができるようになり，より満足のいく解決を得ることができると期待される。

このようなことから，裁判外紛争解決手続の機能の充実が求められ「裁判外紛争解決手続の利用の促進に関する法律」（以下，「ADR法」という）が成立した。

(3) ADR法の目的

ADR法は，裁判外紛争解決手続の機能を充実することにより，紛争の当事者が解決を図るのにふさわしい手続を選択することを容易にし，国民の権利利益の適切な実現に資することを目的とする。

具体的には，
① 裁判外紛争解決手続の基本理念を定めること
② 裁判外紛争解決手続に関する国等の責務を定めること
③ 裁判外紛争解決手続のうち，民間事業者の行う和解の仲介（調停，あっせん）の業務について，その業務の適正さを確保するための一定の要件に適合していることを法務大臣が認証する制度を設けること
④ 上記③の認証を受けた民間事業者の和解の仲介の業務については，時効の中断，訴訟手続の中止等の特別の効果が与えられること

を主な内容とし，平成19年4月1日から施行されている。

労使関係の紛争にも，今後，ADR法に基づく認証紛争解決事業者が関与することが予想される。

❷ ADR法が設けた「認証の制度」と効果

民間事業者の行う裁判外紛争解決手続について，その業務の適正さを確保するための一定の要件を定めるADR法の認証制度が設けられている。この認証

制度は，裁判外紛争解決手続のうち和解の仲介の業務を行う民間事業者について，その申請により，法務大臣が，ADR法の定める一定の要件を満たすことを認証するものであり，認証を受けた民間事業者（以下，「認証紛争解決事業者」という）には，次のような効果が与えられる。

① 認証業務であることを独占して表示することができること
② 認証紛争解決事業者は，弁護士または弁護士法人でなくとも，報酬を得て和解の仲介の業務を行うことができること（弁護士法72条の例外）
③ 認証紛争解決事業者の行う和解の仲介の手続における請求により時効が中断すること（ただし，和解の仲介の手続終了後1か月以内の提訴が条件となる）
④ 認証紛争解決事業者の行う和解の仲介の手続と訴訟が並行している場合に，裁判所の判断により訴訟手続を中止することができること
⑤ 離婚の訴え等，裁判所の調停を得なければ訴えの提起ができないとの原則のある事件について，（認証紛争解決事業者の行う）和解の仲介の手続を経ている場合は，当該原則を適用しないこと

他方，認証紛争解決事業者は，
① 業務の内容や実施方法に関する一定の事項を事務所に掲示すること
② 利用者たる紛争の当事者に対して，手続の実施者（調停人，あっせん人）に関する事柄や手続の進め方などをあらかじめ書面で説明すること

が義務付けられ，また，法務大臣は，認証紛争解決事業者の名称・所在地，業務の内容や実施方法に関する一定の事項を公表することができるものとしており，これらにより，国民に対して選択の目安となる十分な情報が提供されるようになる。

❸ 認証を受けない民間事業者の取扱い

なお，認証を受けるかどうかは，民間事業者の判断にゆだねられる。認証を受けない民間事業者も，引き続き，これまでと同様の形で，裁判外紛争解決手続を行うことができる。

なお，仲裁の業務は認証の対象とはされていない。これは，仲裁については仲裁法により時効の中断等の法的効果が与えられており，認証により法的効果を与える必要がないからである。

X　社会保険労務士と代理業務の範囲

❶　特定社会保険労務士制度の概要

　ADR法の施行に伴い，同法によるADRへの関与を容易にすべく，平成17年6月社会保険労務士法が一部改正（施行は19年4月1日）され，社会保険労務士が紛争解決手続代理業務（詳細は，❷参照）をできることとされた。この紛争解決手続代理業務は，紛争解決手続代理業務試験に合格し，かつ，社会保険労務士法14条の11の3第1項の規定による付記を受けた社会保険労務士（以下，「特定社会保険労務士」という）に限り，行うことができる（社労士法2条2項）。

　なお，紛争解決手続代理業務試験は，紛争解決手続代理業務を行うのに必要な学識および実務能力に関する研修であって厚生労働省令で定めるものを修了した社会保険労務士に対し，当該学識および実務能力を有するかどうかを判定するために，毎年1回以上（現行毎年1回），厚生労働大臣が行うこととされている（社労士法13条の3）。

❷　特定社会保険労務士の取扱業務の範囲・制限

(1)　特定社会保険労務士の取扱業務の範囲

　前述のとおり平成17年に社会保険労務士法の一部改正（施行は19年4月1日）が行われ，社会保険労務士が紛争解決手続代理業務を行うことができることとされた。なお，同改正により，社会保険労務士の労働争議への介入を禁止する規定が削除され，社会保険労務士が争議行為の対策の検討，決定に参与できることになったが，労働争議時の団体交渉で，一方の代理人になる業務は引き続き行うことができない。

　紛争解決手続代理業務とは，以下の①ないし③の業務（社労士法2条1項1号の4ないし1号の6に掲げる業務）をいう。

　①　個別労働紛争法6条1項の紛争調整委員会における同法5条1項のあっせんの手続ならびに雇用機会均等法18条1項，育児介護休業法52条の5第1項およびパートタイム労働法22条1項の調停の手続について，紛争の当事者を代理すること。

②　地方自治法180条の2の規定に基づく都道府県知事の委任を受けて都道府県労働委員会が行う個別労働関係紛争（個別紛争法1条に規定する個別労働関係紛争）に関するあっせんの手続について、紛争の当事者を代理すること。
③　個別労働関係紛争（紛争の目的の価額が民事訴訟法368条1項に定める額〔60万円〕を超える場合には、弁護士が同一の依頼者から受任しているものに限る）に関する民間紛争解決手続（ADR法2条1号に規定する民間紛争解決手続をいう）であって、個別労働関係紛争の民間紛争解決手続の業務を公正かつ適確に行うことができると認められる団体として厚生労働大臣が指定するものが行うものについて、紛争の当事者を代理すること。

　なお、紛争解決手続代理業務には、次に掲げる事務が含まれるとされている。①紛争解決手続について相談に応ずること、②紛争解決手続の開始から終了に至るまでの間に和解の交渉を行うこと、③紛争解決手続により成立した和解における合意を内容とする契約を締結すること、したがって、特定社会保険労務士は、和解合意に結びつけるための交渉や、合意書の締結もできるが、紛争解決手続の開始前に代理人となって事前交渉をするようなことは認められない。このため、あっせん申請を提出したその足で交渉を開始するというのが最も早い開始時期となろう。

　このほか、「紛争解決手続についての相談に応ずること」、「依頼者の紛争の相手方との和解のための交渉」および「和解契約の締結の代理」の運用にあたり、留意すべき事項として次の①ないし⑦が通達されている（平成19・3・26厚労省基発0326009号、庁文発0326011号）。

①　法第2条第3項第1号に規定する「相談」は、具体的な個別労働関係紛争について依頼者があっせん等によって解決する方針を固めた以降、紛争解決手続代理業務受任前の「相談」（受任後の相談は、紛争解決手続代理業務に含まれる。）であり、労働者等があっせん等によって紛争を解決する方針を固める以前にあっせん制度等を説明することは、法第2条第1項第3号の相談・指導として行うことができること。このため、特定社会保険労務士でない社会保険労務士

は，法第2条第3項第1号に規定する個別労働関係紛争に関するあっせん手続等について相談を行うことができないことに留意すること。

② 法第2条第3項第2号に規定する「紛争解決手続の開始」時とは，あっせん申請書等が都道府県労働局長等に受理されたときであること。

なお，特定社会保険労務士は法第2条第3項第1号に規定する紛争解決手続（以下「紛争解決手続」という。）の開始から終了に至るまでの間，あっせん期日等に限定されず，相手方と直接に和解の交渉を行うことができるものであるが，紛争解決手続外で申請人等を代理して和解することは認められないこと。

③ 紛争当事者間において合意が成立した場合，当事者間に和解契約が成立していることとなるものであるが，法第2条第3項第3号の規定は当該合意を内容とする契約書の作成・締結を特定社会保険労務士が行うことができる旨，規定したものであること。

④ 特定社会保険労務士が紛争解決手続代理業務としてあっせん，調停等の期日において紛争当事者を代理して意見陳述等の行為を行うには，個別労働関係紛争の解決の促進に関する法律施行規則第8条第3項に規定するあっせん委員の許可，雇用の分野における男女の均等な機会及び待遇の確保等に関する法律施行規則第8条第3項に規定する主任調停委員の許可等を要すること。

⑤ 特定社会保険労務士又は紛争解決手続代理業務を行うことを目的とする社会保険労務士法人（以下「特定社会保険労務士法人」という。）が紛争解決手続代理業務を行う場合において申請書等をあっせん委員等に提出するときは，当該特定社会保険労務士又は特定社会保険労務士法人に対して紛争解決手続代理の権限を与えた者が記名押印又は署名した申請書等に「紛争解決手続代理者」と表示し，かつ，当該紛争解決手続代理に係る特定社会保険労務士の名称を冠して記名押印しなければならないこと。

この場合における申請書等には，法第2条第1項第1号の5又は第1号の6に規定する個別労働関係紛争に関するあっせんの手続又

は個別労働関係紛争に関する認証紛争解決手続に関して行政機関等に提出する書類が含まれるものであること。

　　また，行政機関等に提出する書類とは，あっせん等の申請書，代理人の許可の申請書，補佐人の許可の申請書その他あっせん委員等に対する任意の書類を指すものであること。
⑥　紛争解決手続代理業務の委任を受けた特定社会保険労務士又は特定社会保険労務士法人は，その使用人である特定社会保険労務士又はその特定社会保険労務士である社員（以下「特定社員」という。）以外の者に当該業務を代理又は代行させることは認められないものであること。

　　また，上記において，代理又は代行して紛争解決手続代理業務を行う特定社会保険労務士は，他の者にさらに当該業務を代理または代行させることは認められないものであること。
⑦　平成15年3月26日付け基発第0326002号・庁文発第822号「社会保険労務士法の一部を改正する法律等の施行について」記の第1の5⑶において「社労士は，あっせん委員の許可を受け，紛争当事者があっせん期日に出席する際に同行し，紛争当事者が行う他方当事者の主張やあっせん委員に対する事実関係の説明等を補佐することも差し支えないこと。」としていたところであるが，今回の法改正により，紛争解決手続代理業務は，特定社会保険労務士に限り行うことができるものとされたことから，紛争解決手続にかかる補佐人業務を特定社会保険労務士ではない社会保険労務士が行うことは認められなくなるものであること。

⑵　**社会保険労務士法人と紛争解決手続代理業務**
　社員のうちに特定社会保険労務士がある社会保険労務士法人に限り，紛争解決手続代理業務を行うことができ（社労士法25条の19），紛争解決手続代理業務を行うことを目的とする社会保険労務士法人における紛争解決手続代理業務については特定社会保険労務士である社員（「特定社員」という）のみが業務を執行する権利を有し，義務を負うこととされている（社労士法25条の15）。

(3) 特定社会保険労務士の取扱業務への制限

　社会保険労務士には社会保険労務士法22条で，業務を行い得ない事件に関する義務が定められており，国または地方公共団体の公務員として職務上取り扱った事件および仲裁手続により仲裁人として取り扱った事件については，その業務を行ってはならないとされている（社労士法22条1項）。そして，特定社会保険労務士については，これらに加え，同条2項において，次の①ないし⑤に掲げる事件については，紛争解決手続代理業務を行ってはならず，③については，受任している事件の依頼者が同意した場合は，この限りでないとされている。なお，同様に，紛争解決代理業務に関し，社会保険労務士法人の業務の範囲に関する制限（社労士法25条の17）も整備されている。

① 　紛争解決手続代理業務に関するものとして，相手方の協議を受けて賛助し，またはその依頼を承諾した事件
② 　紛争解決手続代理業務に関するものとして相手方の協議を受けた事件で，その協議の程度および方法が信頼関係に基づくと認められるもの
③ 　紛争解決手続代理業務に関するものとして受任している事件の相手方からの依頼による他の事件
④ 　開業社会保険労務士の使用人である社会保険労務士または社会保険労務士法人の社員もしくは使用人である社会保険労務士としてその業務に従事していた期間内に，その開業社会保険労務士または社会保険労務士法人が，紛争解決手続代理業務に関するものとして，相手方の協議を受けて賛助し，またはその依頼を承諾した事件であって，自らこれに関与したもの
⑤ 　開業社会保険労務士の使用人である社会保険労務士または社会保険労務士法人の社員もしくは使用人である社会保険労務士としてその業務に従事していた期間内に，その開業社会保険労務士または社会保険労務士法人が紛争解決手続代理業務に関するものとして相手方の協議を受けた事件で，その協議の程度および方法が信頼関係に基づくと認められるものであって，自らこれに関与したもの

●鳥　井　玲　子●

第2章 労災保険給付をめぐる紛争調整手続

I 労災保険給付への不服申立て

1 労働保険審査官への審査請求

　被災者等が，行政庁たる労働基準監督署長がした保険給付をしないという決定に対して不服がある場合の手続については，「労働保険審査官及び労働保険審査会法」（以下，「労保審法」という）が規定している。まず，最初の申立ては，都道府県労働局ごとに置かれている労働者災害補償保険審査官（以下，「労働保険審査官」という）宛てに審査請求の申立てをすることになる（労災保険法38条1項）。しかし，保険給付の対象者ではない事業主は，不服申立てはできない。

　この審査請求は，処分のあったことを知った日の翌日から60日以内に文書または口頭で行うこととなるが（労保審法8条・9条），労働保険審査官に直接するのが原則だが，所轄の労働基準監督署長または最寄りの労働基準監督署長を経由して申し立てることもできる（労保審令3条1項・2項）。

2 労働保険審査会への再審査請求

　さらに，労働保険審査官に対して行った審査請求を受けて審査決定がなされ，その決定についてなお不服がある被災者等は，今度は労働保険審査会に対して再審査請求の申立てをすることができる（労災保険法38条1項）。

　また，審査請求をした日の翌日から起算して3か月経過しても労働保険審査官による決定がないときは，決定を経ないで労働保険審査会に対して再審査請求の申立てをすることができる（労災保険法38条2項）。

　この再審査請求は，審査請求と異なり必ず文書で行わなければならず，再審

査請求ができる期間は，労働保険審査官の審査決定を受けた日の翌日から起算して60日以内であるが (労保審法38条1項)，労働保険審査会に直接行うほか，所轄の労働基準監督署長または最寄りの労働基準監督署長もしくは決定をした労働保険審査官を経由して申し立てることもできる (労保審令23条1項・2項)。労働保険審査会は，国会の承認を得た9名 (うち3名は非常勤) の委員と事業主代表，労働者代表，それぞれ6名の参与で構成されている (労保審法25条以下) (この審査会の運営状況や救済状況については，たとえば，厚生労働省HP掲載の平成23年3月31日現在「労働保険再審査関係統計表」，裁決例については，労働保険審査会の「裁決事案一覧」等を参照)。

❸ 裁決前置主義の採用

　ある行政処分に対して審査請求と取消訴訟の2つの争訟手続が認められる場合に，この両者の関係をどのようにするかということについては，大別して不服申立 (裁決) 前置主義と自由選択主義の2つの立場があり，行政事件訴訟法8条1項は，処分の取消しの訴えは，その処分について法令の規定により審査請求ができる場合でも直ちに提起することができるとして自由選択主義を原則的に採用しながら，例外として，法律にその処分についての審査請求に対する裁決を経なければ処分の取消しの訴えを提起することができない旨の定めがある場合にはこの限りでないとしている。
　そして，労災保険法40条は，保険給付に関する処分が大量に行われており行政の統一性を図る必要があること，処分の内容が専門的知識を要するものが多いうえ，保険給付に関する審査請求および再審査請求の審査機構が第三者性を持っていること，行政庁に対する不服申立てを前置する方が，訴訟費用・係争期間等を考慮すると簡易・迅速に国民の権利，利益の救済を図るのに有効である等の理由から，不服申立前置主義を採用している。

❹ 時効中断効

　審査請求または再審査請求は，少なくとも，支給決定を受けた保険給付の支払を受ける権利に関し，裁判上の請求と同じ時効中断の効力を生じるが (労災保険法38条3項)，審査請求または再審査請求が却下されまたはこれを取り下げ

書式1●労働保険審査請求書

労働保険審査請求書

1　審査請求人の住所及び氏名
　(1)　住　所
　　　　東京都練馬区高松○丁目○番○号
　(2)　氏　名
　　　　● ● ● ●

2　代理人の住所及び氏名
　(1)　住　所
　　　　東京都港区虎ノ門○丁目○番○号　□□ビル○階
　　　　××××法律事務所
　(2)　氏　名
　　　　弁護士　○　○　○　○

3　原処分を受けた者の住所及び氏名
　(1)　住　所
　　　　東京都練馬区高松○丁目○番○号
　(2)　氏　名
　　　　● ● ● ●

4　原処分に係る労働者が給付原因発生当時使用されていた事業場の所在地及び名称
　(1)　所在地
　　　　東京都杉並区井草○丁目○番○号
　(2)　名　称
　　　　◇◇運輸株式会社

5　原処分をした労働基準監督署長名
　　　□□労働基準監督署長

6 原処分のあったことを知った日
　　平成21年10月1日

7 再審査請求の趣旨
　　「○○労働基準監督署長が平成21年9月29日付けをもってした審査請求人に対してした障害補償給付の第11級障害等級決定は，これを取り消す」との決定を求める。

8 再審査請求の理由
　　追って書面をもって主張する。(*1)

9 決定をした労働基準監督署長の教示の有無
　　有り
　　　内容（3か月以内に審査請求ができる。）

10 証　拠
　　再審査請求の理由とともに追って提出する予定である。

　　以上の通り再審査請求をする。

平成22年5月25日

　　　　　　　　　　　　　　審査請求人●●●●代理人
　　　　　　　　　　　　　　　　　　弁護士　○　○　○　○

□□労働者災害補償保険審査官　殿

（注）（*1）3か月の期限が迫っているときは，審査請求の理由については，期限経過後に「審査請求理由書」という書面を提出することも実務上認められている。

た場合には時効中断の効力は生じない（民法149条）。
　なお，保険給付に関する決定に対する不服申立てについては，一般法である行政不服審査法の手続とは異なる特殊の機関構成および手続を必要とすること

から，前述の労保審査法が定められており，同法の手続と行服法の手続が重複する限りにおいて，行政不服審査法の適用が排除されることとなる（労災保険法39条）。

II 不支給処分取消行政訴訟

1 不服申立期間の始期

前述のような2回にわたる審査請求を行ったうえで，それでも，被災労働者または遺族がその結果に不満である場合にはじめて，処分をなした労働基準監督署長を被告として処分取消訴訟を提起することができる（近時，労災保険法23条に基づく特別支給としての労災就学援護費の不支給が，この訴訟の対象となるか否かが争われ，それが認められた中央労働基準監督署長事件・最一小判平成15・9・4労判858号48頁参照）。行政事件訴訟法14条4項では，審査請求を経由した場合においては，出訴期間（6か月以内）は，裁決があったことを知った日または裁決の日から起算するものとするが，この場合に，民法140条の原則に従い裁決があったことを知った日を算入しないで計算すべきか（不算入説），同条を民法の例外規定とみて裁決があったことを知った日を算入すべきか（算入説）争いがあったが，最高裁は算入説に立つことを明らかにしている（最一小判昭和52・2・17民集31巻1号50頁）。

2 審査請求前置を要しない場合

なお，例外的に審査請求前置を要しない場合として，次のような場合が挙げられる（労災保険法40条ただし書）。

① 再審査請求があった日から3か月を経過しても裁決がない場合（労災保険法40条1号）。

3か月の期間経過の要件は，取消訴訟提起の時に存在すればよく，訴訟提起後に審査請求を取り下げても既に提起された訴えは不適法にはならない（福岡地判昭和55・5・7労判341号43頁。なお，那覇労基署長事件・最一小判平成7・7・6民集49巻7号1833頁を受けて，労災保険法40条が改正され今日の条文となった）。

② 再審査請求についての裁決を経ることにより生ずる著しい損害を避けるため緊急の必要があるときその他その裁決を経ないことにつき正当な理由があるとき（労災保険法40条2号）。

③ 不支給処分取消行政訴訟の特徴
―過労死等をめぐる労災認定関係訴訟での行政側の敗訴率の高さ

労災保険給付に関する行政処分取消請求につき，他の行政訴訟との比較でどのような特徴があるか。

この点，資料はやや古く，平成17年の行政事件訴訟法改正前の報告ではあるが，「現在の行政訴訟制度において，行政行為を争ってその取消しや無効確認を求めてくる国民に対し，裁判所は，原告適格に欠ける，あるいは行政処分にあたらないなどの形式的理由で実質的な審理をせずに訴えを『門前払い』（却下）することが多い。行政訴訟における却下率は判決中20％に達している。裁判所は，実体審理に入っても，行政の裁量を尊重するとの理由で，原告を敗訴させることが多い。行政事件において国民の側が勝訴する率は判決中10～15％程度（一部勝訴を含む）である。また，行政訴訟で係争中であっても，行政処分の執行を停止させることはほとんどない。そのために，たとえば，訴訟手続を進めている最中に争われている事業そのものが完成し『訴えの利益』がなくなったことを理由に却下され，あるいは事情判決で棄却される例がしばしば発生している。労働災害に関する労災保険の給付では，仮に給付させる制度がないために，たとえば，過労死による死亡後10年も経過してようやく判決が確定し給付が受けられるという事態も生じている。このような行政訴訟の状況を反映して，行政訴訟の件数も諸外国に比べて際立って少ない。……わが国の行政事件訴訟の件数は極めて少ない」（2000年12月26日「『司法の行政に対するチェック機能』質問項目に対する回答」日本弁護士連合会）と報告されている（なお，平成14年の不当労働行為に関する行政事件訴訟全体の請求認容率は24.5％であった）。

そして，平成12年12月26日第2回「脳・心臓疾患の認定基準に関する専門検討会」議事録では，行政訴訟での行政側の勝訴率につき，「平成12年でいうと，労災保険にのみ限定すれば平成12年1月から本日までであるが，

書式2 ●行政訴訟の訴状

訴　　状

| 収　入 |
| 印　紙 |

平成〇〇年〇〇月〇〇日

東京地方裁判所民事部　御中

　　　　　　　　　　　原告訴訟代理人弁護士　〇　〇　〇　〇
　　　　　　　　　　　　　　　同　　　　　　　〇　〇　〇　〇

〒〇〇〇-〇〇〇〇　東京都××市××〇丁目〇番地〇号
　　　　　　　　　　　原　　　　　告　　　　〇　〇　〇　〇

〒〇〇〇-〇〇〇〇　東京都××区××〇丁目〇番〇号〇ビル〇階
　　　　　　　　△△法律事務所（送達場所）
　　　　　　　　　　　電　話　〇〇-〇〇〇〇-〇〇〇〇
　　　　　　　　　　　ＦＡＸ　〇〇-〇〇〇〇-〇〇〇〇
　　　　　　　　上記原告訴訟代理人弁護士　〇　〇　〇　〇
　　　　　　　　　　　　同　　　　　　　　　〇　〇　〇　〇

〒〇〇〇-〇〇〇〇　東京都千代田区霞が関1丁目1番1号
　　　　　　　　　　被　　　　　告　　　　国
　　　　　　　　同代表者法務大臣　〇　〇　〇　〇

不支給処分取消請求事件
訴訟物の価額　　〇〇〇万円
貼用印紙額　　　〇万〇〇〇〇円

第1　請求の趣旨
　1　〇〇労働基準監督署長が原告に対し平成23年9月15日付けでした

```
　　　労働者災害補償保険法に基づく療養補償給付をしない旨の処分を取り消す。
　2　訴訟費用は，被告の負担とする。
との判決を求める。


第2　請求の原因
　1　当事者
　2　事案の概要
　3　本件事故が業務上発生したこと

第3　関連事実
　（以下，省略）
　　　　　　　　　　　証　拠　方　法


　　　　　　　　　　　付　属　書　類
```

勝訴率は83％である。そのうち脳・心臓疾患については65％であり，非常に勝訴率が低いということになる。また，平成11年は全体で91％の勝訴率である。そのうち脳・心臓疾患については，83％の勝訴率であった。」とされている。

Ⅲ　不支給処分に対する新しい争い方

　大阪高裁は，平成24年2月23日，公務災害の労災認定をめぐる訴訟で，画期的な判断を下した（平成24年2月23日付『日本経済新聞』電子版）。
　すなわち，本件は，夫がうつ病となり自殺したのは過労が原因だとして，妻が原告として，公務災害を認定するように求めた訴訟の控訴審で，大阪高裁は，請求を退けた一審の京都地裁判決を取り消し，地方公務員災害補償基金に対し，労災認定を義務付ける逆転判決を下した（大阪高判平成24・2・23判例集未登載）。

これは，京都の私立中学校の教諭だった男性が，学級担任のほか複数の部活などの顧問を担当していたところ，医師から「抗うつ状態」で３か月の加療が必要と診断され休職期間に入ったが，休職中に自殺したものであり，妻が公務災害認定を請求したところ，同基金が「公務外」と認定し，審査請求も棄却していた。

　義務付け訴訟とは，行政庁に一定の処分または裁決をせよとの判決を求める訴訟である（行訴法３条６項）。本件は公務災害のケースであるが，通常の労働災害においても，同様に，労災認定の義務付けを求める訴えが認められる可能性がある。「取消し」から一歩進んで，労災認定の「義務付け」までも認める判断であるから，根本的な解決につながると評価でき，今後の裁判例に注目する必要がある。

Ⅳ　労災認定をめぐる行政訴訟への事業主の補助参加の可否

1　労災行訴までの事業主の参加不能

(1)　労災審査手続への事業主の関与

　労災保険法上では，労災保険給付の申請が認められなかった場合，前述のとおり，労働保険審査官，労働保険審査会の２回にわたる審査請求を行ったうえでも，被災労働者または遺族（以下，「労働者等」という）がその結果に不満である場合にはじめて，（平成19年改正行政事件訴訟法の施行により）処分をなした労働基準監督署長ではなく，国を被告として処分取消訴訟（以下，「労災行訴」という）を提起することができるが（行訴法11条１項１号），この間の審査請求には事業主の参加は認められていない。

(2)　労災給付・不支給・支給取消認定や労災審査手続への事業主の情報提供等

　ただし，事業主が，労働基準監督署の調査に協力したり，不支給事由の通報をすること自体は，それが不当な目的によらず，いわゆる真実相当性を有する限り，許され，これを端緒として，労働基準監督署の判断として，労災給付・不支給・支給取消し等をなすことには，事業主の行為にも，労働基準監督署の

処分にも違法性はない（たとえば，立川労基署長（ジャムコ〔休業補償〕）事件・東京地判平成18・2・23労判914号38頁では，労災保険法による補償給付を適正に行うために，補償給付の支給要件の存否等について，労働基準監督署長が事実関係の調査を行うことは当然であり，その調査の対象は，被災労働者のみならず，使用者，同僚従業員等から事情聴取をすることは当然に許されており，また使用者も労災保険制度の費用を負担する者として，補償給付が適正に支給されていない場合に，その旨を労働基準監督署長に通報したり情報提供することは，何ら責められるべきものでないとして，労働基準監督署長が使用者からの通報に基づき行った意見聴取，実地調査の手続に違法性はないとされ，原告の休業補償給付等不支給処分の取消しを求める訴えが，いずれも退けられた）。

2 労災行訴への事業主の参加をめぐる検討課題

しかし，労災認定は実際上，事業主のいわゆる労災民事責任を導きやすくし，あるいは，いわゆる労災上積み保険・補償制度等の適用要件となるなど，労災行訴の帰趨は事業主にとっても大いに事実上・法律上の利害関係を有するものである。しかるに，事業主が労働基準監督署長を補助するため（以下，「行政協力型」という），または，労働者等を補助するため（以下，「労働者等協力型」という），訴訟に参加することの許否について従前あまり議論されていなかったところ，最高裁判所が，レンゴー事件（最一小決平成13・2・22労判806号12頁。以下「レンゴー事件決定」という）において，行政協力型についてであるが，はじめて，一定の要件の下での参加を認め得るとの判断を示した（同判決の分析の詳細については，岩出誠「労災認定をめぐる行政訴訟と事業主の補助参加の存否」労判820号(2002) 5頁以下参照）。

3 レンゴー事件決定の意義と疑問点

(1) 労働保険徴収法上のメリット制に基づく法律上の利害関係の認定

前述のとおり，レンゴー事件決定は，労災行訴において，その中の事業主による行政協力型の訴訟類型についての事例についてのみの判断であるが，はじめて，一定の要件の下での参加を認め得るとの判断を示したものである。同決定の指摘する一定の要件とは，端的にいえば，労働保険徴収法のメリット制による保険料増額の可能性である。そこから，同決定は，当該事業の事業主は，

労働基準監督署長を補助するために労災保険給付の不支給決定の取消訴訟に参加をすることが許されるとしたものである。

これは，取消判決の拘束力を通じて，自己の権利関係に事実上の影響を受ける場合には補助参加の利益が認められるとする裁判実務における見解に立脚するものと考えられ，その結論には異論はない。問題は，労災行訴において，事業主の訴訟参加は，行政協力型の訴訟類型について，労働保険徴収法のメリット制による保険料増額の可能性のある場合に限られるかである。たとえば，同決定によれば，この労働保険徴収法上のメリット制の適用を受けない中小零細企業においては，参加の利益が否定されることになるがその妥当性には甚だ疑問というほかない。

(2) **安全配慮義務違反等との関係に基づく法的利害関係の否定への疑問**

まず，レンゴー事件決定は，安全配慮義務違反による損害賠償を求める訴訟を提起された場合に不利益な判断がされる可能性があることをもって補助参加の利益（本案訴訟の結果についての法律上の利害関係）があるということはできないとし，その理由として，①「本案訴訟における業務起因性についての判断は，判決理由中の判断であって」，②「不支給決定取消訴訟と安全配慮義務違反に基づく損害賠償請求訴訟とでは，審判の対象及び内容を異にする」との極めて形式的な判示をしている。

しかし，現在の，労災民事賠償事件の実態において，とりわけ業務との因果関係が問題となる，本件の本案のごとき過労死・過労自殺等においては，労災認定と損害賠償の関係は，社会的紛争の実態としても，法理論的にも，過労死新認定基準等の影響もあり，ますます密接不可分となっている。

いずれにせよ，とりわけ過労死等において，労災認定と事業主の損害賠償義務が，労働時間管理を中心とした健康配慮義務の問題と密接に絡んでくることは，古くから労災認定裁判例において明らかであったうえ（浦和労基署長事件・東京高判昭和54・7・9労判323号26頁，岩出誠『社員の健康管理と使用者責任』(労働調査会，2006) 152頁参照），過労死等の各新認定基準を引き出した重要な契機が，それぞれ，恒常的長時間残業等を問題にした最高裁判決であったことからも自明のところと解さざるを得ない（過労自殺についての損害賠償請求事件である電通事

件・最二小判平成12・3・24労判779号13頁，過労死認定についての横浜南労基署長事件・最一小判平成12・7・17労判785号6頁等参照）。

以上によれば，レンゴー事件決定には疑問があり，参加の利益をより柔軟に判断すべきものと解される（岩出・講義（下）1462頁）。

4 レンゴー事件決定の射程範囲

(1) 射程範囲をめぐる問題

仮に，レンゴー事件決定を文字どおり厳格に判断するとした場合に，労災行訴への事業主の参加は，同事件におけると同様に，行政協力型で，労働保険徴収法上のメリット制の適用ある場合に限定されるのであろうか。もしそうであるとすれば，従前よりは前進したとしても，同決定の射程範囲はあまりに狭く，前述のメリット制の対象とならない中小零細企業の場合を含めてあまりに硬直的な判断といわざるを得ない。しかし，同決定は，そうとは解されず，同決定においても，少なくとも，次のような場合には，労災認定が直接的に事業主等の法律上・事実上の利害関係に結びつくものとして，労災行訴への参加が認められることになるものと考えられる（本項は，岩出・講義（下）1463頁以下による）。

(2) 労災上積み補償規定に関する問題

実務上まず問題となるのが，各企業内で，労災保険給付とは別に，いわゆる労災上積み補償規定（協定）（以下，「上積み規定」という）などに基づき，保険給付を上回る補償制度が設けられている場合に，その適用要件が，政府による労災認定とされている例が多いことである。

そのような場合，後述の労働災害総合保険等に加入していない場合，労災認定は直ちに事業主の上積み規定に従った補償債務を発生させることになる。つまり，労災認定が直接的に事業主の法律上・事実上の利害関係に結びつく場合にあたるため，事業主が，その上積み補償債務を回避すべく，行政協力型の労災行訴に参加することが認められることになるものと考えられる。

(3) 労働災害総合保険に関する問題

　前述の上積み規定に基づく補償の原資として，多くの企業は，労働災害総合保険等の損害保険や生命保険に加入している。その中で，最も普及しているのが，相対的に保険料が低廉な労働災害総合保険である（ただし，この保険では職業病は給付対象とされていないが，過労死や過労自殺等については，労災認定を条件として同保険ではカバーするものも増えているものの一律ではないことに留意する必要がある）。この場合，労働災害総合保険の保険金の支払要件として，労災認定が定められている。また，その保険料についても，労働保険徴収法と同様に，要件は異なるがメリット制が組み込まれている。したがって，労働災害総合保険の場合も，まず，労災認定が直接的に事業主の法律上・事実上の利害関係に結びつく場合にあたるため，事業主が，その保険料の増額を回避すべく，行政協力型の労災行訴に参加することが認められることになるものと考えられる。

　他方，理論的には，事業主が，労働者等との示談を円滑に進めることを期待して，その原資を求めるべく，労働災害総合保険等の適用を求めるため，労働者等協力型にて，労災行訴に参加することもあり得る。しかし，多くの場合は，参加をなすまでもなく，労働者等への立証への協力で足りる場合が多いであろうが，労働者等の弁論活動に問題がある場合，事業主には，このような類型においても参加の利益が認められるべきであろう（岩出・講義（下）1463頁）。

●竹　花　　元●

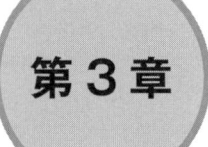

第3章 集団的労使紛争の解決手続
（労働争議の調整と不当労働行為救済手続等）

I　集団的労使紛争

1　集団的労使紛争と個別労働関係紛争

労働組合や労働者集団と使用者との間で生じた労働関係紛争を集団的労使紛争といい，個々の労働者と使用者との間で生じた労働関係紛争を個別労働関係紛争という。前者の典型は，主に昭和40年代頃まで盛んであった春闘（春季賃上げ交渉）の争議であり，後者の典型は，個々の労働者の解雇の効力をめぐる紛争である。

2　集団的労使紛争の減少と個別労働紛争の増加傾向

昭和40年代後半になると，労使関係が徐々に安定するとともに，労働組合の組織率の低下傾向が顕著となった（昭和45年に35.4％であった組織率は，平成元年には25.9％となり，平成22年には18.5％まで低下した）。これに伴い，集団的労使紛争発生件数も大幅に減少し，以前のような大争議は最近ではあまり見られない。たとえば，労働委員会への争議調整の新規申立件数を見ると，過去最多であった昭和49年には年間2,249件もの申立てがされていたのが，平成3年には352件にまで急減した。その後は概ね年間500件から600件程度で推移し，リーマン・ショック後の平成21年には733件となったものの，翌平成22年には再び566件に減少している。また，不当労働行為の救済申立件数を見ると，昭和40年代後半には年間900件を超える年もあったのが，平成4年には267件にまで減少した。その後は，年間概ね300件から400件程度の新規申立てがされている（以上，中央労働委員会事務局への調査結果。以下も同様）。

これに対して，個別労働関係紛争の方は近年大幅に増加し，その内容も多種多様である。この傾向に対応すべく，平成13年に「個別労働関係紛争の解決の促進に関する法律」(個別労働紛争法) が制定され，都道府県労働局における紛争解決手続が整備されるとともに，最近では，本来は集団的労使紛争の解決機関である道府県労働委員会の多くが，個別労働関係紛争のあっせんをも行うようになっている (平成24年1月現在では，東京都，兵庫県，福岡県を除く44道府県労働委員会があっせんを受け付けており，あっせんを行わない都県では，東京都労働相談情報センター〔東京都〕，労使相談センター〔兵庫県〕，福岡県個別労使紛争早期解決援助制度〔福岡県〕等の施設・制度が活用されている)。これには，集団的労使紛争に関する申立件数の少ない道府県において (争議調整事件と不当労働行為救済事件の合計申立件数が年間5件に満たない県も多い)，個別労働関係紛争案件を積極的に受け付けているという事情もあり，県によっては，労働委員会への個別労働関係紛争事件の申立件数が，労働局へのそれを上回るという逆転現象もわずかながら起きている。労働局のあっせんが原則として1回の期日で終了するのに対し，労働委員会のあっせんは，少なくとも2回から3回程度の期日を設けて行われている。また，あっせん員が公労使の三者で構成される点も，労働委員会のあっせんの特色である。

　道府県労働委員会に対する個別労働関係紛争に関する新規あっせん申立件数は，平成17年が294件であったのに対し，平成21年には503件まで急増しており (リーマン・ショックの影響が大であると考えられる)，平成22年には397件に減少しているものの，中長期的な増加傾向は今後も続くものと思われる。

　また，平成18年4月には，労働審判法が施行され，裁判所において簡易・迅速な紛争処理が可能となっており (労働審判制度については第4章参照)，近年労働関係紛争の重心は，完全に個別労働関係紛争に移った感がある。

❸ 合同労組事件の増加 (個別労働関係紛争事件の集団紛争化)

　近年労働委員会に持ち込まれる集団的労使紛争事件のもう一つの顕著な傾向は，合同労組が当事者となる事件の増加である。前記のとおり，労働組合の組織率が低下するに伴って，個々の労働者がその処遇に対する不満を解消するために，外部の合同労組 (企業の枠を超えて個人で加盟できる労働組合をいい，主に一定

の地域において活動している。「地域ユニオン」などとも呼ばれる）に加入することが増えてきている。合同労組は，組合員の処遇を改善するために，労働争議の調整や不当労働行為の救済を求めて労働委員会に申立てをすることがあるが，このような申立ては，形式上は労働組合対使用者という集団的労使紛争の形態をとってはいるものの，その実質は，労働者個人と使用者との間の個別労働関係紛争というべきものである。

統計によれば，平成18年の合同労組事件の新規申立件数は，労働争議調整事件が305件（全体の58.9％），不当労働行為救済事件（初審）が176件（同53.2％）であったのが，平成22年には，前者が393件（全体の69.8％），後者が250件（同65.6％）といずれも増加しており，全体の7割近くが合同労組事件という実情である。これも，労働関係紛争の実質的な重心が集団的な紛争から個別的な紛争へと推移している現れということができよう。

Ⅱ 労働委員会

1 集団的労働関係紛争に関する専門的な紛争解決機関

労働委員会は，集団的な労働関係紛争を解決するための専門的な機関として，国および都道府県に設置されている独立行政委員会である。国の行政機関として中央労働委員会が（国家行政組織法3条2項・4項），都道府県の執行機関として都道府県労働委員会が（地方自治法138条の4第1項・180条の5第2項・202条の2第3項），それぞれ設置されている。労働委員会は，労働組合法および労働関係調整法に定める権限を独立して行うこととされているので（労組令16条），所轄機関である厚生労働大臣や都道府県知事の指揮命令を受けない。

2 労働委員会の権限

労働委員会の主要な権限として，労働者または労働組合の申立てを受けて，使用者の不当労働行為の成否を審査し，救済命令や棄却命令等を発すること，および労働組合または使用者の申請を受けて，労働争議の調整（あっせん，調停，および仲裁）を行うことが挙げられる。前者は労働組合法（27条以下）に，

後者は労働関係調整法（第 2 章以下）に，手続に関する定めがある（労組法 20 条参照）。

そのほか，労働委員会は，労働組合の資格審査をしたり（労組法 5 条 1 項・20 条），地域的な一般的拘束力の申立てについて，労働協約の拡張適用を決議したり（労組法 18 条）する権限を有する。

――●労働組合の資格審査●――

労働組合は，労働委員会に証拠を提出して労働組合法 2 条および 5 条 2 項の各規定に適合することを立証しなければ，同法に規定する手続に参与する資格を有せず，かつ同法に規定する救済を与えられない（労組法 5 条 1 項）。したがって，労働組合が不当労働行為の救済申立て（労組法 27 条）をする場合には，この手続（「資格審査」という〔労委則 22 条〕）によって，当該労働組合が労働組合法の上記各規定に定める要件を満たしていることを立証することを要する。審査を求める労働組合は，組合規約等の証拠とともに，資格審査申請書を管轄の労働委員会に提出すればよい。申請を受けた労働委員会は，提出された証拠等を検討したうえ，要件に不備があれば，相当の期間を定めてこれを補正するよう勧告し（労委則 24 条），不備がなければ，当該労働組合が労働組合法の上記各規定に適合する旨の決定をする（労委則 25 条 1 項）。

なお，資格認定は，不当労働行為の救済を申し立てる際に取得している必要はなく，救済申立てと同時に申請し，救済命令等が発せられるまでの間に取得すれば足りる。

3　労働委員会の構成

労働委員会は，使用者を代表する者（使用者委員），労働者を代表する者（労働者委員），および公益を代表する者（公益委員）の各同数をもって組織される（労組法 19 条の 3・19 条の 12 第 2 項）。中央労働委員会については，各委員はそれ

それ15人であり，各5人ずつに分かれて3つの部会を構成している。

　使用者委員は使用者団体の推薦に基づいて，労働者委員は労働組合の推薦に基づいてそれぞれ任命される。公益委員は，労使双方の委員に候補者名簿を提示したうえで，両委員の同意を得て任命される。任命権者は，中央労働委員会委員については内閣総理大臣，都道府県労働委員会委員については都道府県知事である（以上，労組法19条の3第2項・19条の12第3項）。

　現実には，中央労働委員会の公益委員には，大学教授，弁護士，元裁判官等が就任している。都道府県労働委員会の公益委員については，弁護士がその過半を占める場合が多いようである。

Ⅲ　労働関係調整法上の紛争調整手続

1　あっせん・調停・仲裁制度の概要

　集団的な労働関係紛争については，労働関係調整法が，労働委員会を通じた労働争議のあっせん，調停，および仲裁等の手続を定めており，主に当事者間の協議を通じた迅速な解決を図っている。労働争議というのは，「労働関係の当事者間において，労働関係に関する主張が一致しないで，そのために争議行為が発生してゐる状態又は発生する虞がある状態」をいう（労調法6条）。また，争議行為というのは，「同盟罷業，怠業，作業所閉鎖その他労働関係の当事者が，その主張を貫徹することを目的として行ふ行為及びこれに対抗する行為であって，業務の正常な運営を阻害するもの」をいう（労調法7条）。労働争議の典型例としては，使用者と労働組合との間で団体交渉を重ねたものの，当事者間での交渉による解決が困難となり，労使間の対立が先鋭化しているような場合が挙げられるが，その際の交渉事項は，解雇・雇止め・再雇用等の雇用契約の存否に関するもの，転勤・配転・出向・人事評価等人事に関するもの，未払給与・残業手当・賃上げ・退職金等賃金に関するもの，労働時間・休日・休暇等労働条件に関するもの，労災・メンタルヘルス・休職等職場の安全衛生に関するもの，セクハラ・パワハラ・いじめ等職場環境に関するもの，団体交渉の出席者・開催場所等の交渉ルールに関するもの，その他就業規則の変更，

社会保険への加入，福利厚生等々多岐にわたり，通常の民事訴訟や労働審判等で扱われるほぼすべての労働紛争が，あっせんにおいても対象事件として取り扱われている。これらの労働争議について，労働委員会が公平な第三者の立場で関与することにより，当事者による自主的な紛争の解決を導くことが制度の趣旨である（労調法2条・3条）。

上記のとおり，労働関係調整法に基づく紛争解決手続には，あっせん，調停，および仲裁の3種類があるが，いずれも，労働委員会が解決を強制するものではなく，当事者間の意見の調整を通じて，双方が受け入れられる解決方法を模索するという性質のものである。ただし，仲裁手続において，仲裁裁定がなされた場合は，同裁定は労働協約と同一の効力を有することになるので（労調法34条），当事者はこれに拘束される。

3種類の調整方法のうち，最も手続が緩やかで利用しやすいのはあっせんであり，実際にも，平成22年の実績では，労働関係調整法に基づく調整手続の98％以上があっせんを申請するものであった。そして，そのうち半数程度の紛争については，あっせんの結果，当事者間で何らかの合意が成立することにより解決している。これに対し，労使間で合意が成立しない場合，または申請の相手方当事者が手続に応じない場合には，あっせんは打切りとなるが，その前に，あっせんを申請した当事者がこれを取り下げることも多い。手続の開始から終結までの期間は，紛争が解決する場合で平均3か月程度であるが，労使間で合意が難しいような場合には，手続が長期化することも多い。なお，いずれの手続も無料である。

❷ 申請後の進行概要

(1) あっせん

あっせん手続は，原則として（例外については後記❸参照）都道府県の労働委員会に対し，労使の一方もしくは双方が申請書を提出することにより開始する。申請書の書式に特に制限はないが，各都道府県労働委員会のホームページには参考様式と記載要領が掲載されている。申請は，労働組合・使用者のいずれからも行うことができるが，労働者個人による申請は認められていない（この点は調停および仲裁も同様）。

書式1 ●あっせん申請書

（あっせん・調停・仲裁） 申 請 書

平成○○年○○月○○日

○○県労働委員会
　会長　○○○○　殿

申請者名称　○○労働組合
代表者役職名　執行委員長　○○○○　㊞

次のとおり（あっせん・調停・仲裁）を申請します。

使用者	名　称	○○株式会社	
	代表者職氏名	○○　○○	
	所　在　地	〒○○○-○○○○　○○市○○　○丁目○番○号　電話　○○-○○○○-○○○○	
	関係事業所	名　称	○○工場
		所在地	〒○○○-○○○○　○○市○○　○丁目○番○号　電話　○○-○○○○-○○○○
	従業員数	○○名	
	事業の種類	○○業	
	連絡責任者	勤務先	○○工場
		職・氏名	総務部長　○○○○　電話　○○-○○○○-○○○○
組合	名　称	○○労働組合	
	代表者職氏名	○○　○○	
	本部所在地	〒○○○-○○○○　○○市○○　○丁目○番○号　電話　○○-○○○○-○○○○	
	組合員数	○○○名	
	当該事業所内組合員数	約○○名	
	結成年月日	平成○○年○○月○○日	
	連絡責任者	勤務先	組合本部
		職・氏名	○○○○　電話　○○-○○○○-○○○○
	加盟上部団体（加盟系統）	（系統を○で囲む：連合　全労連　全労協　(その他)　無し）	
	併存組合	有（　　　　　　　　）・(無)	

調整事項（箇条書きで簡潔に記入してください。）	
時間外労働手当の支払について	
組合側の主張	使用者側の主張
被申請者は，申請者の組合員ら従業員に対し，平成〇〇年〇〇月分以降の給与について，時間外労働手当の一部を支払っていない。 　この点について，申請者は被申請者に対して団体交渉を申し入れ，これまでに3回の団体交渉が行われたが，被申請者は，「残業は上司に許可を取ってしなければならないところ，申請者の組合員らはこれを取得せずに，ただ職場に滞留していただけであるので，時間外労働手当は発生しない」などと主張して，同手当を支払おうとしない。 　しかし，同組合員らは，上司の黙示の指示に基づいて，実際に業務を遂行していたのであって，被申請者の上記言い分は通らないはずである。 　それにもかかわらず，被申請者は，頑なに同手当の支払を拒否するので，もはや団体交渉を通じては，紛争を解決するのが困難である。	残業は上司に許可を取ってしなければならないところ，申請者の組合員らはこれを取得せずに，ただ職場に滞留していただけであるので，時間外労働手当は発生しない。 　したがって，被申請者は，組合員らに対して時間外労働手当を支払う法的義務はない。

争議行為を伴っている（または予定している）場合はその概況	

当該紛争に係る労働協約の有無	有　・　㊙
労働協約の定めに基づく申請の有無	有（労働協約第　　　条）・㊙
仲裁申請の場合に，仲裁委員について当事者が合意により選定した者がある場合は，その氏名を記載してください。	

※　要求書，就業規則，労働協約など参考となる資料があれば，その写しを添付してください。

申請に至るまでの交渉の経緯	
（これまでに当事者双方で話し合いをしてきた経過について簡潔に記入してください。）	
平成〇〇年〇〇月〇〇日	申請者が被申請者に対し，時間外労働手当の一部が未払であることを指摘し，その支払を求めた。
〇〇月〇〇日	被申請者が申請者に対し，当該時間外労働手当は発生していない旨の回答をした。
〇〇月〇〇日	申請者が被申請者に対し，同手当の支払を求めて団体交渉申入書を提出した。
〇〇月〇〇日	第一回団体交渉：被申請者は，それまでの主張を繰り返した。
〇〇月〇〇日	第二回団体交渉：被申請者は，従前の主張を繰り返すだけで，一向に協議が進展しなかった。
〇〇月〇〇日	第三回団体交渉：被申請者は，やはり従前の主張を繰り返すだけであった。
〇〇月〇〇日	申請者が，やむなく本あっせんを申請するに至った。

あっせんが申請されると，労働委員会の会長は，あっせん員名簿の中からあっせん員を指名する（労調法12条）。実務上，あっせん員に指名される者は労働委員会委員である場合が多いが，東京都労働委員会では事務局職員が指名される場合もある。あっせん員の人数については特段定めがないが，実際には，一つの事件につき3名程度が指名されることが多く，しかもこの場合には，調停や仲裁の場合と同様に，使用者委員，労働者委員，および公益委員の三者構成で手続を行うことが多い。

指名されたあっせん員は，申請の相手方に対し，あっせん手続に応じるよう働きかけ，その意向を確認する。相手方があっせんに応じるかどうかは任意であり，これに応じない場合には，手続は打切りとなる。相手方が応じた場合は，当事者双方および労働委員会の予定を調整したうえで，期日が決定されることになる。

あっせん期日には，あっせん員が，労使別にそれぞれの言い分を聴き取るなどして主張の要点を確認し，公平な第三者の立場から調整を試みる。双方が歩み寄れそうであれば，あっせん案を示して受諾を勧め，双方がこれを受諾すれば労使協定を締結するなどして手続を終了する。

反対に，双方の主張に乖離が大きく妥協点を見出せないような場合には，あっせん手続を打ち切って終了する。申請者から申請が取り下げられた場合も，その時点で手続終了となる。

(2) 調　　停

労働関係調整法に基づく調停は，公・労・使の三者をそれぞれ代表する調停委員で構成する調停委員会が（労調法19条），当事者双方の意見を聴いたうえで調停案を作成し，双方にその受諾を勧告することにより労働争議を解決する手続である（労調法24条・26条）。

手続の開始については定めがあり，①当事者双方からの申請，②当事者の双方または一方からの労働協約に基づく申請，③当事者の一方からの公益事業に関する事件についての申請，④労働委員会の職権による公益事業に関する事件についての決定，⑤厚生労働大臣等による公益事業に関する事件についての請求のいずれかが調停開始事由である（労調法18条）。公益事業とは，運輸，郵

便，通信，水道，電気，ガス，医療等の事業であって，公衆の日常生活に欠くことのできないものをいう（労調法8条）。調停委員会は，上記のとおり，公益委員，労働者委員，使用者委員の三者で構成されるが，委員長は公益委員の中から選挙する（労調法22条）。

調停手続が開始されると，調停委員会は，期日に出頭した当事者に対してその意見を聴取し（労調法24条），これを踏まえて調停案を作成し，当事者にその受諾を勧告する（労調法26条）。調停案を受諾するか否かは当事者の任意であり，調停案を当事者双方が受諾すれば，労働争議は解決するが，どちらか一方でもこれを拒否すると，調停は不調となる。

なお，双方が調停案を受諾した後で，その解釈や履行について意見の不一致が生じたときは，当事者は，調停委員会に対し，その解釈や履行に関する見解を明らかにするよう申請しなければならない。この場合には，調停委員会は，15日以内に，当事者に対して見解を示さなければならないが，それまでの期間は，当事者は当該事項に関して争議行為をすることができない（労調法26条2項〜4項）。

以上が調停の手続であるが，実際には，労働委員会による労働争議の調整として利用されるのは，前記のとおり圧倒的にあっせんが多く，調停の申請がなされること自体が非常に少ない。この理由としては，あっせん申請が，労働協約などなくとも当事者の一方のみでできること，あっせん手続でもあっせん案が示されることが多いことから，この点で調停とそれほど差異がないこと，あっせんが調停に比べ，当事者にとってより緩やかで自由度の高い手続であることなどが考えられる。

(3) 仲　裁

仲裁は，当事者双方が，仲裁委員会に紛争の解決をゆだね，同委員会が定める仲裁裁定に従うことにより労働争議を解決するという手続である。手続開始事由は，①当事者双方からの申請，または②当事者の双方または一方からの労働協約に基づく申請である（労調法30条）。仲裁委員会は，仲裁委員3名により構成されるが，同委員には，労働委員会の公益委員または特別調整委員の中から，原則として当事者双方が合意により選定した者が指名される（労調法31

条の2）。

仲裁裁定は書面化され、効力発生の期日が記される（労調法33条）。成立した仲裁裁定は、労働協約と同一の効力を有することになり、当事者双方を拘束する（労調法34条）。

このように、仲裁手続は、当事者が紛争の解決を仲裁委員会にゆだね、その裁定に従うことを強制される厳格な手続であることから、実際の利用件数は、調停以上に少なく、ほとんど利用されていないといってよい状況である。東京都労働委員会の統計によれば、同委員会においては、過去10年間（平成13年～平成22年）で一度も仲裁の申請はされていない。

3 管 轄

以上の労働関係調整法に基づく調整手続の管轄は、労働争議が一の都道府県の区域内にとどまる場合には、当該都道府県労働委員会に、二以上の都道府県にまたがる場合には、中央労働委員会に属する。また、労働争議が全国的に重要な問題に係るものであるとき、および緊急調整の決定に係るものであるときも、中央労働委員会が管轄する（労調令2条の2）。

―●調整手続等の係属を理由とする団体交渉拒否●―

労働関係調整法に基づくあっせん等が行われていることを理由に、使用者が団体交渉に応じないという対応をすることが許されるであろうか。この点に関して、訴訟、労働審判、不当労働行為救済申立てなどの手続とともに考察してみたい。

(1) 訴訟の係属を理由とする団交拒否

まず、訴訟の係属を理由に使用者が団体交渉を拒否した事案について、日本鋼管鶴見造船所事件判決（東京高判昭和57・10・7労判406号69頁）は以下のとおり判示し、使用者の主張を退けている。

「解雇に関する問題は労働者にとって最終的で最も重大な事項であるので、その解決方法として団体交渉ばかりでなく、苦情処理、労働委員会への提訴、裁判所への訴訟の提起等が考えられ、それが、それぞれ目的・機

能を異にするものであるから，労働者がそのあらゆる手段を利用しようとするのは必然であって，その一を選択することによって他を選択し得なくなるものではない。たしかに訴訟は公正を期し得るものであり，最終的なものであるが，それは，当事者間の現在の権利関係ないし法律状態を確定することを目的とし，機能するものであるのに反し，団体交渉は労働条件等の争いを団体の団結権・争議権等の力を背景に，交渉技術を尽し，政策的な考慮も加えて将来にわたる権利関係ないし法律状態を形成しようとの目的及び機能を有するものであるから，これによって紛争の解決をはかることは労使関係にとって望ましいことであって，前者を選択したほかに，後者による解決方法をも採る意味は十分に存在するのである。」

　この事案では，団体交渉を申し入れた組合員 6 名のうち 2 名が，いずれも同申入れより 4 年以上も前に解雇された者であり，しかも訴訟で解雇の効力を認める一審判決（ただし控訴審に係属中）が出ていた等の事情もあったことから，会社側は，同 2 名の解雇に関しては団体交渉に応じない旨を労働組合に表明していた（残りの 4 名の解雇については団体交渉に応じる意思を表明していた）。しかしながら，裁判所は，訴訟手続によって団体交渉が無意味となるものではないとしたうえで，上記 2 名についても「訴訟による解決しか考えられず自主的交渉の余地のない行き詰り状態であるとみるのは相当でない」として，訴訟係属が団体交渉拒否の正当な理由にはならない旨判示した。使用者にとって非常に厳しい判断であるが，最高裁においても同判断は是認されている（最三小判昭和 61・7・15 労判 484 号 21 頁）。

　もっとも，この事件においては，使用者が上記 2 名の解雇について交渉に応じない考えを表明したために，団交申入れ後，結果的に一度も実質的な交渉が行われなかったという事情があり，この点は，判決文中においても指摘されている。池田電器（取消訴訟）事件判決（最二小判平成 4・2・14 労判 614 号 6 頁）では，5 回に及ぶ団体交渉の結果，労使双方が主張を尽くし，いずれかの譲歩により交渉が進展する見込みがなくなっていたという事情がある場合には，交渉拒否について「正当な理由」（労組法 7 条 2 号）

がないとすることはできないと判示されているところ，上記日本鋼管鶴見造船所事件においても，何回かの交渉実績があれば，結果は異なっていた可能性が高い。判決文中でも，上記のとおり，「自主的交渉の余地のない行き詰り状態であるとみるのは相当でない」と指摘されており，交渉経過次第では，別の判断もあり得た旨が示唆されている。

(2) 不当労働行為救済事件の係属を理由とする団交拒否

次に，労働委員会への不当労働行為救済事件の係属を理由に団体交渉を拒否できるかについて，論創社事件判決（東京地判平成22・10・27労経速2092号3頁）は，5回の団体交渉を実施した後で，労働組合が不当労働行為の救済申立てをしたという事案につき，団体交渉の結果，労使双方の話合いが平行線のまま膠着していたという事情の下においては，「労働委員会などの第三者機関における紛争解決を求めようとすることも，使用者の判断としては相応の合理性を有するものであるといえ，これを団体交渉不応諾とまでいうことはできない」と判示して，労働組合側の不当労働行為（団体交渉拒否）の主張を退けた中央労働委員会命令を支持した。訴訟の係属に関する前掲の日本鋼管鶴見造船所事件判決とは逆の結論となったわけであるが，この判決（論創社事件判決）では，相当回数の団体交渉を重ねた末に，協議が膠着状態に陥っていたという事情が重視されていることに留意すべきである。

(3) 労働争議の調整事件の係属を理由とする団交拒否

労働関係調整法に基づく労働委員会の調整手続は，以上の手続とは別の側面を有する。すなわち，訴訟や不当労働行為救済手続が，裁判所による権利関係ないし法律関係の確定や労働委員会による救済を目的とするものであるのに対し，労働委員会によるあっせん等の手続は，同委員会が労使間の交渉へ助力し，その自主的調整を促進することを目的とする手続であって，労使間の意見の不一致を調整するという団体交渉の趣旨・目的に沿う性質を有するのである。そうであれば，交渉の行き詰まりとまではいかないまでも，少なくとも数回の団体交渉の結果，双方の意見に乖離が大きいことが判明し，合意点を見出すのが難しくなっている状況においては，

あっせん等により労働委員会の助力の下に交渉を継続していることを理由として，使用者が団体交渉を拒否するという態度をとることにも，一定の合理性があるように思われる。特に，不合理な要求を頑強に維持する労働組合に対しては，使用者の側からあっせんを申し立てるという方法も検討に値するであろう。この点に関し，筆者は，交渉ルールに関する協議が紛糾し，具体的な交渉に至る前の段階で団体交渉が頓挫しかけていたという事案において，使用者代理人として労働委員会にあっせんを申し立て，協議を促進するための助力を求めたことがあるが，この際は労働組合が応じなかったために，あっせんは打切りとなってしまった。このような経緯の下では，使用者が，労働組合からの再度の団交申入れに応じないという態度をとることも，不合理とはいえないと思われるし，少なくともその後の（不当労働行為の救済等の）手続において，かかる事情は使用者に有利に作用するものと考えられる。

(4) 労働審判事件の係属を理由とする団交拒否

最後に労働審判であるが，同制度は，調停による解決に至らない場合に最終的には審判を行うものの（労審法1条・20条），その前段階において，労働審判委員会の関与の下で，調停による当事者の自主的解決を図ることを主眼とする制度である（労審法1条）。前記のとおり，個別労働関係紛争が集団紛争化している現状においては，合同労組事件を中心として，個別の労使関係が団体交渉の協議事項となっている場合も多く，この点をも踏まえると，労働審判制度は，やはり団体交渉と趣旨を同じくするものということができる。そうであれば，交渉が膠着しているような場合には，団体交渉に代えて，紛争解決の場を労働審判に求めることも，使用者の態度として許容される余地があるのではないかと考えられる（岩出・講義（下）1243頁）。この場合には，（債務不存在確認などを求めて）使用者の側から労働審判を申し立てることも選択肢に入ってくるが，その際には，労働組合にも「利害関係人」（労審則24条）として手続に参加するよう要請するなどの措置が検討されるべきである。

(5) 小　括

　以上，団体交渉とその他の諸手続との関係を概観したが，前記各判決の判旨を踏まえると，団体交渉拒否に「正当な理由」があると認められるためには，交渉進展の見込みの有無にかかわらず，使用者においてまずは交渉の席に着き，真摯に協議に応じることが肝要である。そのうえで，交渉が進展しないようであれば，その段階で，他の手続を利用した紛争解決手段を検討すべきであろう。

Ⅳ　不当労働行為救済手続

1　手続の基本的な枠組み

　労働組合法7条に定める不当労働行為の救済を申し立てる手続は，①主に都道府県労働委員会に申し立てる初審手続，②中央労働委員会に申し立てる再審査手続，および③裁判所に提訴する行政訴訟（労働委員会命令の取消訴訟）に大別される。①初審命令に不服のある当事者は，②再審査を申し立てることができる一方で，同申立てをせずに，裁判所に対して③同命令の取消訴訟を提起することもできる（後記のとおり，いずれも申立期間または出訴期間が定められている）。また，②再審査手続における中央労働委員会の命令に対しては，③取消訴訟を提起することができる。このうち，①および②の申立ては無料ですることができる。

2　初審手続

(1)　管　轄

　不当労働行為の救済手続は，労働組合法7条の不当労働行為禁止規定に使用者が違反した旨の申立てにより開始される（労組法27条1項）。申立書の提出先は，原則として，①当事者（労働者・労働組合等または使用者）の住所地または主たる事務所の所在地を管轄する都道府県労働委員会，②不当労働行為が行われた地を管轄する都道府県労働委員会のいずれかであるが（労組令27条1項），

若干の例外規定がある（同条2項〜5項）。

(2) 申立人

　申立てをなし得る者は，不当労働行為の類型によって，以下のとおり若干の差異がある。まず，不利益取扱い（労組法7条1号）を理由とする申立てについては，不利益取扱いを受けた労働者および労働組合のいずれもが申立てをすることができる。労働者が労働組合に加入しようとしたり，労働組合を結成しようとしたりしたがゆえに不利益取扱いを受けた場合には，加入後または結成後の労働組合にも申立適格が認められる。団体交渉拒否（労組法7条2号）を理由とする申立てについては，組合員個人は申立人にはなれず，労働組合のみが申立適格を有する。支配介入（労組法7条3号）については，労働組合だけでなく，組合員個人も申立てをすることができる（京都市交通局事件・最二小判平成16・7・12労判875号5頁）。組合の執行部が使用者の傀儡であるような場合には，組合自体に支配介入を争う姿勢を期待できない以上，組合員個人にも申立適格を認める必要があるからである。また，組合の結成過程で支配介入行為があった場合にも，結成に関わる労働者個人による申立てが認められる。申立人の相手方となる使用者は，「被申立人」である。

　なお，使用者・労働者または労働組合の双方とも，労働委員会会長の許可を得たうえで，代理人に手続の追行をさせることができる（労委則35条4項）。代理人を選任するのは使用者が多く，代理人に就任するのはほとんどが弁護士である（弁護士でない者が報酬を得る目的で代理行為をすることは，弁護士法72条の非弁活動禁止規定に抵触する）。一方，合同労組が代理人を選任することはそれほど多くないようである。また，当事者は，会長の許可を得て，代理人とは別に補佐人を選任することもできる。補佐人は，当事者や代理人とともに労働委員会に出頭し，その陳述を補足したり，証人等を尋問したりすることができる（労委則41条の7第3項・41条の15第2項）。補佐人に選任される者としては，使用者の労務担当職員や労働組合の上部団体役員等が想定される。代理人および補佐人の許可申請に関しては，当事者双方に対し，労働委員会から他の書類とともに申請書の書式が送付されるので，これに所定の事項を記載して提出すればよい。

(3) 申立期間

申立ては，行為の日（継続する行為にあってはその終了した日）から1年以内にする必要があり，これを過ぎてから申立てをしても，申立ては却下されてしまう（労組法27条2項）。この期間は除斥期間と解されており（西谷・労働法501頁），時効の中断はない。

ところで，上記のとおり，継続する不当労働行為については，その終了した日が除斥期間の起算日となるが，「継続する行為」といえるか否かについては，いわゆる査定差別に関して争いが生じた。すなわち，組合員であるために人事考課で低査定を受けた場合には，同査定に基づき低い昇給額が決定され，さらに同決定に基づき低額の賃金が毎月支払われることになる。この場合に，これら一連の使用者の行為が「継続する行為」といえるのか，いえるとして，同行為が継続しているといい得るのはいつまでかが問題となるのである。

この点について，紅屋商事事件判決（最三小判平成3・6・4民集45巻5号984頁）は，「上告人が毎年行っている昇給に関する考課査定は，その従業員の向後一年間における毎月の賃金額の基準となる評定値を定めるものであるところ，右のような考課査定において使用者が労働組合の組合員について組合員であることを理由として他の従業員より低く査定した場合，その賃金上の差別的取扱いの意図は，賃金の支払によって具体的に実現されるのであって，右査定とこれに基づく毎月の賃金の支払とは一体として一個の不当労働行為をなすものとみるべきである。そうすると，右査定に基づく賃金が支払われている限り不当労働行為は継続することになるから，右査定に基づく賃金上の差別的取扱いの是正を求める救済の申立てが右査定に基づく賃金の最後の支払の時から一年以内にされたときは，右救済の申立ては，労働組合法27条2項の定める期間内にされたものとして適法というべきである。」と判示した。当該査定に基づく賃金の支払が継続している間は，不当労働行為の継続が認められるという判断である。

(4) 申立ての取下げ

申立人は，命令書の写しが交付されるまでは，いつでも申立ての全部または一部を取り下げることができる（労委則34条）。申立てが取り下げられた場合，

Ⅳ●不当労働行為救済手続　139

取り下げられた部分については，始めから申立てがなかったものとみなされる。取り下げた申立てを再度申し立てることは可能であるが，その時点で申立期間を経過していれば却下される。

　実際には，全終結件数のうち相当数が，申立ての取下げにより終了している（平成22年の統計では，初審につき351件中61件〔17%〕，再審査につき74件中11件〔14%〕が取下げによる終結である）。

(5) **審　　査**

　不当労働行為の救済手続において，申立てに理由があるか否かを労働委員会で審理する手続を「審査」という。労働委員会は，申立てを受けたときは遅滞なく「調査」を行い，必要があると認めたときは，「審問」を行わなければならない（労組法27条1項）。「調査」とは，両当事者に主張と立証方法を提示させて争点を顕在化させる手続であり，民事訴訟における弁論（およびその準備活動）にあたる。「審問」とは，証人や当事者の供述結果を事実認定に供するために，これらの者の尋問を行う手続であり，民事訴訟における証拠調べに該当する（労組法27条の7第1項1号）。労働委員会による「審査」とは，「調査」および「審問」，ならびに合議から救済命令等（申立ての全部もしくは一部を認容し，または申立てを棄却する命令〔労組法27条の12第1項〕）の発令までを含めた一連の手続を指す。

　審査には公益委員のみが参与するが（労組法24条1項本文），使用者委員および労働者委員も，調査および審問，ならびに和解の手続に参与することができる（同項ただし書）。すなわち，合議や救済命令等の発令の手続については，公益委員のみが行う趣旨である（労委則42条1項・43条）。

　初審を管轄する都道府県労働委員会は，公益委員の全員をもって構成する合議体で審査を行うこととされているが（労組法24の2第4項本文），一人または数人の公益委員に審査手続の全部または一部を行わせることも可能であり（同条5項），実務上は一名の公益委員が審査を担当する場合が大半である。審査を担当することになった当該公益委員を「審査委員」という（労委則37条1項）。

(6) 調　査

　調査の手続のイメージは，前記のとおり，民事訴訟における弁論である。申立書が管轄労働委員会に提出されると，労働委員会は，遅滞なくその旨を当事者に通知したうえで，申立人に対しては，申立理由を疎明するための証拠の提出を求め，被申立人に対しては，申立書の写しを送付してこれに対する答弁書や証拠の提出を求めなければならない（労委則41条の2第1項）。被申立人は，申立書の写しの送付を受けた日から，原則として10日以内に答弁書を提出しなければならない（同条2項本文）。これに加え，実務上は，答弁の理由を疎明するための証拠や証人等の尋問申請書，立証計画書（反論の要旨やこれを裏付ける書証・人証等を記載する書面）等についても，被申立人に対し，提出の期限が通知されることが多い。もっとも，被申立人において，これらの期日に準備が間に合わない事情があるときは，速やかに担当の労働委員会事務局へその旨を伝えることにより，ある程度柔軟な対応をしてもらえるようである。なお，答弁書や尋問申請書等の書式は，労働委員会からの通知に添付されているので，これを見ながら作成すればよい。

　調査期日には，公益委員や労使委員が臨席し，当事者双方が対席したうえで，双方が提出した書面や証拠等の確認がなされる場合が多い（期日の調整以外は別席で行われる場合もある）。労使委員が臨席する点を除けば，これも通常の民事訴訟と同様の手続である。ただし，調査は弁論とは異なり非公開である。

　もう一つ調査が民事訴訟と異なるのは，同手続において「審査の計画」を定めなければならないとされている点である（労組法27条の6）。これは，平成16年の労働組合法改正によって導入された制度で，審理期間の短縮がその主眼である。審査計画は，当事者双方の意見を聴いたうえで，審問開始前に策定することとされており（同条1項），①争点および証拠，②審問を行う期間，回数，および尋問する証人の数，ならびに③救済命令等を交付する時期を記載する（同条2項）。もっとも，労働委員会は，審査の現状その他の事情を考慮して必要があると認めるときは，当事者双方の意見を聴いて，審査計画を変更することができる（同条3項）。

=== ●審査計画制度導入の背景● ===

　審査計画に関する平成16年の労働組合法改正の背景には，初審および再審査とも，救済命令等の発令に至るまでに平均で1000日を優に超える日数がかかるという異常な状況が生まれてきた事情があった。その原因としては，国鉄の分割民営化に伴う国労組合員の不採用問題をはじめとして，労働組合による組織差別の申立てが全国的に多数係属するなど，事件の複雑化・大規模化が顕著であったこと，および和解中心主義的な審査の運営の結果，期日の回数が大幅に増加したことなどが挙げられている。
　審査計画制度の導入に伴い，労働委員会は，審査期間の目標を定めるとともに，同目標期間やその達成状況等を公表することとされ（労組法27条の18），これらの情報をインターネット等で公表している（労委則50条の2第2項）。中央労働委員会が公表している平成23年時点の再審査の目標期間は「1年6か月以内のできるだけ短い期間内」であり，平成17年以降に申し立てられ，平成22年までに終結した事件についての目標達成率は77.3％であるとのことである。

　調査においては，審問の際に尋問する証人や当事者を決定する。両当事者は，尋問すべき証人および当事者の氏名や立証すべき事実，尋問事項等を記載した証人等尋問申請書を労働委員会に提出する（労委則41の10・41条の13）。尋問は，職権でも行うことができるが（労組法27条の7第1項），通常は当事者の申請に基づき労働委員会が採否を決定する。
　なお，証人および書証等については，平成16年の労働組合法改正により，証人等出頭命令（労組法27条の7第1項1号，労委則41条の14）および物件提出命令（労組法27条の7第1項2号，労委則41条の18）の制度が導入されている。平成22年までの統計によれば，証人等出頭命令の新規申立件数は，初審・再審査を合わせて例年5件以下であり，認容件数は，制度開始後2件にとどまっている（うち1件も，審査申立て〔労組法27条の10参照〕の結果取り消されている）。また，物件提出命令の新規申立件数は同じく例年15件以下であり，認容件数

は制度開始後2件のみである。

(7) 審　　問

審査計画が決定し，調査が終了すると，審査は審問の手続に移行する。これも，民事訴訟における尋問と同様の手続である。審問は公開するのが原則であるが，公益委員会議が必要と認めれば，非公開とすることができる（労委則41条の7第2項）。

労働委員会は，陳述する証人には宣誓をさせなければならず（労組法27条の8第1項），また，陳述する当事者には宣誓をさせることができる（同条2項）。宣誓した証人が虚偽の陳述をしたときは，3月以上10年以下の懲役に課せられ（労組法28条の2），宣誓した当事者が虚偽の陳述をしたときは，30万円以下の過料に処せられる（労組法32条の3）。

尋問の順番も，民事訴訟の実務と同様であり，通常は，まず申請した当事者が尋問し，その後に相手方当事者が尋問する。尋問は，代理人だけでなく補佐人もすることができる（労委則41条の15第2項）。最後に会長（審査委員）および審問に参与した他の委員（労使委員等）が尋問し，当該証人等に対する審問が終了する（労委則41条の15第1項・3項）。

審問の結果，命令を発するに熟すると認められるときは，会長（審査委員）は審問を終結する（労委則41条の8第2項）。ただし，終結に先立ち，当事者に対し，終結日を予告したうえで，最後陳述の機会を与えなければならないこととされている（同条1項）。これに基づき，通常当事者は，審問期日に「最後陳述書」を提出するが，これは，民事訴訟における最終準備書面の趣旨であることが多い。

なお，審問終結後においても，会長（審査委員）もしくは労働委員会は，必要があるときは審問を再開することができる（労委則41条の8第2項・42条4項）。

(8) 和　　解

労働委員会は，審査の途中において，いつでも，当事者に和解を勧めることができる（労組法27条の14第1項）。救済命令等が確定するまでの間に，当事者

間で和解が成立し，かつ当事者双方の申立てがあった場合において，労働委員会が当該和解の内容が適当であると認めるときは，審査の手続は終了する（同条2項）。これにより，既に発せられている救済命令等は，その効力を失う（同条3項）。救済命令等は，再審査や取消訴訟が係属している間は効力を失わないので，当事者は，その間は和解によってこれを失効させることができる。労働委員会は，和解に金銭等の給付を内容とする合意が含まれる場合には，当事者双方の申立てにより，当該合意につき和解調書を作成することができる（同条4項）。このようにして作成された和解調書は，強制執行に関しては，債務名義とみなされ（同条5項），その執行文は，労働委員会の会長が付与する（同条6項）。この和解認定の制度は，平成16年の労働組合法改正によって新設されたものであるが，労働委員会規則においては，従前から会長（審査委員）による和解の勧告の規定があり（平成16年改正前労委則38条），実際にも，多くの事件が和解により解決していた。

　実務上は，少なくとも審問が終結した段階で，労働委員会から当事者双方に対し，和解の働きかけがなされているようである。この際は，使用者に対しては使用者委員が，労働者または労働組合に対しては労働者委員が，それぞれ意見聴取や調整等を担当する。もっとも，平成16年の労働組合法改正により審査の迅速化が図られたこともあって，調整が困難である事案で何度も和解期日を重ねるというような運用はされていないようである。

　なお，改正法施行後の統計では，終結件数に占める和解件数の割合は，初審で概ね5割強，再審査で2割から4割程度となっている。平成22年についていえば，初審の終結件数351件のうち，和解で終了した件数は179件（51%），再審査では，同じく74件のうち15件（20%）である。和解件数のうち，当事者が和解認定の申立てをした件数は，平成22年の実績でそれぞれ初審4件（全和解件数の2%），再審査15件（同100%）であり，申立てがあったすべての事件で労働委員会による認定がされている。初審で制度の利用が広がっていない原因については，和解に際して労働委員会から制度の説明がない，当事者において制度の認知度が低いなどが考えられよう。

(9) 合　　議

　事件が命令を発するのに熟したときは，会長（審査委員）は，公益委員会議を開いて合議を行う（労委則42条1項）。合議に参加するのは公益委員のみであるが，調査または審問に参与した労使委員は，合議に先立ち意見を述べる（同条2項）。合議する事項は，事実の認定，認定事実の法規（労組法7条）への適用，および具体的な命令の内容である。合議は非公開で行われる（労委則42条3項）。

┌──●不当労働行為救済事件における事実の証明度と主張・立証責任●──┐

　労働委員会による事実認定にどの程度の証明度が要求されるのかは，法文上明らかではない。この点について労働委員会規則は，申立人に「申立理由を疎明するための証拠の提出を求める」（41条の2第1項）とか，被申立人に「答弁書……の理由を疎明するための証拠の提出を求めなければならない」（同項）などと規定しており，これだけを見ると，証明（当該事実の存在につき合理的な疑いの余地はないとの認識を得た状態）までは要せず，疎明（同事実の存在につき一応確からしいとの認識を得た状態）で足りるとも考えられる。しかし，不当労働行為の救済手続は，救済命令等に対して取消訴訟が用意されているとはいえ，仮処分のような暫定的な判断を求める手続ではないことからすれば，取消訴訟における裁判所の審査にも耐え得るような証明度が要求されるというべきである（菅野752頁参照）。

　また，労働委員会が行う事実認定については，民事訴訟の場合のように主張・立証責任のルールが厳格に定立されているわけではなく，労働委員会が，当事者間の衡平の観点から，立証責任の軽減や部分的転換を行うことも妨げられない（菅野738頁）。もっとも，攻撃防御をめぐる手続を保障して不意打ちを防止する要請は，民事訴訟の場合と同様に認められることから，たとえば，当事者の主張しない事実を労働委員会が独自に認定することはできないものと解される（私見）。労働組合法の平成16年改正により，審査計画に基づく適正な審査の実現が図られた趣旨からすると（労組法27条の6），当事者の主張・立証活動に不十分な点がある場合には，労

働委員会による積極的な求釈明により，必要な審理の補充がなされることが要請される。たとえば，証拠に現れているにもかかわらず当事者が主張していない重要な事実については，労働委員会が，当事者に対してこれを主張するのか否かを確認するなどの措置が必要となるであろう（労委則41条の2第4項参照）。

(10) 命　令
　(a) 命令の発令
　労働委員会は，合議の結果認定した事実に基づき，申立人の請求にかかる救済を理由があると判定したときは，その全部もしくは一部を認容する命令を，理由がないと判定したときは申立てを棄却する命令を，遅滞なく書面で発しなければならない（労組法27条の12第1項，労委則43条1項）。命令書には，①命令書である旨，②当事者，③主文，④理由（認容した事実および法律上の根拠），⑤判定の日付，⑥委員会名（および部会名）を記載し，会長が署名または記名押印するとともに，判定に関与した委員の氏名を記載しなければならない（労委則43条2項）。命令書の写しは当事者に交付される（労組法27条の12第3項，労委則44条）。
　(b) 救済命令の内容に関する労働委員会の裁量
　ところで，申立ての全部または一部を理由ありと認める場合に，労働委員会がどのような内容の救済命令を発するかは，基本的には労働委員会の裁量にゆだねられるべきものである。すなわち，労働委員会は，その専門性に基づいて，個々の事案に応じた適切な内容の命令を発し得ると解するべきであって，命令の内容に関する同委員会の判断は，取消訴訟においても尊重されることが望ましい（ここで問題としているのは，不当労働行為が認定された場合に，「いかなる救済方法を定めるべきか」という問題であり，不当労働行為の成否に関する判断については，他の訴訟と同様の司法審査に服する）。もっとも，労働委員会が命じる救済命令も，不当労働行為救済制度の趣旨・目的に合致するものでなければならないという限界があり，これを超えるような内容の救済命令が出された場合には，裁量権の逸脱が問題となり得る。この点について，第二鳩タクシー事件大法廷判決

(最大判昭和52・2・23民集31巻1号93頁)は，次のとおり判示している。

「思うに，法27条に定める労働委員会の救済命令制度は，労働者の団結権及び団体行動権の保護を目的とし，これらの権利を侵害する使用者の一定の行為を不当労働行為として禁止した法7条の規定の実効性を担保するために設けられたものであるところ，法が，右禁止規定の実効性を担保するために，使用者の右規定違反行為に対して労働委員会という行政機関による救済命令の方法を採用したのは，使用者による組合活動侵害行為によって生じた状態を右命令によって直接是正することにより，正常な集団的労使関係秩序の迅速な回復，確保を図るとともに，使用者の多様な不当労働行為に対してあらかじめその是正措置の内容を具体的に特定しておくことが困難かつ不適当であるため，労使関係について専門的知識経験を有する労働委員会に対し，その裁量により，個々の事案に応じた適切な是正措置を決定し，これを命ずる権限をゆだねる趣旨に出たものと解される。このような労働委員会の裁量権はおのずから広きにわたることとなるが，もとより無制限であるわけではなく，右の趣旨，目的に由来する一定の限界が存するのであって，この救済命令は，不当労働行為による被害の救済としての性質をもつものでなければならず，このことから導かれる一定の限界を超えることはできないものといわなければならない。しかし，法が，右のように，労働委員会に広い裁量権を与えた趣旨に徴すると，訴訟において労働委員会の救済命令の内容の適法性が争われる場合においても，裁判所は，労働委員会の右裁量権を尊重し，その行使が右の趣旨，目的に照らして是認される範囲を超え，又は著しく不合理であって濫用にわたると認められるものでない限り，当該命令を違法とすべきではないのである。」

救済方法に関する労働委員会の裁量判断が顕著な具体例としては，解雇の撤回とバックペイの支払を求めた救済申立てについて，労働委員会が，解雇の撤回を使用者に命じながらも，労働者の側にも責められるべき点があるとして，バックペイの支払については申立てを棄却した藤田運輸事件の労働委員会命令 (千葉地労委命令平成9・8・7命令集108集495頁) を挙げることができる。正常な労使関係秩序の回復という点を重視した労働委員会独自の救済方法が提示されたものであり，同種事件における裁判所の判決とは一線を画する判断となっている。

(c) 具体的な命令の内容

　救済申立てに対し，労働委員会がこれを認容する場合の主な命令の内容は，次のとおりである（岩出・講義（下）476頁以下）。

(ｱ)　**原職復帰命令**

　労働者が不利益取扱い（労組法7条1号）または支配介入（同条3号）の目的で解雇されたり，配置転換をされたりした場合に，当該労働者を原職に復帰させるものである。組織変更等で原職が存在しない場合には，原職に相当する職への復帰を求める場合もある。

　典型的な主文例は，以下のとおりである。

●主文例

>　被申立人は，○○に対する平成○○年○○月○○日付解雇を撤回し，○○を原職に復帰させなければならない。

(ｲ)　**バックペイ支払命令**

　同じく不利益取扱いや支配介入の目的で，労働者が解雇されたり，降格されたりした場合に，本来得られるべきであった給与（降格等の場合は既に支払われた賃金との差額）の支払を求めるものである。バックペイに対しては，年5分または年6分の割合の遅延損害金を付加する命令も定着している。

　主文例は，以下のとおりである。

●主文例

>　被申立人は，○○に対し，解雇の日の翌日から原職に復帰するまでの間に，○○が解雇されなければ得られたであろう賃金相当額，及びこれに対する年6分の割合による金員を支払わなければならない。

●バックペイと中間収入の控除●

　組合員に対する解雇が不当労働行為であるとされた場合に、労働委員会は、被解雇者が原職復帰までの間に他に就職して得た収入（中間収入）を差し引いたうえでバックペイの支払を命じなければならないであろうか。この点について、前掲の第二鳩タクシー事件大法廷判決（最大判昭和52・2・23）は、前記のとおり、救済命令の内容について労働委員会の広い裁量を認めたうえで、まず、①被解雇者の個人的な経済的被害の救済という側面からは、一律に中間収入を控除しないというのは、実害の回復以上の不利益を使用者に負わせるものとして救済の範囲を逸脱するが、反面、中間収入を機械的に全額控除するというのも、被解雇者が同収入を得るために要した負担を考えれば合理的でないとした。一方で、②組合活動一般に対する侵害の除去という側面からは、労働委員会の発する救済命令は、解雇を恐れて労働者が萎縮することで生じた組合活動への制約的な効果を除去するものでなければならないとし、中間収入の控除の要否およびその金額を決定するにあたっては、上記①および②の両面からする総合的な考慮が必要であると判示した。そしてその際に考慮すべき事情としては、例として、解雇された場合の再就職の難易、再就職先における労務の性質、賃金額の多少等が示された。つまり、不当労働行為とはいえ解雇されてしまった被解雇者のダメージの程度や、当該解雇が労働組合活動へ及ぼす萎縮的効果の程度をも勘案して、労働委員会は、中間収入をバックペイから控除すべきか否か、また、すべき場合にはいくらを控除すべきかを検討しなければならないということであり、言い換えれば、同委員会には、これらの事情を的確に考慮したうえで、個々の事案について、全額控除することとしたり、全額控除しないこととしたり、さらには一部のみを控除することとしたりする裁量があるということである。

(ウ) 査定差別是正命令

同じく不利益取扱いや支配介入の目的で，特定の労働組合の組合員を差別する査定がされた場合に，組合員ごとに査定額の是正を命じるものである。ただし，再査定を命じる場合もある。

主文例は，以下のとおりである。

●主文例

> 被申立人は，○○に対する平成○○年度の昇給時の査定額を，ランク○に是正し，既に支払われている査定額との差額を支払わなければならない。

(エ) 昇格命令

本来昇格させるべき労働者に対し，不利益取扱い等の目的で昇格させないという不利益な人事をした場合に，昇格を命じるものである。

主文例は，以下のとおりである。

●主文例

> 被申立人は，平成○○年○○月○○日付で○○を主任に昇格させるとともに，同月分以降の主任手当を支払わなければならない。

(オ) 団体交渉応諾命令

団体交渉拒否（労組法7条2号）が認定された場合に，使用者に対して団交に応じるよう命じるものである。大別して，特定の団体交渉に応じなければならない旨命じるものと，特定の理由をもって団体交渉を拒否してはならない旨を命じるものとがある。

主文例は，以下のとおりである。

●主文例

◆例1
　被申立人は，申立人が平成○○年○○月○○日付で申し入れた団体交渉に誠実に応じなければならない。
◆例2
　被申立人は，申立人が平成○○年○○月○○日付で申し入れた団体交渉を，○○を理由に拒否してはならない。

(カ)　協定調印命令

団体交渉で合意したにもかかわらず，使用者が協定書の調印を渋っている場合に，労働組合が労働委員会に対し，協定書の調印を命じる旨の救済命令を申し立てる場合がある。

このような申立てが認容された場合の主文例は，以下のとおりである。

●主文例

　被申立人は，申立人との間で合意に達した○○に関する協定書に速やかに調印することを拒否してはならない。

(キ)　組合活動の便宜に関する作為命令

複数組合間の組合事務所や掲示板の供与などで差別的な扱いがされている場合に，その是正を命じるものである。

主文例は，以下のとおりである。

●主文例

　被申立人は，申立人に対し，○○労働組合に提供したのと同様の条件で，組合事務所及び掲示板を提供しなければならない。

(ク)　不作為命令

　支配介入の不当労働行為が認定された場合に，使用者に対して一定の行為を将来に向かって禁止する旨の命令である。

　典型的な主文例は，以下のとおりである。

●主文例

　被申立人は，今後，申立人の運営を誹謗するなどの言動を行ってはならない。

(ケ)　ポスト・ノーティス命令

　不当労働行為が認定された場合に，使用者に対して同種の行為を繰り返さない旨を公約させる命令である。「ポスト」は掲示することを，「ノーティス」は文書等で通知することを意味する。

　典型的な主文例は，以下のとおりである。

●主文例

　被申立人は，本命令書交付の日から1週間以内に，下記の内容の文書を申立人に交付するとともに，縦50センチメートル，縦80センチメートルの用紙に見やすく墨書して，工場の正門の見やすい場所に1か月間掲示しなければならない。

記

○○労働組合　御中

　　　　　　　　　　　　　　　平成○○年○○月○○日
　　　　　　　　　　　　　　　　　　　○○株式会社
　　　　　　　　　　　代表者代表取締役　○　○　○　○

　当社が行った下記の行為は，○○労働委員会において労働組合法第7条第1号に該当する不当労働行為であると認定されました。
　今後，このような不当労働行為を繰り返さないようにします。

　　　　　　　　　（以下省略）

●不当労働行為と不法行為●

　民事訴訟に関する議論であるが，不当労働行為が不法行為（民法709条）にあたると認定され，使用者等に対する損害賠償請求が認められた事案は多数存在する（岩出・講義（下）1215頁）。たとえば，日産自動車（民事・残業差別等）事件判決（東京地判平成2・5・16労判563号56頁）は，「労働組合法7条は不利益取扱い，団体交渉拒否，支配介入等，使用者による労働者及び労働組合の右活動を阻害する一定の行為を不当労働行為として禁止し，同法27条で，使用者がこれに違反した場合には，労働委員会が救済命令を発し得るものとしている。この不当労働行為救済制度は，右各権利〔引用者注―団結権，団体交渉権および団体行動権〕に基づく活動を行う利益に対する侵害により労働者や労働組合に生ずる損害の回復を直接の目的とするものではなく，右禁止規定に違反する行為によって損なわれた集団的労使関係秩序の是正措置を講じて将来の正常な集団的労使関係秩序の形成，確保を図る制度であって，右利益の侵害による不法行為の私法的救済とは機能を異にするものであるから，不当労働行為として救済が可能な行為については不法行為による損害賠償請求が妨げられるというものではない。そして，本件では……既に不当労働行為の救済命令が発せられてい

るのであるが，このような場合にも，救済命令によって右利益の侵害による損害が事実上回復されていれば重ねて不法行為に基づく救済は求め得ないことになるが，未だ回復されない損害が残るのであれば，その部分について不法行為に基づく損害賠償を請求し得るものというべきである。」と判示している。同判決は，以上を前提として，組合差別の支配介入等を不法行為と認定し，使用者に対し，損害の賠償として，労働組合へ66万円を支払うよう命じた。

そのほか，滋賀相互銀行事件判決（大津地判昭和59・3・30労判436号58頁）は，組合員に対する降職命令を不利益取扱いにあたると認定し，かつ不法行為にも該当するとしたうえで，使用者に対し，当該組合員へ5万円を支払うよう命じ，佐川急便（全日本港湾労組など）事件判決（大阪地判平成10・3・9労判742号86頁）は，団体交渉拒否を不法行為と認定したうえで，会社に対し，労働組合へ50万円を支払うよう命じ，JR西日本（可部鉄道部・日勤教育）事件判決（広島高判平成18・10・11労判932号63頁）は，日勤教育にかかる支配介入発言を不法行為と認定したうえで，会社および同社部長に対し，組合へ計24万円，組合員へ33万円をそれぞれ支払うよう命じた。

以上のうち，JR西日本事件判決では，使用者だけでなく，実際に不当労働行為を行った管理職も共同不法行為者として賠償責任を負わされている。労働組合に応対する際には，組合を敵視する言動は控えるべきである。

(d) 救済の必要性

不当労働行為につき救済を求めた内容が，救済申立て後に手続外で実現した場合や，申立て後の事情により事実上または法律上不可能であることが確定した場合（労委則33条1項6号）には，当該申立ては，もはや救済の必要性（救済利益）がないものとして棄却もしくは却下される。

前者について，全逓新宿郵便局事件最高裁判決（最三小判昭和58・12・20労判421号20頁）は，「労働委員会の救済命令制度は，使用者の不当労働行為により生じた事実上の状態を右命令によって是正することにより，正常な集団的労

使関係秩序を回復させることを目的とするものであって，もとより使用者に対し懲罰を科すること等を目的とするものではない」と判示したうえで，「使用者による不当労働行為の成立が認められる場合であっても，それによって生じた状態が既に是正され，正常な集団的労使関係秩序が回復されたときは，……労働委員会は救済の必要性がないものとして救済申立てを棄却できる」と判示した。また，後者について，東洋印刷労働組合事件判決（東京地判平成20・9・10労経速2026号3頁）は，救済申立て後に使用者が破産手続廃止決定を受け，清算会社となった場合には，「会社は，破産手続開始決定の効果により，清算会社として存続しているにすぎないのであるから，その権利能力は，……清算の目的の範囲内に限定されるのであって，解散前に行っていた事業を再開し遂行することは，清算の目的の範囲を逸脱するものであって，法律上不可能である」とし，解雇撤回等の救済の申立てを却下した労働委員会の判断を是認した。

(e) 命令の効力

救済命令等は，交付の日から効力を生じる（労組法27条の12第4項）。したがって，申立てを認容する救済命令が発令された場合には，使用者は，命令書の交付を受けた日から遅滞なくその命令を履行しなければならない（労委則45条1項）。ポスト・ノーティス命令等で期限が定められている場合には，期限内に履行する義務が生じる。会長は，命令を受けた使用者に対し，その履行に関して報告を求めることができる（同条2項）。

もっとも，救済命令には私法上の効力はないので，使用者は，行政上の措置として，その履行を命じられるにすぎない。たとえば，被解雇者を原職復帰させるよう命じる救済命令は，私法上解雇を無効とする効果を生じさせるものではないし，バックペイ支払命令も，これを債務名義として強制執行し得るものではない。つまり，救済命令を得たからといって，使用者の意思に反してまで救済内容を強制的に実現できるわけではないということである。ただし，確定した救済命令に使用者が違反した場合には，当該使用者は，行政上の制裁として，50万円（ただし，当該命令が作為を命ずるものであり，命令の日の翌日から起算して不履行の日数が5日を超える場合には，超過日数1日につき10万円を加算した金額）以下の過料に処せられるので（労組法32条・27条の13第1項），この限りで間接的

書式2 ●不当労働行為救済申立書

不当労働行為救済申立書

平成○○年○○月○○日

○○県労働委員会
　会長　○○○○殿
　　　　　　　　申立人　〒○○○－○○○○
　　　　　　　　　　　　○○市○○　○丁目○番○号
　　　　　　　　　　　　○○労働組合
　　　　　　　　　　　　執行委員長　○　○　○　○　㊞

　被申立人の行為は，次のとおり労働組合法第7条1号，2号及び3号に該当する不当労働行為であるので，審査の上，下記救済命令を発するよう申し立てます。

記

　申　立　人　　住　所：〒○○○－○○○○
　　　　　　　　　　　　○○市○○　○丁目○番○号
　　　　　　　　名　称：○○労働組合
　　　　　　　　代表者：執行委員長　○　○　○　○
　　　　　　　　電　話：○○（○○○○）○○○○
　　　　　　　　ＦＡＸ：○○（○○○○）○○○○

　被申立人　　　住　所：〒○○○－○○○○
　　　　　　　　　　　　○○市○○　○丁目○番○号
　　　　　　　　名　称：○○株式会社
　　　　　　　　代表者：代表取締役　○　○　○　○
　　　　　　　　電　話：○○（○○○○）○○○○
　　　　　　　　ＦＡＸ：○○（○○○○）○○○○

第1　請求する救済命令
　1　被申立人は，申立人の組合員◆◆◆◆に対する平成○○年○○月○○日付の解雇を撤回し，速やかに原職に復帰させるとともに，解雇の日の翌日から原職に復帰するまでの間に，同人が解雇されなければ得られたであろう賃金相当額，及びこれに対する年6分の割合による金員を支払わなければなければならない。
　2　被申立人は，申立人が平成○○年○○月○○日付で申し入れた工場の安全衛生に関する団体交渉に誠実に応じなければならない。
　3　被申立人は，今後，申立人の活動を誹謗するなどの言動を行ってはならない。

第2　不当労働行為を構成する具体的事実
　1　当事者
　　(1)　申立人
　　　　申立人は，業種にかかわりなく一人でも加盟できる合同労組であり，主に中小零細企業に雇用される労働者を中心として組織されている。現在，組合員数は○○○名であり，被申立人に解雇された◆◆◆◆をはじめ，被申立人の従業員の中に○○名の組合員がいる。
　　(2)　被申立人
　　　　被申立人は，○○を主な業務とする株式会社であり，○○市に本社を置き，○○市に工場を所有している。従業員数は約○○○名であり，○○○○が代表取締役を務めている。
　2　本件の経緯
　　(1)　申立人による団体交渉申入れと被申立人による拒否
　　　　申立人は，被申立人の工場の安全衛生が徹底されていないため，被申立人に対し，これを改善するよう以前から要求していたが，被申立人がこれを改善しないことから，平成○○年○○月○○日，被申立人に対し，この点に関する団体交渉の申入れをした（甲1　団体交渉申入書）。
　　　　しかし，被申立人は，「申立人が指摘する危険な箇所は確認できませんでしたので，交渉をする必要はありません」などという回答をし，申立人の申入れに応じる姿勢を示さなかった。
　　(2)　◆◆◆◆に対する解雇

このような中，被申立人は，平成○○年○○月○○日，◆◆◆◆が被申立人の総務課長○○○○に暴力をふるったとして，同月○○日付で◆◆◆◆を解雇した（甲2　解雇通知書）。しかし，○○○○は同課長に暴力をふるっていない。
　この件は，団体交渉の件で総務部へ申入れをしに来た◆◆◆◆に対し，同総務課長が◆◆◆◆の両肩を掴むという暴行に及んだことから，◆◆◆◆が，これを振りほどこうとして右手を振り上げたところ，手の甲が同課長の右顎に当たったというものである。◆◆◆◆の上記行為は，意図的なものではなく，強く右手を振り上げるものでもなかったことから，同課長が怪我をするようなこともなかった。

(3) 申立人に対する誹謗
　翌日，被申立人の代表者○○○○は，従業員を集めて，「◆◆◆◆は，昨日○○総務課長に対する暴力事件を起こした。申立人の入っている労働組合は，自分たちの不当な要求が通らないと，暴力に訴える組合だ」などと発言し，申立人を誹謗した。

(4) 不当労働行為
　以上のうち，(1)に示した被申立人の行為は，申立人との団体交渉を拒否するものであり，労組法7条2号に該当する不当労働行為である。
　また，(2)に示した◆◆◆◆に対する解雇は，◆◆◆◆が申立人の組合員であることを理由にされた不利益な取扱いであって，労組法7条1号に該当する不当労働行為である。
　さらに，(3)に示した被申立人の代表者の発言は，組合の運営に対する支配介入行為であり，労組法7条3号に該当する不当労働行為である。

以　上

書式3●答弁書（不当労働行為救済申立事件）

平成〇〇年（不）第〇〇号　不当労働行為救済申立事件
申　立　人　〇〇労働組合
被申立人　〇〇株式会社

答　弁　書

平成〇〇年〇〇月〇〇日

〇〇県労働委員会
　　会長　　〇　〇　〇　〇　殿

被申立人　〒〇〇〇-〇〇〇〇
〇〇市〇〇　〇丁目〇番〇号
〇〇株式会社
代表取締役　〇　〇　〇　〇　㊞

頭書事件につき，被申立人は，下記のとおり答弁します。

記

第1　請求する救済命令に対する答弁
　　本件救済申立てをいずれも棄却する　との命令を求める。

第2　不当労働行為を構成する具体的事実に対する認否
　1　「1　当事者」について
　　「(1)　申立人」については，申立人の規模，組織構成等につき不知。被申立人の従業員の中に，◆◆◆◆を含めて複数の組合員がいることは認めるが，その正確な人数については不知。
　　「(2)　被申立人」については認める。
　2　「2　本件の経緯」について
　　「(1)　申立人による団体交渉申入れと被申立人による拒否」については，申立人から工場の安全衛生に関する改善要求があったことは認める

が，工場の安全衛生が徹底されていなかったという点については否認する。申立人が，平成○○年○○月○○日に，被申立人に対して団体交渉の申入れをしたこと，及び被申立人がこれに応じなかったことは認めるが，これには，後記の事情がある。

「(2)　◆◆◆◆に対する解雇」については，被申立人が，◆◆◆◆の総務課長に対する暴力を理由として，平成○○年○○月○○日付で◆◆◆◆を解雇した事実は認める。

この際，◆◆◆◆が団体交渉の件で総務部へ申入れをしに来た事実は認めるが，同総務課長が◆◆◆◆の両肩を掴んだこと，及び◆◆◆◆がこれを振りほどこうとして右手を振り上げたことは否認する。同総務課長が怪我をしなかったという点も否認する。

「(3)　申立人に対する誹謗」については，◆◆◆◆による暴行の翌日，被申立人の代表者○○○○が，従業員を集めたことは認めるが，申立人の主張する同人の発言内容については否認する。

「(4)　不当労働行為」については，申立人のいずれの主張についても争う。

第3　被申立人の主張

1　団体交渉について

申立人は，被申立人に対し，以前から「機械の部品が欠落している箇所があり，今にも人身事故が発生する危険がある」などと主張して，団体交渉を求めてきた。これに対し被申立人は，平成○○年○○月○○日及び同年○○月○○日に，被申立人の事務所内で，申立人と団体交渉を実施した。初回の団体交渉で，被申立人は，申立人から危険があるという具体的な箇所を聴取した。そして，後日その真偽を工場長らに確認したところ，工場長らは「部品が欠落しているのは確かであるが，これにより人身事故が発生することはまずない」と回答したことから，第二回の団体交渉では，その旨を申立人に伝えた。しかしながら，申立人は納得せず，再三にわたり第三回の団体交渉を求めてきたため，被申立人は，「申立人が指摘する危険な箇所は確認できませんでしたので，この点に関し，これ以上交渉をする必要はありません」という回答をしたのである（乙1　回答書）。

このような経緯に照らせば，被申立人が，申立人の団体交渉要求に応

じないことについて，正当な理由があるというべきである。
2　◆◆◆◆に対する解雇について
　◆◆◆◆は，この際，大きな声で「役員を出せ」と言いながら，興奮した様子で常務取締役の方へ歩み寄ってきたのである。そこで，総務課長は，まずは◆◆◆◆を落ち着かせようと考え，◆◆◆◆の前に立ちはだかって，両手を前に突き出し，「◆◆◆◆さん，まあ落ち着いてください」と◆◆◆◆をなだめようとしたのであるが，これに対して◆◆◆◆は，「お前じゃ話にならん」と言って，右手の甲を振り上げて，同課長の右顎を殴ったのである。この暴行により，同課長は加療3日を要する傷害を負った（乙2　診断書）。
　いかなる理由があろうとも，社内で暴力をふるうことは，到底許されないことである。しかも，上記のとおり，同課長は現実に傷害を負ったのであり，生じた結果も重大である。◆◆◆◆については，普段から粗暴な言動が見受けられたことから，被申立人としても厳重な対処をする必要があったのであり，◆◆◆◆に対する解雇は，同人が組合員であることを理由とするものでは全くない。
3　従業員に対する説明について
　被申立人の代表者〇〇〇〇の実際の発言は，「◆◆◆◆は，昨日〇〇総務課長に対する暴力事件を起こした。◆◆◆◆は，組合活動と称して暴力行為に及んだのであるが，このような行為は絶対に許容されないので，厳罰に処することにした」というものである。したがって，何ら申立人を誹謗するものではない。
4　結　論
　以上のとおり，申立人の主張する不当労働行為は，いずれも存在しないので，本件救済申立てについては，いずれも棄却されるべきである。
　　　　　　　　　　　　　　　　　　　　　　　　　　　以　上

書式4 ●証人等出頭命令申立書

平成○○年（不）第○○号　不当労働行為救済申立事件
申 立 人　○○労働組合
被申立人　○○株式会社

証人等出頭命令申立書

　　　　　　　　　　　　　　　　　　　　平成○○年○○月○○日

○○県労働委員会
　会長　○　○　○　○　殿

　　　　　　　　　　　　申立人　　〒○○○-○○○○
　　　　　　　　　　　　　　　　　○○市○○　○丁目○番○号
　　　　　　　　　　　　　　　　　○○労働組合
　　　　　　　　　　　　　　　　　執行委員長　　○　○　○　○　㊞

　頭書事件につき，申立人は，下記のとおり，証人等出頭命令を申し立てます。

記

第1　証人等の表示
　　　氏　　　名　　○　○　○　○
　　　勤務先住所　　〒○○○-○○○○　　○○市○○　○丁目○番○号
　　　職　　　業　　○○市消防局職員

第2　尋問に要する見込み時間
　　　15分

第3　証明すべき事実
　　　平成○○年○○月に，証人が被申立人の工場内を視察した際の機械設備等の状況，及びその際の指摘事項等

第4　尋問事項
　　　（以下略）

　　　　　　　　　　　　　　　　　　　　　　　　　　　　　以　上

書式5 ●物件提出命令申立書

平成○○年（不）第○○号　不当労働行為救済申立事件
申　立　人　　○○労働組合
被申立人　　○○株式会社

物件提出命令申立書

平成○○年○○月○○日

○○県労働委員会
　　会長　　○　○　○　○　殿

申立人　〒○○○－○○○○
　　　　○○市○○　○丁目○番○号
　　　　○○労働組合
　　　　執行委員長　　○　○　○　○　㊞

頭書事件につき，申立人は，下記のとおり，物件提出命令を申し立てます。

記

第1　物件の表示
　　申立人の組合員及び他の非管理職従業員にかかる平成○○年度及び平成○○年度の各「人事考課シート」

第2　物件の趣旨
　　平成○○年度及び平成○○年度について，職員ごとに査定の結果及びその理由を記したものである。

第3　物件の所持者
　　被申立人

第4　証明すべき事実
　　申立人の組合員が，他の従業員に比して著しく低い査定評価をされていること。

以　上

に履行が強制されることになる。また，救済命令の確定前であっても，取消訴訟において，後記する緊急命令を裁判所が発したときは，同命令に違反した使用者は，同額の過料に処せられる（労組法32条・27条の20）。

❸ 再審査手続

(1) 再審査の申立て

都道府県労働委員会が発した初審の救済命令等に対しては，当事者は，その交付を受けた日から15日以内に，中央労働委員会に再審査の申立てをすることができる（労組法25条2項・27条の15第1項・2項）。初審命令に対する再審査申立率は，概ね6割前後で推移している。平成22年の統計では，99件中58件（58％）である。

再審査の申立ては，再審査申立書を中央労働委員会に直接提出してもよいが，初審の都道府県労働委員会に提出することによりこれを経由してもよい（労委則51条1項）。初審の労働委員会に再審査申立書を提出した場合は，提出日をもって再審査を申し立てた日とみなされる（同条4項）。

再審査の申立てによっても，初審の救済命令等の効力を停止することはできない（労組法27条の15第1項ただし書）。同命令等の効力を失わせるには，再審査の結果これが取り消され，もしくは変更されるか（同項ただし書），取消訴訟において取消判決が確定するか，または前記した中央労働委員会による和解認定により再審査手続が終了することが必要である（労組法27条の14第3項・2項）。

(2) 調査，審問等

再審査の手続には，初審の手続に関する規定が準用される（労組法27条の17）。したがって，再審査も調査→審問→合議→命令という流れで手続が進められる。審査計画についても同様である。ただし，再審査においては，審問は必須ではない（労委則55条2項）。

なお，再審査の性格は，民事訴訟の控訴審と同様に続審と考えられており，これは，初審の資料に新たに提出された資料を加えたうえで，初審の救済命令等の当否を判断するというものである（労委則55条2項）。

書式6 ●再審査申立書

再審査申立書

平成○○年○○月○○日

中央労働委員会
　会長　○　○　○　○　殿

　　　　　　　　　再審査申立人　〒○○○-○○○○
　　　　　　　　　　　　　　　　○○市○○　○丁目○番○号
　　　　　　　　　　　　　　　　○○株式会社
　　　　　　　　　　　　　　　　代表取締役　　○　○　○　○　㊞

　　　　　　　　　再審査被申立人　〒○○○-○○○○
　　　　　　　　　　　　　　　　○○市○○　○丁目○番○号
　　　　　　　　　　　　　　　　○○労働組合
　　　　　　　　　　　　　　　　執行委員長　　○　○　○　○

第1　初審命令交付日
　　　○○県労働委員会平成○○年（不）第○○号不当労働行為救済申立事件の命令書が平成○○年○○月○○日に交付された。上記命令に不服であるので，再審査を申し立てる。

第2　不服の要点*1
　1　本件初審命令主文第1項及び第2項をいずれも取り消す
　2　本件救済申立てをいずれも棄却する
　との命令を求める。

第3　不服の理由*2
　1　団体交渉拒否について
　　　初審命令が認定した不当労働行為（団体交渉拒否）に関しては，以下の通り，法律の解釈・適用にかかる明確な誤りがある。

再審査申立人は、二度に及ぶ団体交渉に誠実に応じたうえ、再審査被申立人からの要請に対して指摘箇所を点検したのであって、当該対応に非難されるべき事情はない。また、点検の結果、危険箇所は確認できなかったのであるから、これ以上交渉を続けても、堂々巡りになるだけであって、何ら紛争の解決にはつながらない。再審査被申立人は、客観的に危険でない箇所について、これらが危険であるかのごとく、ことさらに騒いでいるだけであって、このような不誠実な再審査被申立人の姿勢こそ、非難されるべきである。
　以上の事情に照らせば、再審査申立人が団体交渉を拒否したことについては、正当な理由がある。
2　不利益取扱い（解雇）について
　初審命令が認定した不当労働行為（不利益取扱い）に関しては、以下の通り、結論に影響を及ぼす事実に重大な誤認がある。
　初審命令は、◆◆◆◆に対する解雇につき、再審査申立人の代表者が組合を嫌悪してしたものと認定し、その理由として、◆◆◆◆の行為は意図的な暴力ではないとした。しかし、これは◆◆◆◆の信用できない供述をそのまま採用したものであって、同供述の評価を誤ったものといわざるを得ない。他の従業員の証言に照らせば、◆◆◆◆が、意図的に〇〇〇〇総務課長の右顎を殴ったことは明らかであって、そうであれば、◆◆◆◆の行為は、解雇に値するというべきである。

以　　上

（注）　＊1　不服の要点については、後日主張することもできる。
　　　　＊2　不服の理由については、後日主張することもできる。

(3) 初審命令の履行勧告

中央労働委員会の会長は，使用者が再審査を申し立てた場合において，命令の全部または一部を履行しないときは，使用者に対し，履行を勧告することができる（労委則51条の2第1項）。勧告を行う際には，あらかじめ使用者に対し，弁明を求めなければならない（同条2項）。実務上は，使用者に対し，再審査の第一回調査期日前に，初審命令の履行状況の報告，および未履行の場合その理由についての弁明を求める文書が交付される。中央労働委員会は，弁明を踏まえて履行の勧告をするかどうかを決定することになるが，実際に履行勧告が出ることは多くない。また，同勧告はあくまで「勧告」であって，これに違反しても制裁はない。

(4) 再審査の命令

中央労働委員会は，初審の救済命令等を取り消し，承認し，もしくは変更する完全な権限を持って再審査し，または再審査の申立てを却下することができる（労組法25条2項）。ただし，再審査は，申し立てられた不服の範囲において行われるので（労委則54条1項本文），再審査命令による初審の救済命令等の変更も，不服申立ての限度においてのみなし得る（労委則55条1項）。

4 取消訴訟

(1) 取消しの訴えの提起

都道府県労働委員会または中央労働委員会の救済命令等に対し，使用者は，同救済命令等の取消しの訴えを提起することができる。出訴期間は命令交付の日から30日以内であり，これは不変期間である（労組法27条の19第1項）。

一方，労働組合または労働者が，都道府県労働委員会または中央労働委員会の救済命令等もしくは却下決定に対して取消しの訴えを提起する場合は，出訴期間は通常の行政処分の取消しの訴えと同様に，命令または決定があったことを知った日から6か月間である（行訴法14条1項）。

取消しの訴えが提起されると，救済命令等の確定が遮断されるが（労組法27条の13第1項），これにより救済命令等の効力は停止しない（行訴法25条1項・29条）。救済命令の執行を停止するという手段は残されているが（行訴法25条2

項・29条），要件具備につき疎明が必要であり，現実には困難な場合が多いと考えられる。なお，救済命令等に私法上の効力がないことは，前記したとおりである。

初審命令・決定に対し，再審査を経ることなく取消しの訴えが提起される割合は，概ね1割前後である。原告となるのは使用者が多く，初審の判断に不服のある労働者または労働組合の多くは，再審査を申し立てている。一方，再審査での命令・決定に対しては，5割弱の事件で取消訴訟が提起されている。

(2) 取消しの訴えと再審査申立てとの関係

使用者が，都道府県労働委員会の救済命令等に対し，再審査の申立てをしたときは，取消しの訴えを提起することができない（労組法27条の19第1項の反対解釈）。これに対し，労働者または労働組合が都道府県労働委員会の救済命令等を争う場合は，再審査申立てと取消しの訴え提起の双方を並行してなし得る（労組法27条の19第3項は，同条1項を準用していない。）。ただし，双方に事件が係属している状態で，再審査申立てに対する中央労働委員会の救済命令等（もしくは却下決定）が下ると，取消しの訴えはこの命令等に対してのみ許される結果（労組法27条の19第3項・同条2項），それまでの初審命令に対する取消しの訴えは不適法として却下される。これに対し，並行係属中に取消訴訟で初審命令について判決が出た場合は，それが確定しても，中央労働委員会は初審命令について再審査する権限を失わないと解される（菅野765頁）。

都道府県労働委員会の救済命令等に対し，使用者が取消しの訴えを提起し，労働者または労働組合が再審査を申し立てた場合で，救済命令等の全部または一部が確定判決によって支持されたときは，再審査申立ては却下される（労組法27条の16）。この点に関し，藤田運輸事件判決（東京高判平成15・4・23判時1830号146頁。前掲の藤田運輸事件命令（千葉地労委命令平成9・8・7）の取消訴訟の控訴審である）は，同規定の趣旨について，「初審命令が使用者の提起した取消訴訟で審理判断され，その全部又は一部が正当として支持されて確定した後に，当該初審命令が再審査され，更には再審査の結果についての取消訴訟が提起されて，確定判決によって支持された初審命令と矛盾抵触する事態が生ずると，法的安定性を著しく損なう結果となることから，そのような事態に立ち至るこ

とを防ぐことにある」と判示したうえで、再審査申立ての却下決定を不服とする労働組合からの取消しの訴えを棄却した。この事件は、労働組合が解雇の撤回およびバックペイの支払等の救済を求めた初審手続において、解雇の撤回を認容し、バックペイの支払を棄却した初審命令が出されたことから、使用者が取消しの訴えを、労働組合が再審査の申立てをしたというものである。その後、取消訴訟において、使用者敗訴の判決が確定したことから、中央労働委員会は、同規定に基づき再審査の申立てを却下したところ、労働組合が、再審査でバックペイの支払につき判断を求めることができなくなるのは不当であるとして、同却下命令の取消しを求めたというものである。裁判所は、「ある不当労働行為についてある救済命令が発せられた場合、それが一個又は複数の救済方法又はそれらの一部であったとしても、その救済命令は、全体として上記正常な労使関係秩序の回復、確保を目的とした一個の行政処分である」としたうえで、上記規定の趣旨を踏まえつつ「一つの不当労働行為に対する救済命令に係る行政訴訟は、一回で解決を図るというのが法の趣旨というべきである」として、労働組合の主張を退けた。

(3) **取消訴訟の当事者**

取消訴訟の原告は、使用者または労働者もしくは労働組合であるが、被告は国または公共団体である（行訴法11条）。使用者が取消しの訴えを提起した場合の労働者または労働組合、および労働者または労働組合が取消しの訴えを提起した場合の使用者は、補助参加（行訴法7条、民訴法42条）することが可能であり、実務上もそうしている。ただし、補助参加人は、救済命令等の理由中の判断については争えないので、これを争う必要がある場合には、「訴訟の結果により権利を害される第三者」として、訴訟参加を申し立てるべきである（行訴法22条）。救済命令の申立てが、一部のみ認容されたという場合には、使用者および労働者または労働組合の双方が取消訴訟を提起するという事態も想定される。この場合には、双方が原告となるとともに、それぞれ補助参加または訴訟参加を申し立てることになる。両事件は併合審理されることになろう。

(4) 緊急命令

使用者が取消しの訴えを提起した場合において、受訴裁判所は、救済命令等を発した労働委員会の申立てにより、決定をもって、使用者に対し判決の確定に至るまで救済命令等の全部または一部に従うべき旨を命じることができる（労組法 27 条の 20）。これを緊急命令という。

前記のとおり、救済命令等は取消しの訴えによってもその効力を停止されないが、命令には私法上の効力がなく、また、命令違反に対する罰則も、救済命令等を支持する判決が確定しなければ発動されないので（労組法 28 条）、使用者は、それまでの間は、直接的にも、間接的にも、履行を強制されることはない。

しかし、救済命令等を直ちに履行させなければ、その目的を達せられないような場合があり得ることも否定できないところ、このような場合に備えて、暫定的に履行を強制する手段として緊急命令の規定が設けられたのである。

緊急命令の申立てをするかどうかは、労働委員会の公益委員会議で決定する（労委則 47 条 1 項）。緊急命令に関する統計はないものの、申立て自体が多くはなく、裁判所による発令はさらに少ないようである（判決と同時に発令される場合もある）。

緊急命令が発令された場合、これに違反した使用者は、50 万円（ただし、当該命令が作為を命ずるものであり、命令の日の翌日から起算して不履行の日数が 5 日を超える場合には、超過日数 1 日につき 10 万円を加算した金額）以下の過料に処せられる（労組法 32 条）。

(5) 取消訴訟の審理

取消訴訟における審理の対象は、①労働委員会がなした事実認定の当否、②認定事実を基礎とした不当労働行為の成否、および③救済命令等の内容（救済措置の内容）の適否である。

これらのうち、③については、労働委員会の裁量が認められ、これを逸脱しない限りは裁判所も労働委員会の判断を尊重すべきであることを既に述べた（Ⅳ❷(10)(b)参照）。

①については、裁判所は、労働委員会に提出された証拠に加え、新たに取消

訴訟で提出された証拠をも取り調べたうえで，独自に事実認定を行う。

②についても，「支配」「介入」（労組法7条3号）等の規範的要件を含め，不当労働行為の成立要件該当性は，裁判所による独自の審査に服する。したがって，この点に関する労働委員会の裁量は認められない（菅野769頁）。

┌─ ●取消訴訟における新証拠の提出制限● ─┐

前掲の物件提出命令に関連して，平成16年の労働組合法改正により，取消訴訟における新証拠の提出制限の規定が新設された（労組法27条の21）。すなわち，物件提出命令に従わずにこれを提出しなかった当事者は，取消訴訟においては，当該物件提出命令に係る物件により認定すべき事実を証明するためには，当該物件に係る証拠の申出をすることができない。これは，労働委員会が提出を命じたにもかかわらず提出しなかった物件を取消訴訟で新たに提出することは，同委員会で主張・立証を尽くした相手方との関係で信義則に反するとともに，迅速な救済を図るための不当労働行為救済制度の機能を損なうものであることから，これを制限するというものである。

ただし，命令に従わずに提出しなかった物件を，他の事実を立証するために提出することは妨げられない。また，取消訴訟において，この規定により証拠の申出が制限されるのは，当該救済命令等を発令した労働委員会が物件提出命令をも発していた場合に限られる。したがって，都道府県労働委員会が発した物件提出命令に従わなかった場合において，訴訟で中央労働委員会の救済命令等の取消しを求めるときは，同規定により直ちに証拠の申出が制限されるものではない。もっとも，この場合でも，信義則違反を理由として証拠の申出が却下される場合もあり得るものと解される（改正労組法通達平成16・12・1政発1201001号）。

なお，本規定の趣旨が上記のものであることから，物件を提出しなかったことにつき正当な理由がある場合は，取消訴訟においてもこれを提出することができる（労組法27条の21ただし書）。

(6) 取消訴訟の判決の効力とその後の処理

　救済命令等を取り消す旨の判決は，同命令を発した労働委員会を拘束し（行訴法33条1項），当該労働委員会は，判決の趣旨に従い，改めて救済命令等または却下決定をしなければならない（同条2項）。そこで，命令の全部または一部を取り消す旨の判決が確定したときは，労働委員会は，公益委員会議の決定により，当該事件の審査を再開する（労委則48条1項）。この場合には，労働委員会は，審査再開決定書を当事者に送付しなければならない（同条2項）。確定判決において，労働委員会の認定した不当労働行為が成立しないとして救済命令等が取り消された場合は，同判決により救済命令等は失効する。救済方法が労働委員会の裁量を逸脱することを理由に取り消された場合は，労働委員会は，判決理由に従った救済方法を定め，改めて救済命令を発するべきである。

　取消しの訴えを棄却する判決が確定した場合，これに違反した者は，1年以下の禁錮もしくは100万円以下の罰金に処せられ，またはこれらを併科される（労組法28条）。罰せられるのは「その行為をした者」であって，使用者ではないことに注意する必要がある。

　労働委員会の命令・決定が取り消される場合も少なくはない。平成17年から平成21年までの5年間に下った一審判決をみると，初審命令に対する取消訴訟（39件）のうち，全部取消判決が8件，一部取消判決が2件であり，再審査命令に対する取消訴訟（92件）のうち，全部取消判決が6件，一部取消判決が11件となっている。

●不当労働行為救済手続・取消訴訟と民事訴訟との競合●

　不当労働行為救済手続と民事訴訟はまったく別の手続であるから，例えば，不利益取扱い（労組法7条1号）を主張して解雇の撤回を求める不当労働行為救済手続と，解雇の効力を争う（すなわち，雇用契約上の権利を有する地位の確認を求める）民事訴訟とが並行する事態も生じ得る（なお，民事訴訟において，解雇権の濫用ではなく不当労働行為〔不利益取扱い〕を理由に解雇の無効を主張することも可能である〔不当労働行為禁止規定の私法上の効果〕。この点については医療法人新光会事件・最三小判昭和43・4・9労判74号79頁を参照）。この場

合，両者は行政救済と司法救済とで手続の性質を異にするので，当然ながら，民事訴訟法上の二重起訴の禁止（142条）の問題は生じない。

また，民事訴訟において解雇の効力につき判断した判決が確定し，判決主文に記された労働者の雇用契約上の地位の存否について既判力（民訴法114条1項）が生じても，労働委員会はこれに拘束されないので，この点につき裁判所と異なる判断をすることも理論上は可能である。一方，先に救済命令等が確定しても，これにより既判力は生じないので，裁判所は労働委員会の判断に拘束されない。

以上に対し，民事訴訟と救済命令等の取消訴訟が並行した場合はどうであろうか。この場合でも，民事訴訟と取消訴訟とでは訴訟物が異なるので（当該民事訴訟の訴訟物が雇用契約上の権利を有する地位の存否であるのに対し，当該取消訴訟の訴訟物は救済命令という行政処分の違法性一般と解されている），両訴の並行は二重起訴の禁止規定（民訴法142条）に触れない（行政事件訴訟法7条は民事訴訟法142条を準用するが，同規定は重複する行政事件が係属した場合に適用される）。

また，民事訴訟で解雇の効力に関する判決が確定すると，主文に記された当該労働者の地位の存否につき既判力が生じるが，上記の通り，両訴間で訴訟物が異なることに加え，既判力の主観的範囲は原則として当事者間に限られるので（民訴法115条1項参照），当該確定判決の効力は，国または公共団体を被告とする取消訴訟には及ばない（この点は，使用者や労働組合等が国等に補助参加した場合でも同様と解される）。

反対に，取消訴訟の判決が先に確定した場合でも，当該労働者の地位に関する判断は当該判決主文には包含されず（認容判決の主文では，労働委員会が下した命令を取り消す旨のみが示される），また，前記と同様に当事者の同一性もないので，民事訴訟においてこれと異なる判断が下っても，やはり既判力に抵触することにはならない。

もっとも，両訴訟の訴訟物や当事者が異なるとはいえ，取消訴訟の結果，解雇の撤回を命じる救済命令が確定判決により支持されたにもかかわらず，民事訴訟では解雇の効力を肯認する判決が確定した場合，使用者

は，私法上解雇が有効であるにもかかわらず，罰則（労組法28条）の適用を避けるためにはこれを撤回せざるを得ないという不都合な状況に置かれることになる。どちらの審理においても，実質的な争点は解雇の合理性の有無であり，さらにいえばこれを根拠づける事実の存否であること（東京都自動車整備振興会事件・後掲東京高判平成21・11・4を参照），また，最高裁が不当労働行為禁止規定に違反する法律行為が無効である旨判示し（医療法人新光会事件・前掲最三小判昭和43・4・9），不当労働行為該当性と解雇の効力とが連動する理を明らかにしていることからしても，このような不都合を避けるためには，実務上何らかの配慮が求められることになる。例えば，取消訴訟で十分な手続保障を与えられていた者は，民事訴訟において，信義則上解雇の効力につき取消訴訟の結果と異なる主張をすることはできないとすべき場合もあろうと思われる。

　なお，不当労働行為（不利益取扱い）の要件である不当労働行為意思（「故をもつて」労組法7条1号）と解雇の合理性を基礎づける事実との関係については，東京都自動車整備振興会事件判決（東京高判平成21・11・4労判996号13頁。ただし，降格に関する事案である）が「不当労働行為の意思に基づいてされたものであるかどうかの認定判断は，本件降格処分を正当と認めるに足りる根拠事実がどの程度認められるか否かによって左右されるものであり，処分を正当と認める根拠事実が十分認められるようなときは，不当労働行為の意思に基づくものであることは否定されるというべきである」と判示しているとおり，両者は反比例の関係にあると解されている。

書式7 ●取消訴訟の訴状

訴　　状

平成○○年○○月○○日

東京地方裁判所民事部　御中

　　　　　　　　　　　　原告訴訟代理人弁護士　○　○　○　○　㊞

〒○○○－○○○○　○○市○○　○丁目○番○号
　　　　　　　　　原　　　　　告　　○○株式会社
　　　　　　　　　上記代表者代表取締役　○　○　○　○

（送達場所）
〒○○○－○○○○　○○市○○　○丁目○番○号○○ビル○階
　　　　　　　　　○○法律事務所
　　　　　　　　　原告訴訟代理人弁護士　○　○　○　○
　　　　　　　　　電　話　　○○（○○○○）○○○○
　　　　　　　　　ＦＡＸ　　○○（○○○○）○○○○

　　　〒100－0013　東京都千代田区霞が関一丁目1番1号
　　　　　　　　　被　　　　　告　　国
　　　　　　　　　上記代表者法務大臣　○　○　○　○

　　　〒105－0011　東京都港区芝公園一丁目5番32号
　　　　　　　　　処　分　行　政　庁　　中央労働委員会
　　　　　　　　　上記代表者会長　○　○　○　○

不当労働行為救済命令取消請求事件
訴訟物の価額　　160万円
貼用印紙額　　　1万3000円

第1 請求の趣旨
 1 中央労働委員会が中労委平成〇〇年（不再）第〇〇号不当労働行為再審査申立事件について平成〇〇年〇〇月〇〇日付でした命令を取り消す
 2 訴訟費用は被告の負担とする
との判決を求める。

第2 請求の原因
 1 当事者
  (1) 原　告
　　　原告は，〇〇を主な業務とする株式会社であり，〇〇市に本社を置き，〇〇市に工場を所有している。従業員数は約〇〇〇名であり，〇〇〇〇が代表取締役を務めている。
  (2) 〇〇労働組合
　　　再審査において再審査被申立人であった〇〇労働組合（以下「本件組合」という。）は，業種にかかわりなく一人でも加盟できる合同労組であり，本件組合によれば，主に中小零細企業に雇用される労働者を中心として組織され，その組合員数は約〇〇〇名である。
 2 本件の経緯
  (1) 初審命令
　　　平成〇〇年〇〇月〇〇日，本件組合は，原告が労働組合法第7条1号，2号及び3号の不当労働行為を行ったとして，〇〇県労働委員会に不当労働行為の救済申立てをした。
　　　〇〇県労働委員会は，平成〇〇年〇〇月〇〇日，〇〇労働組合の申立てを一部認め，原告の不当労働行為（団体交渉拒否及び不利益取扱い）を認定する次の命令をした（以下「本件初審命令」という。）。
　　　【本件初審命令】
　　　　　主文
　　　　1 被申立人は，申立人の組合員◆◆◆◆に対する平成〇〇年〇〇月〇〇日付の解雇を撤回し，速やかに原職に復帰させるとともに，解雇の日の翌日から原職に復帰するまでの間に，同人が解雇されなければ得られたであろう賃金相当額を支払わなければならない。
　　　　2 被申立人は，申立人が平成〇〇年〇〇月〇〇日付で申し入

れた工場の安全衛生に関する団体交渉に誠実に応じなければならない。
　　　3　申立人のその余の申立てを棄却する。
(2)　中央労働委員会命令
　　本件初審命令に対し，原告が再審査を申し立てたところ，中央労働委員会は，平成〇〇年〇〇月〇〇日，次の命令をした（以下「本件中労委命令」という。）。
　　　【本件中労委命令】
　　　　　主文
　　　　　　本件再審査申立てを棄却する。
　3　本件中労委命令の違法
　　しかしながら，本件中労委命令には，以下のとおり事実認定及び法律の解釈・適用にかかる誤りがある。したがって，本件中労委命令は取り消されなければならない。
　　………（以下略）

以　上

●岩　野　高　明●

5　具体的な訴訟上の諸問題

(1)　不当労働行為意思

(a)　労働組合法7条1号

　不利益取扱いに関する労働組合法7条1号の条文には，「故をもって」との文言が含まれており，通説は，これを「不当労働行為の意思」を要件としたものと解し，その具体的内容は，「労働者が労働組合の組合員であること，労働組合に加入し，若しくはこれを結成しようとしたこと若しくは労働組合の正当な行為をしたことを認識し，それを理由として使用者が不利益な取扱いに至った関係と解し，反組合的な意思ないし動機に基づくことが必要である」（岸井貞男『不当労働行為法の原理（下）団結活動と不当労働行為』（総合労働研究所，1978）

124頁以下）とされている。これに対して，このような「不当労働行為の意思」を不要とし，組合員であること又は正当な組合活動をしたことと不利益取扱いとの間に客観的な結びつき（因果関係）が認められれば足りるとする説も有力であり，この説は，不当労働行為制度は使用者の行為を悪として決めつけてその責任を追及する制度ではなく，円滑な団体交渉の実現のための制度であることを強調する（石川297頁）。ただし，この説はこのような反組合的意図ないし動機は間接事実から認められる推定意思でよいとしている（石井462頁）。しかしながら，不利益取扱いの不当労働行為は，人間の意思による行為である以上，そこに客観的な原因結果の因果関係など観念できないことはいうに及ばず，当該不利益取扱いを生じせしめた使用者の意思を問題とせざるを得ない。

(b) 不当労働行為の立証方法

ただ，通説がいうような「反組合的な意図ないし動機」と表現するだけでは，その内容があまりに漠然としすぎており，組合を嫌う使用者が行う「不利益な取扱い」がすべて不当労働行為になりかねず，不当労働行為の範囲があまりに広がりすぎるという欠点は否定できない。やはり，「労働者が労働組合の組合員であること，労働組合に加入し，若しくはこれを結成しようとしたこと若しくは労働組合の正当な行為をしたこと」の事実を認識し，その事実のゆえにその労働者に「不利益な取扱い」をしようとの意欲を持ち，その意欲を実現しようとする意思を主観的成立要件としての「不当労働行為の意思」と位置付けるべきであり（菅野676頁），労働委員会は，労使関係の経験則を用いて間接事実から総合的に判定せざるを得ない。この判定においては，使用者の常日頃からの対応からして使用者が労働組合の存在や当該組合員の組合活動を嫌悪していたと認められ，当該不利益取扱いが組合の組織や活動に効果的な打撃を与えていれば，前述した使用者の意欲が推認されやすくなる。そして，この推認は，不利益取扱いの正当化理由が認められないかまたは不十分であるという場合には完全なものとなり，一方で，正当化理由が十分に認められるとなればその推認は覆るということにならざるを得ない（菅野677頁）。

(c) 第三者の強要による不利益取扱いと不当労働行為該当性

これは，使用者の取引先ないし融資先である第三者が当該使用者の従業員の正当な組合活動を嫌悪し，取引契約の解除や融資の打切り等の経済的圧力の下

に使用者に対して当該従業員の解雇を要求し，使用者がその要求に従わなければ自己の営業の続行は困難になるとの判断の下で，やむなく解雇を実行したという場合に問題となる。この点に関しては，以前は，第三者の圧力を決定的要因として解雇している以上不当労働行為の意思はないとして不当労働行為に該当しないとする見解もあったが，現在では，自ら解雇を決意したものであろうと第三者の圧力によりやむなくこれを決意したものであろうと，組合活動のゆえに解雇したものであることは変わりがないと解してきており（石井463頁），判例も，山恵木材事件（最三小判昭和46・6・15民集25巻4号516頁）では，甲の被用者である乙につき，第三者丙が乙の正当な組合活動を嫌忌してこれを解雇することを甲に要求し，甲が丙の意図を認識しながら乙を解雇したときは，その解雇が，甲において，丙の要求を容れて乙を解雇しなければ自己の営業の続行が不可能になるとの判断の下に，右要求を不当なものとしながら，やむなくしたものであっても，甲に不当労働行為をする意思がなかったとはいえず，その解雇は不当労働行為を構成するものというべきである，とされている（岩出・講義（下）1196頁）。

(d) 処分理由の競合と不当労働行為該当性

この問題は，不当労働行為の意思の存在が認められる一方で，使用者の主張する処分の正当化理由も十分に成り立つ場合，不当労働行為が成立するかという問題である。使用者が，人事異動等の一定の行為を組合や組合員に対してなした場合，使用者側から業務上の理由によるとの主張がなされ，一方で組合側は，不当労働行為意思による行為と主張し，労働委員会や裁判所は，あらゆる事情を総合して，事実上の推定などを用いて不当労働行為意思の存否を認定する場合が多いところ，実務上は，決定的原因が，不当労働行為意思によるか否かによって不当労働行為の成否が決せられることになる（いわゆる決定的動機説）と考えられ，学説上では争いがある（菅野632頁，荒木・労働法580頁等参照）。

(2) **人事考課・賃金差別と不利益取扱い**

(a) 事案の急増

最近，人事考課での組合差別が問題とされる事案が少なくない。人事考課上の差別につき不当労働行為を認めて差額支給を命じた国民生活金融公庫事件

(東京地判平成12・2・2労判783号116頁)，逆に，組合員の成績が悪く差別がないとされた芝信用金庫従組事件（東京高判平成12・4・19労判783号36頁）等がある。なお，恵和会宮の森病院（降格）事件（札幌高判平成16・9・17労判886号53頁）では，課長が管理職であり組合員になる資格を欠くとの見解を前提になされた課長から技師長への本件降格人事が不利益扱いの不当労働行為に該当するとされたし，最近でも，住友重機械工業事件（東京高判平成19・10・4労判949号20頁）では，申立人が上級職1級に昇格できなかったのは，会社が申立人が組合員であるために，昇格差別をしたものと推認するのが相当であるとされ，シオン学園不当労働行為再審査事件（中労委命令平成23・3・23労判1072号96頁）では，組合員に支給した平成19年および同20年の上期および下期の各一時金を組合に属していない従業員の平均支給額より低くしたことが不当労働行為にあたるとした初審救済命令が取り消された。

(b) 人事考課・賃金差別と除斥期間

労働組合法27条2項の除斥期間について，参考となる判例がある。中労委（明治乳業）事件決定（最三小決平成21・2・17労判976号98頁）では，会社の人事制度は，それ自体としては合理的なものといえ，各年度の人事考課成績を集団的に考察しても一審原告らと全体との間に有意な差は認められず，一審原告らは他の同資格の従業員に比べ，格付けされた号給において有意な格差を受けているが，格差の主因は昭和49年度までに生じていた職分・号給の格差が引き継がれたことにあり，過去に行われた不利益取扱いの累積結果としての格差を救済対象行為に対する救済の内容に取り込んでその是正を図ることが，労働委員会の裁量により行えるものであるとしても，救済対象の始点となる時から10年以上も遡る格付け行為から生じた格差は，救済対象行為との時間的隔たりがあまりに大きく，それらについて審理・判断することは除斥期間設置の趣旨に明らかに反するから，中央労働委員会がこのような時間的に大きく離れた時点に生じた格差の是正は行えないとの前提で，その不当労働行為性を審理しなかったことに違法はないとした原審（東京高判平成19・3・28労判938号80頁）が維持されている（該当判例紹介につき，岩出・講義（下）1200頁）。

(c) 人事考課・賃金差別と不利益取扱いの審理方式

賃上げ，一時金，昇格等に関する人事考課（査定）のうえで，労働組合ぐる

みで差別したとして、その不利益取扱いの成否が問題となるケースがあり、その立証方法が問題となる（以下につき、岩出・現代〔三上安雄〕755頁以下参照）。

(ア) 大量観察方式

1970年代以降、賃上げ、一時金、昇格等に関する査定に関する人事考課（査定）のうえで少数組合の組合員を組合ぐるみで差別したと主張される事件が相当数申し立てられたが、この種の事件においては、多数の申立人が長期にわたる賃上げ、一時金または昇格に関する差別を争うこと、そして差別の淵源が人事考課という企業内部における微妙な判定手続であり、企業がこれにつき人事の秘密を理由に記録や資料を提出したがらないことなどから、人事資料が一方的に使用者に属し、個々の労働者がそれに接する機会が少なく、仮に組合所属ゆえに低査定であることの立証をすべて労働者に求めると、申立人側は立証困難となり、事実上救済の途が閉ざされることとなること、また、集団的査定差別事件について個々に厳格な立証を求めると、審査がいきおい長期化し、救済を求める側に多大な負担を課すおそれがあること等から、差別の成否に関する立証が困難となり、審理の長期化傾向が生じた。

そこで、労働委員会においては、この困難な事件の審理を容易にするために、「大量観察方式」と呼ばれる審理方式を採用した（高田正昭「賃金差別」現代講座(8) 200頁）。この審理方式は、当事者間の実質的衡平を図るべく、申立人組合所属の従業員のグループとそれ以外の従業員のグループというように会社従業員をグループでくくり、まず、申立人側が、①申立人グループの昇給、昇格などが全体として他グループと比べ不利に扱われていること、②使用者が申立人グループの組合活動を嫌悪していること、の2つの事実を立証させ、これらの立証に成功すれば、主張された賃金格差などが不当労働行為意思に基づくものと一応推定される。これに対し、使用者は、この推定を覆すためには、③低査定の結果は組合嫌悪を理由とするものではなく、申立組合員らの勤務成績、態度等に基づく合理的な理由によるものであるとの立証をする必要があるというものである（菅野691～692頁）。

最近の例でいえば、学校法人森教育学園事件（広島高岡山支判平成23・3・10労判1028号33頁）では、賞与にかかる査定において労働組合の執行委員長と書記長をしていた被控訴人らを最低ランクに位置づけ、かつ被控訴人らに対して

校務分掌を割り当てず授業の持ち時間を少なくしていたこと等について，被控訴人らの組合活動を控訴人が嫌悪して行った不利益取扱いであり不当労働行為であったことが強く推認されるとして損害賠償請求を認容した一審判断が維持されており，また，中労委（昭和シェル）事件（東京高判平成22・5・13 労判1007号5頁）においては，活発な組合運動を行っていた組合員6名の職能資格等級および賃金は，同期・同性・同学歴者の中で著しく低位に置かれていたと認められ，経験則上，組合活動を行っているがゆえに不合理な人事考課がなされた（著しく低位に位置づけられた）のではないかとの推認（事実上の推認）が働き，会社にはこの推認を揺るがす立証が必要であるとされている。

この使用者側の立証は，申立組合員の一人ひとりにつき職制等を証人にして査定の公正さを立証することとなるので「個別立証」と呼ばれた。しかしながら，組合員の査定が全体として低位であること，そして使用者が当該組合に対して切崩し，団交拒否，不利益取扱いなどの弱体化策動をなしていることが認定されケースでは，労働委員会は，不当労働行為成立の推定を容易に崩さない傾向にある（紅屋商事事件・最二小判昭和61・1・24 労判467号6頁）。

(イ) それ以外の立証方法

ところで，前記のような大量観察方式は，申立人グループとその他のグループとが勤務成績において全体として同質であることを前提としている量的な手法であることから，本来は，量的比較を可能ならしめる規模での，ある労働組合の組合員全体や組合内の特定組合員集団の全体について査定差別が主張される事件（全体的査定差別）において妥当するもので，このような規模のない労働組合や組合員集団の一部の者にしか査定差別が主張されない小規模ないし部分的査定差別事件では用いるべきではないとの有力な見解があり，実際にこのような考え方をとる裁判例もある。

たとえば，北辰電機製作所事件（東京地判昭和56・10・22 判時1030号99頁）では，申立人グループの集団と比較対照すべき集団との間において勤務成績などで均一性があることが前提となり，申立人グループの集団に属する組合員が極端に少ない，またはその集団に属する組合員の範囲が明確でない等明らかに比較されるべき両集団の勤務成績等の均一性が確保されているといえない場合には大量観察方式による前提を欠き，結局差別されていると主張する当該組合

員各人についての個別立証が必要とされることになると判断されている。また，中労委(芝信用金庫従組)事件(東京高判平成12・4・19労判783号36頁)では，組合員の業務能力等に格差があるときは社内の圧倒的多数組合と少数組合のそれを大量観察方式により比較するのはその前提を欠く旨の判断がなされており，また，中労委(オリエンタルモーター)事件(東京高判平成15・12・17労判868号20頁)でも「紅谷商事事件最高裁判決は，勤務成績等を全体として比較すると2つの集団の間に隔たりがないと認められる場合に関するもので，事案の異なる本件にその判断の手法を用いることが直ちに適切とは解されない」として，不利益取扱いの不当労働行為を主張する者において当該組合員が組合員以外の者と能力，勤務実績において劣らないことを自己の把握する限りにおいて具体的事実を挙げて立証する必要があり，使用者側もこれに応じて当該組合員の能力，勤務成績が組合員以外の者より劣ることの具体的反証をする必要があるとした原判決が支持されており，結果として大量観察方式は取られていない(日本メールオーダー事件・東京地判平成21・4・13労判986号52頁も同旨だが，賃金制度を検討する機会を組合員には対等に付与しなかった点が不利益取扱いにあたるとし，信義則違反として慰謝料120万円を認めている)(以上，判例の整理につき，岩出・講義(下)1201〜1202頁)。

このような小規模(部分的)査定差別事件について，労働委員会は，当該労働組合員集団に対する査定の低位性と使用者のそれまでの組合弱体化策動に加え，当該集団ないし個々人の勤務成績の同等性を申立人に入手可能な資料で申立人に立証させたうえで査定の正当性について使用者(被申立人)に反証させるべきこととなるとの指摘がある(菅野693頁)。

　(ウ)　成果主義人事制度下での立証の困難

大量査定差別に関する「大量観察方式」という統計的審理方法は，多くの企業において職能資格制度が勤続年数を基本的指標として年功的に設計され，昇進・昇格・昇給・賞与などが情意(意欲，積極性など)や長期的能力を重視して年功的に運用されてきたことを実際的な基盤としてきた。ところが，近年，多くの企業の人事制度が，いわゆる「成果主義・個別管理」の方向で修正され，従業員の処遇における評価において，短期的成果や発揮能力を重視する企業が増加してきたことから，大量観察方式の運用について，労働委員会も見直しを

行わざるを得なくなり，申立人が行うべき立証の中に，差別されたと主張する組合員らが，比較対象となる従業員集団との関係で勤務成績・能力において劣っていない集団であることを，勤怠の実績（遅刻・早退・欠勤），規律に従った勤務態度，能力の状況などについて一応の立証を要請することとした（中央労働委員会「労働委員会における『大量観察方式』の実務上の運用について」中労時報1055号（2006）16頁，菅野692頁）。

以上のような成果主義人事制度下での立証の困難を示す例として，国・中労委（竹屋）事件（東京地判平成20・11・17労判980号67頁）がある。本事件判決では，①参加人組合の組合員であるAおよびBに対する低査定とそれに基づく低額賞与支給の不当労働行為性が争われた件につき，労働組合法7条1号の不利益取扱いの成立については，これを主張する被告中央労働委員会が，(1)本件役員考課の低査定がAおよびBに対する不利益な取扱いにあたること，(2)AおよびBが労働組合に加入し，労働組合の正当な行為をする等したこと，(3)原告X社が(2)のゆえをもって(1)の不利益な取扱いをしたことを立証しなければならないとされ，②従業員によりその結果に差が生じるのが常態ともいえる成果主義の観点から導入された役員考課が問題となっている本件では，上記(1)の要件を立証するためには，AおよびBが他の従業員と同様の勤務実績をあげているのに，本件役員考課において他の従業員より低査定を受けたという不利益な取扱いの事実を立証しなければならないとされ，③X社の賞与制度そのものが恣意的な運用を許す構造となっていること，本件役員考課の査定の相当性について少なくとも疑問を生じさせる事情があることを十分考慮に入れてもなお，役員考課にかかる全体的状況とAおよびBの勤務状況にかんがみれば，同人らが他の従業員より低査定を受けたという不利益な取扱いの事実が存在するとまで立証し得ているとは解しがたく，したがって，本件役員考課におけるAおよびBに対する低査定については，労働組合法7条1号の不利益取扱いに関する上記3要件のうち，少なくとも(1)の要件が立証できておらず，不当労働行為を認めることはできないとされた（以上，判例の整理について，岩出・講義（下）1203頁）。

●中　村　博●

第4章　労働民事訴訟手続

I　労働審判制度

1　労働審判制度の概要と特色

(1)　立法経緯

　労働審判制度は（以下は，岩出・講義（下）1491頁による），個別労働関係民事紛争について平成18年4月1日に新たに導入された紛争解決制度である。これは，個別労働関係民事紛争の急増に対応して，裁判官と労働関係に関する専門的な知識経験を有する者が，事件を審理し，調停による解決の見込みがある場合にはこれを試み，その解決に至らない場合には，権利関係を踏まえつつ事案の実情に即した解決をするための労働審判を出すという手続で，併せて，これと訴訟手続とを連携させることにより，紛争の実情に即した迅速，適正かつ実効的な解決を図ることを目的とする制度である。

　個別労働関係紛争については，従前，紛争当事者の手続参加が強制される紛争解決制度としては，保全処分または民事訴訟等の民事訴訟制度を利用する必要があった。しかし，労働者の生活に関わる労働紛争においては，労働者が容易に利用できる紛争解決制度が望まれるところ，長期の訴訟活動を余儀なくされる通常の民事訴訟では，このようなニーズに十分に応えきれなかった。実際，当事者は，時間のかかる民事訴訟を避けて仮処分申立てを利用することも多く，また，和解での解決を望む場合でも民事訴訟を利用し，長期間訴訟を続けざるを得ないことも多かった。さらに，裁判所の裁判の内容は，法律に従った権利義務の内容に拘束されるところ，従前の裁判制度では，結果が，紛争の実情や紛争当事者の意向とかけ離れたものとなることも少なくなかった。

そこで，実情に応じた迅速かつ柔軟な紛争解決の制度として労働審判制度が導入されることとなったのである。

なお，平成23年5月25日に公布された非訟事件手続法の施行に伴う労働審判法の一部改正が予定されているところである（福田敦「新非訟事件手続法と労働審判・借地非訟・民事調停(1)非訟事件手続法の施行に伴う労働審判法の一部改正について」NBL965号（2011）38頁）。

(2) 運用状況の概要

平成24年2月9日集計の最高裁判所事務総局行政局調べによると，平成23年の労働審判の各地方裁判所の新受件数は，3586件（平成23年12月末現在）であり，そのうち，地位確認請求が1747件，賃金等・退職金の請求が1341件となっており，これらの申立てがその大部分を占めている。

また，平成19年1月から平成23年12月までの間の申立てから審理終了までの平均日数は73.1日で，申立てから6か月以内には，約99.4％の割合で審理が終了している。なお，労働審判においては，原則として3回以内の期日で審理を終結しなければならないこととなっているが（労審法15条2項），2回目の期日までに約66％の手続が終了している。そして，同期間の労働審判において，調停が成立した割合は69.9％，労働審判が出た割合は18.5％（労働審判が出たうちの異議申立てがされない割合が38.3％）である。

このように，他の手続に比較し，解決までの期間が短いことおよび解決率が格段に高いことが労働審判手続の特徴であるといえる。

最近の主な傾向としては，労働審判事件の急増に裁判所の対応が遅れ，東京地裁や横浜地裁などでは，第1回に限らず期日が入りにくくなり，労働審判の申立件数の多い裁判所では，解決までの日数が増加傾向にあることがまず挙げられる。また，労働審判手続申立ての増加が継続している中で，調停成立の割合は，若干であるが上がっている。また，審判が出た場合の異議の申立てについては，異議が出る割合が若干下がっており，労働審判の確定率が高まってきていることが指摘できる。

(3) 制度の特色
　(a) 労働審判制度の概要
　❶(1)で既に述べたとおり，労働審判制度は，労働紛争について平成18年4月1日に新たに導入された紛争解決制度である。その目的は，個別労働関係民事紛争の迅速，適正かつ実効的な解決の実現にある。
　労働審判手続は，労働審判官（裁判官）1名と労働関係に関する専門的な知識と経験を有する労働審判員2名で組織された労働審判委員会が，個別労働関係民事紛争を，原則として3回以内の期日で審理し，適宜調停を試み，調停による解決に至らない場合には，事案の実情に即した柔軟な解決を図るための労働審判を行うという紛争解決手続である。労働審判に対して当事者から異議の申立てがあれば，労働審判はその効力を失い，労働審判事件は訴訟に移行することになる。
　(b) 労働審判制度の特徴
　労働審判制度の目的は，個別労働関係民事紛争の迅速，適正かつ実効的な解決の実現にある。労働審判制度においては，労働関係の専門的知識経験を有する者が関与すること（専門性），迅速，適正な解決を図ること（迅速性），紛争の実情に即した解決が図られること（柔軟性）がポイントとなる。特に，注目すべきは，「労働審判」を「個別労働関係民事紛争について当事者間の権利関係を踏まえつつ事案の実情に即した解決をするために必要な審判をいう。」と定義していることである。通常の民事訴訟の判決は，要件事実が立証できるか否かにより，請求認容か棄却かという判断がなされることになるが，労働審判の場合には，後述(ウ)の柔軟性の項で述べるとおり，「権利関係を踏まえつつ事案の実情に即した解決をするために必要な」判断を行うことができるのである。
　以下，労働審判制度の特徴である専門性，迅速性，柔軟性について解説していく。
　　(ｱ) 専門性
　(a)で述べたとおり，労働審判制度では，裁判官（労働審判官）1名，および労働関係に関する専門的な知識経験を有する者（労働審判員）2名で組織する委員会（労働審判委員会）が，事件を審理し，調停を試み，審判を行うこととされている。労働審判員は，労働者代表と使用者代表が1名ずつ指定されている。

これは，労働審判委員会における労働審判員の構成について適正を確保するように配慮しなければならないためである（労審法10条2項）。

労働審判委員会の決議は過半数によるものとされ（労審法12条1項），裁判官たる労働審判官の意見が労働審判員2名の意見より重視されることはない。なお，その評議は秘密とすることとされている（労審法12条2項・33条）。

(ｲ) 迅 速 性

(i) 対　　象　　労働審判の対象は，労働契約の存否そのほか労働関係に関する事項について個々の労働者と事業主との間に生じた民事に関する紛争，すなわち個別労働関係民事紛争に限られる（労審法1条）。しかし，実際には，解雇，雇止め，降格，配転無効，退職金債務不存在確認，会社に対するセクハラ・パワハラ損害賠償請求，直接の雇用契約はない，派遣先企業と派遣労働者間の紛争（菅野778頁参照），そして，残業代等の請求等，様々な紛争が対象となる。

この点，従前は，労災訴訟等は適さないといわれてきたが，当事者が厳密な判断を求めない意思を有し，また，当事者が話合いによる和解の解決の意思を有する事件であるならば，かかる紛争も労働審判手続で解決できる事件といえるであろう。

(ii) 3回以内の期日の原則　　労働審判手続は，原則として3回以内の期日で審理を終結させるものとされている（労審法15条2項）。

労働審判官は，原則として労働審判申立てがされた日から40日以内の日に労働審判手続の第1回の期日を指定しなければならならず（労審則13条），労働審判委員会は，第1回期日に，当事者の陳述を聞いて争点および証拠の整理をし，可能な証拠調べを実施して審理の終結を目指すこととされ，第1回期日において審理を終結できない場合等に初めて次回期日を指定すべきこととされている。

また，当事者は，早期に主張および証拠の提出をし，労働審判手続の計画的かつ迅速な進行に努め，信義に従い，誠実に労働審判手続を追行しなければならない（労審則2条）。なお，期日の変更は，労働審判手続をとる趣旨が迅速な紛争解決にあること，また，労働審判委員の日程を既に調整していること等から，裁判所にもよるが，簡単には応じてもらえないことが多い。

人事労務関係の報道等でも，この点について十分な理解がされておらず，企業において安易に通常の訴訟と同じ気持ちで法律事務所に駆け込んでも十分な対応ができず，裁判所に不利益な心証を形成される危険がある。もちろん，不満な審判には，異議を申し立てて，通常の訴訟に移行できるが，いったん不利益な審判が出たダメージを回復するのは容易ではない。裁判官との協議会でも，訴訟に移行しても裁判所が審判の結果を覆すことは稀であることを認めている。このことからも労働審判を申し立てられてからは迅速に対応する必要があろう。

もっとも，裁判所によっては，早期に連絡すれば，比較的容易に期日の変更が認められる可能性もある。この点は労働訴訟協議会等を経て，期日指定後1週間以内程度の間であれば，原則40日の範囲内で調整が可能となっている（もっとも，このような協議があっても，日程の変更については，安易に応じてはもらえない）。

特に，当事者双方に要請されるのは，第1回期日の審理充実への協力である。申立人，相手方の当事者双方に，第1回期日前に，事案にかかわるすべての主張をすること，かつ，事案の実情に即した調停案あるいは労働審判の参考となるべき情報を提供することが求められている。

具体的には，申立人は，申立てに際し，申立書に，申立ての趣旨および理由（通常の訴状に記載すべき請求の趣旨および理由に相当するもの）を記載するのみならず，

① 予想される争点（労働審判においては，積極的に予想される抗弁事実，再抗弁事実，再々抗弁事実など可能な限り記載することが期待されている）および当該争点に関連する重要な事実
② 予想される争点ごとの証拠
③ 当事者間においてされた交渉（あっせんその他の手続においてされたものを含む）その他申立てに至る経緯の概要
④ 代理人（代理人がない場合にあっては，申立人）の住所，郵便番号および電話番号（ファクシミリの番号を含む）

を記載しなければならない（労審則9条1項）。

他方，相手方は，答弁書に申立ての趣旨に対する答弁，申立書に記載された

事実に対する認否，答弁を理由付ける具体的な事実のみならず，
① 予想される争点（立証を要する事由）および当該争点に関連する重要な事実（重要な間接事実）
② 予想される争点ごとの証拠
③ 当事者間においてされた交渉（あっせんその他の手続においてされたものを含む）その他の申立てに至る経緯の概要
④ 代理人（代理人がない場合にあっては，申立人）の住所，郵便番号および電話番号（ファクシミリの番号を含む）

を記載しなければならない。そして，その答弁書を労働審判官から指定された提出期限までに提出しなければならない（労審則16条1項・14条1項）。

労働審判手続は，原則として，3回以内の期日で審理を終結させなければならないことから，申立人，相手方の双方当事者は，原則として，労働審判手続の第2回期日が終了するまでに，主張および証拠の提出を終えなければならないこととされている（労審則27条）。また，労働審判官が口頭での主張を補充する書面（補充書面）の提出あるいは証拠の申出について期限を定めた場合には，当事者はこれを遵守しなければならない（労審則19条）。

(ⅲ) 口頭主義　労働審判の審理には口頭主義が採用されており，申立人，相手方の双方当事者には，労働審判手続の第1回期日までに提出される申立書と答弁書（いずれも添付書類を含む）以外の書面の提出は原則として認められていない（労審則17条1項）。

この理由は，答弁に対する反論，再反論等について書面による主張を許すこととなれば，通常訴訟と同様に，各当事者が主張書面作成に要する時間を確保し，提出のための期日を重ねるという審理方法によらざるを得ず，労働審判手続の迅速性の要請にそぐわなくなるという点にある。手続においては，答弁に対する反論，これに対する再反論については，労働審判手続の期日において，口頭で行うこととされている。そして，例外的に，口頭での主張を補充する書面（補充書面）の提出が認められているが（労審則17条1項），補充書面の提出については，最近は認められる傾向にあるものの，例外的と考え，申立書，答弁書の段階で，主張すべきことは主張し尽くす姿勢で望むことが重要であろう。

(ウ) 柔軟性

　労働審判手続においては，労働審判委員会は，調停の成立による解決の見込みがある場合にはこれを試みることとされている（労審法1条）。また，労働審判委員会は，審理の終結に至るまで，労働審判手続の期日において調停を行うことができるとされている（労審則22条）。労働審判委員会は，労働審判手続の期日とは別に調停期日を設けることはなく，労働審判手続の期日において，審理を進める中で適宜調停を行うことができることが明確にされているといえ，労働審判委員会による柔軟な解決が担保されている。

　審判では，権利関係を確認したり，金銭の支払等の財産上の給付を命じたりすることができ，また，その他紛争の解決のために相当と認める事項を定めることができる（労審法20条）。調停についても，申立てに係る権利関係についての調停である必要はあるが，それ以外の法律関係を加えて調停をすることも可能とされている。

　たとえば，解雇無効事件で，裁判所が解雇無効の判断をした場合にも，当事者が金銭解決による終了を望んでいない場合にもすることは可能であるとされている。

　ここで，当事者が反対していても金銭解決が望ましいとして想定されている事案は，①解雇が無効と判断された場合でも原職復帰ではなく金銭で解決するという場合と，②解雇が有効であっても金銭を支払うという場合と2つある。このうち，②は比較的受け入れられやすいが，解雇が有効といっても完全に有効というわけでもなく，どちらかというと有効であるというような場合も多く，このようなケースでは，使用者側から一定の金銭を支払うというのがよいと思われる場合にはそのような判断がなされることとなる。また，①の解雇が無効の場合も，解雇理由の強弱ということがあり，どうしても復帰したいという労働者についても，会社の規模が大きくなく，既に後任が決まっている場合や，能力的には他社で働くことも十分可能という場合は，金銭解決がよいという判断をすることがある。また，特異な例としては，会社がほとんど機能していない場合や，既に他社に勤務している場合は，元の職場に戻れるかどうかということとの相関関係もあるが，金銭解決の方がよいのではないかと指摘されている（中西茂裁判官インタビュー「労働審判制度」東京弁護士会会報リブラ37号（2006）

6頁参照)。

❷ 労働審判手続の主体

(1) 労働審判委員会の構成

❶(3)(b)(ア)の専門性のところでも述べたが，労働審判手続は，裁判官である労働審判官1名，労働関係に関する専門的な知識経験を有する労働審判員2名で組織する労働審判委員会で行う。そして，労働審判員は，労働審判事件ごとに裁判所が指定することとなる（労審法10条1項）。

(2) 労働審判員の特徴

労働関係に関する専門的な知識経験を有する労働審判員2名は，実際には，労使団体の推薦者の中からそれぞれ選任されるが，労働審判の進行にあたっては，労働審判委員会3名でそろって調停の勧告をし，調停について詳細な説明をする。つまり，労働審判員が労使に分かれて，使用者側の審判員が使用者側に対して説明をしたり説得をしたりするなどということはない。労働審判員は，労働者側，使用者側のどちらかの側に立つのではなく，公正中立な立場であるとされている。なお，どちらの審判員がどちらの立場なのかは期日においては原則として明らかにされない。また，東京地裁においては，労働審判官と労働審判員との見解が一致しないことはあまりないようである。

❸ 手続の対象

(1) 審判対象の拡大的運用の実情

(a) 労働審判手続の対象

労働審判手続の対象は，「個別労働関係民事紛争」（労働契約の存否そのほかの労働関係に関する事項について個々の労働者と事業主との間に生じた民事に関する紛争）に限られる（労審法1条）。したがって，行政事件，使用者と労働者との間の単なる金銭貸借に関する紛争，労働組合と使用者との間の集団的労働関係紛争，会社代表者や個人を相手方とする事件等は労働審判の対象とはならないとされており，このような紛争についての申立ては，不適法として却下となる（労審法6条）。

もっとも，これ以外の紛争であれば，解雇，雇止め，降格，配転無効，退職金債務不存在確認，会社に対するセクハラ・パワハラ損害賠償請求，直接の雇用契約はない，派遣先企業と派遣労働者間の紛争（菅野778頁参照），そして，残業代等の請求等様々な紛争について，話合いで解決する意向があり，細かい点まで争う意思がなく，厳密な認定を望まなければ，労働審判手続を通じて適切に，早期に紛争解決をすることができる。なお，セクハラ・パワハラに関する損害賠償請求で直接加害者をも相手にしたい場合は，直接相手方として申立てをすることはできないが，調停時に利害関係人として参加させることは可能と解される。

なお，近時増加傾向にある残業代等の請求については，事実認定や，計算が複雑であるため，労働審判には向かないとの見解もあるが，当事者が厳密な認定を望まず，話合いで解決する意向があれば，労働審判手続によって解決することも十分可能で，実際にはかなりの申立て，解決例がある。

(b) 使用者側からの申立ての効用

労働審判は，現段階では，労働者側からの申立てが大部分を占めているが，労働紛争を専門的に，迅速かつ柔軟に解決することを目的とした，中立的な手続であり，使用者にとっても利用価値が高いものといえる。

使用者側からも，割増賃金債務不存在確認，セクハラ・パワハラの損害額の確定を求める，債務不存在確認や一定額を超える損害債務の不存在確認，執拗に職場復帰を迫る相手への雇用関係不存在確認，異動先での就労義務存在確認のほか，過労による心身の障害，健康被害や，その他の労災民事賠償事件でも，過重労働が容易に認められるような場合で，主たる争点が過失相殺等の損害論等の調整を図るためのものであれば，審判の利用が検討されるべきであろう。

(2) 派遣労働者と派遣先事業主間の紛争

労働契約関係ではない労働関係である派遣労働者と派遣先企業の関係については，労働基準法のいくつかの規定が準用されていること（労働者派遣法44条），安全配慮義務も肯定されていること，労働審判法が，対象となる紛争を「労働者・使用者間」ではなく，「労働者・事業主間」と表現していることを考

えると，労働審判手続の対象となる「労働関係」に入ると考えられる（菅野778頁）。したがって，派遣先企業と派遣労働者間の紛争も労働審判の対象になると解されている。

(3) 労働審判の対象とならない紛争

(1)(a)で述べたとおり，行政事件，使用者と労働者との間の単なる金銭貸借に関する紛争，労働組合と使用者との間の集団的労働関係紛争，会社代表者や個人を相手方とする事件等は労働審判の対象とはならない。ここで会社代表者や個人を相手方とする事件等については，これらの者を直接加害者として相手にすることはできないが，調停時に利害関係人として参加させることは，可能と解されている。もっとも審判に及ぶ場合は利害関係人には効力は及ばない。

4 管轄裁判所・書面作成，提出手続等

(1) 管轄裁判所

労働審判の管轄は，①相手方の住所，居所，営業所もしくは事務所の所在地を管轄する地方裁判所，②個別労働関係民事紛争が生じた労働者と事業主との間の労働関係に基づいて当該労働者が現に就業し，もしくは最後に就業した当該事業主の事業所の所在地を管轄する地方裁判所，③当事者が合意で定める地方裁判所である（労審法2条）。

そして，地方裁判所は，原則として，本庁のみが管轄となる。もっとも，労使の要望を受け平成22年4月からは，東京地裁立川支部，福岡地裁小倉支部等一部の支部で労働審判の取扱いが開始されている。また，②は，特に労働審判事件の管轄として認められた土地管轄であるが，これらの場所が管轄とされたのは，紛争と最も密接な関連があり，資料や事情をよく知った者が多く存在する場所であるから，そこでの労働審判手続の申立てを認めることは当事者の便宜や円滑な審理に資すると考えられたからである。③については，管轄の合意は書面によらなければならないとされる（労審則3条）。そして，労働審判においては，応訴管轄は認められず，管轄のない裁判所に誤って申立てがされた場合は，申立てによりまたは職権で管轄のある裁判所に移送されることになる（労審法3条）。

(2) 申立書・答弁書等

(a) 申立手数料

　労働審判手続申立てに際して必要となる申立手数料は，民事調停と同一の額とされている（労審法附則3条，民事訴訟費用等に関する法律3条2項）。この手数料の額は，申立ての額が1000万円までであれば通常訴訟の2分の1の額，1000万円を超えると，2分の1を下回る額となる。またこの手数料は，申立書に収入印紙を貼って納付する。

(b) 申立書・証拠書類

　労働審判手続の申立ては，その趣旨および理由を記載した書面で行い（労審法5条），予想される争点についての証拠書類があるときは，その写しを申立書に添付しなければならない（労審則9条3項）。

　労働審判手続では，提出された申立書，答弁書，証拠書類のみで審理が進められ，補充書面の提出は基本的には認めないという立場がとられている。実際は，提出された書面のみで，裁判官の心証はほぼ決まっているとまでいわれている。そうすると，申立書，答弁書に，申立人が主張すべきことをすべて，記載しなければならない。審判官，労働審判員に対し，わかりやすく，自己の主張をアピールする充実した書面の提出が求められる。特に，相手方においては，労働審判手続が申し立てられ，申立書が手元に来てから，内容を検討したうえ，代理人に頼むとなると，相手方代理人は，かなりの短期間ですべての主張をまとめ，書面化し，提出しなければならないことになるので，この点に注意しておく必要がある。

　なお，申立書のみならず，答弁書においても，別紙として，時系列表をつけることが重要となってくる（Ⅰ末の**書式1**〜**書式3**を参照）。

　事実関係（5W1Hで関連する，行為，文書の作成等一切の事情）を時系列で整理した時系列表は，通常の訴訟における事実認定でも使用されているが，労働審判員もこれを重視し，自ら作成している。そこで，法令では求められていないが，このような作業を先取りして，申立書や答弁書にこれを添付しておくことが，良い結果を得ようとするなら，不可欠な作業となっている。また，時系列表を添付する場合，申立書，答弁書の冒頭に，時系列表が添付されていること，およびその添付箇所を指摘しておくのが望ましい。

(c) 労働審判員用の書証の取扱い

提出する証拠書類については，労働審判員用の写しの提出を求められておらず，その対応も各裁判所で様々である。

東京地裁においては，審判員用の写しの提出は不要であり，提出しても受け取らない運用をしている。その他の裁判所においては，審判員用の写しについて，受け取る裁判所，裁判所の方でコピーして，審判員に手渡している裁判所等様々な対応がなされている。

申立書，答弁書提出前に，各裁判所に問い合わせ，証拠書類の写しの提出部数を確認するのがよいであろう。

(d) 答弁書の提出期限

労働審判官は答弁書の提出期限を定めなければならないとされている（労審則14条）。この期限は，第1回期日の10日ないし1週間前と定められることが多い。上記のとおり，答弁書ですべての主張を尽くさなければならないので，「追って主張する」と主張することはできない。そして，答弁書への反論は，期日における口頭による反論が原則となる（労審則17条）。

(e) 証拠を反映した書面の作成

申立書や答弁書の記載内容が労働審判委員会に対する心証形成に大きく影響することから，申立書，答弁書の作成には十分に力を入れる必要がある。

証拠はただ提出するだけではなく，そこに書かれている内容を申立書，答弁書に反映させ，充実した書面を作成する必要がある。陳述書，就業規則，労働条件通知書，解雇通知書，電子メール，議事録，日報，社内記録等，提出する証拠の立証趣旨，その証拠の内容を申立書，答弁書に具体的に反映することが重要となってくる。

(3) 労働審判手続の代理人

労働審判手続の代理人については，法令により裁判上の行為をすることができる代理人のほかは，弁護士代理の原則がとられている（労審法4条1項）。ただし，例外的ではあるが，裁判所が，当事者の権利利益の保護および労働審判手続の円滑な進行のために必要かつ相当と認めるときは，弁護士でない者を代理人として許可することができるとされている（同項ただし書）。

労働審判制度開始前には，当面，裁判所は弁護士以外の代理人を認めない方針を表明し，将来的課題として，労働審判員経験者などから代理人の許可を得る者が出ることなども議論されていた。しかし，現実には，本人申立てが少なくないことにも関係するようではあるが，極めて例外的とはいえ，会社人事，総務担当者等などの代理人が認められている。

　なお，東京地裁においては，相手方代理人になった者に渡す，労働審判事件の迅速・適正な進行のためにすべきこと等を記載した「労働審判事件の進行について」と題する書面がある（これは裁判所HPでも公開されている〔http://www.courts.go.jp/tokyo/saiban/tetuzuki/roudou_sinpan_tyuuisyo.html〕）。同書面には，①受任したら速やかに委任状を提出するなどして，裁判所と連絡を取れるようにすること，②提出期限までに申立書に記載された主張に対し十分な反論を行った答弁書等を提出すること，③答弁書には労働審判規則16条1項の事項をもれなく記載するとともに，証拠書類の写しを添付すること，答弁書の写し3通を併せて提出すること，書類は申立人に直送すること，答弁書に添付した証拠書類の原本は，第1回期日に持参すること，④当日質問に答えられるよう準備すること，事情をよく知る者（担当者，上司等）を同行すること等が記載されている。

(4) 複数名による労働審判の共同申立て

　複数名による労働審判の共同申立てについては，裁判所は，労働審判が「個々の労働者と事業主との間に生じた民事に関する紛争」（労審法1条）を解決すべく設けられた制度趣旨と，3回の回数制限を設けたこととの関係からの迅速な処理を困難とさせるとの配慮から，原則として，これを認めない立場を貫いている。しかし，法令上，このような申立てについては，不受理とすることができず，労働審判法24条による終了ができるだけである。

　そこで，実際には，例外的とはいえ，整理解雇や同様の理由による雇止めの案件などで，複数名による労働審判の共同申立てが受理され，調停により，迅速かつ妥当な解決例が続出している。当事者双方が，複数名による労働審判の共同審理に異議がない場合には積極的に共同申立てと共同審理が認められるべきである（以上につき岩出・講義（下）1498頁）。

5 手続の進行

(1) 第1回期日の調整

　労働審判官は，原則として労働審判申立てがされた日から40日以内の日に労働審判手続の第1回の期日を指定しなければならならず（労審則13条），労働審判委員会は，第1回期日に，当事者の陳述を聞いて争点および証拠の整理をし，可能な証拠調べを実施して審理の終結を目指すこととされ，第1回期日において審理を終結できない場合等に初めて次回期日を指定すべきこととされている。

　なお，❶(3)(b)(イ)(ii)で既に述べたとおり，期日の変更は，労働審判手続をとる趣旨が迅速な紛争解決にあること，また，労働審判委員の日程を既に調整していること等から，裁判所にもよるが，簡単には応じてもらえないことが多いので注意が必要である。

　また，労働審判手続は，原則として，3回以内の期日で審理を終結させなければならないことから，申立人，相手方の双方当事者は，原則として，労働審判手続の第2回期日が終了するまでに，主張および証拠の提出を終えなければならないこととされている（労審則27条）。また，労働審判官が口頭での主張を補充する書面（補充書面）の提出あるいは証拠の申出について期限を定めた場合には，当事者はこれを遵守しなければならない（労審則19条）。

(2) 出 席 者

　第1回期日において，主張および争点の整理，証拠調べが行われるので，第1回期日には，申立人本人，相手方の代表者，申立人の上司，同僚等事情のわかるものを出席させるべきである。労働審判手続は，1回目が勝負であるといわれているので，1回目には，何とかスケジュールを調整し，立証に必要な者を参加させる必要がある。そして，第1回期日から，労働審判委員会による口頭での審尋が進められることから，主張すべきことは，主張し尽くすことが重要である。

　また，第1回期日も含め，和解の可能性がある期日では，会社側は，解決金の額等について決裁権限のある者の出席が求められる。仮に，出席が難しく

とも，連絡がすぐに取れる状態にしておく必要がある。

(3) 傍　　聴

　労働審判手続は，原則非公開である (労審法16条)。ただし，労働審判委員会は，相当と認める者の傍聴を許すことができるとされている (同条ただし書)。事情を知っている会社関係者や家族が許可されることがある。もっとも，傍聴の希望があった場合には，対立当事者の意向を確認することが多い。

6 迅速な審理

(1) 審　　尋

(a) 審尋中心の審理

　労働審判手続においては，特別の事情がある場合を除き，3回以内の期日で審理を終結されるという迅速な審理が要求されている。原則として，3回で審理が終了しなければならないところから (労審法15条2項)，労使双方の当事者も相応の準備をする必要がある。審理の進行は，労働審判官 (裁判官) が担当し，審判手続は訴訟とは異なり，原則として非公開で行われる。証拠調べについて労働審判委員会は，職権で自ら事実の調査ができ，また当事者の申立てまたは職権で，必要な証拠調べができるとされているが (労審法17条1項)，実際の運用は，審判委員会による第1回期日からの口頭での審尋が中心となっている。

　審尋手続は，通常の民事訴訟とはまったく異なり，仮処分の審尋とほぼ同様の審理がなされている。たとえば，証拠としてのVTR，テープなどについては，決定的なセクハラ・パワハラシーンなどの場合には，検証を上申採用されることはあり得るが，通常は，あまり期待できない。

(b) 審理進行の実態

　審理進行の実態についてみてみると，審尋時間は，概ね，1回目約2～3時間，2回目1～1.5時間，3回目1～1.5時間で進行され，一定の心証を取った段階で随時，1回目からも調停が試みらており，1回で調停が成立することも少なくはない。

(2) 記録の存否・内容

審尋の際の特に必要がある場合を除き，期日の内容を調書等の記録に残すことは想定されておらず（労働審判規則25条2項で審判内容を調書化するのは労働審判官（裁判官）が命じた場合に限られている），当事者が自分で録音することも禁じられている。なぜなら，労働審判制度は，口頭で主張しあるいは審尋をして，労働審判委員会はその場で判断をして調停案を出し，その場で審判をするという制度として構想されているため，書類を残しておいてそれを後でじっくり読んで判断するということは考えられておらず，労働審判自体が一つの完結した手続として理解されており，同手続で何か証拠を残して後の訴訟のためにその証拠を活用するという手続ではないと解されているからである（前掲中西インタビュー・リブラ37号6頁参照）。

7 労働審判手続の終了

(1) 調　停

労働審判委員会は，審理の終結に至るまで，いつでも調停を試みることができ，当事者間で合意が成立したときは，裁判所書記官は，当該合意の内容ならびに当事者の氏名等を調書に記載することとなる（労審則22条2項）。

調停は，当初は，第2回期日以降が想定されていたようであるが，第1回期日においても，調停が試みられ，合意に至ることもしばしばある。調停の試みの方法も様々であるが，主張および争点整理の後，一方当事者ずつ，別々に，心証開示をし，意向を確認する手続がとられることが多いようである。労働審判手続が調停を前提とした手続であることを念頭におき，裁判官の心証を踏まえ，できる限り調停成立に向けて努力することが，早期の紛争解決には望ましいといえるであろう。

調停が成立し，裁判所書記官が調書に記載した合意内容は，裁判上の和解と同一の効力を有する（労審法29条，民事調停法16条）。

(2) 労働審判

労働審判委員会は，審理の結果認められる当時者間の権利関係および労働審判手続の経過を踏まえて，労働審判を行う（労審法20条1項）。労働審判におい

ては，当事者間の権利関係を確認し，金銭の支払，物の引渡しその他財産上の給付を命じ，その他個別労働関係民事紛争の解決をするために相当と認める事項を定めることができる（同条2項）。労働審判は，主文および理由の要旨を記載した審判書を作成して行わなければならない（同条3項）。

　労働審判委員会は，当事者の権利関係のみに固執することなく，審理経過にあらわれた当事者の事情や希望を考慮して柔軟な審判をすることが求められている。例えば，前述❶(3)(b)(ウ)のとおり，解雇が無効であっても，当事者が職場復帰を希望しておらず，金銭的解決を望んでいれば，使用者に解決金を支払わせたうえで，雇用契約を解消するという審判も可能である。

(3) **取下げ**

　労働審判は，審判期日でなされる場合を除き，いつでも裁判所への取下書の提出をもって終了する（労審則11条）。すなわち，取下げは，審判期日には，口頭にて行うことができるが，その他の場合，裁判所への取下書の提出が必要となる。この取下げは，労働審判の確定または，異議申立てによる訴えの提起があったとみなされるときまで可能であり，訴訟移行前であれば，相手方の同意は不要と解されている。

(4) **労働審判法24条による終了**

　労働審判委員会は，事案の性質上，労働審判手続を行うことが，紛争の迅速かつ適正な解決のために適当でないと認めるときは，労働審判を行うことなく，労働審判を終了させることができる（労審法24条1項）とされている。労働審判手続は，3回以内の期日において迅速に審理を終了させる手続であるので，3回以内の期日においては，審理が困難である事件などは，制度に適していないため，このような手続終了の規定が設けられたが，その適用は例外的とされている。

Ⅰ ● 労働審判制度

8 労働審判と訴訟手続との連携関係

(1) 訴訟への移行

(a) 異議申立て

当事者は，労働審判に対し，審判書の送達または労働審判の告知を受けた日から2週間の不変期間内に，裁判所に異議の申立てをすることができる（労審法21条1項）。

労働審判に対して異議の申立てがあった場合には，労働審判手続の申立てに係る請求については，労働審判手続の申立ての時に，労働審判がなされた地方裁判所に訴えの提起があったものとみなされる（労審法22条1項）。労働審判を行うことなく労働審判事件が終了した場合についても同様とする（労審法24条2項）。

労働審判委員会の任務は，労働審判を行うことで終了し，異議は裁判所に対して行うべきこととされており，また，その異議の申立ては書面でしなければならないとされている（Ⅰ末の**書式4**参照）（労審則31条1項）。

異議申立ての書面には，労働審判に対し不服があり，異議を申し立てる趣旨を明らかにする記載があれば足り，審判のどの部分に不服があるのか，また，その具体的な不服理由を記載する必要はない。

なお，労働審判書を送達しなければならないのにもかかわらず，当事者の住所，居所その他送達すべき場所が知れない等の事情により，裁判所が労働審判を取り消した場合（労審法23条1項）や労働審判委員会が事案の性質に照らし，労働審判手続を行うことが紛争の迅速かつ適正な解決のために適当でないとして労働審判事件を終了させた場合（労審法24条1項）についても，労働審判に対する適法な異議申立てと同様に，訴え提起が擬制される（労審法23条2項・24条2項）。

(2) 訴訟への移行時の実務的留意点

(a) 訴訟手数料の追納

訴訟に移行した場合の訴え提起の手数料は，労働審判手続の申立てについて納めた手数料の額を控除した額を納めれば足りる。

(b) 訴訟における提出書面

　労働審判に対し，適法な異議があったときは，労働審判は，その効力を失い，労働審判手続の申立てにかかる請求については，当該労働審判手続の申立てのときに，当該労働審判が行われた際に，労働審判事件が係属していた地方裁判所に訴えの提起があったものとみなされ，労働審判手続の申立書は訴状とみなされる（労審法21条3項・22条，労審則32条）。適法な異議により労働審判がその効力を失ったときは，異議申立てをしていない当事者に対し，遅滞なくその旨が通知される（労審則31条2項）。

　そして，訴訟に移行した場合，被告は，新たに答弁書を提出しなければならない。また，労働審判の記録で裁判において使用されるのは，申立書のみであり，答弁書も証拠も移行されないため，審判書を証拠として使用したい場合は，新たに証拠として提出することになる。労働審判手続で提出済みの証拠書類も訴訟で提出する場合には，改めて提出し直すこととなる。この点については，訴訟経済の観点からも立法的な解決がなされるべきである。

　なお，法令では求められていないが，東京地裁等では，原告には，申立書のみではなく，労働審判での審理内容を踏まえ，原則として，争点整理と反論，必要ある場合は補充の主張を加えた，詳細な訴状に代わる準備書面の提出を待って第1回期日を入れる運用をしている。

　これを受けて，被告においても，訴状に代わる準備書面に対する答弁書の提出が求められる。すなわち，当事者双方が，第1回期日に最終準備書面を出し合うイメージで臨む必要があるということである。労働審判手続を経て，訴訟手続に移行した事件については，第1回期日までに相当充実した書面の提出が求められるのである。

　このように，労働審判手続から訴訟に移行した事件の審理は，既に労働審判手続において，相当程度争点整理がなされているとともに，必要な証拠書類の収集を終えていることから，訴訟の進行は通常の訴訟と比較して，迅速になることが多い（以上につき，岩出・講義（下）1502頁以下による）。

　なお，申立ての前後を問わず，労働審判手続の申立てがあった事件について通常の訴訟を提起することも可能であるが，訴えが提起された受訴裁判所は労働審判手続を尊重し，労働審判手続が終了するまで，訴訟手続を中止すること

I ●労働審判制度

ができる（労審法27条）。

●難 波 知 子●

(3) 労働審判官の訴訟担当可能性

(a) 民事訴訟法23条1項6号の趣旨

　民事訴訟法23条1項は，「裁判官は，次に掲げる場合には，その職務の執行から除斥される。」と規定し，同項6号においては「裁判官が事件について仲裁判断に関与し，又は不服を申し立てられた前審の裁判に関与したとき」と規定している。その趣旨は，裁判主体を構成する裁判官が，判断の対象たる下級審の裁判内容を自ら形成した者である場合には，予断を持って裁判にあたるものと見られることから，裁判主体の目を変えて誤判を防止するという審級制度の存在理由を失わせしめるからである。

(b) 裁判例における「前審の裁判」（民訴法23条1項6号）の可否

　裁判例においては，主に以下の事例において，いずれも同一審級であることを理由として「前審の裁判」に該当しないと判示している。

① 本案訴訟に対する移送の裁判（大判明治34・11・8民録7輯10巻17頁）

② 差戻し後の裁判に対して，上訴審で破棄差戻しとなった原裁判（前掲・大判明治34・11・8）

③ 再度上訴された場合の（第2次）上訴審の裁判に対して，原裁判をいったん差戻しとした最初の上訴審の裁判（大判昭和3・5・17新聞2881号11頁）

④ 抗告棄却決定への特別抗告の適否審査に対する当該棄却決定（東京高決昭和32・2・4下民集8巻2号218頁）

⑤ 再審に対する原裁判（最判昭和39・9・4裁判集民事75号175頁）

⑥ 本案訴訟に対する仮差押え，仮処分決定（大判昭和12・7・2新聞4157号16頁，東京高決昭和35・2・7東高民時報11巻2号63頁）

⑦ 保全異議事件，保全取消事件に対する仮差押命令，仮処分命令（大判大正12・3・15民集2巻115頁）

⑧ 訴訟事件に対する調停手続（最判昭和30・3・29民集9巻3号395頁）

(c) 労働審判が「前審の裁判」(民訴法 23 条 1 項 6 号) に該当するか

　それでは，労働審判に異議が申し立てられて通常訴訟に移行した場合において，第一審の裁判官が労働審判の審判官であったときには，当事者はこの裁判官を除斥できるだろうか。労働審判が文理上民事訴訟法 23 条 1 項 6 号にいう「仲裁判断」に該当しないことは明らかであることから，同号の「前審の裁判」に該当するのかどうかが問題となる。

　前述の民事訴訟法 23 条 1 項 6 号の趣旨 (特に，審級制度の意義を失わせる点) からすれば，「前審の裁判」とは，審級関係にある下級審のみを指すということになる。そして，労働審判においては，異議が申し立てられた場合には，労働審判手続の申立てに係る請求については，労働審判手続の申立て時に，労働審判がなされた地方裁判所に訴えの提起があったものとみなされる (労審法 22 条 1 項)。しかし，訴訟に移行した場合に，労働審判の記録で通常訴訟に引き継がれるのは労働審判申立書のみで，それ以外の答弁書や証拠は引き継がれない。このように，訴訟手続と労働審判手続とは異なる手続であることを強調するときには，そもそも労働審判は「前審の裁判」に該当しないという結論となる。

　この点，近時の最高裁判決も，訴訟に先立って行われた労働審判は，民事訴訟法 23 条 1 項 6 号にいう「前審の裁判」にはあたらないとしたうえで，解雇を無効とした原判決を棄却している (小野リース (役員損害賠償請求) 事件・最三小判平成 22・5・25 労経速 2078 号 3 頁，中町誠「最新労働判例」労働新聞 2785 号 (2011 年) 14 頁)。すなわち，「民訴法 23 条 1 項 6 号にいう『前審の裁判』とは，当該事件の直接又は間接の下級審の裁判を指すと解すべきであるから……，労働審判に対し適法な異議の申立てがあったため訴えの提起があったものとみなされて訴訟に移行した場合 (労働審判法 22 条参照) において，当該労働審判が『前審の裁判』に当たるということはできない」「本件訴訟に先立って行われた労働審判手続において労働審判官として労働審判に関与した裁判官が本件の第 1 審判決をしたことに違法はない。」とした。

　しかし，第一審には労働審判申立書だけが引き継がれるにすぎないとしても，通常訴訟に移行しても同じ裁判官が担当するとなると，労働審判時に形成した心証が残った状態で第一審の手続へ移行することともなり得る。当事者と

してみれば，労働審判手続を担当した労働審判官が第一審も担当するとなると，労働審判に不満があったことから異議を申し立てたにもかかわらず，第一審の結果も容易に予測できることともなり，不満を残すこととなる。幸いにも東京地裁においては，運用として同じ裁判官になることを避けてはいるようであるが (前掲中西インタビュー・リブラ37号7頁参照)，立法論としては，制度的に同じ裁判官が担当できないようにすることも一考に価する (岩出・講義 (下) 1504頁参照)。

●村　林　俊　行●

(4) 労働審判での付加金請求

(a) 付加金請求

労働基準法は，労働基準法の規定する賃金等の支払を行わない使用者に対して，一種の制裁として，裁判所は労働者の請求により使用者に対して付加金の支払を命じることができると規定している (労基法114条)。

したがって，まず，裁判上付加金の支払を求める場合には，これを請求の趣旨に掲げて，付加金の請求を求める趣旨を明確にする必要がある。そして，その訴訟物は労働基準法114条に基づく付加金支払請求権となる。

この付加金支払義務は，裁判所がその支払を命じ，その判決が確定して初めて生じるものであるから，口頭弁論終結時までに，使用者が支払うべき金額に相当する金員を支払って義務違反の状況を消滅させた場合には，裁判所は，付加金の支払を命じることはできないと解されている (細谷服装事件・最判昭和35・3・11民集14巻3号403頁)。また，同様の理由から，請求できる遅延損害金は，判決確定の日の翌日からの法定利率の遅延損害金のみである。この付加金支払請求権の遅延損害金の支払義務は，付加金の支払を命ずる判決確定の日の翌日から生じ，その支払済みまでの支払を求めることができ，その額は，付加金の性格に照らし，民法所定の年5％の割合で算定される (江東ダイハツ自動車事件・最一小判昭和50・7・17判時783号128頁)。また，付加金の遅延損害金は付加金の支払を命ずる判決が確定した日の翌日から発生するから，付加金の支払を命ずる判決に仮執行宣言を付けることはできない。

(b) 労働審判手続における付加金請求

このように，付加金の支払義務はその支払を命じる裁判所の判決の確定によって初めて発生するため，労働審判手続においては，労働審判委員会の審判が，裁判所の判決とは異なる以上，労働者が付加金の支払を申し立てても，審判委員会が審判によって付加金の支払を命じることはできない。

もっとも，労働審判事件が訴訟に移行した場合には，労働審判手続の申立てのときに訴えの提起があったものとみなされ，労働審判手続申立書が訴状とみなされることから，労働審判手続申立書に付加金の請求について記載しておけば，労働審判手続が訴訟に移行した場合には，労働審判申立ての時点において，付加金の請求をしていたものとみなされる。そうすると，除斥期間との関係では，違反があったときから労働審判手続の申立てのときまでが2年以内であればよいということになり，この点に労働審判手続申立書に記載する利点がある。東京地裁においては，労働審判手続において付加金の支払が命じられることはないが，この除斥期間の問題から，付加金の請求をあらかじめ労働審判手続申立書に記載しておくことが認められている。しかし，地方の裁判所では，労働審判においては，付加金請求を取り下げさせるところもあり留意すべきである。いずれにしても，未だ確定した判例があるわけではなく，今後の動向に留意すべきである。

9 労働審判と他の手続との選択基準

(1) 各種制度の特徴を踏まえた手続選択

個別労働関係紛争の当事者または代理人となった場合，労働審判の特色，メリット・デメリットを踏まえ，ADR等の裁判外手続と通常の民事訴訟や，民事調停等その他の裁判手続をどのように使い分けるか，あるいは段階的に利用するかは，各事案ごとに個別に判断しなければならない（以下につき岩出・講義（下）1504頁以下による）。

裁判外の手続は，裁判手続に比べ，当事者本人のみで，容易に手続ができ，費用が廉価または無料で，しかも解決が早いというメリットがある。しかし，裁判手続のような強制力がないというデメリットもある。

民事調停は，訴訟や審判ほど厳格な主張立証の必要がない，また，訴訟や労

働審判と異なり必ずしも弁護士が必要ではなく，費用が安く済むというメリットがある。しかし，あくまで話合いであるので，相手方と話がつかなければ結局，審判や訴訟をしなければならない。

　裁判所における手続を選択するのであれば，争点が多岐にわたり，厳密な認定を望むのであれば，通常の民事訴訟を選択した方がよいということになるし，ある程度妥協点を見つけ早期に和解したいと考えるのであれば，労働審判手続や民事調停手続を選択することになろう。そして，調停手続については，当事者のみで行うことも十分に可能ではあるが，労働審判手続をとる場合は，充実した書面の作成や審尋での対応も問題となるため，弁護士に委任することが望ましいといえるため，弁護士費用を用意できるのか，費用をかけて妥当な結果を得る見込みがあるのかという観点からも検討することになる。

　裁判所による手続か，裁判外による手続かについては，弁護士に委任するのか，費用はどの程度か，厳密な認定を望むのか，解決までの時間としてどの程度考えているのかというところが判断基準になってくるであろう。

　一般には，従来，紛争調整委員会や民事調停等における解決が想定されていた相当部分が労働審判で対応できることが期待されている。労働審判が活用されているとともに，個別紛争のあっせん制度等も依然としてその利用件数を急増させている。双方の制度が並存しているのが現状である。

　今後もその動向に注目しつつ，その改善を図り，適宜，紛争解決手段の選択をしていかなければならない。

(2)　**労働審判と訴訟・仮処分等との選択基準**

　労働審判と，訴訟や仮処分との選択の基準については，調停が成立する見込みが高い事案や，仮に調停が成立しないとしても，労働審判法20条で審判が下されてそれによって事案の解決が早くなると見込まれる事案については，労働審判手続が利用されると紛争解決に近づくことが多いことから，このような観点から検討する必要がある。

　すなわち，労使双方が厳密な認定を望まず，何とかして金銭解決したいと考えているような事案であれば，事案の内容が多少複雑であっても，まずは労働審判で解決できないか試されるべきである。

他方，調停の成立の見込みがまったくない場合，すなわち，労使の対立が非常に激しく，仮に審判が出たとしても，本訴に移行することが必至の場合には，労働審判手続ではなく，最初から本訴や仮処分を選択した方がよいといえる。

　事案が非常に複雑で，法律上の争点も多く，当事者も厳密な認定を望んでいるような場合や，解雇された労働者が現場復帰に固執し金銭解決を一切受け入れないような場合には，労働審判手続を選択するのは妥当でなく，他の手続がとられるべきこととなる。

●難波　知子●

書式1●労働審判手続申立書

労働審判手続申立書*1*2

平成○○年○○月○○日

東京地方裁判所民事部　御中

　　　　　　　　　申立人代理人弁護士　○　○　○　○　㊞
　　　　　　　　　〒○○○-○○○○　東京都○○区○○………
　　　　　　　　　　　申　立　人　○　○　○　○

〒○○○-○○○○　東京都○○区………
　　　　　　　　○○法律事務所（送達場所）
　　　　　　　　　電話　　○○（○○○○）○○○○
　　　　　　　　　FAX　　○○（○○○○）○○○○
　　　　　　　　　上記申立人代理人弁護士　○　○　○　○　㊞

〒○○○-○○○○　東京都○○区……
　　　　　　　　相　　手　　方　　○○株式会社
　　　　　　　　代表者代表取締役　○　○　○　○

地位確認等請求労働審判事件

雇用契約上の地位確認等請求労働審判事件

申立ての価格　　160万円
貼用印紙額　　　6500円

第1　請求の趣旨
　1　申立人が相手方に対し、労働契約上の地位にあることを確認する。
　2　相手方は申立人に対し、平成○○年○○月以降、毎月○○日限り、各金○○円およびこれに対する各支払期日の翌日から支払済まで年6分の割合による金員を支払え。

3 申立費用は相手方の負担とする。
との労働審判を求める。

※なお，本申立てに至る経緯については，本申立書最終頁に添付した「別紙時系列表」のとおりである。*3

第2 申立ての理由
 1 当事者
  申立人は，相手方に，平成○○年○○月に入社し，相手方の本社において事務員として勤務する者である。
  相手方は，平成○○年に設立され，○○に本社をおき，機械製造を主たる業務とする会社である（甲1 履歴事項全部証明書）。平成○○年○○月時点の従業員数は，○人である（甲2 ホームページ）。
 2 雇用契約の成立
  申立人と相手方は，平成○○年○○月○○日，以下の労働条件で雇用契約を締結した（甲3 雇用契約書）。
  ① 業務内容（職種，就労場所およびその限定の有無）
    職　　種：事務
    就労場所：本社（就労場所の限定なし）
  ② 期限の定めの有無
    期限の定めなし
  ③ 賃金の額，締め日，支払日（甲4の1から3 賃金明細）
    賃金の額：月額○万円
    締　め　日：当月末日
    支　払　日：翌月25日
 3 解雇の意思表示
  申立人は，平成○○年○○月○○日，本社応接室に呼び出された。そこで，相手方従業員の○○申立人の能力不足を指摘され，自主退職を勧められ，自主退職に応じない場合は，本日この場で解雇になるとの指摘を受けた。
  申立人が，「突然のことで受け入れられない，能力が不足している認識はない，自主退職に応じる意思はない」，と伝えると，では「本日解雇だ」と一方的に解雇通知書を渡された（甲5 解雇通知書）。当該解

雇通知書には，「貴殿は①目標の未達成，②書類持去り，③他の社員によるやり直し，④一部従業員との間でのコミュニケーション拒絶・情報共有不足の状態が見られ，改善の見込みがないため，貴殿の行為は，就業規則第○条○項○号（勤怠が不良で，改善の見込みがないと会社が認めたとき），同○号（職務遂行能力または能率が劣るなどにより業務に適さないと会社が認めたとき），同○号（その他前各号に準ずる事由のあるとき）（略）に該当しますので，平成○○月○○日付けをもって，就業規則○条に基づき普通解雇致します」*4 と記載されていた。

　申立人は到底納得できなかったが，解雇通知書を受け取り，その場を後にした。
4　解雇の違法・無効
　本件解雇は，違法・無効である。
　詳細は，「第3　予想される争点および争点に関する重要な事実」のところで述べる。
5　よって，申立人は，相手方に対し，請求の趣旨記載の請求（略）を求める次第である。

第3　予想される争点および争点に関する重要な事実
1　予想される争点
　本件の争点は，本件解雇に，そもそも相手方主張の就業規則上の該当事由がなく，その主張事由が，客観的に合理的な解雇理由でもなく，かつまた社会的相当性も認められず，解雇権の濫用として，労働契約法16条に基づきその意思表示が無効であるか否かである。
2　相手方が主張する解雇理由
　平成○○年○○月○○日付「解雇通知書」（甲5　解雇通知書）において，以下の解雇理由を挙げている。
　　①　目標の未達成
　　②　書類持去り
　　③　他の社員によるやり直し
　　④　一部従業員との間でのコミュニケーション拒絶・情報共有不足
以上の事実が，就業規則第○条○項○号（勤怠が不良で，改善の見込みがないと会社が認めたとき），同○号（職務遂行能力または能率が劣るなどにより業務に適さないと会社が認めたとき），同○号（その他前各号に

準ずる事由のあるとき）の解雇事由にあたると主張し相手方は申立人の解雇を行った（甲6　就業規則）。

　しかしながら，申立人は，上記事実に該当するような行為は一切行っていないことから，上記事由を掲げる解雇は違法無効である。

3　解雇の違法
(1)　解雇理由の不存在

　本件解雇において解雇事由として指摘されている事実はすべて事実無根もしくは事実を歪曲したものであり，以下詳述するように，申立人は解雇事由に該当する行為を一切行っていない。

　以下，相手方の示す事実ごとに，反論することとする。

ア　①　目標の未達成

　　相手方において，目標が設定されていたこと，その目標を達成できなかったことは事実である。

　　しかし，この目標は，社内の一応の目安，指針程度のものであり，必ず達成しなければならないというようなものではなかった。

　　当該目標は，何の設定根拠もない，達成しなければ何らかの処分が行われるという性質のものではなく，努力目標にすぎないというのが社内の共通認識であった。

　　また，目標作成根拠規程や個別合意もないばかりか，かかる目標未達の場合の降格や減俸規定もなかった。

　　そして，この目標は，申立人のみに設定されていたものではなく，少なくとも申立人の管理職も含めたチーム内の者10人に設定されていたものであり，目標を達成できなくとも，申立人のみが責任を負うような種類のものではなかった。

　　（中略）

　　以上より，目標未達成によって，申立人が責められるべき理由はなく，ましてかかる事項は申立人を解雇する理由にはなり得ない。むしろ，申立人の努力の結果，状況が好転する可能性がでているのであり（甲7　陳述書），申立人の功績が評価されるべきである。

イ　②　書類持ち去り

　　相手方は，申立人が，相手方の書類を無断で持ち去ったと主張

する。
　　　　　しかし，申立人はこのような行為を一切行っていない。
　　　　　相手方は，申立人が，平成○○月○○日に休日なのにもかかわらず，宅配業者を呼び，宅配便で，書類を持ち去ったと主張する。申立人が，宅配業者を呼んだのは事実であるが，これは，申立人が私物を自宅に持ち帰ろうとしたためである。その中の資料は，申立人が，個人的に作成していたものであり，相手方のノウハウ等は一切入っていなかった。
　　　　　（以下略）
　　ウ　③　他の社員によるやり直し
　　　　　相手方は，申立人が作成した文書については，他の社員がすべてやり直していたと主張する。
　　　　　しかし，申立人は，業務上，何ら問題のない書類を作成していた。退職した他の社員も，申立人の書類作成能力を認めているとおり（甲7　陳述書），申立人は，現在の上司の○○が来るまでは，文書作成の能力が高いとの評価を受けていた。申立人の作成した文書がやり直しとなったり，修正されたりするのは，明らかに申立人に対する嫌がらせであった。
　　　　　（以下略）
　　エ　④　一部従業員との間でのコミュニケーション拒絶・情報共有不足
　　　　　相手方は，申立人が気に入った社員としか会話をせず，気に入らない社員とは，あいさつすらしないと主張する。
　　　　　しかし，申立人は，社内の人とは，常にコミュニケーションをとっていた。仕事の面でも，それ以外の面でも信頼されていた（甲7　陳述書）。
　　　　　情報についても，メールを送る際には，常にCCに関係者を全部入れたり，個別に口頭で報告したりと，情報共有に努めていた。
　　　　　（以下略）
　　オ　相手方は申立人に対し指導，教育をしていないこと
　　以上より，解雇事由として指摘されている事実はすべて事実無根もしくは事実を歪曲したものであり，申立人は解雇事由に該当する行為を一切行っていない。

たとえ万が一，かかる行為を行っていたとしても，相手方は，解雇前に，申立人にその点を指摘したり，指導したり一切していない。

この点，職務懈怠等を理由とする普通解雇において，裁判例は，異動（降格含む）についての広範な裁量権を使用者に与えていることの反作用とでもいうべく，単に職務懈怠，成績不良や能力不足は，中程度までの懲戒・降格・異動や降給等の問題となっても，解雇を認める根拠にはなり得ないとの暗黙の前提に立って判断している。

具体的には（裁判例略）。

よって，本件においては，降格，解雇理由となっている事実について指導，助言等は一切行われておらず，また，万が一仮に相手方の主張する解雇理由があったとしても，誰が見ても不適格かつその労働者の存在自体が会社に損害を与えているような場合といえないことは明らかであるから，裁判例からみても本件解雇は解雇権濫用として違法，無効とされる。

(2) 小　括

以上のとおり，申立人が解雇理由に該当する行為を行ったことがないばかりか，仮にこれを申立人が行っていたとしても，そもそも解雇理由に該当しない。仮に，外形的にこれにあたるとしたとしても，本件解雇は，客観的な合理性や社会的相当性を与えるに足りないことが明らかである。いずれにしても，社会的相当性を欠き，労働契約法16条に照らして，「客観的に合理的な理由を欠き，社会通念上相当であると認められない場合」に該当し，相手方が，解雇の「権利を濫用したものとして，無効」かつ，違法である。

第4　申立てに至る経緯の概要

1　平成○○年○○月○○日（口頭での解雇予告および解雇通知）

相手方の○○が申立人に対し，相手方本社応接室にて，退職勧奨を行い，申立人が退職に応じなかったところ，「本日付で解雇である」と述べ，解雇通知を手渡した。（甲5　解雇通知書）

2　平成○○年○○月○○日（受任通知書および解雇理由の釈明請求書の送付）

申立人は弁護士に依頼し，弁護士が，受任通知書および解雇理由の釈明請求書を相手方へ送付した（甲8　受任通知書および解雇理由の釈明請求書）。

3　平成○○年○○月○○日（回答書）
　　相手方（代理人）より，平成○○年○○月○○日付の解雇理由に関する釈明，それに関する証拠が申立人（代理人）のもとに送付された（甲9　回答書）。
4　平成○○年○○月○○日（弁護士会館での交渉）
　　申立人代理人と相手方代理人とで東京都千代田区霞ヶ関にある弁護士会館にて，話し合いを行った。相手方代理人は，解決金3か月分を支払い和解できないかと提案してきたが申立人としては到底納得できない金額であったため，申立人代理人は提案を拒否し，裁判上で争うことを通告した（甲10　面談記録）。
5　平成○○年○○月○○日（労働審判申立て）
　　申立人は，東京地方裁判所に本労働審判を申し立てた。

第5　総　括
　　以上のとおり，本件解雇は，何ら合理的な理由のない違法なものであり，無効であることから，申立人は，申立ての趣旨に掲げるとおりの請求をする次第である。

証　拠　方　法
　　甲第1号証　　　履歴事項全部証明書
　　甲第2号証　　　ホームページ
　（以下略）

附　属　書　類
　1　申立書写し　　　　　　　　　3通
　2　甲号証の写し　　　　　　　　各1通
　3　資格証明書　　　　　　　　　1通
　4　訴訟委任状　　　　　　　　　1通

(注)　＊1　能力不足による解雇無効を主張する書式とした。
　　　＊2　頁数の関係で実際に裁判所に提出するのものより，かなり簡略化されている。実際はさらに具体的事実，証拠の内容を記載することになる。
　　　＊3　時系列表が存在することを最初に示すと，労働審判委員会に，時系列表を参照して，書面を読んでもらうことができる。
　　　＊4　書証の具体的内容を申立書に反映させるのが望ましい。

書式2 ● 労働審判手続申立書【別紙 時系列表】

本件解雇の経緯

◇申立人に関する事実
◆相手方に関する事実

平成○年	○月○日	◇	申立人が相手方の採用面接を受け採用となる。P○
	○月下旬	◆	相手方が申立人に雇用契約書を送付する。P○, 甲○*1
	○月○日	◇◆	申立人と相手方の間でこの日からの雇用契約が成立する。
		◇	申立人が相手方にて勤務を開始する。
	○月○日	◇	略*2
略	略	略	
平成○年	○月○日	◆	相手方が申立人を呼び出し，退職勧奨を行い，その後解雇通知を渡す。P○, 甲○
	○月○日	◇	申立人代理人が相手方に書面を送付する。P○, 甲○
	○月○日	◆	相手方代理人から申立人代理人に対し，回答書が届く。P○, 甲○
	○月○日	◇◆	申立人代理人と相手方代理人が弁護士会館で交渉する。
平成○年	○月○日	◇	同日付けで，申立人が本労働審判を申し立てる。

(注) *1 申立書の頁数や，証拠番号をできる限り記載する。
　　 *2 申立書に記載された具体的な出来事を記載する。

書式3●労働審判の答弁書

平成○○年（労）第○○○○号　地位確認等請求労働審判事件
申立人　　○　○　○　○
相手方　　○　○　○　○

答　弁　書

平成○○年○○月○○日

東京地方裁判所民事第○部○係　御中

〒○○○-○○○○　東京都○○区・・・・
　　　　　　　　　○○法律事務所（送達場所）
　　　　　　　　　　上記相手方代理人弁護士　　○　○　○　○　㊞
　　　　　　　　　電話　　○○（○○○○）○○○○
　　　　　　　　　FAX　　○○（○○○○）○○○○

第1　申立ての趣旨に対する答弁
　1　本件申立てをいずれも棄却する。
　2　申立費用は申立人の負担とする。
との労働審判を求める。

　※なお，本労働審判に至る経緯については，別紙本答弁書最終頁添付の別紙時系列表のとおりである。

第2　申立書に記載された事実に対する認否
　1　「第2　申立ての理由」に対する認否
　　(1)　「1　当事者」については，認める。
　　(2)　「2　雇用契約の成立」については認める。
　　(3)　「3　解雇の意思表示」のうち，相手方の内心については，不知，その余のやりとりについては認める。
　　(4)　「4　解雇の違法・無効」については，争う。

(5) 「5」については争う。
2 「第3 予想される争点および争点に関する重要な事実」に対する認否
(1) 「1 予想される争点」については認める。
(2) 「2 相手方が主張する解雇理由」について
　相手方が掲げた解雇理由，就業規則の該当規定については，認め，その余は否認ないし争う。本件解雇は，有効である。
(3) 「3 解雇の違法」について
　ア 「(1) 解雇理由の不存在」について
　　(ア) 「ア ① 目標の未達成」について
　　　否認ないし争う。
　　　社内の目標は，各社員に設定されており，申立人が一定の期間で，必ず達成しなければならないものであり，その他の社員は皆達成できていたが，申立人のみ，達成できなかった。目標は，チームとしても目標ではなく，申立人のみに対する目標であった。
　　　相手方は申立人に対し，3年連続同様の目標を設定していたが，申立人は，一向に努力をしなかったことから，平成〇年度目標が達成できない場合は，降格等も検討せざるを得ないと通知していた。
　　　詳細は，第4 予想される争点および争点に関する重要な事実2(2)アのところで述べる。
　　(イ) 「イ ② 書類持ち去り」について
　　　否認ないし争う。
　　　申立人は，相手方社内の，「A」「B」という題名の書類を確実に持ち去っている。これは相手方従業員の〇〇が直接目撃している（乙8 陳述書）。
　　　詳細は，第4 予想される争点および争点に関する重要な事実2(2)イのところで述べる。
　　(ウ) 「ウ ③ 他の社員によるやり直し」について
　　　否認ないし争う。
　　　申立人は，他の社員により，やり直しがなされるのは，申立人に対する嫌がらせであると主張する。
　　　しかし，この主張は明らかに事実に反し，申立人は，入社一年

目の社員でも容易に作成できるような文書も作成することができなかったので，相手方従業員が毎回修正せざるを得なかった。
　詳細は，第4　予想される争点および争点に関する重要な事実2(2)ウのところで述べる。
　(エ)　「エ　④　一部従業員との間でのコミュニケーション拒絶・情報共有不足」について
　　否認ないし争う。
　　申立人は，メールを返したり，会話をしたりすることを明らかに一部の自らが気に入る社員に限っていた。
　　詳細は，第4　予想される争点および争点に関する重要な事実2(2)エのところで述べる。
　(オ)　「オ　相手方は申立人に対し指導，教育をしていないこと」について
　　否認ないし争う。
　　相手方は申立人に対し，解雇理由として掲げた事実に対し，随時指導教育していた。しかし，申立人は，「私には問題はない」「私には能力がある」と述べるのみで，相手方の指導教育を一切受け入れず，失敗しても一切反省しないという態度をとり続けていた。
　イ　「(2)　小括」について
　　否認ないし争う。

第3　答弁を理由付ける具体的な事実
　1　本件解雇に至る経緯
　(1)　申立人と相手方の雇用契約の締結
　　申立人は，平成○○年○○月○○日に，求人広告を見て，相手方へ応募してきた。そして，平成○○年○○月○○日，平成○○年○○月○○日の面接を経て，採用が内定した。申立人は，事務の仕事を5年続けていたということで，即戦力になればと考え，相手方は申立人を採用することを決定した。そして，平成○○年○○月○○日に，申立人と相手方は雇用契約を締結し，平成○○年○○月○○日から，申立人は勤務を開始した。
　(2)　○○部時代（平成○○年○○月○○日〜平成○○年○○月○○

日）＊1
　　ア　略
　　イ　略
　(3)　○○部時代（平成○○年○○月○○日～平成○○年○○月○○日）
　(4)　面談（平成○○年○○月○○日）（乙1　面談記録）
　(5)　面談（平成○○年○○月○○日）（乙2　面談記録）
　(6)　面談（平成○○年○○月○○日）（乙3　面談記録）
　(7)　○○部時代（平成○○年○○月○○日～解雇まで）
　(8)　面談（平成○○年○○月○○日）（乙4　面談記録）
 2　小　括
　　以上のように，相手方としては，申立人解雇に至るまで，度重なる話し合いの場を持ち，社内で大きな問題となっている申立人の問題点を指摘した。労務顧問の社会保険労務士への問合せ，申立人の主治医への接触の試み等様々な手続を踏み，何とか解雇を回避できる方法がないかを考えたが，しかるべき回避策が見出せず，やむを得ず本件解雇に至ったのである。

第4　予想される争点および争点に関する重要な事実
 1　本件において，予想される争点は，本件解雇について，本件解雇理由にあたる就業規則上の解雇該当事由があるか，そして，同記載事項に申立人の状況等が該当するか，該当したとして，それが客観的に合理的な解雇理由といえるか，また，社会的相当性も認められるか否か，すなわち，解雇権の濫用として，労働契約法16条に基づき，その意思表示が無効となるか否かに尽きる。
 2　就業規則上の解雇理由の存在
　(1)　就業規則上の解雇理由
　　　申立書にも記載してあるとおり，相手方は，平成○○年○○月○○日，就業規則第○条○項○号（勤怠が不良で，改善の見込みがないと会社が認めたとき），同○号（職務遂行能力または能率が劣るなどにより業務に適さないと会社が認めたとき），同○号（その他前各号に準ずる事由のあるとき）の解雇事由にあたると主張し相手方は申立人を解雇した（甲6　就業規則）。
　(2)　就業規則上の解雇理由に該当する具体的事実

ア　①目標の未達成

　　申立人が担当していた業務の平成○○年度～平成○○年度の目標は，○○であった。しかし，申立人は，○年間にわたり，目標を達成できず，それに対する努力も反省もしていなかった（乙5　査定表）。

　　目標は，本社にも報告する，正式目標であり，一応の目安や指針ではなかった。そして，目標は，当該社員が，努力をすれば，達成できる程度のものであった。申立人については，申立人の能力を考慮し，他の従業員よりもさらに配慮し，少し努力すれば，達成できる目標を設定していた。

　　そして，随時，相手方は，社員に対し，メール等でもその旨周知していた（乙6　メール）。さらに，申立人自身も，自身の目標として，会社の示した目標を記載していたこともあった（乙7　チェックシート）。

　　相手方内の大半の従業員が，目標を達成したり，前年度は達成できなくとも，次年度は達成できるという環境の中で，申立人のみが長年にわたり一度も目標を達成できなかった。

　　相手方は，申立人と面談を行い，なぜ目標が達成できなかったか，どうしたら目標が達成できるようになるのか，申立人に尋ねたが申立人からは，「私には問題はない」「私には能力がある」「会社が悪い」との回答を得るのみで，申立人は，真摯に問題に向き合おうとしていなかった。

　　（中略）

　　以上の行為が，就業規則第○条○項○号（勤怠が不良で，改善の見込みがないと会社が認めたとき），同○号（職務遂行能力または能率が劣るなどにより業務に適さないと会社が認めたとき），同○号（その他前各号に準ずる事由のあるとき）に該当する。

イ　②書類の持ち去り

　　申立人は，平成○○年○○月○○日，休日にも拘らず，出勤し，相手方内の機密事項が記載されている資料を段ボール箱に詰め，宅配業者を呼び，自宅に配送した。

　　申立人は，相手方社内の，「A」「B」という題名の書類を確実に持ち去っている。相手方社内にかかる書類が平成○○年○○月○○

日を境に無くなっているのである。加えて，平成○○年○○月○○日，当日偶然出勤した相手方従業員の○○が申立人の行動を直接目撃している。そこで，○○は申立人に対し，「会社のものを持って帰ったらだめじゃない」と注意をしたが，申立人は，「ばれなきゃ大丈夫」と答えるのみであった（乙8　陳述書）。
　（中略）
　この行為は，信義則上，到底許容される行為ではなく，就業規則○条○項○号（その他前各号に準ずる事由のあるとき）に該当する。

ウ　③他の社員によるやり直し
　申立人の作成した文書はそのレベルが低く，相手方の従業員は，申立人が作成した文書のほぼすべてを修正していた。
　具体的には，申立人が作成した文書が乙9の1の文書で，相手方が修正した文書が乙9の2である。乙9の1を見ればわかるとおり，申立人は極めて簡単な漢字のミスをするとともに，テニオハを間違い，意味の通らない問題のある文章を作成していた。
　（中略）
　以上の行為が，就業規則第○条○項○号（勤怠が不良で，改善の見込みがないと会社が認めたとき），同○号（職務遂行能力または能率が劣るなどにより業務に適さないと会社が認めたとき），同○号（その他前各号に準ずる事由のあるとき）に該当する。

エ　④一部従業員との間でのコミュニケーション拒絶・情報共有不足
　申立人は，一部の者とのコミュニケーションを拒絶していた。たとえば，平成○○年○○月○○日，平成○○年○○月○○日，平成○○年○○月○○日に，申立人宛てに来た質問メールに対しても，申立人は一切返信していない（乙10　メール）。また，口頭でも回答していない（乙11　陳述書）。反対に，申立人のお気に入りの人物から来たメールには私用のメールでも即返信している（乙12　メール）。
　また，申立人は，自分の気に入らない従業員に対しては，挨拶さえせず，必要な事項も伝えなかった（乙13　陳述書）。
　（中略）
　以上のような申立人の状態は，就業規則第○条○項○号（勤怠が

不良で，改善の見込みがないと会社が認めたとき），同○号（その他前各号に準ずる事由のあるとき）に該当する。

3 解雇の有効性

以上のとおり，申立人は解雇理由に該当する複数の行為に及んでいる。そして，相手方は，申立人に対し，何年間にも亘り，問題点を指摘し，何度も指導，注意してきたが，申立人は一切その態度を改めず，反省もしなかった。加えて，相手方は，本件解雇に至るまで，可能な限りの手段を尽くし，適正な手続を踏み，やむを得ず本件解雇に至ったといえる。

以上より，本件解雇には，客観的に合理的な解雇理由があり，また，社会的相当性も認められるといえるのであるから，解雇権の濫用とはならず，労働契約法16条に基づいても，本件解雇が有効であることは明らかである。

第5 申立てに至る経緯の概要
　略（申立書第4参照）

第6 総　括

以上のとおり，本件解雇が有効なことは明らかである。

したがって，申立人の請求にはいずれもまったく理由が無いのであるから，当然に棄却されるべきである。

附 属 書 類

1　答弁書写し　　　　　　　　　　　3通
2　乙号証写し　　　　　　　　　　　各1通
3　証拠説明書　　　　　　　　　　　1通

【別紙】　時系列表
　略（申立書別紙参照）

(注)　＊1　業務の具体的な様子や，面談の具体的内容を記載する。面談記録があれば，証拠として提出する。

書式4 ● 異議申立書

```
平成○○年（労）第○○○○号　地位確認等請求労働審判事件
申立人　　○　○　○　○
相手方　　○　○　○　○

                        異議申立書

                                        平成○○年○○月○○日

東京地方裁判所民事第○部○係　御中

                                        当事者・代理人（略）

　相手方は，御庁が平成○○年○○月○○日に下された審判に異議を申し立
てます。

                                                    以上
```

II　労働仮処分を中心とした民事保全

1　民事保全手続・保全処分の概要

(1) **民事保全制度の趣旨・必要性**

(a) 訴訟を起こし，費用と時間をかけて勝訴の判決（債務名義）を得ても，その間に，債務者（被告）が，自己の財産を第三者に処分したり，どこかに隠してしまう場合がある。強制執行の対象となる財産は債務者の財産であるから，直前まで債務者の財産であったからといって，その後第三者の所有になってしまえば強制執行することはできない。あるいは，どこに存在するか不明な物等に強制執行をすることは不可能である（ただし，探知のために財産開示制度

(民執法 196 条以下）が用意されている)。

　このように，将来勝訴判決を得てもその強制執行ができなかったり著しく困難になるような事態を避けるため，債権者に暫定的に一定の権能や地位を認めるのが民事保全制度の趣旨である（岩出・講義（下）1507 頁)。

　(b)　民事保全には，仮差押え，係争物に関する仮処分および仮の地位を定める仮処分がある。

　仮差押えとは，金銭債権の支払を保全するために，執行の目的たる債務者の財産のうち債権額に相応する適当な財産を選択して，その現状を維持し，将来の強制執行を確保する手段である（民保法 20 条以下)。

　係争物に関する仮処分とは，債権者が債務者に対し特定物についての給付請求権を有し，かつ，目的物の現在の物理的または法律的状態が変わることにより将来における権利実行が不可能または著しく困難になるおそれがある場合に，目的物の現状を維持するのに必要な暫定措置をする手続である（民保法 23 条 1 項)。

　仮の地位を定める仮処分とは，争いがある権利関係について，債権者に生ずる著しい損害又は急迫の危険を避けるために，暫定的な法律上の地位を定める仮処分である（民保法 23 条 2 項)。

　上記のうち，仮差押えと係争物に関する仮処分は，いずれも将来の執行に備え，債務者の財産の現状を維持しようとするものである点で共通するが，仮差押えが，金銭債権の支払を保全するために債務者の財産の現状を維持するものであるのに対し，係争物に関する仮処分は，特定物についての給付請求権の執行を保全するためにその特定物の現状を維持させ，占有の移転や処分を禁止する等して，将来の権利の実行が不可能または著しく困難となることを防止するものである点で異なる。

　また，係争物に関する仮処分と仮の地位を定める仮処分は，仮処分という命令の形式面で共通するものの，前者が現状維持によって将来の執行の保全を図るものであるのに対し，後者は，債権者に生じる現在の危険や不安を除去するために，本案判決確定に至るまでの間暫定的な法律関係を形成し，維持するものであるという点で異なる。

　(c)　保全処分の手続は簡易迅速な手続であり（簡易・迅速性)，口頭弁論は任

意的で（民保法3条），仮差押え等では原則として債務者に主張を聞くこともなく秘密裡に手続が進められ（民保法9条の適用は例外的。密行性），保全命令も簡易な決定により下される（民保法16条）。

保全処分の要件たる，被保全権利（本案訴訟によって保全すべき権利ないし法律関係）および保全の必要性（当該時点での財産の散逸のおそれ等）のいずれについても，債権者の一方的主張や，本案訴訟における証明よりは証明度の低い疎明によってその存在が肯定されるため（民保法13条），後の本案訴訟で判断が逆転する可能性があり，この場合，債務者は損害を被るおそれがあることから，原則として，債権者に一定の担保（保証金等）を提供させる（民保法14条）。

(2) **労働事件での保全処分の利用形態と特徴**
(a) 労働事件において保全処分を利用する場合としては，たとえば，使用者が，労働者からの賃金・退職金請求を逃れようと財産隠匿を図ろうとしているときに，使用者の不動産や預金等を仮差押えすることが考えられる。

また，使用者が財産を第二会社に低廉譲渡してしまった場合には，さらなる転売を防ぐために第二会社に対する民法424条の詐害行為取消権に基づく処分禁止の仮処分等をなすことが考えられる。

これらの仮差押えや処分禁止の仮処分については，実務上，通常の企業間の保全処分の場合に比べて，労働者の経済事情を考慮して保証金（民保法14条等）の額が減額されている場合が多いものの（岩出・講義（下）1508頁によれば，仮差押えであれば通常請求債権の30％以上の額が求められるのが，労働債権に基づく場合には10％程度等。ただし，山口ほか・審理188頁によれば，東京地裁労働部では，立担保を条件とした仮差押命令が発令された例は見受けられないとのことである），それ以外には特段の特徴はない。

(b) これらに対し，労働者によって最も利用され，判例においても，また理論的にも論じられてきたのが「仮の地位を定める仮処分」として独自の発展を遂げてきた，次項に論じる，いわゆる労働仮処分（地位保全・賃金仮払いの仮処分）である（岩出・講義（下）1508頁）。

仮の地位を定める仮処分は，必要的審尋事件である（民保法23条4項）。審尋期日では，債権者・債務者同席で主張書面，疎明資料の提出を行い，口頭で主

張等の補充を行う。法律上は口頭弁論を開くことも可能であるが（同項），最近，東京地裁の労働部で口頭弁論が開かれた例はない（山口ほか・審理194頁）。他方，法律上，債務者が立ち会うことができる審尋の期日を経なければ命令を発することができないとされているだけなので（同項），一度対面方式で審尋をした後は，電話会議システムによる審尋も可能と解される（山口ほか・審理193頁によれば，実施例もあるとのことである）。

上記のとおり，審理に際しては口頭弁論または審尋が行われるが，即時に取り調べることのできる証拠で疎明しなければならないことから（民訴法188条），文書提出命令の申立てや人証調べは認められない。

なお，地位保全・賃金仮払いの仮処分については，ほとんどの決定例が無担保でされている（山口ほか・審理194頁）。

(c) なお，昭和30年代以降，つい最近まで，「労働仮処分の本案化」といわれる現象が起こっていた。これは，本来，保全処分が，簡易迅速な手続によって暫定的な救済を与える制度であるにもかかわらず，本案訴訟と同様の口頭弁論，証人尋問等を行い，その審理期間も長期化し，仮処分決定と本案事件の判決がほぼ同時に，しかも相反する結論となることなども珍しくなかったという現象である（岩出・講義（下）1508頁。たとえば，昭和45年から昭和59年までの裁判例の動向については最高裁判所事務総局編『労働関係民事裁判例概観（下）』（法曹会，1988）738頁以下等参照）。

しかし，最近は，東京地裁労働部を筆頭に，「労働仮処分の本案化」現象は急激に減少している。山口ほか・審理193〜194頁によれば，東京地裁労働部では，概ね，10日から2週間の間隔で審尋期日を開き，3か月以内に審理を終結することを目途に進行させることが多いとのことである。

2 地位保全・賃金仮払いの仮処分（労働仮処分）

(1) 被保全権利と申立て趣旨

解雇された労働者が解雇無効を主張して申請する仮処分の多くのケースでは（文献・裁判例の紹介等については，岩出誠「解雇事件における労働仮処分の必要性」日本労働協会雑誌345号（1988）22頁以下，岩出・講義（下）1509頁以下参照），被保全権利を「労働契約上の従業員たる地位」として，労働者たる債権者が使用者たる

債務者に対し労働契約上の地位を有することを仮に定める旨の「地位保全の仮処分」と，解雇時から本案判決確定時までの賃金仮払いを命ずる旨の「賃金仮払いの仮処分」の併合申立てがなされている。

そして，従前の多数の裁判例（決定を含む）は，上記申立てを認容する場合，労働者の経済的地位に関する定型的判断（債権者が賃金のみによって生計を立てている労働者であり，賃金の支払がないことによって生活の困窮を来すという事情）を示すのみという極めて簡易化された判断基準をもって，保全の必要性を認めてきていた（ただし，この場合でも，賃金仮払いの仮処分に関する保全の必要性は，従前の賃金総支給額から，公租公課相当額を控除した額について認められる。裕記溶接事件・大阪地決昭和59・2・27労判・速報カード429号31頁等）。

(2) 保全の必要性判断の厳格化

上記のような従前の実務の一般的傾向に対しては，早くから他の仮処分との整合性等につき学説上問題点の指摘があった。

裁判例上も，保全の必要性の判断における厳格化の必要性につき理論的判示を示すものが少なからず現れている。たとえば，東亜石油事件・東京地判昭和51・9・29（労民集27巻5号489頁）では，「賃金等の仮払いを命ずる仮処分は」「労働者及びその扶養する家族の経済生活が危殆に瀕し，これに関する本案判決の確定を待てないほど緊迫した事態に立ちいたり又はかかる事態に当面すべき現実かつ具体的なおそれが生じた場合，その労働者に対し，暫定的に使用者から右緊急状態を避けるに必要な期間，必要な金額の仮払を得させることを目的とするもの」とされている（比較的近時で，上記と同旨の判示をなすものとして，名古屋地決平成5・5・20判タ826号228頁，デイエフアイ西友事件・東京地決平成9・1・24判時1592号137頁，アイスター事件・熊本地決平成17・5・25労判894号88頁等参照）。

この問題に関する裁判例の流れを見ると，保全の必要性の判断基準が厳格化しているといってよい（岩出・講義（下）1509頁以下。最近の仮処分の動向の紹介については，東京弁護士会労働法制特別委員会編著『新労働事件実務マニュアル〔第2版〕』（ぎょうせい，2010）492頁以下参照）。

(3) 地位保全申請の意義と必要性

(a) 賃金仮払いの仮処分と併合申立てされた場合の地位保全の仮処分について，保全の必要性が否定され，申立てが却下される裁判例が増えている。

すなわち，地位保全と賃金仮払いの各仮処分が併せて申し立てられた場合，両申立ての関係について，地位保全仮処分で保全しようとする権利ないし利益の具体的内容の中核は賃金の支払であるから，賃金仮払いのほかに地位保全仮処分を必要とする特別の事情がない限り，賃金仮払い仮処分に加えて，地位保全仮処分を認める必要はないとする考え方に立って，地位保全の仮処分の必要性を否定した裁判例が最近多くなってきている（エールフランス事件・東京地決平成12・5・9労判800号89頁，ホンダ運送事件・大阪地決平成15・12・3労判865号85頁，東大阪市環境保全公社（仮処分）事件・大阪地決平成22・1・20労判1002号54頁，セネック事件・東京地決平成23・2・21労判1030号72頁等）。また，近時の新生銀行事件・東京地決平成18・8・9（労判921号89頁）は，労働契約上の権利を有する地位にあることを仮に定める仮処分は，賃金仮払いの仮処分と異なり，強制執行をすることができず，任意の履行に期待する仮処分であり，実効性に乏しいものであるから，このような仮処分を本案判決確定前に発令することは極めて慎重であるべきであって，これを発する高度の必要性が疎明された場合に発せられるべきところ，本件においてかかる必要性に疎明があるとはいえないとして，労働契約上の権利を有する地位にあることを仮に定める仮処分を却下している。

(b) しかし，例外的に，上記特別の事情（高度の必要性）があるとして，地位保全が認められた例もある。たとえば，英語学校の外国人教師が解雇されたアサヒ三教事件・東京地決昭和62・1・26（労判497号138頁）では，当該外国人教師が我が国における在留資格を認められるためには一定の職業に就いていることが必要であり，我が国における英会話教師の求人状況等を考えると，地位保全の必要性があるとされた。

また，北陸大学事件・金沢地決平成19・8・10（労判948号83頁）では，債権者らは，北陸大学の教授の職にあり，その地位に照らせば，教授として講義等を担当したり，研究活動を行うことは，単なる雇用契約上の債務者に対する労務の提供にとどまらず債務者が保障すべき雇用契約上の権利または利益に該

当する，地位保全の決定は，債権者に図書館や研究室を利用させることなどを事実上強制する効果が認められるし，第三者に対しても，債権者らが北陸大学教授の地位にあることを前提にした研究発表活動を行うことが可能になるのであり，仮の地位の保全を認めなければ，債権者らの前記権利または利益に関し著しい損害または急迫の危険が生じるというべきであるから，地位保全の必要性が認められるとされた。

さらに，派遣労働者が雇用契約期間中に解雇されたワークプライズ（仮処分）事件・福井地決平成21・7・23（労判984号88頁）では，就業機会の確保，社会保険の被保険者資格の継続の必要性を理由に，地位保全の必要性が認められている。

釜屋電機（仮処分）事件・札幌地決平成21・7・7（労判991号163頁）も，「債権者らは，賃金労働者として生計を立てていたのであるから，賃金労働者としての社会保険の取扱いを受けることが必要であるし，疎明資料によれば，債権者Bは，債務者の独身寮に居住していたこと，債務者から，平成21年4月30日をもって，独身寮から退去するよう，少なくとも二度にわたって要求されていることが認められる」と述べて，地位保全の必要性を認めている。

(4) 仮払いの範囲——支払額・支払期間

さらに，賃金仮払い仮処分における保全の必要性判断の厳格化については，仮払いの支払額・期間を限定する傾向として現れている（岩出・講義（下）1511頁）。

すなわち，他からの固定収入，資産の有無，同居家族の収入等という労働者側の生活状況と，仮払いを認めることによって使用者が被る経済的負担を比較衡量して，「賃金の支払がなされない結果，労働者及びその家族らの生活が危機に瀕して本案判決の確定を待てない状態に至り，又はそのおそれがある場合に，この状態を一時的に救済する」という賃金仮払い仮処分の目的達成に必要な範囲に，仮払いの額・期間が限定されているのである（山口ほか・審理190頁）。

(a) 仮払い額の限定

たとえば，特段の主張・疎明のない限り，債権者らの居住する地域における債権者らと同様の家族構成の家庭で必要とする標準生計費の額をもって一応の

基準と考えるべきとしたもの（アイスター事件・熊本地決平成17・5・25労判894号88頁），仮払いを認めるべき金額は，従前の生活を維持するために必要な金額ではなく，人並みの生活を維持するのに必要な金額であるから，平成18年4月の全国の標準生計費を参考に，扶養家族がないものと推認される債権者2名については1か月10万円，扶養家族が1名と推認される債権者1名については同17万円，扶養家族が3名と推認される債権者1名については同24万円とするのが相当であるとしたもの（三郡福祉会（虹ヶ丘学園）事件・福岡地飯塚支決平成19・1・12労判939号91頁），賃金の仮払い仮処分は本件解雇前に取得していた賃金を保障するものでなく，債権者らの著しい損害または急迫の危険を避けるために必要な限度で認められるものであり，債権者らの主張する支出の内容やその額，また，債権者らにおいても，債務者が振り込んだ金員を解雇後の賃金に充当することは可能であるにもかかわらず全額供託していること等を考慮すれば，平成19年8月から本案第一審判決まで債権者らにおいて毎月35万円の限度において仮払いの必要性を認めるのが相当であるとしたもの（北陸大学事件・前掲金沢地決平成19・8・10）がある。

また，債権者の賃金月額は175万円でありほかに年1回以上高額の賞与を得ていたことがうかがわれ，このような高収入を継続的に得ていた場合は相当程度の預貯金等の蓄えがあることが推認されるから，債務者からの賃金が途絶えたからといって直ちに生活に困窮を来すとはいえず，民事保全法23条2項に定める保全の必要性についての疎明がないとして，賃金仮払い仮処分申立てを却下した例（新生銀行事件・前掲東京地決平成18・8・9）もある。

もっとも，近時でも，仮払額を実支給額とするものもある（釜屋電機（仮処分）事件・前掲札幌地決平成21・7・7）。

(b) 仮払い期間の限定

古くから早期の終期を設けるものもあったが，最近では，保全の必要性に関する流動的要素が多いこと等を理由として，仮払い期間を，仮処分決定後1年以下とするものが増えている（1年を認めた例として，藤川運輸倉庫事件・東京地決平成12・4・18労判793号86頁，丸林運輸事件・東京地決平成18・5・17労判916号12頁，三郡福祉会（虹ヶ丘学園）事件・前掲福岡地飯塚支決平成19・1・12等。また，6か月とした三菱重工相模原製作所事件・東京地決昭和62・7・31労判501号616頁等もある）。

また，有期雇用契約の場合，その契約期間中のみ仮払いの必要性を認めるものがある（東大阪市環境保全公社（仮処分）事件・前掲大阪地決平成22・1・20は，6か月の有期雇用契約が10〜24回更新された後に行われた雇止めは無効であるとしつつ，使用者は次回の契約満了日をもって契約を更新しない可能性が高く，かつ，その時点における雇止めの有効性については別個に考える必要があること等の諸事情を総合的に勘案すると，仮払いの必要性が認められるのは次回契約満了日までであるとした）。

　ただ，近時でも，解雇時点または仮処分命令時（ないし口頭弁論終結時・審尋終了時）から第一審本案判決言渡しまで認めるものもある（ホンダ運送事件・前掲大阪地決平成15・12・3，生興事件・大阪地決平成17・6・2労判900号89頁，北陸大学事件・前掲金沢地決平成19・8・10，釜屋電機（仮処分）事件・前掲札幌地決平成21・7・7，セネック事件・前掲東京地決平成23・2・21等）。

③ 団交をめぐる仮処分
——団体交渉を求める地位にあることを仮に定める仮処分

　労働組合が使用者から不当に団体交渉を拒否された場合の労働組合の救済方法として，①行政的な救済制度としての労働委員会における不当労働行為制度，および②司法的な救済としての不法行為に基づく損害賠償請求（民法709条）のほかに，③司法的な救済制度としての仮処分制度を利用することにより，「決定」による迅速な救済を図りつつ，しかも，間接強制によりその実効性を確保したいとの実務上の要請から団交応諾仮処分の可否が論じられた。

　しかし，現在では，労働組合の団体交渉請求権（使用者に対し誠実交渉という具体的行為を請求する請求権）は否定しつつ，労働組合および使用者の団交当事者適格（組合否認も含む）および義務的団交事項の範囲の問題について地位の確認ないし保全を求め得るとする有力学説（山口浩一郎『労働組合法〔初版〕』（有斐閣，1983）129頁，菅野和夫『労働法〔初版〕』（弘文堂，1985）430頁以下）の影響を受けたと思われる裁判例が出て（国鉄団交拒否事件・東京地判昭和61・2・27労判469号10頁，同・東京高判昭和62・2・27労判505号92頁，同・最三小判平成3・4・23労判589号6頁），その後も労働組合の団体交渉を求める地位にあることを仮に定める仮処分を肯定する裁判例が出ている（本四海峡バス（団体交渉）事件・神戸地決平成12・3・14労判781号31頁等）。

企業買収等の企業組織の変動が活発になる中で，労働組合が団体交渉の前提として裁判所の判断を仰ぐなどの使われ方が予想され，今後，無視できない仮処分類型である。

もっとも，有力学説および最高裁判例等によれば，団体交渉を求める法的地位の確認の仮処分の被保全権利は，労働組合および使用者の団交当事者適格および義務的団交事項の確認請求権ということになり，この仮処分は強制執行（保全執行）を予定しないいわゆる「任意の履行を期待する仮処分」としての性格を有する。この場合，間接強制も認められないことになる（以上につき，岩出・講義（下）1513〜1514頁）。

ただし，「任意の履行を期待する仮処分」であっても，その違反は不法行為を構成し，損害賠償請求の対象となり得る。たとえば，全日本海員組合（組合員資格）事件・東京地判平成22・10・27（労判1021号93頁）は，被告Y組合の組合員としての権利を有する地位にあることを仮に定めるとの仮処分命令を得た原告Xに対して，同命令確定後にY組合が行った全国大会において，組合員資格がないとの理由で入場を拒否し，また，Y組合の役員への立候補届を無効としたことは，不法行為にあたるとして，XのY組合に対する慰謝料請求を認容している。

❹ 違法争議行為禁止の仮処分

労働組合の争議行為は，そのすべてが免責されるわけではなく，正当な行為のみが免責対象となる（労組法1条2項・8条）。正当性を欠く争議行為は違法行為であり，かかる争議・労働組合の活動に対しては，その差止めを求める仮処分が使用者側から申し立てられることがある。

多様な形態があるが，認容された例として，いわゆる原材料の搬入作業に対する営業妨害禁止（灰孝小野田レミコン営業妨害禁止事件・大阪地決平成2・2・2労判557号27頁等），経営者の自宅での外出妨害行為禁止（全学研事件・東京地決昭和61・6・9労判477号21頁），自宅への面会強要の架電禁止（東京医療生協事件・東京地決昭和62・2・20労判493号51頁），社長自宅付近での街宣活動禁止（全日本建設運輸連帯労組関西地区生コン支部（石原産業）事件・大阪地決平成20・3・28労判959号164頁）等がある。

たとえば，上記全日本建設運輸連帯労組関西地区生コン支部（石原産業）事件決定は，労働組合の活動は，企業経営者の私生活上の領域において行われた場合には，労働組合活動であることを理由に正当化されるものではなく，企業経営者における住居の平穏，地域社会での名誉・信用といった具体的な法益を侵害しない限りにおいて相当性を有するものとして，容認されることがあるにとどまるから，企業経営者は，労働組合の活動によって自己の住居の平穏や地域社会における名誉・信用が侵害され，今後も同様の侵害を受ける蓋然性があるときには，当該労働組合に対し，このような活動を差し止める権利を有していると判示している。

しかし，裁判所は，企業の取引先・融資銀行等へのいわゆる要請行動について，「そのような申入れをすれば，債権者が主張するように，取引先や関連の金融機関は，債権者と債務者との間の労使紛争に巻き込まれて自らの営業に支障の生ずることをおそれ，債権者との取引を停止することは十分考えられ，債務者においても，取引先が債権者との取引を停止することがありうると予想して申入れをしていたというべきである（なお債務者の役員や組合員は，取引先等に対し，不当労働行為の是正についての指導を行ったうえで，債権者の態度によっては取引停止の措置を検討するように申し入れ，直接的な表現で取引停止を求めていないが，債権者との取引を停止した取引先等に対しては，債権者に対する指導の有無を問わず，以後申入れをしていないことに照らし，債務者の申入れの目的のひとつが債権者との取引を停止させることにあったということができる）。もっとも，そのような取引先等に対する取引停止の申入れによって取引停止の結果が生じたとしても，取引停止を求めるすべての申入行為が違法になるものではなく，その申入行為が暴行脅迫或いは威力等を用いてなされれば違法なものとなるが，そのような実力を用いないで申入れがなされれば直ちに違法な行為ということはできない」などとして，仮処分を認めない場合も少なくない（船場池田商店営業妨害禁止事件・大阪地決平成4・10・29労判620号60頁）。

5 即時抗告

保全命令の申立てを却下する裁判に対しては，債権者は，その告知を受けた日から2週間以内に即時抗告をすることができる（民保法19条1項）。

抗告審における手続は，特別の定めがない限り，民事保全法7条が民事訴訟法331条，297条を準用しており，第一審の保全命令手続に関する規定（民保法12条〜18条）による。

保全命令に関する裁判は，本案の裁判に付随するもので（付随性），権利の確定を伴わない暫定的なものであるので（暫定性），原則として二審級とされる。したがって，即時抗告を却下する裁判に対しては，再抗告は許されない（民保法19条2項）。

抗告裁判所が原裁判を取り消して保全命令を発した場合には，債務者は同じ審級で保全異議の申立て（民保法26条）または保全取消しの申立て（民保法37条〜39条）をすることができる。ただし，前述の二審級から，上記保全異議についての裁判に対しては保全抗告をすることができない（民保法41条1項ただし書）。他方，保全取消しは，新たな事由の審理なので，その決定に対しては保全抗告が可能であるが，抗告審が最高裁判所となる場合には，保全抗告することができない（裁判所法7条2号）。

6 保全異議

(1) 趣旨・手続等

保全命令の申立てを認容した裁判に対しては，命令を発した裁判所に保全異議を申し立てることができる（民保法26条）。保全異議は，保全命令の審理については迅速性が求められ，十分に行われる保障がないので，命令を発した裁判所において，保全命令の発令直前の状態に戻したうえ，慎重な手続により再審査を行おうとするものである。

そのため，審理は，口頭弁論または当事者双方が立ち会うことのできる審尋期日により行われなければならず（民保法29条），審尋の際には，第三者（参考人）の審尋も可能である（民保法7条，民訴法187条）。

保全異議は，保全命令を発令直前の状態に戻して再審理するものであるから，債務者は，保全命令が当初から不当なことを主張し得るのはもちろん，その後に生じたすべての事由を主張し得る。したがって，賃金仮払いの仮処分申立てが認容された後，債権者が再就職し，収入を得るようになった場合，債務者は，保全取消しの方法はもちろん，保全異議によっても，保全命令の取消し

を求めることができると解される（山口ほか・審理194頁）。

審理の結果，裁判所は，保全命令を認可し，変更し，または取り消す決定を下す（民保法32条1項）。

(2) 原状回復の裁判

仮処分命令が保全異議手続や保全取消により取り消される場合，裁判所は，債権者の申立てにより，仮処分命令により引き渡した物の返還を命ずるなど，原状回復の裁判をなすことができる（民保法33条・40条1項）。

解雇事件において賃金仮払いが命じられた場合，当該命令が取り消されたときには，既に仮払いがなされた賃金の返還を労働者に命じ得るかが問題となるが，その間に労働者が現実に就労しているなどの事情がない限り，仮払い賃金も原状回復命令の対象になるとされている（宝運輸事件・最三小判昭和63・3・15民集42巻3号170頁）。

7 保全取消し

(1) 総　　説

保全取消しの制度は，保全命令自体の当否を争わず，保全命令の存在を前提として，発令後の事情変更，特別事情その他の事由により命令の取消しを求めるものである。

その趣旨は，保全命令が暫定的・仮定的性格を有し，手続上債務者に不利な傾向があることにかんがみ，この不公平を是正しようとする点にある。

そして，民事保全法は，①本案訴訟を提起しない場合等による場合（37条），②事情変更による場合（38条），③特別事情による場合（39条）の取消しを定めている。

(2) 起訴命令等

債務者は，保全命令を発した裁判所に対し，債権者に対する起訴命令を申し立てることができる。そして，この申立てがあると裁判所は，債権者に対し，起訴命令で定めた2週間以上の相当の期間内に，本案訴訟を提起するかまたはこれに準ずる手続を申し立てたうえ，これを証する書面を上記裁判所に提出

すべきことを命じなければならない（民保法37条1項・2項・5項）。

ここに本案訴訟とは，本執行のための債務名義を形成する手続をいうが，本案の訴訟物は被保全権利と請求の基礎が同一であればよいと解されている（最一小判昭和26・10・18民集5巻11号600頁）。

そして，債権者が起訴命令に定められた期間内に本案訴訟の提起を証明する書面等を提出しない等起訴命令を遵守しなかったときは，債務者は上記裁判所に保全命令の取消しを申し立てることができ，この場合には，裁判所は保全命令を取り消さなければならない（民保法37条3項・4項。保全命令手続の付随性の現れである）。なお，この一定の期間は2週間以上と定められているが（同条2項），岩出・講義（下）1516頁によれば，東京地裁においては書面の提出を義務付けたこと等の理由により，1か月間とする取扱いをしているとのことである。

(3) 事情変更による場合

保全命令発令後に事情が変更して，その命令を維持することが不相当となった場合には，債務者は，保全命令を発した裁判所または本案の裁判所に対して保全命令の取消しを申し立てることができる（民保法38条1項）。

「事情変更」とは，保全命令の要件である被保全権利や保全の必要性等に関して，発令当時と異なった判断をすべき事実や事情が存在することをいう。通常は保全命令発令後に変動した事情がこれにあたるが，発令後に発見された事情も含まれる。

まず，被保全権利に関する事情変更としては，被保全権利が発令時から存在しなかったものと本案訴訟の判決で判断された場合がある。その他にも，被解雇者の地位保全仮処分命令後に賃金支払仮処分命令が発せられた場合に，控訴審で地位保全仮処分命令が取り消されたとき（三菱重工事件・名古屋地判昭和53・7・3労民集29巻4号481頁。ただし，地位保全仮処分と賃金仮払い仮処分の被保全権利と保全の必要性は完全に一致するものではないとして，事情変更にあたらないとする裁判例〔神戸製鋼事件・神戸地判昭和33・1・25労民集9巻1号91頁〕もある）等がある。

次に，保全の必要性に関する事情変更としては，本案判決までの生活を養うのに十分な財産を被解雇者が新たに得た場合が考えられる。その他にも，争議妨害禁止仮処分命令後に争議が終了し労使関係が正常化された場合（動労千葉

支部事件・千葉地判昭和 47・9・2 判タ 288 号 271 頁）等がある。

　なお，この手続の場合，債務者は，事情の変更を疎明しなければならない（民保法 38 条 2 項）。

(4) 特別事情による場合

　仮処分命令を発した裁判所または本案の裁判所は，特別の事情がある場合には，債務者の申立てにより，担保を立てることを条件として仮処分命令を取り消すことができる（民保法 39 条 1 項）。

　「特別な事情」とは，債務者に償うことのできない損害を生ずるおそれがある場合（債務者の異常損害），または保全すべき権利の実現について金銭補償をもって足りる場合（金銭補償の可能性）をいう。

　ただし，金銭補償の可能性を広く解釈すると，仮処分のほとんどがこの要件を充足する可能性もあることから，限定がなされる必要がある（司法研修所編『民事弁護教材改訂民事保全〔補正版〕』〔2005〕101 頁は，仮処分の目的物が金銭債権や代替物であったり，被保全権利が詐害行為取消権や遺留分減殺請求権等であるように，金銭的価値の把握が目標とされているような場合には，金銭的補償の可能性が高いといえるとしている）。また，この場合も債務者は，特別な事情を疎明しなければならない（民保法 39 条 2 項）。

8　保全抗告

　保全異議または保全取消しの申立てについての裁判に対しては，同じく告知後 2 週間以内に保全抗告をすることができる（民保法 41 条 1 項）。

　保全抗告をすることができる裁判とは，保全異議または保全取消しの申立てを認容，棄却または却下する裁判である。即時抗告を却下する裁判や保全抗告についての裁判に対しては，再抗告をすることはできない（民保法 19 条 2 項・41 条 3 項）。ただし，憲法違反を理由とする特別抗告，判例違反その他法令の解釈に関する重要な事項についての許可抗告が最高裁に対し提起可能な場合がある（民訴法 336 条・337 条）。

●木　原　康　雄●

Ⅲ 民事通常訴訟

1 民事通常訴訟手続の概要

　民事通常訴訟とは，個人の間の法的な紛争，主として財産権に関する紛争の解決を求める訴訟である。たとえば，貸金の返還，不動産の明渡し，人身損害に対する損害賠償を求める訴えなどが，この類型に分類される。この類型の訴訟は「通常訴訟」と呼ばれ，民事訴訟法に従って審理が行われる。そして，従業員の地位の確認や未払い賃金を求めるような労働事件について訴えを提起する場合についても，この通常訴訟に分類され，民事訴訟法に従って審理されるということになる。

　ここで，まず労働事件を含む民事通常訴訟の手続の流れについて，最高裁判所のHPの説明に沿って概観する。

(1) 手続の開始――訴えの提起

(a) 訴えの提起

　訴えを提起するには，原告またはその訴訟代理人が裁判所に訴状を提出しなければならない（民訴法133条1項）。原告は，訴状に請求の趣旨および原因を記載し，訴え提起の手数料として，法律で定められた金額の収入印紙を貼付することなどが必要となる（民訴法137条1項等）。

　請求の趣旨とは，訴えによって求める判決内容の表示であり，通常は，請求認容の判決が言い渡された場合の判決主文に対応する。労働事件においては，「原告が，被告に対し，雇用契約上の権利を有する地位にあることを確認する。」（解雇事件），「被告は，原告に対し，〇〇万〇〇円及びこれに対する平成〇〇年〇〇月〇〇日から支払済みまで年6パーセントの割合による金員を支払え。」（未払賃金請求事件）などと記載することになる。

　また，請求の原因とは，請求を特定するのに必要な権利関係の発生原因となる事実のことである。この記載によって，裁判の対象となる権利主張が明確になる。

　その他，訴状には，「請求を理由づける事実を具体的に記載し，かつ，立証

を要する事由ごとに，当該事実に関連する事実で重要なもの及び証拠を記載しなければならない。」とされ（民訴則53条1項），「訴状に事実についての主張を記載するには，できる限り，請求を理由づける事実についての主張と当該事実に関連する事実についての主張とを区別して記載しなければならない。」（同条2項）とされている。この規定に従って，訴状には，「請求の原因」と「関連事実」とを分けて記載するのが一般的である。

また，労働者の年齢・経歴や会社の沿革・規模・業務内容，紛争の端緒や経緯などの，いわゆる背景事情については，法律上は訴状への記載事項として求められてはいない。しかし，裁判官に早期に事案の全体像を把握してもらうという趣旨や，場合によっては重要な間接事実として評価される場合もあり得ることから，必要な範囲で積極的に記載することが望ましいといえる。

(b) 管　轄

裁判所法および民事訴訟法等が定めるところにより，土地管轄と事物管轄を有する裁判所が管轄裁判所になる。

裁判所法によれば，最も下位の裁判所は簡易裁判所で，140万円以下の請求に係る事件について管轄を有し（裁判所法33条1項），その上の裁判所が地方裁判所で，一般的な第一審裁判所となる。

一方，民事訴訟法では，原告は，原則として，被告の住所地を管轄する裁判所に訴えを提起すべきこととされている（民訴法4条1項）。もっとも，付加的な管轄裁判所も定められている（民訴法5条以下）。たとえば，不法行為に基づく損害賠償請求訴訟では，不法行為地を管轄する裁判所に対しても訴えを提起することができ（民訴法5条9号），不動産に関する訴訟では，問題となる不動産の所在地を管轄する裁判所にも訴えを提起することができる（同条12号）。

労働事件においては，会社の本店所在地（会社法4条）などの被告の普通裁判籍所在地のほか（民訴法4条1項），義務履行地（民訴法5条1号），事務所または営業所における業務に関する紛争についての当該事務所または営業所の所在地（同条5号），不法行為地（同条9号）などが管轄裁判所となることが考えられる。そのため，管轄については，訴えを提起する段階で，慎重に検討する必要がある。

(2) 口頭弁論等

(a) 訴状の審査等

事件の配点を受けた裁判官（合議体で審理される事件については裁判長）は訴状を審査し，形式的に不備がなければ，口頭弁論期日を指定して当事者を呼び出す（民訴法138条・139条）。訴状に不備があれば，裁判官（裁判長）は，原告に対して補正を命じる（民訴法137条1項）。この場合，原告が不備を補正しないときは，裁判長が命令で訴状を却下することになる（同条2項）。

(b) 口頭弁論

口頭弁論は，公開の法廷において，簡易裁判所では1人の裁判官により，地方裁判所では1人の裁判官または3人の裁判官の合議体により，高等裁判所では原則として3人の裁判官の合議体により，それぞれ開かれる。地方裁判所については，法律に特別の規定がない限り1人の裁判官が審理することができる。もっとも，簡易裁判所の裁判に対する控訴事件は合議体で審理しなければならず，事案が複雑困難である等の理由で合議体で審理する旨決定された事件についても，合議体で審理することになる。

口頭弁論期日においては，裁判長の指揮の下に，公開の法廷で手続が行われる。原告・被告本人またはその訴訟代理人が出頭したうえ，事前に裁判所に提出した準備書面に基づいて主張を述べ（民訴法161条），主張を裏付けるために証拠を提出することが要求される。被告が欠席した場合には，被告が答弁書等において原告の請求を争う意図を明らかにしていない限り，不利な内容の判決（欠席判決）が言い渡される可能性がある（民訴法244条）。

裁判長は，当事者の主張や立証に矛盾や不明確な点があれば，質問をしたり，次回期日にその点を明らかにするよう準備することを命ずることができる。この権限は釈明権と呼ばれる（民訴法149条）。

(c) 争点および証拠の整理手続

判断に必要な事実関係について当事者間に争いがあり，争点および証拠の整理を行う必要がある事件については，裁判所は，証人尋問等の証拠調べを争点に絞って効率的かつ集中的に行えるように準備するため，争点および証拠の整理手続を実施することができる。

この手続としては，準備的口頭弁論（民訴法164条以下），弁論準備手続（民訴

法168条以下），書面による準備手続（民訴法175条以下）の3種類があり，裁判所は，事件の性質や内容に応じて最も適切な手続を選択することになる。

準備的口頭弁論は，公開の法廷において行われ，争点等の整理に必要なあらゆる行為をすることができる点に特色がある。弁論準備手続は，法廷以外の準備室等において行われる必ずしも公開を要しない手続で，争点等の整理のために証人尋問をできないなどの制約はあるが，一方の当事者が遠隔地に居住している場合などには，電話会議システムによって手続を進めることもできる（民訴法170条3項）。書面による準備手続は，当事者が遠隔地に居住しているときなどに，両方の当事者の出頭なしに準備書面の提出等により争点等を整理する手続で，必要がある場合には電話会議システムにより争点等について協議することができる（民訴法176条3項）。なお，これら3種類の手続のうち，実務上は，ほとんどの場合，弁論準備手続が利用される。

これらの手続を終了するにあたっては，裁判所と当事者との間で，その後の証拠調べによって証明すべき事実を確認するものとされている（民訴法165条1項・170条5項・177条）。

(d) 証拠調べ

口頭弁論または争点および証拠の整理手続において，当事者間の争点が明らかになれば，その争点について判断するために，裁判所は書証の取調べ（民訴法219条），証人尋問（民訴法190条以下），当事者尋問（民訴法207条以下）等の証拠調べの手続を行う。

証人は，原則として尋問を申し出た当事者が最初に尋問し，その後に相手方が尋問することになっている（民訴法202条1項。なお，民事訴訟法210条で当事者尋問にも準用される）。裁判所は，通常は当事者が尋問を終えた後に尋問を行う（民訴法202条1項・210条）。もっとも，裁判長は，必要があると考えたときは，いつでも質問することができる（民訴則113条3項）。証人等の尋問の順序，誘導尋問に対する制限その他の尋問のルールは民事訴訟法および民事訴訟規則に定められているが，一般的にいって，英米法に見られるような広範で厳格な証拠法則は，日本の制度には存在しない。証拠能力に関する判断は裁判所の裁量にゆだねられているが，裁判所は，基本的に，職権で証拠調べをすることができない。職権で行うことができる当事者尋問はその例外である（民訴法207条1

項)。

　証拠調べの結果から事実の存否を認定する事実認定の過程では，証拠の証明力の評価は，裁判所の裁量にゆだねられている (民訴法247条) (自由心証主義)。

　(e)　口頭弁論調書

　口頭弁論については，立ち会った裁判所書記官が調書を作成しなければならない (民訴法160条等)。調書には，法廷で行われた証人，鑑定人，当事者本人の陳述のほか，当事者の主張や証拠の提出を記載し，裁判所書記官が記名押印し，裁判長が認印をしなければならない。また，裁判所には裁判所速記官がおり，裁判所書記官とともに口頭弁論に立ち会うことがある。裁判所速記官の作成する速記録は，調書の一部として引用される。

(3)　訴訟の終了

　訴状の提出により開始された訴訟手続は，様々な事由に基づき終了する。最も典型的な手続の終了事由は，判決である。裁判所が，証拠調べを行った後，原告の請求が認められる，または認められないとの心証を得たときは，口頭弁論を終結して判断を下す (民訴法243条)。判断は，法廷において，原則として判決書の原本に基づいて言い渡される (民訴法252条)。判決書には，主文，当事者の主張，判断の理由等が記載され (民訴法253条)，言渡し後速やかに当事者双方に送達される (民訴法255条)。ただし，被告が原告の主張した事実を争わない場合など，実質的に争いがない事件については，判決書の原本に基づかない簡易な言渡しが可能であり，この場合には，判決書の作成に代えて，裁判所書記官が主文等を記載した調書を作成することになる (民訴法254条)。

　なお，言い渡された判決は，仮執行宣言が付された場合を除き，確定するまで強制執行の手続をとることができない (民訴法259条)。

　また，訴訟手続は，その他，訴えの取下げ (民訴法261条以下)，請求の放棄・認諾 (民訴法266条以下)，裁判上の和解によっても終了する。これらの中で，訴えの取下げは基本的に将来の再訴禁止の効力を生じないが，その他のものについては，これらの事項を記載した調書は確定判決と同一の効力を有することになる (民訴法267条)。

❷ 労働事件における訴訟の審理促進のための留意点と事件類型における要件事実等

　労働事件においては，解雇権濫用法理（労契法16条）に代表されるように，合理性や社会的相当性の有無などの規範的要件が問題になる場合が多く，また，毎日の業務内容や労働時間などが問題になるため，当事者から多くの事実が主張され，大量の証拠が提出される場合が多い。そのため，漫然と手続が進行すると，訴訟の複雑化，長期化を招くおそれがある。

　そこで，訴訟の迅速かつ円滑な審理促進のためには，基本的な事実関係については早期に確定させ，また，基本的な証拠（書証）は早期に提出されるべきことが要請される。

(1) **基本的事実の早期主張（原告）**

　訴状には，事件の類型に応じて，早期に確定すべき基本的な事実関係を記載することが求められる（具体的な内容については，書式13～書式15「事件類型ごとの主張」を参照）。

　なお，既に述べたとおり，訴状には，請求を理由付ける事実を，証拠を引用しながら具体的に記載する必要があり（民訴則53条1項），また，請求を理由付ける重要な事実についての主張と，それ以外の関連する事実についての主張とは，できるだけ区別して記載することが求められる（同条2項）。

　また，書証を引用する際には，単に書証番号を記載するだけでなく，頁数を記載するなど該当箇所を特定することが要請される。

　書式5として，普通解雇に対して解雇無効を求める事案につき，訴状の参考例を記載する（なお，解雇無効確認の訴えに確認の利益が認められない点については❸(1)(a)において後述する）。なお，最近では，解雇の事案については，労働審判手続が利用される場合が多いと思われるが，説明の便宜のために，民事通常訴訟手続を利用した場合を想定して書式例を掲載することとする。

(2) **基本的事実の早期主張（被告）**

　また，被告の側においても，答弁書または準備書面には，早期に確定すべき

書式5 ●訴状（普通解雇に対して解雇無効を求める事案）

訴　　状

収　入
印　紙

平成○○年○○月○○日

東京地方裁判所民事部　御中

　　　　　　　　　　　　原告訴訟代理人弁護士　　○　○　○　○
　　　　　　　　　　　　　　　　同　　　　　　　○　○　○　○

〒○○○－○○○○　東京都××市××○丁目○番地○号
　　　　　　　　　　　原　　　　　　告　　○　○　○　○

〒○○○－○○○○　東京都××区××○丁目○番○号○ビル○階
　　　　　　　　　　△△法律事務所（送達場所）
　　　　　　　　　　　電話　　○○（○○○○）○○○○
　　　　　　　　　　　FAX　　○○（○○○○）○○○○
　　　　　　　　　　上記原告訴訟代理人弁護士　　○　○　○　○
　　　　　　　　　　　　　　同　　　　　　　　○　○　○　○

〒○○○－○○○○　東京都××市××○丁目○番地○号
　　　　　　　　　　　被　　　　　　告　　株式会社○○
　　　　　　　　　　上記代表者代表取締役　　○　○　○　○

地位確認等請求事件
訴訟物の価額　　○○○万円
貼用印紙代　　　○万○○○○円

〈計算式〉
　解雇から訴え提起時までの賃金○○○,○○○円（○○○,○○○円×○か月）＋訴え提起時から○か月分の賃金○○○,○○○円（○○○,○○○×○か月）

第1　請求の趣旨
　1　原告が，被告に対し，雇用契約上の権利を有する地位にあることを確認する。
　2　被告は，原告に対し，平成○○年○○月から本判決確定の日まで，毎月末日限り月額○○万円の割合による金員及びこれらに対する各支払日の翌日から支払済みまで年6分の割合による金員を支払え。
　3　訴訟費用は被告の負担とする。
との判決及び第2項については仮執行の宣言を求める。

第2　請求の原因
　1　当事者，雇用契約の成立等
　　(1)　当事者
　　　　被告は，不動産の売買及びその仲介並びに管理，賃貸等を目的とする株式会社である。
　　(2)　雇用契約の成立
　　　ア　雇用契約の締結
　　　　　原告は，平成○○年○○月○○日，相手方に入社し，期間の定めのない雇用契約を締結し，不動産販売の仲介の営業の仕事に従事していた（甲1　雇用契約書）。
　　　　　なお，原告と被告との雇用契約は，特殊な能力を必要とするものや，職種を限定するような契約内容ではなかった（甲1参照）。
　　　イ　賃金についての定め
　　　　　原告の給与は，○○手当を含めて月額○○万円（甲2　給与明細書），毎月25日締め，同月末日払いである（甲3　賃金規程）。
　2　解雇の事実
　　(1)　解雇の意思表示
　　　　被告は，平成○○年○○月○○日，解雇事由を定めた被告の就業規則第○○条○号の「勤務成績が悪く，従業員として不適当であると認

めたとき」(甲4　就業規則，22頁)に該当するとして，○○月○○日をもって原告を解雇するとの意思表示を通知した(甲5　解雇予告通知。以下，「本件解雇」という)。

　また，被告は，解雇事由として，上記就業規則に該当することのほか，長期にわたる営業成績の不振，再三にわたる上司からの改善要求をしたにもかかわらず改善が見られなかったことも挙げている(甲6　解雇理由証明書)。

(2)　解雇の無効

　しかし，原告の営業成績が不振であったという事実が存在せず，そもそも被告が挙げる解雇事由に該当する事実がない。

　また，被告は，原告に対して改善要求をしたとしているが，実際には，原告に「気合を入れろ」等の極めて抽象的な叱責をするのみで，具体的な指導や改善要求はなかった。

　そして，解雇に値するような被告に対する損害ないしは影響が生じているという事情は一切存在していない。

　したがって，解雇事由に該当する事実が存在せず，また，本件解雇は客観的に合理的な理由を欠き，社会通念上相当であるとも認められないことから(労働契約法16条)，いずれにせよ解雇は無効である。

3　雇用契約上の地位と未払い賃金の存在

　上記のとおり，本件解雇は無効であり，原告と被告との間には，雇用契約が存続している。

　それにもかかわらず，無効な解雇によって原告の就業する機会が奪われ，本件解雇日以降の賃金が未払いとなっている。

4　よって，原告は，被告に対し，雇用契約上の権利を有する地位にあることの確認，未払いとなっている平成○○年○○月から本判決確定の日まで，毎月末日限り月額○○万円の割合による金員及びこれらに対する各支払日の翌日から支払済みまで商法所定の年6分の割合による金員の支払を求める。

第3　関連事実

　　(以下，省略)

証　拠　方　法

```
   1  甲第1号証      雇用契約書
   2  甲第2号証      給与明細書
   3  甲第3号証      賃金規程
   4  甲第4号証      就業規則
   5  甲第5号証      解雇予告通知
   6  甲第6号証      解雇理由証明書

              付　属　書　類
   1  訴状副本                    1通
   2  甲号証（写）                各2通
   3  証拠説明書                  2通
   4  資格証明書                  1通
   5  訴訟委任状                  1通
```

基本的な事実関係を記載すべきことが要請される（具体的には，**書式13〜書式15**「事件類型ごとの主張事実」を参照）。

　なお，訴状と同様，原告の請求を否定する重要な事実（抗弁事実）についての主張と，それ以外の関連する事実についての主張とは，できるだけ区別し（民訴則79条2項・80条1項），提出する書証を引用しながら，具体的に記載することが要請されている（民訴則79条4項・80条1項・2項）。また，書証を引用する際に，単に書証番号を記載するだけでなく，頁数を記載するなど該当箇所を特定することが要請されることについても，訴状と同様である。

　なお，上記の普通解雇に対して解雇無効を求める事案について掲載した訴状の参考例に対応するものとして，答弁書の参考例を**書式6**として掲載する。

(3)　基本的書証の早期提出

　期日での審理の充実を図るため，手持ちの基本的書証は速やかに（期日前に）提出することが要請されている。その際には，必ず証拠説明書も併せて提出する必要がある。

　なお，書証には，書証番号を付す。原告は甲第○号証，被告は乙第○号証と

書式6 ●答弁書（普通解雇に対して解雇無効を求める事案）

平成○○年（ワ）第○○○○号　地位確認等請求事件
原　　告　　○　○　○　○
被　　告　　株式会社○○

答　弁　書

平成○○年○○月○○日

東京地方裁判所民事第○部○係　御中

〒○○○－○○○○　東京都××区××○丁目○番○号○会館○階
　　　　　　　　　□□法律事務所（送達場所）
　　　　　　　　　　　電話　　○○（○○○○）○○○○
　　　　　　　　　　　FAX　　○○（○○○○）○○○○
　　　　　　　　　　上記被告訴訟代理人弁護士　　○　○　○　○
　　　　　　　　　　　　　　　　同　　　　　　○　○　○　○
　　　　　　　　　　　　　　　　同　　　　　　○　○　○　○
　　　　　　　　　（担当）同　　　　　　　　　○　○　○　○

第1　請求の趣旨に対する答弁
　1　原告の請求をいずれも棄却する
　2　訴訟費用は原告の負担とする
との判決を求める。

第2　請求の原因に対する認否
　1　「1　当事者，雇用契約の成立等」について
　　(1)　「(1)　当事者」
　　　　認める。
　　(2)　「(2)　雇用契約の成立」
　　　ア　「ア　雇用契約の締結」
　　　　　認める。

ただし，原告が指摘するように，特殊な能力を必要とするものや，職種を限定する契約であるとは雇用契約書には明記されていないものの，原告は中途採用の従業員であり，実際には，原告のこれまでの経歴・経験から，同人の人脈や高度な能力を評価・期待して，即戦力として採用をしたものである。
　　イ　「イ　賃金についての定め」
　　　　認める。
　2　「2　解雇の事実」について
　　(1)　「(1)　解雇の意思表示」
　　　　認める。
　　(2)　「(2)　解雇の無効」
　　　　解雇事由が存在しないこと，被告からの具体的な改善要求がないこと，解雇に値するような被告に対する損害や影響がないことはいずれも否認し，解雇が無効であるとの主張は争う。
　3　「3　雇用契約上の地位と未払い賃金の存在」
　　　解雇日以降の賃金を支払っていない事実は認めるが，雇用契約の存続の事実は否認し，解雇の無効については争う。
　4　「4」
　　　争う。

第3　関連事実に対する認否
　　　　（以下，省略）

第4　被告の主張
　1　解雇に至る経緯
　　(1)　原告の業務内容
　　　　（以下，省略）
　　(2)　解雇の意思表示について
　　　ア　原告の成績不振
　　　　　原告の勤務成績は，入社から3か月経った後も，営業社員の平均売上げが〇〇万円であるにもかかわらず，平均を一度も上回ることがなく，しかも，平成〇〇年度から〇年間にわたって，すべての月において，全営業社員の中で最下位の成績であった（乙1の1な

いし3　社内評価資料)。
　　イ　被告からの業務改善要求
　　　　そこで，原告の上司である部長の●●●●（以下「●●」という），原告に対し，平成○○年○○月ころから，口頭で業務改善を要求し，同年○月にはメールで問題となる点を挙げて，自発的な改善を求めた（乙2　メール）。
　　　　しかし，原告は，●●が指摘した問題点を改善しようとはせず，その後の●●からの注意に対しても，「それは意味がない」「私が悪いわけじゃない」などと答えるばかりで，業務の改善をしようとする意思が見られなかった。
　　　　その後も，（以下，省略)。
　　ウ　解雇の手続
　　　　そこで，被告は，平成○○年○○月○○日，●●と，さらに人事部長の○○○○が立ち会ったうえで，原告との面談を実施し，その席で，再度の業務改善を申し入れるとともに（乙3　業務命令書），これ以上の改善が見られない場合には，解雇処分とせざるを得ない旨を伝えた。
　　　　しかし，原告は，……（省略)……。そこで，被告は，これ以上の改善の余地がないものと判断し，平成○○年○○月○○日，就業規則第○○条○号の「勤務成績が悪く，従業員として不適当であると認めたとき」（甲4，22頁）に該当するとして，同年○○月○○日をもって原告を解雇するとの意思表示を通知した（甲5)。
2　解雇の有効性
　(1)　解雇事由の存在について
　　　原告の勤務成績，及び，改善要求に対する態度は，上記のとおり改善の余地がないものであり，就業規則第○○条○号の「勤務成績が悪く，従業員として不適当であると認めたとき」に該当する。
　(2)　解雇権濫用にあたらないこと
　　　原告の勤務成績不良は著しく（乙1の1ないし3参照)，本件解雇には客観的に合理的な理由が存在する。
　　　また，原告は，高度の能力を評価されて営業の即戦力として中途採用された人材であり，その期待に応えるだけの能力を有していなかったのみならず，改善要求に応じない一連の態度が社内の雰囲気に悪影

> 響を与え，他の従業員のモチベーションを著しく下げているという現状がある（乙4　陳述書）。このことからすると，本件解雇が社会通念上相当として是認できないものとはいえない。
> 3　賃金の請求について
> 　　（以下，省略）
> 4　結　論
> 　　以上のとおりであるから，本件解雇は無効ではなく，原告の請求は棄却されるべきである。
> 　　　　　　　　　　　　　　　　　　　　　　　　　　以　上

し，関連する書証については枝番を付けて同一番号にするなどの工夫も考えられる。また，該当箇所にマーカーを引くなどして（ただし，当然であるが，原本ではなく，写しに書き込む），裁判官が早期かつ適切に書証内容を把握できるよう工夫することが要請される。

書式7として，訴状に添付して提出する証拠説明書の例を掲載する。

(4)　準備書面の提出期限

訴訟当事者には，約束した準備書面の提出期限を遵守することが要請される。特に提出期限が定められなくとも，期日の1週間前には提出するべきである。

なお，提出期限に遅れる場合は，必ず事前に裁判所（書記官）に連絡して，提出予定時期を伝える必要がある。

書式8として，上記答弁書に対する反論を述べる準備書面の参考例を記載する。

(5)　争点整理終了段階

争点整理の終了段階では，争点の確認と取り調べる人証の確認が行われる。この際，尋問予定時間の確認も行われ，尋問時間が決定する。書証は，証人等の陳述の信用性を争うための証拠（弾劾証拠）として使用するものを除き，この段階までに提出しなければならないとされている（民訴則102条）。また，尋

問の対象となる者については，尋問の便宜のために，陳述書を提出するのが通常である。なお，争点整理に際し，膨大な争点がある事案や，事実関係が複雑な事案においては，争点一覧表や時系列表などの作成を求められる場合もある。

書式9〜書式12として，人証の申請をする書面，および，陳述書につき，原告・被告双方からの例を記載する。

(6) **証拠調べ**

原則として，集中証拠調べ（民訴法182条）が行われる。

証拠調べを実施する際には，予定された尋問時間を厳守することが求められる。

上記の審理促進のための留意点を踏まえて，事件類型ごとに，原告・被告双方がすべき基本的事実・法的主張をまとめると，**書式13〜書式15**のとおりである（なお，詳細については，山口ほか・審理9頁以下参照）。

書式7 ●証拠説明書

平成○○年（ワ）第○○○○号　地位確認等請求事件
原　　告　　○　○　○　○
被　　告　　株式会社○○

証拠説明書

平成○○年○○月○○日

東京地方裁判所民事部　御中

原告訴訟代理人弁護士　○　○　○　○
同　　　　　　　　　○　○　○　○

号証	標　目 （原本・写しの別）	作成 年月日	作成者	立証趣旨	備考
甲1	雇用契約書	原本	平成○年○月○日	被告外	原告が平成○年○月○日，相手方に入社し，期限の定めのない雇用契約を締結し，不動産販売の仲介の営業の仕事に従事していた事実	
甲2	給与明細書	原本	平成○年○月○日	被告	原告の給与は，○○手当を含めて月額○○万円である事実	
甲3	賃金規程	写し	平成○年○月○日	被告	原告の給与が毎月25日締め，同月末日払いで支払われていた事実	
甲4	就業規則	写し	平成○年○月○日	被告	就業規則の内容，解雇事由が規定されている事実	
甲5	解雇予告通知	原本	平成○年○月○日	被告	被告が，原告に対し，○月○日をもって解雇するとの意思表示を通知した事実	
甲6	解雇理由証明書	原本	平成○年○月○日	被告	被告が原告を解雇した理由	

書式8●第1準備書面

平成○○年（ワ）第○○○○号　地位確認等請求事件
原　告　　○　○　○　○
被　告　　株式会社○○

第1準備書面

平成○○年○○月○○日

東京地方裁判所民事第○部○係　御中

上記原告訴訟代理人弁護士　○　○　○　○
同　　　　　　○　○　○　○

第1　答弁書第4被告の主張に対する認否
　1　「1　解雇に至る経緯」について
　(1)　「(1)　原告の業務内容」
　　　　　（以下，省略）
　(2)　「(2)　解雇の意思表示について」
　　　ア　「ア　原告の成績不振」
　　　　　認める。
　　　　　ただし，（以下，省略）。
　　　イ　「イ　被告からの業務改善要求」
　　　　　第一段落の事実は認め，その余の事実は否認する。
　2　「2　解雇の有効性」について
　(1)　「(1)　解雇事由の存在について」
　　　　否認する。
　(2)　「(2)　解雇権濫用にあたらないこと」
　　　　否認する。
　3　「3　賃金の請求について」について
　　　　（以下，省略）
　4　「4　結論」について
　　　　争う。

第2　原告の主張
　　　　（以下，省略）

以　上

書式9 ●【原告側】 証拠申出書

平成○○年（ワ）第○○○○号　地位確認等請求事件
原　　告　　○　○　○　○
被　　告　　株式会社○○

証拠申出書

平成○○年○○月○○日

東京地方裁判所民事第○部○係　御中

　　　　　　　　　上記原告訴訟代理人弁護士　○　○　○　○
　　　　　　　　　　　　　　　　　同　　　　○　○　○　○

本人尋問の申出

第1　原告本人の表示
　　　東京都××市××○丁目○番地○号

　　　　　　○　○　○　○
　　　　　（同行・主尋問30分）

第2　証すべき事実
　原告には解雇事由が存在しないこと，原告に対する解雇が客観的に合理的な理由を欠き，社会通念上相当であると認められず無効であることを，それぞれ立証する。

第3　尋問事項
　別紙尋問事項記載のとおり。

以　上

別　紙

　　　　　　　　　尋　問　事　項

　　　　　　　　　　　　　　　（原告本人　　○　○　○　○）

1　原告が被告に入社するとき，どのような雇用契約の内容であったか。
2　原告の業務内容はどのようなものであったか。
3　原告は，上司の●●から，どのような指導を受けていたか。
4　原告の勤務成績は悪かったのか。
5　被告の業績はどうだったのか。
6　被告からの具体的な業務改善要求はあったのか。
7　原告は，被告からの指示に対して，どのような対応をしていたのか。
8　原告は，平成○○年○○月○○日の面談の際に，被告から何を言われ，これに対して，どのような対応をしたのか。
9　その他，これらに関連する一切の事項。

　　　　　　　　　　　　　　　　　　　　　　　　　　　以　上

書式10 【原告側】 陳述書

陳 述 書

平成○○年○○月○○日

東京都××市××○丁目○番地○号
　　　○　○　○　○　㊞

1　陳述の経緯について
　私は，平成○○年○○月，今回の訴訟の被告である株式会社○○（以下「会社」といいます）に正社員として入社し，その後，不動産の販売の仕事を真面目にしてきました。
　しかし，平成○○年○○月，会社と面談をしたときに，少しだけ不満を述べたところ，●●から，いきなり「辞めろ」といわれて，結局，その後，会社から解雇されてしまいました。
　このような解雇には到底納得ができなくて，最初は，労働審判手続を利用して解決することも考えましたが，会社との間で話合いをする気持ちになれず，どうしても復職がしたいと思っていますので，弁護士とも相談のうえ，労働審判ではなく，裁判を起こすことにしました。
　以下，本件についての事実関係や私の考えを述べます。

2　雇用契約の経緯について
　（以下，省略）

書式11 ●【被告側】 証拠申出書

平成○○年（ワ）第○○○○号　地位確認等請求事件
原　告　　○　○　○　○
被　告　　株式会社○○

証拠申出書

平成○○年○○月○○日

東京地方裁判所民事第○部○係　御中

上記被告訴訟代理人弁護士　○　○　○　○
同　　○　○　○　○
同　　○　○　○　○
（担当）同　　○　○　○　○

尋問の申出

第1　人証の表示
　　　○○県××市××○丁目○番地○号○○マンション○○○号室

●　●　●　●

（同行・主尋問30分）

第2　証すべき事実
　1　原告に解雇事由が存在すること
　2　原告に対する解雇には客観的に合理的な理由があり、社会通念上相当であると認められること。

第3　尋問事項
　　　別紙尋問事項記載のとおり。

以　上

別　紙

　　　　　　　　　尋　問　事　項

　　　　　　　　　　　　　　　　　　　（証人　●●●●）

1　被告における役職・業務内容は何か。
2　いつから原告の上司となったか。
3　原告に対して，どのような指導をしていたか。
4　原告の勤務成績は悪かったのか。
5　原告の勤務成績が不振な理由は何か。
6　原告に対してメールで業務改善要求をしたのは，どのような理由からか。
7　原告に対する業務改善要求に対して，原告はどのような対応をしたか。
8　6，7を経て，原告の業務に改善は見られたのか。
9　平成〇〇年〇〇月〇〇日の面談の際に，原告に対してはどのような話をしたのか。
10　その他，これらに関連する一切の事項。

　　　　　　　　　　　　　　　　　　　　　　　　以　上

書式12 ●【被告側】 陳述書

陳 述 書

1 私の経歴等について

　私は，平成○○年○○月，株式会社○○に正社員として入社し，その後，同○○年○○月に○○課長となり，同○○年○○月からは，営業部長として不動産販売業務に携わっています。

　今回の裁判で原告となっている○○さん（以下「原告」といいます）は，平成○○年に入社しており，最初は別の部署で働いていましたが，私が部長になった同○○年からは，私の直属の部下になり，私が原告業務を管理するようになりました。

　今回，原告は，解雇が無効であると主張していると聞いていますが，原告の営業成績や，繰り返し指導をしても改善が見られなかった点などからすれば，解雇はやむを得ないものと思います。

　以下，具体的な事実について述べます。

2 原告の勤務について
　（以下，省略）

　したがって，このような事情のもとでは，これ以上原告の雇用継続をすることはできなかったものであり，原告の解雇は，会社としてやむを得ない事情に基づいて行ったものです。

　以上のとおり，相違ありません。

　　　　　　　　　　　　　　　　　　平成○○年○○月○○日

　　　　　　　　　　　　　　　　　　○○県××市××○丁目○番地○号
　　　　　　　　　　　　　　　　　　○○マンション○○○号室
　　　　　　　　　　　　　　　　　　● ● ● ●　㊞

書式13 ●【事件類型ごとの主張】 ①地位確認等請求事件

① 地位確認等請求事件

【原告の訴状】

第1　請求の趣旨
　1　原告が，被告に対し，雇用契約上の権利を有することを確認する。
　2　被告は，原告に対し，平成○○年○○月から本判決確定の日まで，毎月末日限り月額○○万○○円の割合による金員及びこれらに対する各支払日の翌日から支払済みまで年6分の割合による金員を支払え。
　3　訴訟費用は被告の負担とする。
との判決及び第2項については仮執行の宣言を求める。

第2　請求の原因
　1　雇用契約の存在
　　(1)　当事者
　　(2)　雇用契約の締結
　　　　労働契約の締結日，業務内容，職種，就労場所，期間の定めの有無
　　(3)　賃金についての定め
　　　　賃金の月額，締め日，支払日
　2　解雇の事実
　　(1)　解雇の意思表示
　　　　意思表示の内容，年月日，方法・態様
　　(2)　被告が指摘した解雇理由
　　　　就業規則上の根拠等
　3　解雇の違法性
　　(1)　解雇理由として指摘されている事実の存否
　　(2)　解雇が違法であること
　　　　解雇が権利濫用であることの具体的事実

第3　関連事実

【被告の答弁書，第1準備書面】

第1 請求の趣旨に対する答弁
　1　原告の請求をいずれも棄却する。
　2　訴訟費用は原告の負担とする。
との判決を求める。

第2　請求の原因に対する認否

第3　関連事実に対する認否

第4　被告の主張
　1　解雇に至る経緯
　　　被告の業務，組織の概要，原告の所属，経歴
　　　被告が原告に対して解雇の意思表示をした事実
　　　解雇の対象となる原告の具体的な行為とこれに対する被告からの注意・指導・業務命令等の存在
　2　解雇が有効であること
　　(1)　理由
　　　　就業規則上の根拠，就業規則に定める解雇理由に該当する具体的事実の主張
　　(2)　解雇が違法でないこと
　　　　解雇が権利濫用でないことの具体的事実の主張
　3　賃金等の請求に関する主張
　　　賃金額の算定方法についての主張，中間収入の控除等

書式14 ●【事件類型ごとの主張】 ②未払賃金等請求事件

② 未払賃金等請求事件

【原告の訴状】

第1 請求の趣旨
　1　被告は，原告に対し，○○万○○円及びこれに対する平成○○年○○月○○日（あるいは，「○○目録記載の各支払日の翌日」等）から支払済みまで年6分の割合による金員を支払え。
　2　訴訟費用は被告の負担とする。
との判決及び仮執行の宣言を求める。

第2 請求の原因
　1　雇用契約の成立
　　(1)　当事者
　　(2)　雇用契約の締結
　　　　労働契約の締結日，業務内容，職種，就労場所，期間の定めの有無
　　(3)　賃金についての定め
　　　　賃金の月額，締め日，支払日
　2　就労の事実
　3　請求する未払賃金の額
　　(1)　請求する賃金の種類
　　　　基本給，賞与（一時金），時間外手当，その他
　　(2)　未払賃金額
　　　　金額，計算方法
　　　　賃金規程上の根拠
　　(3)　附帯請求の根拠

第3 関連事実

【被告の答弁書，第1準備書面】

第1　請求の趣旨に対する答弁
　1　原告の請求をいずれも棄却する。
　2　訴訟費用は原告の負担とする。
との判決を求める。

第2　請求の原因に対する認否

第3　関連事実に対する認否

第4　被告の主張
　　　不払いの理由

書式15 【事件類型ごとの主張】 ③退職金請求事件

③ 退職金請求事件

【原告の訴状】

第1　請求の趣旨
　1　被告は，原告に対し，○○万○○円及びこれに対する平成○○年○○月○○日から支払済みまで年6分の割合による金員を支払え。
　2　訴訟費用は被告の負担とする。
との判決及び仮執行の宣言を求める。

第2　請求の原因
　1　雇用契約の成立
　　(1)　当事者
　　(2)　雇用契約の締結
　　　　労働契約の締結日，業務内容，職種，就労場所，期間の定めの有無
　　(3)　賃金についての定め
　　　　賃金の月額，締め日，支払日
　2　退職金支払の要件をみたしていること
　　(1)　退職の事実（年月日），退職理由
　　(2)　退職金支払の根拠規定，退職金支払の慣行の存在
　　(3)　金額，計算方法
　　(4)　附帯請求の根拠

第3　関連事実

【被告の答弁書，第1準備書面】

第1　請求の趣旨に対する答弁
　1　原告の請求を棄却する。
　2　訴訟費用は原告の負担とする。
との判決を求める。

第2　請求の原因に対する認否

第3　関連事実に対する認否

第4　被告の主張
　　　不払いの理由
　　　・資金がないので支払えない
　　　・計算が異なるので金額が違う（自己都合か会社都合か，勤続年数が異なる）
　　　・退職金不支給（減額）事由が存在する
　　　・退職金不支給の合意がある
　　　・既に支払っている
　　　・退職金規程および退職金支払の慣行が存在しない

3　労働事件における諸問題

(1)　確認の利益
　(a)　確認の利益の意義
　労働事件においては，前掲の訴状例のような地位確認請求を典型として，懲戒処分・配転の無効などを求める確認訴訟が提起されることが多いが，このような訴訟については，確認の利益の有無が問題となり得る。
　確認の利益に関して，判例は，「確認の利益は，判決をもって法律関係の存否を確定することが，その法律関係に関する法律上の紛争を解決し，当事者の法律上の地位ないし利益が害される危険を除去するために必要かつ適切である場合に認められる」ものである（最一小判昭和47・11・9民集26巻9号1513頁，最二小判平成16・12・24裁判集民事215号1081頁）としている。すなわち，確認する対象が，確認訴訟による紛争処理にとって適切であるかどうかが判断され，他の訴訟類型や手段による方が適切である場合には，確認の利益を欠き，確認訴訟は許されないということになる。
　たとえば，労働事件において，「解雇の無効確認」を求める訴訟が提起され

た場合，一般的には，解雇無効の確認は過去の法律関係の確認ということになり，この場合は，現在の法律関係（雇用契約上の地位）の存在を確認すれば足りると解されるので，「解雇無効確認」は，訴えの利益を欠くと判断されることになる。また，同様に，「降格処分の無効」を求める訴訟についても，過去の意思表示の効力を問題とするものであり，確認の利益はないものと解することになる（なお，裁判例においても確認の訴えは，現在の法律関係の確認を求める場合に限り，その利益が認められるものであり，過去の法律行為につき無効確認の利益が認められるのは，特に理由が存在する場合に限定されるところ，退職金請求の訴えとは別に，懲戒解雇無効確認の訴えを提起する理由はないとして却下されている〔伊藤忠テクノサイエンス事件・東京地判平成17・11・22労判910号46頁〕）。

なお，以下に確認の利益の存否を判断したいくつかの裁判例を挙げるが，いずれも，個別具体的なケースをもとに，紛争の抜本的な解決に資するか否かという価値判断が背景にあるものと思われ，これらの裁判例を完全に整合的に説明することは困難である。その意味では，確認の利益が問題となりそうな事案においては，基本的な確認の利益の概念を踏まえつつ，当該確認訴訟が，紛争の抜本的な解決に資するのかを検討しながら，訴訟提起の検討をすることが必要になるものといえる（岩出・講義（下）1528頁参照）。

(b) 確認の利益肯定例

確認の利益が問題となり，これが肯定された例としては，既に退職した労働者による懲戒処分の無効確認請求は，過去の法律関係の確認を求めるものであるから，原則として訴えの利益を欠くが，現在の権利または法律関係の基礎にある過去の基本的法律関係を確定することが紛争の抜本的解決のために適切かつ必要と認められる場合は，確認の利益を認めることができるとされ，本件については，既に任意退職した元従業員による在職中の出勤停止処分の無効確認請求は，不支給賃金等の請求を含む現に存する法的紛争を抜本的に解決するために適切かつ有効であり，確認の利益があるとされた日本経済新聞社（記者HP）事件・東京地判平成14・3・25（労判827号91頁），業務命令の無効確認の利益が否定されながらも配転先で就労すべき労働契約上の義務がないことの確認請求が認容されたJR東海関西支社（配転）事件・大阪地判平成17・5・11（労判900号75頁），学校法人が被用者である大学教授に対し同教授の地元

新聞紙上における発言等を理由としてした戒告処分の無効確認，学校法人が被用者である大学教授に対し教授会への出席その他の教育諸活動をやめるよう求めた要請の無効確認，学校法人が被用者である大学教授に対し教授会への出席その他の教育諸活動をやめるよう求めた要請の無効確認の利益をいずれも認めた川越国際大学（朝日学園）事件・最二小判平成19・7・13（判タ1251号133頁）などがある。

(c) 確認の利益否定例

他方，確認の利益を否定する裁判例としては，退職後に懲戒解雇の意思表示を受けた労働者らからの懲戒解雇無効確認請求が懲戒解雇の意思表示は退職後になされたもので無効であるもののその確認請求は訴えの利益を欠くとしたエスエイピー・ジャパン事件・東京地判平成14・9・3（労判839号32頁），業務命令の無効確認については，既に過去の法律関係となっていてその存否を確認する必要はなく，訴えの利益を欠くとした愛集学園愛集幼稚園事件・大阪高判平成16・3・12（労判883号71頁），過去に行われた第一次配転命令の効力を，しかも第二次配転命令が行われた後に確認する利益はないとして，第一次配転命令が無効であることの確認を求める原告の訴え，過去になされたタイトル付与の命令の効力の確認を求める利益はないとしたマニュライフ生命保険事件・東京地判平成17・6・24（労判898号5頁），厳重注意は過去の事実行為にすぎず，確認の利益がなく不適法な訴えであるとして，同注意の無効確認を求める原告の訴えを却下した国立感染症研究所事件・東京地判平成17・9・15（労判905号37頁），降格には理由がないとして降格前の地位確認及び役職手当の差額支払請求を認め，降格命令無効確認には訴えの利益がないとした東京都自動車整備振興会事件・東京地判平成21・1・19（労判996号25頁）などがある。

(2) 将来給付の訴えの利益

労働事件において，たとえば解雇無効の場合の未払賃金につき，口頭弁論終結時以降の将来の給付を求める場合がある。このような将来給付の訴えに関して，民事訴訟法は，「将来の給付を求める訴えは，あらかじめその請求をする必要がある場合に限り，提起することができる」と定めている（民訴法135条）。

裁判例においては，解雇後の賃金請求につき，判決確定までの支払は認められるが，それ以降の将来給付の請求は認められないのが一般的である（日本システムワーク事件・東京地判平成16・9・10労判886号89頁，宝林福祉会（調理員解雇）事件・鹿児島地判平成17・1・25労判891号62頁，マルナカ興業（本訴）事件・高知地判平成17・4・12労判896号49頁等）。

なお，上記とは異なる例であるが，NTT年金減額差止訴訟事件・東京地判平成17・9・8（労判902号32頁）では，確定給付企業年金に係る規約の変更につき厚生労働大臣の承認申請をしないという不作為を求める請求を，請求を求める法的根拠なしとして棄却したが，原告らの主位的請求に係る訴えは本件規約変更につき厚生労働大臣の承認の申請をしてこれを行うことをしないという不作為の給付を求めるものであり，将来の給付を求める訴えであるが，会社が申請を行おうとしていることが明らかであるから，あらかじめその不作為の給付を請求する必要（民訴法135条）があると認められ，訴え自体は適法であるとされた。

(3) 釈明権行使

釈明権とは，訴訟において，当事者の主張などに矛盾や不明瞭・不正確な点がある場合に，これを明らかにするために，事実上・法律上の事項に関し，当事者に対して問いを発し，または証拠の提出などの立証を促し，適正な訴訟の処理を図る裁判所の権限（ないしは義務：釈明義務）のことをいう（民訴法149条1項）。

本来，訴訟においては，弁論主義の下，主張や立証については自己責任の原則が働くが，他方で，弁論主義を貫くと，本来勝訴すべき者が敗訴するなど，訴訟に対する信頼が失われる可能性がある。そこで，これを補充するものとして，裁判所の釈明権（釈明義務）が認められる。

この点，近時の判例としては，法人であるYから定年により職を解く旨の辞令を受けた職員であるXがYに対し雇用契約上の地位確認および賃金等の支払を求めた訴訟において，原審が，Xに信義則違反の点について主張するか否かを明らかにするよう促すなどの措置をとることなく，Yは定年退職の告知の時から1年を経過するまでは賃金支払義務との関係では信義則上定年退職の効

果を主張することができないと判断したことに釈明権の行使を怠った違法があるとされた事案がある（愛知学泉大学上告事件・最一小判平成22・10・14判時2098号55頁）。本判決は，信義則という狭義の一般条項についても当事者の具体的事実の主張を必要としている点で，裁判所は当事者の不意打ちにならないように防御の機会を与え手続保障を図るべきとする近時の学説の傾向に近い判断を示すものであり，注目すべきであるといえる。

❹ 文書提出命令

訴訟において，相手方等の手持ち証拠の開示を求める方法としては，調査嘱託（民訴法186条），文書送付嘱託（民訴法226条），当事者照会（民訴法163条，民訴則84条），求釈明（民訴法149条3項）などがあるが，ここでは，文書提出命令（民訴法220条）について触れる。

(1) 雇主企業等に対する命令
　(a) 差別賃金事件での利用の拡大
　　(ア) 文書提出命令認容例

文書提出命令とは，文書の提出義務を負う者が，当該文書を提出しない場合に，当事者の書面による申立てによって，裁判所から発せられる命令のことである（民訴法221条・223条1項，民訴則140条1項）が，特に差別賃金請求事件において，この文書提出命令の範囲が拡大する傾向が見られる。

文書提出命令の認容例としては，商工組合中央金庫事件・大阪地決平成10・12・24（労判76号35頁）（対象文書：職員考課表），京ガス事件・京都地決平成11・3・1（労判760号30頁）（対象文書：賃金台帳），住友金属事件・大阪地決平成11・10・14（労判776号44頁）（対象文書：履歴台帳），全日本検数協会（文書提出命令）事件・神戸地判平成16・1・14（労判868号5頁）（対象文書：「所得の計算に関する明細書」「退職給与引当金の換算算入に関する明細書」「役員報酬手当て及び人件費の内訳書」），藤沢薬品工業（賃金台帳等文書提出命令）事件・大阪高決平成17・4・12（労判894号14頁）（対象文書：賃金台帳，労働者名簿，資格歴・研修歴の電子データないしその印字文書）等がある。

(イ)　文書提出命令却下例

　なお，却下された例として，住友金属工業事件・大阪地決平成11・9・6（労判776号36頁）（対象文書：能力評価マニュアル），住友重機械工業（文書提出命令申立抗告）事件・東京高決平成15・12・4（労判866号92頁）（対象文書：労働者名簿，社員履歴台帳，個人経歴表），松屋フーズ（パート未払賃金）事件・東京地判平成17・12・28（労判910号36頁）（対象文書：営業日誌，営業報告書）等がある。

(b)　差別賃金事件以外での利用状況

　なお差別事件以外で，運送会社の一部門が不採算であるとして同部門所属の運転手に対して行われた人事異動の無効を争った本案訴訟において，会社が提出した同部門以外の部分を黒塗りにした売上振替集計表につき，同集計表は民事訴訟法220条1号所定の文書（引用文書）にあたるとされ，同条4号ニ（専ら文書の所持者の利用に供するための文書）には該当しないとして，原本の提出が認められた塚越運送事件・大阪高決平成15・6・26（労判861号49頁），従業員たる地位の有無の確認請求，職場内のセクハラ行為不是正等による慰謝料請求をめぐる基本事件において，労働者側によりなされたセクハラ行為調査に関する会社側文書，労働局，捜査機関，社会保険機関の各関係文書の提出命令申立てが却下された例があるが，その理由として，ある文書が，その作成目的，記載内容，これを現在の所有者が所持するに至るまでの経緯，その他の事情から判断して，専ら内部の者の利用に供する目的で作成され，外部の者に開示することが予定されていない文書であって，開示されると個人のプライバシーが侵害されたり個人ないし団体の自由な意思形成が阻害されたりするなど，開示によって所持者の側に看過しがたい不利益が生ずるおそれがあると認められる場合には，特段の事情がない限り，当該文書は民事訴訟法220条4号ニ所定の「専ら文書の所持者の利用に供するための文書」にあたる（最二小決平成11・11・12民集53巻8号1787頁）とされ，相手方が作成した事情聴取書，本社への調査報告書，その他の調査資料，および，相手方が作成した議事録，日報，稟議書の写しは，専ら相手方の内部の利用に供する目的で作成され，外部に開示することが予定されていない文書であって，開示されると相手方内部における自由な意思の表明に支障を来し相手方の自由な意思形成が侵害されるなど看過しがたい不利益が生ずるおそれがあり，また，本件においては，上記各文書に

関して，文書の所持者の特殊性，文書の作成者の特殊事情などは認められず，所持者である相手方に生じる看過しがたい上記不利益を補うほどの特段の事情は認められないから，この部分の文書提出命令申立ては理由がないとされたＡ社文書提出命令申立事件・神戸地尼崎支決平成17・1・5（労判902号166頁）がある。

(2) 官公署等に対する文書提出命令等

近年，官公署等に対する文書提出命令等の情報開示の面で重要な裁判例が現れ始めている。

公務員の職務上の秘密に関する文書でその提出により公共の利益を害し，または公務の遂行に著しい支障を生ずるおそれがあるものについては，文書提出義務が免除される（民訴法220条4号ロ）。そして，最高裁では，労災の手続において，災害調査を行った調査官が労働基準監督署長への報告のために作成する「災害調査復命書」が上記民事訴訟法220条4号ロ所定の文書に該当するかが争われた事案について，災害調査復命書のうち，行政内部の意思形成過程に関する情報に係る部分については民事訴訟法220条4号ロ所定の文書に該当するが，労働基準監督官等の調査担当者が職務上知ることができた事業者にとっての私的な情報に係る部分は同号ロ所定の文書に該当しないとされた。すなわち，「公務員の職務上の秘密」には，公務員の所掌事務に属する秘密だけでなく，公務員が職務を遂行するうえで知ることができた私人の秘密であって，それが本案事件において公にされることにより，私人との信頼関係が損なわれ，公務の公正かつ円滑な運営に支障を来すこととなるものも含まれると解すべきである，とされ，民事訴訟法220条4号ロにいう「その提出により公共の利益を害し，又は公務の遂行に著しい支障を生ずるおそれがある」とは，単に文書の性格から公共の利益を害し，または公務の遂行に著しい支障を生ずる抽象的なおそれがあることが認められるだけでは足りず，その文書の記載内容からみてそのおそれの存在することが具体的に認められることが必要であると解すべきであるところ，本件文書のうち，行政内部の意思形成過程に関する情報に係る部分は民事訴訟法220条4号ロ所定の「その提出により……公務の遂行に著しい支障を生じるおそれがあるもの」に該当しないとはいえない

が，被告会社にとっての私的な情報に係る部分はこれに該当しないというべきであるから，本件文書のうち，行政内部の意思形成過程に関する情報に係る部分については同号に基づく提出義務が認められないが，被告会社にとっての私的な情報に係る部分については上記提出義務が認められなければならないとの判断がなされた（金沢労基署長（有川製作所）事件・最三小決平成17・10・14民集59巻8号2265頁）。

なお，最近では，上記災害調査復命書などの行政文書に関しては，行政機関の保有する個人情報の保護に関する法律に基づく開示請求の手続が整備されてアクセスが以前よりは容易になっているが，それでもなお，最高裁が行政機関の保有する文書へのアクセスを認めた判例であり，重要な意味を持つものであるといえる。

❺ 和　解

民事訴訟においては，当事者が当初から和解の希望を持っているか否かに関わらず，判決が言い渡される前に和解で終了する場合も多い。一般的には，和解のタイミングとしては，争点整理の終了前後や，証人尋問の終了後，口頭弁論終結時の前後などがあるが，いずれにせよ，訴訟の進行に応じ，裁判所から各当事者に和解の打診がなされることがほとんどであり，第一審のみならず，控訴審でも和解を強く勧められることが多い。

和解での終了は，当事者本人の納得が得られれば，判決リスクを回避し，また，金銭を受ける側としては，任意の履行を受けやすいというメリットがあるほか，清算条項や守秘義務条項を入れることなどによって紛争の根本的な解決を図ることが可能となるので，訴訟の進行のタイミングに応じて，適切な和解の検討をする必要がある。

なお，和解の内容が調書に記載されたときは，確定判決と同一の効力を有することになる（民訴法267条）。

書式16として，典型的な解雇の例において，復職型と退職型の和解条項の参考例をそれぞれ掲載する。

なお，実務的には，退職型の和解の際に給付される「和解金（解決金）」の性質については，やや問題がある。従来は，「和解金（解決金）」であるから使用

書式16 ●和解条項例

① 復職型和解条項例

1　被告会社は原告に対し，○○年○○月○○日付け解雇の意思表示を撤回し，原告が被告会社の従業員の地位を有することを確認する。
2　原告は，△△年△△月△△日から従前どおり被告会社の○○課主任として就労する。
3　被告会社は原告に対し，○○年○○月○○日から△△年△△月△△日までの賃金として金○○○円，及び和解金として金○○○円の支払義務があることを認め，これを□□年□□月□□日までに原告に原告指定の××銀行××支店・普通預金口座・名義××××に振込送金する方法で支払う。
4　被告会社は原告に対し，△△年△△月△△日以降の賃金を，被告会社の給与規定に従い支払うことを確認する。
5　被告会社と原告は，本件紛争が円満に解決したことを相互に確認し，被告会社は原告に対し，本件紛争を理由に原告の昇進，配置転換等の労働条件に関して一切の不利益的取扱いをしないことを確認する。また，被告会社と原告は，今後も円満な労使関係の維持に努力する。
6　原告は，その余の請求を放棄する。
7　訴訟費用は各自の負担とする。

② 退職型和解条項例

1　被告会社は原告に対し，○○年○○月○○日付け解雇の意思表示を撤回する。
2　被告会社と原告は，両者間の労働契約につき，○○年○○月○○日をもって合意解約したことを確認する。
3　被告会社は原告に対し，和解金として金○○○円の支払義務があることを認め，これを●●年●●月●●日までに原告指定の××銀行××支店・普通預金口座・名義××××に振込送金する方法で支払う。

> 4 　原告と被告会社は，原告の退職事由を会社都合とすることを確認し，被告会社は原告に，その旨が記載された離職票を速やかに交付し，退職に伴い必要となる手続をする。
> 5 　原告と被告会社は，相互に，本件紛争の存在及び内容並びに本和解の内容を，今後，みだりに第三者に口外しないことを確約する。なお，被告会社は，原告にとって再就職に不利益な情報を第三者に開示しないものとする。
> 6 　原告と被告会社は，今後，互いに誹謗，中傷にわたる言動等を行わないことを確約する。
> 7 　原告は，その余の請求を放棄する。
> 8 　原告と被告会社とは，原告と被告会社との間に，本和解条項に定めるほか，何らの債権債務のないことを相互に確認する。
> 9 　訴訟費用は各自の負担とする。

者側としては損金処理をすればそれで足りるという考え方をする場合がほとんどであったが，実際には，名目的に「和解金（解決金）」としても，実質的に退職金（ないしは給与）であると評価されれば，支払者側（使用者側）に源泉徴収義務が発生することにもなり得る。この問題をどのように処理するかは，未だに確定的な解決方法がないものと思われるが，少なくとも，和解の場においては，実際に給付される金額（源泉徴収の有無）を明確に確認し，場合によっては，損害賠償金（慰謝料）であることの明示などの方法をとることも考えられる。

　また，退職型和解の際には，解雇日をそのまま合意退職日とする場合が多いが，中には，労働者が，和解日での合意退職を強く要望する場合もある。この場合は，解雇日から和解日までの間，当該労働者は従業員として会社に在籍していたことになるため，当該期間の給与支払の問題のほか，社会保険の保険料の問題や，解雇後に再就職をしていた場合には，二重就職の問題も生じることになる。これらの問題についても，十分に検討をしたうえで，適切な和解をする必要がある。

6　少額訴訟手続

　簡易裁判所における少額訴訟手続は，60万円以下の金銭の支払を求める訴えについて，原則として1回の審理で紛争を解決する特別の手続である（民訴法368条1項）。

　少額訴訟においては，原則として，1回の期日で審理を終え，直ちに判決の言渡しがされる（民訴法370条1項）。そのため，審理においては，即時に取り調べることができる証拠に限り証拠調べがされる（民訴法371条）。少額訴訟でも，話合いで解決したいときには，和解することができる。ただし，被告から通常訴訟手続に移行させる旨の申述があれば，通常訴訟に移行することになる（民訴法373条）。

　労働事件においても，同手続を利用することはできるが，争点が多い労働事件の場合には，上記のように通常訴訟に移行する可能性が高いため，手続の選択にあたっては，被告側の対応を予測して慎重に判断をする必要がある。

7　判決に対する上訴──控訴と上告

(1)　控訴と上告の概要

(a)　控　訴

　第一審裁判所の判決に不服のある当事者は，判決送達日から2週間以内に上級裁判所に対して控訴をすることができる（民訴法281条・285条）。

　控訴は，控訴の利益がある場合に認められるものであり，全部勝訴した当事者からの控訴は認められない。

　なお，当事者は，第一審の裁判所の判決の法律問題についてのみ不服がある場合には，相手方の同意を得て，直接に上告（飛躍上告）をすることができる（民訴法311条2項）。

　また，既に開始している控訴審手続の口頭弁論終結時までに，被控訴人の側からも控訴（附帯控訴）をすることができる（民訴法293条1項）。

(b)　上　告

　第二審（控訴審）裁判所の判決に不服のある当事者は，上告をすることができる（民訴法311条）。

つまり，第一審の地方裁判所の判決に対しては，管轄を有する高等裁判所に対して控訴することができ，第二審の高等裁判所の判決に対しては，最高裁判所に上告することができることになる。

最高裁判所においては，事件は通常5人の最高裁判所判事で構成される小法廷で審理される。しかし，憲法問題を含むような事件（一定の例外もあり得る）については，15人全員の最高裁判所判事で構成される大法廷で審理される。

(2) 控訴審の審理における留意点

控訴審の構造は継続審であるとされており，第一審の審理で行われた手続は，控訴審でも効力を有する（民訴法298条）。そのため，控訴裁判所は第一審で収集された裁判資料と控訴審で新たに加えられた資料とをもとにして事実認定を行い，控訴の当否を判断することになる。

実務的には，控訴審においては，定められた期日までに控訴理由書を提出したうえで（民訴則182条），当該主張を裏付ける新証拠等を十分に準備して臨む必要がある。そして，控訴審第1回目の期日で結審し，控訴棄却となる可能性が高いという現状を認識したうえで，限られた時間の中での十分な準備を行うことが求められる。

(3) 上告審での審理

上告審は，法律問題に関する審理を行い，上告審の裁判所は，原則として原判決で認定された事実に拘束される（民訴法321条）。

上告審の裁判所が最高裁判所である場合には，原判決に，①憲法解釈の誤りがあることと，②法律に定められた重大な訴訟手続の違反事由があることが上告の理由となる（民訴法312条）。ただし，最高裁判所は，原判決に判例に反する判断がある事件その他の法令の解釈に関する重要な事項を含む事件については，当事者の上告受理の申立てにより，上告審として事件を受理することができる（民訴法318条）。最高裁判所は，上記①，②の場合には原判決を破棄しなければならず，さらに，判決に影響を及ぼすことが明らかな法令違反があるときは原判決を破棄することができる（民訴法325条）。これに対し，上告審の裁判所が高等裁判所である場合には，上記①，②の場合のほかに，判決に影響を

及ぼすことが明らかな法令の違反があることも上告の理由とされており（民訴法312条3項），上告の理由がある場合には原判決を破棄しなければならない（民訴法325条）。

上告審は法律審であるため，事実問題と法律問題の区別（上告），あるいは，判例違反や法令解釈に関する重要な事項であることについての具体的な条文や内容，違反事実の特定・指摘（上告受理申立て）をする必要がある。

●村 木 高 志●

8 具体的な訴訟上の諸問題

(1) 社外労働者との黙示の労働契約の認定

労働契約は「労働者」と「使用者」の間で締結されるものであるので，労働契約上の「使用者」は，通常は，当該労働者の直接の雇用主となる。しかし，請負や派遣の形態で，ある企業から他の企業（受入企業）へ労働者が派遣され，受入企業の事業組織と施設内で同企業の指揮命令の下に業務に従事する場合，労働契約上の「使用者」は誰になるのか，ということが問題となることがある。すなわち，社外労働者と受入企業の間の黙示の労働契約の成否が問題となる場合がある。

社外労働者が受入企業の指揮命令を受けて，業務に従事したからといって，それだけで黙示の労働契約が成立するわけではない。労働契約は，使用者が労働者に賃金を支払い，労働者が使用者に労務を提供することを基本的な要素とするものであるので，実質的に見て社外労働者に賃金を支払うものが派遣元の企業ではなく，受入企業であり，しかも社外労働者の労務提供相手方が派遣企業ではなく受入企業であるといえる場合にのみ，社外労働者と受入企業の間に労働契約関係の基本的要素が整うことになると解される（菅野104頁参照）。これを，社外労働者と受入企業との間の労働契約関係の成否が問題となった裁判例で具体的に見てみると，①作業上の指揮命令・勤怠管理の有無等，②実質的賃金支払（賃金決定）の有無，③募集・採用へのかかわり，④配置・懲戒等の労働条件の決定の有無，⑤派遣（請負）元の非独立性，をその判断要素として

いる（必ずしも，すべての要素に言及しているわけではないが，これを判断要素としている裁判例には，サガテレビ事件控訴審・福岡高判昭和58・6・7労判410号29頁，テレビ東京事件・東京地判平成元・11・28労判552号39頁，大映映像ほか事件・一審東京地判平成5・5・31労判630号77頁・控訴審東京高判平成5・12・22労判664号81頁，センエイ事件・佐賀地武雄支決平成9・3・28労判719号38頁，大阪空港事件（関西航業）事件・一審大阪地判平成12・9・20労判792号26頁・控訴審大阪高判平成15・1・30労判845号5頁，パソナ（ヨドバシカメラ）事件・大阪地判平成16・6・9労判878号20頁，ナブテスコ（ナブコ西神工場）事件・神戸地明石支判平成17・7・22労判901号21頁などがある）。

(2)　労働者派遣法の派遣先企業と派遣労働者の間の黙示の労働契約の成否

　派遣労働者は，派遣元企業との労働契約関係，派遣先企業の指揮命令関係の下，派遣業務に従事するが，労働者派遣法に則って，労働者派遣が行われている限り，派遣先企業と派遣労働者の間に労働契約関係は生じない。しかし，一定の場合には，派遣労働者と派遣先企業の間に黙示の労働契約が成立する場合があるのは，前掲(1)のとおりである。

　具体的には，マイスタッフ（一橋出版）事件・一審東京地判平成17・7・25（労判900号32頁）のように，一般論としては，労働者が派遣元企業との間の派遣労働契約に基づき派遣元企業から派遣先企業へ派遣された場合でも，派遣労働者と派遣先企業との間に黙示の労働契約が成立したと認める余地があるとし，その判断枠組みとして，派遣元企業の形骸化を前提に，①派遣先企業が実質的に派遣労働者の採用・賃金額その他の就業条件を決定，②派遣先企業が配置・懲戒等を行い，③派遣労働者の業務内容・期間が労働者派遣法で定める範囲を超え，派遣先企業の正社員と区別しがたい状況となっており，④派遣先企業が，派遣労働者に対し，労務給付請求権を有し，賃金を支払っている場合を挙げ，これを検討のうえ，結論として黙示の労働契約の成立は認められないとするもの（伊予銀行・いよぎんスタッフサービス事件・一審松山地判平成15・5・22労判856号45頁・控訴審高松高判平成18・5・18労判921号33頁，マイスタッフ（一橋出版）事件・控訴審東京高判平成18・6・29労判921号5頁など）が多いのが実態のようである（以上，岩出・講義（上）280〜285頁）。

なお、「パナソニックプラズマディスプレイ事件」も、請負で就労していた労働者が、偽装請負を告発し、受入企業であるパナソニックプラズマディスプレイに期間の定めのない労働者として、直接雇用を求めたもので、派遣先企業と社外労働者との間の黙示の労働契約の成否が問題となった最近の事案である。一審の大阪地方裁判所は、受入企業と社外労働者である原告の間の黙示の労働契約の成立を否定した（大阪地判平成19・4・26労判941号5頁）が、控訴審の大阪高等裁判所は、請負会社との雇用契約を無効としたうえで、受入企業による直接指示を根拠に、受入企業と一審原告との間に黙示の雇用契約の成立を認めた（大阪高判平成20・4・25労判960号5頁）。しかし、最高裁判所は、労働者派遣法に違反するような労働者の派遣であったとしても、それは、労働者派遣法2条1号にいう労働者派遣に該当すると解すべきであり、そのような労働者派遣も、それが労働者派遣である以上は、職業安定法4条6項にいう労働者供給に該当する余地はないとした。また、労働者派遣法の規定に違反するようなものであったとしても、労働者派遣法の趣旨およびその取締法規としての性質、さらには派遣労働者を保護する必要性等にかんがみれば、仮に労働者派遣法に違反する労働者派遣が行われた場合においても、特段の事情のない限り、そのことだけによっては派遣労働者と派遣元企業との間の雇用契約が無効になることはないと解すべきであるとしている。また、発注者（パナソニックプラズマディスプレイ）と労働者との法律関係については、同社が労働者の採用への関与や事実上の給与等の額の決定を行っていたというような事情もうかがわれず、派遣元企業が配置を含む派遣労働者の具体的な就業態様を一定の限度で決定し得る地位にあったものと認められるため、同社と労働者の間に雇用契約関係が黙示的に成立していたものと評価することはできない、と判示している（最二小判平成21・12・18労判993号5頁）。

パナソニックプラズマディスプレイ最高裁判決以降の最近の裁判例であるイナテック事件・名古屋地判平成23・3・28（労経速2106号3頁）や日本トムソン事件・大阪高判平成23・9・30（労判1039号20頁）でも、派遣先と派遣労働者の間の黙示の労働契約の成立は否定されている。

●鳥 井 玲 子●

(3) 就業規則不利益変更の主張・立証責任
　(a) 就業規則の不利益変更
　労働契約法は，労働者と使用者との間の労働契約の内容の変更は合意によるという原則をとり (労契法8条)，労働者と合意することなく就業規則の変更により，労働者の不利益に労働契約の内容である労働条件の変更をすることはできない (労契法9条) としている。もっとも，労働契約法は，その例外として，「使用者が就業規則の変更により労働条件を変更する場合において，変更後の就業規則を労働者に周知させ，かつ，就業規則の変更が，労働者の受ける不利益の程度，労働条件の変更の必要性，変更後の就業規則の内容の相当性，労働組合等との交渉の状況その他就業規則の変更に係る事情に照らして合理的なものであるときは，労働契約の内容である労働条件は，当該変更後の就業規則に定めるところによるものとする。」と定めており (労契法10条)，労働者との合意 (労契法9条) の他にも就業規則による労働契約の内容の変更を認めている。
　就業規則の変更が上記条文上の諸事情に照らし，合理的なものであること，また，変更後の就業規則を労働者に周知したことについては，就業規則の不利益変更の効果を生じさせるための要件であることから，訴訟においては，就業規則の内容を変更して効果を発生させようとする使用者側が一次的な主張・立証責任を負うものと解される。
　(b) 労働者に周知させること
　労働契約法10条は，就業規則による契約内容の変更の効果の発生要件として，内容の合理性とともに，労働者への周知が必要であるとしている。ここでの周知は，労働契約法7条と同様，就業規則が契約として当事者を拘束することが前提となる実質的な周知 (労働者が知ろうと思えば知り得る状態におかれたこと) で足りる。労働者が実際にその内容を知っているかどうかは問われない。
　もっとも，上記周知については，労働者が内容を認識し理解できるような具体的な説明の努力は求められている。判例や裁判例では，就業規則の周知について，本社に備え付けられ，エンジニアリングセンターに備え付けられていない就業規則につき，同センター勤務の労働者に周知手続がとられていないことを理由として同労働者に対する適用を否定したものや (フジ興産事件・最二小判平成15・10・10労判861号5頁)，退職金制度の変更につき，説明文書を用意した

り，説明会を開催したりしておらず，全体朝礼にて概略的な説明をしただけでは，実質的に周知がされたとはいえないと判断したものがある（中部カラー事件・東京高判平成19・10・30労判964号72頁）。

使用者側は実質的周知についての主張・立証が求められるため，後に争いとなった場合に備え，単に口頭で簡単に説明するだけではなく，周知の方法，周知の日時，周知の内容等についての記録をとる，出席者の確認を行い記録をとる，変更の具体的な内容についての配布書類を作成し残しておく等の客観的な証拠を残しておくことが重要となってくる。

(c) 合理的なものであること

労働契約法10条は，秋北バス事件（最大判昭和43・12・25民集22巻13号3459頁）以降の判例の立場を受け，就業規則の変更が合理的なものであるときは，労働契約の内容は変更後の就業規則の定めるところによるとしている。

この合理性の判断要素としては，判例（第四銀行事件・最二小判平成9・2・28民集51巻2号705頁）は，①就業規則の変更によって被る労働者の不利益の程度，②使用者側の変更の必要性の内容・程度，③変更後の就業規則の内容自体の相当性，代償措置その他関連する他の労働条件の改善状況，④労働組合等との交渉の経緯，他の労働組合または他の従業員への対応，⑤同種事項に関する我が国の社会における一般的状況等を示したが，労働契約法10条も「労働者の受ける不利益の程度，労働条件の変更の必要性，変更後の就業規則の内容の相当性，労働組合等との交渉の状況その他就業規則の変更に係る事情に照らして合理的なものであるとき」として，整理している。本条は，就業規則変更の合理性に関する判例の判断要素と判断手法を変更することなく立法規定としたものである。

このように就業規則変更の合理性の判断は，変更の必要性と変更の内容（変更による不利益の程度，変更後の労働条件）の比較衡量を基本とし，これに労働組合や従業員集団との交渉の経緯や，社会的相当性を加味して総合的に判断するというものであるといえる。

使用者側は，各項目につき，客観的に要件を満たすことができるか，客観的な資料をもとに事前によく検討しておく必要がある。また，訴訟になった場合に備え内容を検討し，合理的であると判断した際の資料を残しておくことが重

要となってくる。

●難波　知子●

(4) 割増賃金請求の主張・立証責任──民事訴訟法248条援用による時間外労働の和解的認定等

　(a) 割増賃金請求の根拠となる労働時間の主張・立証責任

　割増賃金請求訴訟においては，原告である労働者が，その請求原因である，割増賃金請求に係る期間の各労働日の労働時間を具体的に主張・立証する責任を負っている。

　しかし，実際の訴訟では，会社には，労働者の労働時間を把握・管理する義務があることを根拠に，会社が，原告の請求に対する会社側の具体的時間の管理状況について説明するよう求められ，それに対して，労働者が反論していくという展開も多く，事実上，労働者側の労働時間の主張・立証責任が軽減されることも多い。

　会社が，労働者の労働時間を把握・管理する義務を負っているとする根拠は，厚生労働省の通達「労働時間の適正な把握のために使用者が講ずべき措置に関する基準」（平成13・4・6基発339号）等である。

　同通達は，労働基準法が，労働時間，休日，深夜業等について規制を設けている趣旨に照らして，使用者は，労働時間を適正に把握するなど労働時間を適切に管理する責務があるとしている。

　たとえば，次のような判例がある。

　タイムカードで時間管理していた従業員とチームを組んで仕事をすることも多いのに，マネージャー職とされ，タイムカードの打刻をしていなかった従業員の残業代請求について，会社による「管理監督者」（労基法41条2号）との主張を，労働時間について自由裁量を有していたとは認められない等の理由から排斥し，これらの者について，正確な労働時間の把握は困難であるものの相当程度時間外労働がなされていたことは明らかとし，タイムカードを管理し，これらの者に打刻しなくてもよい扱いにしたのは会社であるから，タイムカードがなく，時間外労働の正確な時間を把握できないという理由のみから全面的に

割増賃金を否定するのは不公平であるとし、労働者の主張の2分の1の時間労働したものと認定した（日本コンベンションサービス事件・大阪高判平成12・6・30労判792号103頁）。

また、ホテルの料理長による割増賃金請求事案で、会社が、出退勤時刻を客観的に記録、把握する仕組みを設けておらず、労働時間の適正な把握という使用者の基本的な責務を果たしていないと評価するほかないことを理由として、会社に付加金の支払を命じた判例がある（セントラル・パーク事件・岡山地判平成19・3・27労判941号23頁）。その他にも、使用者の労働時間管理・把握義務・責任等につき明示的に言及している判例は多数ある（フォーシーズンズプレス事件・東京地判平成20・5・27労判962号86頁、山本デザイン事務所事件・東京地判平成19・6・15労判944号42頁等）。

さらに、ある程度パターン化した勤務実態を立証することにより、労働者が主張する時間外労働が認定されることもある（京都銀行事件・大阪高判平成13・6・28労判811号5頁、松屋フーズ事件・東京地判平成17・12・28労判910号36頁等）。

(b) タイムカード打刻時間による立証

比較的多くの裁判例では、特段の事情のない限りタイムカードに基づいて作成された個人別出勤表記載の時刻から労働時間を推定して認定する例が多く（松山石油事件・大阪地判平成13・10・19労判820号15頁、京都福田事件・（一審）京都地判昭和62・10・1労判506号81頁・（控訴審）大阪高判平成元・2・21労判538号63頁、三晃印刷事件・東京高判平成10・9・16労判749号22頁、ジャパンネットワークサービス事件・東京地判平成14・11・11労判843号27頁、松屋フーズ事件・東京地判平成17・12・28労判910号36頁、医療法人大生会（割増賃金）事件・大阪地判平成22・7・15労判1014号35頁等)、これを否定するには、これに対する特段の事情の反証（使用者側が、実労働時間に該当しない部分を特定して反証すること）が必要となるが、それは容易ではないことが多い。

そもそも、前述のように、使用者には労働者の勤務時間を把握する義務があるとされ、たとえばタイムカードに手書きの記載があるのになんら是正を求めることなく放置してきたことに照らすと、使用者は同記載を事実として受け入れてきたと推認されるとし、タイムカードの記載は出退勤の実態をほぼ正確に

反映したものと認めるのが相当であるとする判例がある（山本デザイン事務所事件・前掲東京地判平成19・6・15）。

(c) 時間外手当の和解的認定

タイムカード等を用いた出退勤管理が行われていなかった事案で，労働者の具体的な実労働時間の立証が完全とはいえない事案でも，提出された全証拠から総合判断し，ある程度概括的に時間外労働時間が認定された例がある（ゴムノイナキ事件・大阪高判平成17・12・1労判933号69頁）。

労働者が，最終バスに乗車できずに会社の自動車で帰宅していたこと，労働者の妻が一部帰宅時間をノートに記載していたこと，勤務期間1年間で5kg体重が減少していることなどから，労働者が，午後5時30分の終業時刻以降も相当長時間会社にいることが恒常化していたとしたが，提出された証拠から，労働者の退社時間を確定することはできず，本件の労働者の超過勤務が，使用者の明示の職務命令に基づくものではなく，その日に行わなければならない業務が終業時刻までに終了しないためやむなく終業時刻以降も残業せざるを得ないという性質のものであるため労働者の作業のやり方等によって，残業の有無や時間が大きく左右されることからすると，退社時刻から直ちに超過勤務時間が算出できるものではないとした。しかし，タイムカード等による出退勤管理をしていなかったのは，専ら使用者の責任によるべきものであって労働者の不利益に扱うべきではなく，使用者が，休日出勤・残業許可願を提出せずに残業している従業員の存在を把握しながら，これを放置していたことがうかがわれることなどからすると，具体的な終業時刻や従事していた勤務の内容が明らかではないことをもって，時間外労働の立証がまったくなされていないとして扱うのは相当ではないとされた。そして，労働者は，平成13年5月以降平成14年6月までの間，平均して午後9時までは就労しており，同就労については，超過勤務手当の対象となると判断した。

また，やはり，会社がタイムカード等によって時間管理していなかった事案で，民事訴訟法248条の精神にかんがみ，割合的に労働時間を認定した例がある（フォーシーズンズプレス事件・前掲東京地判平成20・5・27）。

民事訴訟法248条は，損害が生じたことが認められる場合において，損害の性質上その額を立証することが極めて困難であるときは，裁判所は，口頭弁

論の全趣旨および証拠調べの結果に基づき，相当な損害額を認定することができると定める規定である。

　フォーシーズンズプレス事件の事案では，①労働者が労働時間の立証のために提出した，手帳，仕事リスト表，パソコンのデータ更新記録等の資料につき，労働者が遅い時間まで時間外労働をしていたことを裏付ける一方，労働者主張の出退勤時刻とパソコンのデータ更新記録が残っている時刻との間にかなりの差があるなど信用性の低いものも多数あるといえるが，だからといって，労働者の立証すべき事実の立証が十分ではないとしてその請求を直ちに棄却すべきことにはならないとされた。そして，②労働者が時間外労働をしていた事実自体は認められるのであり，もともと労働者の勤務時間を管理すべき責任は使用者にあり，使用者がタイムカードによってこれを果たしていればこのような問題は生じなかったのであるから，その責任をすべて労働者に帰する結果とするのは相当でなく，このような事例においては，やや場合を異にするが，民事訴訟法248条の精神にかんがみ，割合的に時間外手当を認容することも許されるものと解され，本件においては，労働者請求の時間外手当の額から既払額を控除した額の６割を認容するのが相当と判断した。

●石　居　　茜●

(5)　私傷病休職の復職可否の認定
　(a)　復職可否の判断
　　(ア)　復職に関する従前の下級審判例
　多くの就業規則では，私傷病休職の休職期間中に傷病が治癒すれば，復職となり，治癒しなければ自然（自動）退職または解雇となる旨の規定が定められている。
　そうすると，休職期間の満了時に復職可能か否か，退職または解雇となってしまうのかをめぐり争いが起こることとなる。すなわち，休職期間満了時に復職の要件である「治癒」したか否かが争われることとなるのである。
　従前の下級審の判例では，職種を特定されていた場合については，従前の職務を通常の程度に行うことのできるくらいの健康状態に復したか否かにより判

断される場合が多かった（アロマカラー事件・東京地決昭和54・3・27労経速1010号25頁，ニュートランスポート事件・静岡地富士支決昭和62・12・9労経速1322号3頁等）。

他方，職種を限定せずに雇用された事案においては，当初は軽易作業に就かせればほどなく通常業務に復帰できるという程度の回復であればそのような配慮のうえの復職が義務付けられるという裁判例が存在していた（エール・フランス事件・東京地判昭和59・1・27労判423号23頁）。

　(イ)　最高裁の復職可否の判断基準

最高裁は，企業に対して，復職時において配転等により職務の負担軽減措置を図ることによる雇用保障等の配慮をより強く求める判断を示した（片山組事件・最判平成10・4・9労判736号15頁）。最高裁は，「労働者が職種や業務内容を特定せずに労働契約を締結した場合においては，現に就業を命じられた特定の業務について労務の提供が十全にはできないとしても，その能力，経験，地位，当該企業の規模，業種，当該企業における労働者の配置・異動の実情及び難易等に照らして当該労働者が配置される現実的可能性があると認められる他の業務について労務の提供をすることができ，かつ，その提供を申し出ているならば，なお債務の本旨に従った履行の提供があると解するのが相当である」と判示している。

この判決の影響もあり，休業または休職からの復職後直ちに従前の業務に復帰できない場合でも，比較的短期間で復職可能な場合には，短期間の復帰準備期間の提供などが信義則上求められ，このような信義則上の手続をとらずに解雇することができないとした判例が増えてきた（全日空退職強要事件・大阪高判平成13・3・14労判809号61頁，K社（カンドー）事件・東京地判平成17・2・18労判892号80頁）。

判決を踏まえると，今後は，少なくとも，職種の限定なく採用し，配転可能な部署を持つ一定以上の規模の企業においては，本人が軽減業務での復職を求める以上，上記の基準に従った復職の可否が判断されることになり，私傷病休職後の復職の可能性は高くなっている。

　(ウ)　厳格判断の裁判例

近時，上記の「病気休職期間満了時に病気が治癒していない場合に，原職復

帰は困難でも現実に配置可能な業務があれば使用者は当該労働者をその業務に復帰させるべきだと解する傾向」の動きに対して，復職の可否を厳格に解する裁判例が現れた。

　まず，私病により休職していた労働者につき休職期間満了までに，従前の職務を通常の程度に行えるまで回復していないとして，休職期間満了として解雇したところ，当該労働者が休職期間満了前に休職理由が消滅しており，解雇は無効であると争った事案につき，治癒とは，「原則として従前の職務を通常の程度に行える健康状態に回復したこと」をいうが，当該職員の従事する職種に限定がなく，他の軽易な職種であれば従事することができ，軽易な職務に配置換えすることが可能であるとか，当初は軽易な職務に就かせ，ほどなく従前の職務を通常に行うことができると予測できる場合には，復職を認めることが相当であると判示した後，復職にあたって検討すべき従前の職務とは，休職前の軽減措置中の業務ではなく，本来通常行うべき業務を基準とすべきとしたうえで，医師の診断書では，「通常業務は可能である」とされていても，その実態は，休職前の軽減措置中の業務を基準としており，当面6か月は折衝，判断といった要素がない単純作業を指しており，これでは既に2年6月に及ぶ実質的な休職期間の延長であるうえ，6か月後に十分に職務に耐えられる保障もないとされ解雇が有効とされた裁判例が出ている（独立行政法人N事件・東京地判平成16・3・26労判876号56頁）。

　また，復職可能状態の主張・立証責任に関して，業務外のうつ病により休職となった労働者の復職につき，労働者側で，配置される現実的可能性があると認められる業務について労務の提供をすることができる状態にまで労働者が回復したとの事実につき一応の疎明が必要とされた例（B学園事件・大阪地決平成17・4・8労判895号88頁）や，歯科衛生士が，頸椎症性脊椎症による長期間休業の後，職務遂行に支障があり，または職務遂行に耐えられない，また，業務を遂行するにあたり最低限必要である視線の位置の確保の点について，当該労働者が主張する口腔内検査方法の可能性について相当の疑問があるというべきである等として解雇を有効とした例（横浜市学校保健会（歯科衛生士解雇）事件・東京高判平成17・1・19労判890号58頁）も同様の傾向を示すものと解される。

　なお，正当な理由なく復職を拒否した場合に使用者に賃金支払義務のみなら

ず，慰謝料（70万円）が認められた裁判例もある（グリーンキャブ事件・東京高判平成17・4・27労判896号86頁）。

このような厳格な判断をした裁判例も昨今出現しているが，片山組事件最高裁判決の基準に沿った対応が，リスク回避の面からは必要であろう。

(b) 休職後における復職時の休職事由消滅の立証責任の所在と内容

(ｱ) 学説や裁判例には，復職不能の立証責任が企業側にあるとの説が多いように見受けられる。したがって，裁判になった場合には，企業側は，当該労働者の傷病が治癒しておらず，復職ができないということについて主張・立証を尽くすことが必要と考える。

復職に際し，労働者側の主治医が提出した診断書に疑念がある場合もあるであろう。その場合，まず，企業は，当該労働者に対し，会社指定医の受診を勧めてみるとよい。労働者がそれに応じない場合，企業としては，客観的な判断として，同人の健康状態，就労に耐えられるか否か，復職時の配慮措置の要否，配慮が必要な場合の内容と程度等につき十分な情報が必要となるため，復職希望の労働者に対して，会社指定の専門医等の受診を命じることができると考えられている（キャノンソフト情報システム事件・大阪地判平成20・1・25労判960号49頁）。この会社指定医の診断結果が，訴訟となった場合の重要な証拠ともなるので是非収集しておくべきである（書式17参照）。

(ｲ) もっとも，労働者側で，配置される現実的可能性があると認められる業務について労務の提供をすることができる状態にまで労働者が回復したとの事実につき一応の疎明が必要とされた裁判例（B学園事件・前掲大阪地決平成17・4・8）があることや，私傷病休職制度解雇猶予措置であること，かつ，休職措置に入る際に医学的所見等の客観的資料により休業を要するとの判断を経ていること等にかんがみると，その判断を覆す復職可能性の主張・立証責任は労働者側にあるとの説も成立し得るであろう。

また，仮に，復職不能の立証責任が企業側にあるとしても，労働者の自己健康管理義務からも導かれる，復職可能性についての判断に対する労働者の情報開示等の協力義務を認め，それへの協力義務違反がある場合には，民事訴訟法224条の文書提出義務への違反の効果とにより（また，裁判上では同条の適用等により），同様の結果を導くことも可能と解することもできるであろう（岩出・講義

書式17 ●会社指定の受診命令

会社指定の受診命令

　貴殿は，業務外の傷病につき，平成〇〇年〇〇月〇〇日より，就業規則第〇条に基づき復職することを申し出ており，その証として，〇〇病院〇〇医師の診断書が提出されております。しかし，同医師の診断については，客観的事実に相違する記載が多々あり，従前の貴殿の当社への報告事項との相違も多く，その記載につき重大な疑問があります。
　そこで，当社は，貴殿に対して就業規則第〇条に基づき，会社の指定する専門医である〇〇病院〇〇医師の診断を平成〇〇年〇〇月〇〇日までに受けるようご通知申し上げます。
　なお，上記受診なき限り，当社としては，貴殿申し出の復職を認められない可能性があることを申し添えます。

平成〇〇年〇〇月〇〇日

　　　　　　　　　　　　　　　　東京都〇〇区町〇丁目〇番〇号
　　　　　　　　　　　　　　　　〇〇株式会社　〇　〇　〇　〇
　　　　　　　　　　　　　　　　東京都〇〇区町〇丁目〇番〇号

　　　　　　　　　　　　　　　　　　　〇　〇　〇　〇　殿

(上) 608頁)。

●難　波　知　子●

(6)　セクハラ民事損害賠償請求事件における該当事由・同意の存否の存在
　(a)　セクハラ民事損害賠償請求事件における立証責任
　　セクハラ民事損害賠償請求事件においては，被害者が，加害者の不法行為に

基づき，加害者に対する損害賠償請求（民法709条），あるいは，会社に対する使用者責任に基づく損害賠償請求（民法715条）を行うので，セクシュアル・ハラスメント（セクハラ）を受けたと主張する労働者の側が，加害者に何をされたのか，その結果，どのような損害が生じたのか（たとえばうつ病になった等）について，具体的に主張・立証する必要がある。

また，セクハラを防止しなかった点について，雇用契約に基づく会社の職場環境調整義務違反の債務不履行責任を追及する場合には，労働者は，会社にどのような職場環境調整義務があったのか，会社は，セクハラの事実を把握しつつ，放置し，適切な措置をとらなかった等の義務違反があったこと等を具体的に主張・立証する必要がある。

(b) セクハラ行為の事実認定

裁判では，加害者従業員が事実を一切否定しており，2人だけのときに行われた行為であって，第三者の証言がまったくない事案もある。そのような場合，セクハラ行為が被害者の供述だけで認定できるかが問題となる。

次のような裁判例がある。

女性従業員が，上司である営業所長から約半年間にわたって職場で肩や髪に触れられたりしたうえ，事務所で2人だけの時に，約20分間下腹部を押し付けられるなどの強制わいせつ行為をされたと訴えた事案で，第1審が，①20分間ものあいだ，女性が上司のなすがままにされていたこと自体考え難い，抵抗したり外へ逃げるとか，事務所の外に助けを求めることができたにもかかわらず，そのような行動をとっていない，②「よけい相手を煽り立てることになっても困る」「騒いで外部の人が入ってきたら事が公になるので，声を出すもりがなかった」「上司に対する尊敬の気持ちと恩があった」という供述は，性的自由を著しく侵害する強制わいせつ行為に対する対応としてはあまりに冷静・沈着な思慮に基づくものであり納得し難いとして，セクハラの存在が否定された（横浜セクハラ事件・横浜地判平成7・3・24労判670号20頁）。しかし，控訴審では，強姦被害者の対処行動に関する研究にも触れ，逃げたり，声を上げたりすることが一般的な対応であるとは限らず，特に職場における性的自由の侵害行為の場合には，職場での上下関係や同僚との支配関係を保つための抑制が働き，事務所外へ逃げたり，悲鳴を上げて助けを呼ばなかったからといって，

直ちに女性の供述が不自然とはいえないなどとし，女性の供述をもとに，セクハラ行為の存在を認定した（東京高判平成9・11・20労判728号12頁）。

また，運送会社の女性職員が，上司であった取締役の息子から，平成6年から平成14年の8年間にわたって，執拗かつ継続的なセクハラを受け続けたと主張した事案で，女性職員は，出張の際に夜間部屋に忍び込まれて性的関係を強要されたと主張したが，上司は忍び込んだ事実自体を否定していた。裁判所は，女性職員の供述内容には一貫性，臨場感，体験に根ざした現実感が認められ，6年間被害を誰にも打ち明けられなかったのも，それまで職場の誰からも被害を察知したり防いでもらえなかったこと，上司からの被害に苦しめられるという抑圧の下に置かれていたこと，職場での立場を悪くすることは回避したいという懸念等から打ち明けられなくても不自然ではないとし，女性職員の捏造とか妄想とすることは困難であり，他方，上司の供述やその後の態度に不自然な点がある等として，女性職員の供述に基づいて事実を認定した（青森セクハラ（バス運送業）事件・青森地判平成16・12・24労判889号19頁）。

(c) 同意の存否の認定

セクハラ事案では，労働者が明確に拒絶をしていないこと等から，加害者より，「同意があった」「恋愛関係だった」との主張があることがある（東京広告代理店A社事件・東京地判平成8・12・25労判707号20頁，東京セクシュアル・ハラスメント（派遣社員）事件・東京地判平成9・1・31労判716号105頁，熊本バドミントン協会役員事件・熊本地判平成9・6・25判時1638号135頁，東北大助教授事件・仙台地判平成11・5・24判時1705号135頁等）。

これらの事案では，当事者の供述の比較検討だけでなく，当事者の関係，日頃の性格，行動，事件後の対応等を踏まえて判断されている。

東京セクシュアル・ハラスメント（派遣社員）事件は，被害者が酩酊中，ラブホテル内で性的暴行を受けた事案であるが，ホテル内でも，被害者が性交渉を拒絶する態度を明確にした以上，それ以降の行動は違法であるとした。

熊本バトミントン協会役員事件は，強姦後，加害者と性関係が継続した事案で，最初の強姦行為から3年経過後の提訴であったが，専門家の証言も加味し原告女性の供述を信用できるとし，性関係の継続を強要したと認定した。

(d) セクハラ事案における会社の責任

　加害者である上司のセクハラの事実が認定された場合，会社の使用者責任（民法715条）が認められるケースは多い（福岡セクハラ事件・福岡地判平成4・4・16労判607号6頁，青森セクハラ（バス運送業）事件・前掲青森地判平成16・12・24，N銀行事件・京都地判平成13・3・22判タ1086号211頁）。

　また，会社に対し，職場環境整備義務を認め，セクハラの防止に関し，職場における対処方針を明確化し，これを周知徹底するべく種々の具体的な啓発活動を行うなど，適切な措置を講じることが要請されるとし，こうした義務違反によって，従業員を対象としたセクハラを招いた場合，使用者自ら従業員に対する不法行為責任を免れないとした判例がある（下関セクハラ（食品会社営業所）事件・山口地下関支判平成16・2・24労判881号34頁）。

　被害者の直接の上司に対する申告によってセクハラ行為を認識しながら，被害者から直接事情聴取をしないなど，セクハラ行為を放置したと評価され，被害者の女性職員の退職との相当因果関係を肯定した例（青森セクハラ（バス運送業）事件・前掲青森地判平成16・12・24）や，市職員に対するセクハラ行為を認識しながら，職場におけるセクハラに関する相談窓口の責任者が，他の職員と協力して速やかに調査を開始し，公正で客観的な立場から問題の迅速な処理・解決にあたるべきところ，被害者に対し，何らの措置もとらず，また加害者に対してなんらの処置を検討することもしなかったとして，その不作為が違法と判断され，市の損害賠償責任が肯定された事案もある（厚木市事件・横浜地判平成16・7・8労判880号123頁）。

　他方で，次のような事案もある。

　会社が，女性職員からセクハラの申告を受け，女性職員と上司からそれぞれ事情聴取をしたが，双方の言い分が対立し，どちらの言い分が真実であるか断定できなかった事案で，事実関係が明確になるまで当面の間，女性職員を一応被害者として扱うこととし，女性職員には有給の休職を認め，上司は無給の休職処分としたうえ，その後女性職員を予定通りの職場に復帰させ，男性職員は，総務課付（休職）へ配置転換し，直後，セクハラ等苦情相談窓口を設置し，セクハラ対策委員会を設置した。会社は，女性職員の使用者として，性的被害者となった女性職員の就業環境に配慮し，公平な立場で苦情を処理すべき義務

に違反したとは認められないとされている（千葉セクハラ（自動車販売会社）事件・東京地判平成16・3・30労判876号87頁）。

会社としては，改正雇用機会均等法（平成19年4月1日施行）および，同法に基づく指針（「事業主が職場における性的な言動に起因する問題に関して雇用管理上講ずべき措置についての指針」平成18年厚労告615号）に従い，事業主のセクハラについての方針の明確化，周知・啓発，相談窓口等の整備，適切に対応するために必要な体制の整備，相談を受けた際の迅速かつ適切な対応，再発防止措置等，必要なセクハラ防止措置を行っておくとともに，被害の事実を確認した際には，放置せずに適切な措置をとることが求められている。

●石 居 茜●

(7) 労災民事賠償請求事件における安全配慮義務とその主張・立証責任等の諸問題

(a) 労災に関する民事上の損害賠償請求

使用者は，労働災害（労災。労働者が労務に従事したことによって被った死亡，負傷，疾病）が起こった場合，労働基準法上の災害補償責任（労基法75条以下）を負う。ただし，労災保険法によって保険給付が行われる場合は，使用者は上記の補償責任を免れる（労基法84条1項）。

ところが，使用者に安全配慮義務違反（民法415条）や不法行為責任（民法709条・715条等）があると認められる場合，使用者は，民事上の損害賠償責任も負う。そして，通常，労災補償や労災給付による補償は，民法上の損害賠償の範囲をすべて網羅しているわけではないため，使用者は，労働者からの請求があった場合，労災保険からの給付金で塡補されない損害を賠償する必要があることとなる。

すなわち，被災労働者または遺族は，その損害について使用者に賠償責任（安全配慮義務違反等）がある場合には，使用者に対して民事上の損害賠償を請求することになる。

(b) 具体的な請求内容

被災労働者または遺族が請求する損害賠償の内容としては，積極損害（入院

雑費，付添看護費，通院交通費・宿泊費，装具・器具等購入費，家屋・自動車等改造費など），後遺障害逸失利益，死亡逸失利益，休業損害，慰謝料（死亡・後遺障害・入通院）などが考えられる。

なお，損害賠償の請求根拠について，債務不履行構成（民法415条。つまり，安全配慮義務違反を理由とするもの）とした場合，遺族固有の慰謝料は認められないと解されている（大石塗装・鹿島建設事件・最一小判昭和55・12・18民集34巻7号888頁参照）。

また，弁護士費用について，最高裁判所は，労働者が使用者の安全配慮義務違反を理由に債務不履行に基づく損害賠償を請求するため訴訟追行を弁護士に委任した場合，相当額の範囲内の弁護士費用は上記安全配慮義務違反と相当因果関係に立つ損害というべきであると判断している（最二小判平成24・2・24裁判所HP）。

(c) 安全配慮義務
(ア) 使用者の安全配慮義務の根拠と範囲

使用者に対する損害賠償請求は，使用者の不法行為責任（民法709条・715条）と併せて，使用者の雇用契約上の安全配慮義務違反を理由として，債務不履行責任による損害賠償を請求する場合が多く見られる。

最高裁は，自衛隊車両整備工場事件・最三小判昭和50・2・25（民集29巻2号143頁）で，公務員（自衛隊員）に対する国の安全配慮義務を明らかにしたが，これを一般化して，「安全配慮義務は，ある法律関係に基づいて，特別な社会的接触の関係に入った当事者間において，当該法律関係の付随義務として，当事者の一方又は双方が相手方に対して信義則上負う義務として一般的に認められるべきもの」であると判示したため，これを用いる裁判例が多くなった。その後，下請労働者の労災に対する元請企業の賠償責任についても，雇用契約に準ずる法律関係の債務（安全配慮義務）の不履行と見ることによって，元請企業の責任を認めるものが出てきている（大石塗装・鹿島建設事件・前掲最一小判昭和55・12・18，三菱重工神戸造船所事件・最一小判平成3・4・11労判590号14頁参照）。

なお，いわゆる偽装派遣的態様で就労中の下請労働者の過労自殺に対する発注主・派遣先企業の賠償責任を認めた例も現れている。アテスト（ニコン熊谷製

作所)事件・東京地判平成17・3・31（労判894号21頁）は，ニコンの熊谷工場に業務請負の形式で実質上派遣された男性がうつ病を発症して自殺したのは，長時間勤務と劣悪な勤務環境が原因として，遺族がニコンと業務請負会社ネクスター（現アテスト）に損害賠償を求めた訴訟であるが，東京地裁は両社に計約2,480万円の支払を命じている。同判決は，男性の業務内容や精神的負担を検討した上で，「男性の業務には，精神障害を発病させるおそれのある強い心理的負担があった」「自殺の原因の重要な部分は，業務の過重性によるうつ病にある」，とし，人材派遣，業務請負など契約形態の違いは別としても両社は疲労や心理的負担が蓄積しすぎないよう注意すべきだったとして安全配慮義務違反を認定し，発症から自殺までの期間が短く回避可能性は必ずしも多くなかったこと等の事情があり，被告らが男性の健康状態の悪化に気づかず，原告も男性の身近におらず，事態の深刻さに思い至らないうちに男性が自ら死を選んだことは，まことに不運な出来事であるとして，男性の損害につき，3割の減額をして7割の限度で認容し，原告に対し，連帯して2488万9471円の支払を命じた。もっとも，同控訴事件（東京高判平成21・7・28労判990号50頁）では，過失相殺（いわゆる訴因減額）が否定されて，認容額についても7058万9305円に増額され，この内容は，同上告棄却・上告不受理（最二小決平成23・9・30労判1032号98頁）で確定している。

なお，立法上も，労働契約法において，「使用者は，労働契約に伴い，労働者がその生命，身体等の安全を確保しつつ労働することができるよう，必要な配慮をするものとする。」（労契法5条）と規定され，使用者の労働契約上の安全配慮義務の存在が認められている。

(ｲ) **判例における安全配慮義務の具体的な内容**

最高裁判例は，使用者には，「宿直勤務の場所である本社社屋内に，宿直勤務中に盗賊等が容易に侵入できないような物的設備を施し，かつ，万一盗賊が侵入した場合は盗賊から加えられるかも知れない危害を免れることができるような物的設備を設けるとともに，これら物的施設等を十分に整備することが困難であるときは宿直員を増員するとか宿直員に対する安全教育を十分に行うなど」の配慮をすべき義務があったとして，このような義務を安全配慮義務の具体的な内容であるとしている（川義事件・最三小判昭和59・4・10民集38巻6号

557頁)。

　また，幹部自衛官とその随従者を装い，駐屯地内に侵入した過激派が，動哨勤務中の自衛官を刺殺した事故においては，「前述のような手段，方法による営門からの不法侵入者により惹起されるべき動哨勤務者の生命，身体に対する危害の可能性は，その職責に不可避的に内在している危険の限界を超えるものというべく，国は，公務の遂行を管理する者として，かかる危害の可能性をあらかじめ客観的に予測しうる限り，これを排除するに足りる諸条件を整える義務を免れない」と判断している（陸上自衛隊朝霞駐屯地事件・最三小判昭和61・12・19労判487号7頁）。

(d)　安全配慮義務の主張・立証責任

　それでは，訴訟において，このような安全配慮義務違反については，当事者のうちどちらが主張・立証する責任を負うのであろうか。

　この点，最高裁は，安全配慮義務違反の主張・立証責任につき，「国が国家公務員に対して負担する安全配慮義務に違反し，右公務員の生命，健康等を侵害し，同人に損害を与えたことを理由として損害賠償を請求する訴訟において，右義務の内容を特定し，かつ，義務違反に該当する事実を主張・立証する責任は，国の義務違反を主張する原告にある」としており（航空自衛隊芦屋事件・最二小判昭和56・2・16民集35巻1号56頁参照），安全配慮義務違反に該当する事実を具体的に主張・立証する責任は，労働者にあるとしている。

　このように，労働者側が安全配慮義務違反の内容を特定し，義務違反に該当する具体的な事実を主張・立証する義務を負うことになるが，事故の発生した原因が明らかであるような通常のケースであれば，安全配慮義務の内容を特定して，義務違反に該当する具体的な事実を主張・立証することは比較的困難ではないということができるであろう。ただ，他方で，事実関係が複雑で事故の要因も高度に専門的な内容に関わるようなものである場合には，労働者側の立証の負担は大きくなる。

　また，労働者側は，過失等と損害との因果関係やそれらの存在を主張・立証する必要があり，以下に述べるように被災労働者側にも過失があれば過失相殺によって賠償額が減額される。さらに，訴訟遂行には，多くの費用や時間がかかるため，通常民事訴訟手続で労働者側の被害の迅速・簡易な回復を図ること

が，現実的には困難な場合も見られる。

(e) 過失相殺・損益相殺

被災した労働者に，労災事故発生について過失がある場合は，使用者側に安全配慮義務違反あるいは過失があって民事上の責任が発生する場合であっても，当該労働者の過失の割合に応じて，損害賠償額が減額される（過失相殺）。また，労災事故の発生によって被災した労働者（または遺族）が損害を被ると同時に，同一の事由によって経済的な利益を得たときには，その経済的な利益を損害賠償額から減額することになる（損益相殺）。労災保険給付金のほか，会社の上積み補償金，厚生年金からの障害厚生年金や遺族厚生年金なども損益相殺の対象となる。

なお，具体的に損害額を算定する際に，労災保険による給付金額の控除（損益相殺）と過失相殺のいずれを先に行うかについて，判例においては，まずは相当な過失相殺を行ったうえで損害額を出して，その後に労災保険給付などの支給額を控除する，いわゆる「控除前相殺説」が採られている（大石塗装・鹿島建設事件・前掲最一小判昭和 55・12・18 参照）。

●村木　高志●

(8) 解雇理由の主張・立証責任

(a) 解雇権濫用をめぐる主張・立証責任

解雇権濫用法理は，戦後の労働判例が判例の積み重ねを通じて確立してきたが，現在は，労働契約法 16 条に継受された実体法上のルールとなっている。

そして，この解雇権濫用の主張・立証責任に関しては，権利濫用論の性格からすれば，解雇権濫用を基礎付ける事実を労働者側が主張・立証するのが本来の姿であるはずであるが，解雇の合理的理由が解雇の要件とされたことに伴い，解雇権濫用の否定を根拠付ける事実を使用者側に主張・立証させる取扱いが実務上はなされている。より厳密にいえば，解雇権濫用の評価根拠事実について労働者側に再抗弁として主張・立証させ，解雇権濫用の評価を妨げる事実（評価障害事実）について使用者側が再々抗弁として主張・立証責任を負うが，解雇権濫用規制における権利濫用の範囲は広く解されているために，労働者側

が解雇権濫用の根拠事実を詳細に立証する必要はなく，結局，解雇の合理性を基礎付ける具体的理由を使用者側において主張・立証すべきこととなる（土田・労契法753～754頁）。

　(ア)　**労働者が主張・立証すべき評価根拠事実**

　この点については，事案により差異があり得るものの，当該労働者の平素の勤務状況が通常のものであったことで足りると考えられる（山川隆一＝大内伸哉「ディアローグ・労働判例この1年の争点」日本労働研究雑誌484号（2000）44頁）。勤務状況が通常のものであったという事実は，出勤状況に関する記録や本人・同僚等の証言そのほか，当該労働者が容易に入手できる証拠により認定することが可能な，平素は特に問題なく就労していたという概括的な状況として把握すべきであろう（山川隆一「解雇訴訟における主張立証責任」季刊労働法196号（2001）50頁）。

　(イ)　**使用者が主張・立証すべき評価障害事実**

　いかなる事実が使用者が主張・立証すべき評価障害事実に該当するかについては，労働者の業務遂行能力の欠如，規律違反，職種の消滅や経営不振による整理解雇の必要性，ユニオンショップ制に基づく労働組合からの解雇要求等が挙げられるところ，解雇の合理的理由が認められる場合であっても，前例との均衡を欠いたり，使用者の指導や警告が不十分であったときなどには，解雇をもって臨むのは著しく不相当であるという事案もあり得るところである。したがって，そのような事実は，労働者側において，解雇権濫用の評価根拠事実として主張・立証すべきということになる（予備的抗弁として）（山川・前掲論文50～51頁）。

　(b)　**解雇事由の定めと主張・立証責任**

　就業規則上の解雇事由の意義について，使用者が自らの解雇権の行使を一定の事由が存在する場合に限定したものであるとの理解（限定列挙説）に基づく処理を従来の多くの判例は行ってきているが，就業規則上の解雇事由の意義については，個々の就業規則上の規定の合理的解釈により決すべきものである。そして，現実の就業規則の多くには，包括的に解雇事由を掲げた規定があり，このような場合は，使用者はそれらに該当する事実があるときに限り解雇権を行使し得るとして差し支えないので，限定列挙と解することが妥当である。この

ような限定列挙説の考え方からすれば，こうした定めは使用者による解雇権行使の効果を阻害する事由となるので，こうした定めが存在すること自体を労働者が主張・立証すべき再抗弁として位置付け，使用者側がこれに対する再々抗弁として，解雇事由に該当する事実を主張・立証する責任を負うことになる。ちなみに，解雇事由の意義が例示列挙であると解釈できるような場合について触れておくと，就業規則上の解雇事由の定めが独立の再抗弁とはならないので，(a)で前述した解雇権濫用法理の下での法理がそのまま妥当することとなる（山川・前掲論文51頁）。

(c) **整理解雇と主張・立証責任**

　判例法理上，整理解雇の際に必要とされている4要件（人員削減の合理性・解雇回避努力義務・人選の合理性・手続の相当性）の主張・立証責任について，東洋酸素事件・東京高判昭和54・10・29（労民集30巻5号1002頁）は，前三者については使用者側が主張・立証責任を負うべきであり，手続の相当性については，それが相当でなかったことについて労働者側が主張・立証責任を負うべきだと判示した。そこで，このような分配をどのように考えるかについてであるが，これを，(a)で前述した解雇権濫用法理の際の主張・立証責任と並行して考えると，まず人員削減の必要性と解雇回避努力義務を尽くしたことは，使用者が解雇を行うこともやむを得ない事態に陥っているという意味で，解雇の合理的理由を構成するものといい得るから，権利濫用の評価障害事実として，使用者が主張・立証責任を負うものと解して問題ないと思われるし，人選の合理性も，解雇の合理的理由は最終的には個々の労働者について考えるべきであるから，当該解雇の効力を争う労働者についての解雇の合理的理由をなすものといい得るので，やはり使用者が主張・立証責任を負うと解すべきである。これに対して，手続の相当性あるいは不相当性については，手続の相当性が要求される根拠が信義則によるものであり，信義則違反については一般にそれを主張する者がその評価根拠事実を主張・立証すべきであると解されることからすれば，前三者の整理解雇事由の存在を前提として解雇権濫用を基礎付ける事実として，労働者側が解雇手続が相当でなかったことを基礎付ける事実を主張・立証する責任を負うと解するのが妥当であり，前述した東洋酸素事件東京高裁判決の結論は相当であろう。これに対して，労働協約等に協議事項がある場合

は，その存在自体が使用者の解雇権を手続的に制約するものとして解雇の効力発生を阻害する事実となるので，労働者側はそうした条項が存在することだけを主張・立証すれば足り，あとは，それを受けた使用者側が，協議を尽くしたことなどを主張・立証する責任を負うこととなる（山川・前掲論文53～54頁）。

　なお，就業規則等の解雇事由には，「やむを得ない業務上の都合による場合」など，整理解雇を想定した事由が含まれていることが通常であるから，整理解雇と(b)で前述した就業規則所定の解雇事由の関係をどう考えるかという点も問題となる。この点を主張・立証責任という観点から整理すると，「やむを得ない業務上の都合による場合」などという整理解雇事由は抽象的かつ評価的概念であるので，規範的要件として，その評価根拠事実と評価障害事実が主要事実となると考える。それを前提として考えると，人員削減の必要性，解雇回避努力義務および人選の合理性については，整理解雇事由の評価根拠事実として使用者側が主張・立証責任を負い，それらが主張・立証されたことを前提とした予備的主張として，労働者側が解雇権濫用の評価根拠事実として，解雇手続が相当性を欠いていることについての主張・立証責任を負うと解すべきである（山川・前掲論文54頁）。

　(d)　有期労働契約の雇止めと主張・立証責任

　判例においては，有期労働契約が反復更新されて，期間の定めのない契約と実質的に異ならない状態になっていた場合は，解雇に関する法理が類推適用されると解されており（東芝柳町工場事件・最一小判昭和49・7・22民集28巻5号927頁），また，期間の定めのない契約と実質的に異ならないとまではいえないまでも，雇用継続への労働者の合理的期待を認め得る場合にも同様の扱いがなされ得る（日立メディコ事件・最一小判昭和61・12・4判時1221号134頁・労判486号6頁）し，更新回数が少ないケースにおいても，事案の内容によっては，契約中の期間の定めは一応のものであり，当事者が特段の意思表示をしない限り当然更新することが予定されていたと認定されることもある（平安閣事件・東京高判昭和62・3・25労判506号15頁）。このような判例法理の下で，有期労働契約の更新拒絶が違法であることを理由とする労働契約上の地位の確認請求において，訴訟物は，解雇の効力を争う場合と同等に，原告が労働契約上の権利を有する地位にあることであり，請求原因も，労働契約の締結と使用者が労働契約

の終了を主張していることである。これに対して，使用者は，契約に期間の定めが存在した事実と当該期間が終了した事実について主張・立証をしなければならない。では，労働者は，このような使用者側の主張・立証に対して，どのような事実を再抗弁として主張しなければならないのであろうか。思うに，労働者側としては，有期労働契約が反復更新されて，期間の定めのない契約と実質的に異ならない状態になっていた事実，または，そのような状態とはいえないまでも，雇用継続を労働者が期待することが合理的であったこと基礎付ける事実，ないしは，契約中の期間の定めは一応のものであり，当事者が特段の意思表示をしない限り当然更新されることが予定されていた事実を主張・立証することになるが，これらの事実は，解雇権濫用法理の類推を根拠付けるものであることは明らかである。しかしながら，解雇権濫用の法理において，労働者側が解雇権濫用の評価根拠事実につき主張・立証責任を負うことだけでは労働者側の主張・立証としては不十分である。つまり，これらに付加して，労働者側としては，更新拒絶に合理的な理由がないことを基礎付ける事実をも，契約終了に対する再抗弁として主張・立証する必要があろう。これは，解雇権濫用の評価根拠事実である。このような見解に対しては，労働者に過度の立証負担を課する不当な結果とならないかとの批判もあろうが，このような評価根拠事実は，雇用継続を労働者が期待することが合理的であるとの事実を基礎付ける事実の主張・立証により既に主張・立証できている場合も少なくなく，更なる主張・立証は特段必要としないことも多いと思われ，そのような批判はあたらないと考える。なお，最後の類型の場合（平安閣事件・前掲東京高判昭和62・3・25）は，労働者側が再抗弁として，契約中の期間の定めは一応のものであり，当事者が特段の意思表示をしない限り当然更新されることが予定されていた事実を主張・立証した場合，法的には，更新拒絶権が留保された自動更新の特約があったものと評価することができ，期間満了による労働契約の終了という効果を妨げることができる。これに対して，使用者側は，更新拒絶権を有効に行使した事実について主張・立証責任を負うこととなり，この更新拒絶権の行使については，解雇権濫用法理の類推があり得るため，結局のところ，使用者側は，更新拒絶の合理的理由を基礎付ける事実について主張・立証責任を負うこ

とになる (山川・前掲論文55～56頁)。

●中　村　　博●

(9)　高年齢者雇用安定法に基づく継続雇用制度の意義と対象者該当性判断
　(a)　平成16年改正高年齢者雇用安定法の趣旨
　少子高齢化の急速な進展の中で，高い就労意欲を有する高年齢者が長年培った知識と経験を活かし，社会の支え手として意欲と能力のある限り活躍し続ける社会が求められている。このため，高年齢者が少なくとも年金支給開始年齢までは働き続けることができるよう，平成16年改正高年齢者雇用安定法 (平成18年4月1日施行) は，65歳未満の定年の定めをしている事業主に対し，その雇用する高年齢者の65歳 (ただし，平成25年4月1日までに段階的に引上げ) までの安定した雇用を確保するため，①定年の引上げ，②継続雇用制度の導入，③定年の定めの廃止のいずれかの措置 (高年齢者雇用確保措置) を講じなければならないものとした (高年齢者雇用安定法9条1項)。

　なお，高年齢者雇用確保措置によって確保されるべき雇用の形態については，必ずしも労働者の希望に合致した職種・労働条件による雇用を求めるものではなく，本措置を講じることを求めることとした趣旨を踏まえたものであれば，常用雇用のみならず，短時間勤務や隔日勤務なども含めて多様な雇用形態を含むものである。

　(b)　労使協定による継続雇用制度対象者の限定等の許容
　上記②継続雇用制度の導入に関し，各企業の実情に応じた対応を認めるため，高年齢者雇用安定法は，事業主は，労働者の過半数で組織する労働組合がある場合においてはその労働組合 (そのような労働組合がない場合においては労働者の過半数を代表とする者。以下，「労働組合等」という) との書面による協定により，継続雇用制度の対象となる高年齢者に係る基準 (以下，「雇用確保措置適用基準」という) を定め，当該基準に基づく制度を導入したときは，当該措置を講じたものとみなすものとし，労働組合等との労使協定により，雇用確保措置適用基準につき，希望者全員を対象としない制度も可能とした (高年齢者雇用安定法9条2項)。

労使協定で雇用確保措置適用基準を定めることを求めているのは，継続雇用の対象者の選定にあたっては，企業によって必要とする能力や経験等が様々であると考えられるため，労使間で十分に話し合い，その企業に最もふさわしい基準を労使納得のうえで策定するという仕組みが適当であるとの理由によるものである。なお，ここでいう労働組合とは，労働組合法2条に規定している要件を満たしているものに限られる。

　また，雇用確保措置適用基準の策定にあたっては，労働組合等と事業主との間で十分に協議のうえ，各企業の実情に応じて定められることが想定されており，その内容については，原則として労使にゆだねられるものである。ただし，労使で十分に協議のうえ，定められたものであっても，事業主が恣意的に継続雇用を排除しようとするなど高年齢者雇用安定法改正の趣旨や，他の労働関連法規に反するもの，または公序良俗に反するものは認められない。

　なお，実際に策定された雇用確保措置適用基準の適否については，個々の基準のみを見て判断するのではなく，基準の全体構成や労使協議の過程など企業の個別の事情を踏まえて総合的に判断する必要がある（以上，岩出・講義（下）1072頁）。

(c)　雇用確保措置適用基準に関する通達の内容等

　通達「高年齢者等の雇用の安定等に関する法律の一部を改正する法律の施行について」（平成16・11・4職高発1104001号）は，雇用確保措置対象基準について，「会社が必要と認めた者」，「上司の推薦がある者」，「男性（女性）」，「組合活動に従事していない者」といった基準を「適切ではないと考える例」として挙げたうえ，以下の点に留意されて策定されたものが望ましいとしている。

① 　意欲，能力等をできる限り具体的に測るものであること（具体性。労働者自ら基準に適合するか否かを一定程度予見することができ，到達していない労働者に対して能力開発等を促すことができるような具体性を有するものであること）

② 　必要とされる能力等が客観的に示されており，該当可能性を予見することができるものであること（客観性。企業や上司等の主観的な選択ではなく，基準に該当するか否かを労働者が客観的に予見可能で，該当の有無について紛争を招くことのないよう配慮されたものであること）

　ただし，厚生労働省「改正高年齢者雇用安定法Q&A」は，「協調性のある

者」や「勤務態度が良好な者」という基準について，高年齢者雇用安定法の趣旨にかんがみれば，より具体的かつ客観的な基準が望ましいとしつつも，労使間で十分協議のうえ定められたものであれば，法違反とまではいえないとしている。

　以上のとおり，通達は，再雇用制度の適用対象を，勤続年数や考課の成績優秀者，一定の管理職・研究職等に限定することなどは，労使自治に任されていることを明確にしたが，他方で，対象を限定した結果，当面は該当者がいないようなことになってもかまわないのか，ということも問題となる。結論的には，従来の厚生労働省の見解が，「労使が真摯に協議した結果として直ちに制度を実施しないことを合意しているケースや，企業経営上の極めて困難な状況に直面しているケースなどについては，企業の実情を十分に考慮した助言等に止めるなどその施行に当たっての配慮が必要」とされていたことにもかんがみれば（労政審議会平成16年1月23日第25回職業安定分科会議事録），少なくとも違法とはされない趣旨と解される。通達にも「基準の策定に当たっては，労働組合等と事業主との間で十分に協議の上，各企業の実情に応じて定められることを想定しており，その内容については，原則として労使に委ねられるものであること」との文言があり，これも十分に斟酌されるべきであろう（岩出・講義（下）1072～1073頁）。

　なお，東日本電信電話事件・東京高判平成22・12・22（判時2126号133頁）も，65歳までの雇用確保が高年齢者すべての生存権の保障に関わるものとはいえないこと，中小企業の多いわが国の実情を無視して，経済状態や労働能力，意欲等が異なる多様な高年齢労働者を，本人が希望すれば何らの制限なくしてすべて雇用する措置を講じさせることは，高年齢者の安定した雇用確保の基盤をかえって危うくする可能性があり，若年労働者の雇用の面からも問題を生じさせるおそれがあること，および60歳以上の雇用継続がわが国において既に一般化しているとは認められないこと等から，60歳以上の雇用継続を公序ということはできないと述べている。

(d) 雇用確保措置適用基準をめぐる裁判例

　日通岐阜運輸事件・岐阜地判平成20・9・8（労経速2016号26頁）では，①高年齢者雇用安定法が当然に希望者全員を採用すべきものとしているとは解さ

れないこと，会社の規模，経営状態，同業他社との激しい競争の中で，安全面や従業員の能効率の面から一定のレベルに達した者を再雇用する制度にする必要性があったと認められること，および人事評価基準も相当であること等から，再雇用規程の内容に違法があるとする旨の原告の主張を斥け，②原告は品質関係基準および人事評価基準により，会社の再雇用基準を満たさないのであり，原告の起こした事故の内容と同様に事故を起こした他の従業員の人事評価の比較によれば，会社が原告を不当労働行為意思により低査定をなしたものとは認められないとして，会社の再雇用拒否に違法性はないとされている（以上，岩出・講義（下）1078～1079頁）。また，津田電気計器事件・大阪地判平成22・9・30（労判1019号49頁）も，高年齢者雇用安定法9条1項に基づく事業主の義務は公法上の義務と解され，個々の従業員に対する私法上の義務を定めたものとは解されないことを踏まえるならば，同条2項所定の選定基準の具体的内容をどのように定めるかについては，基本的に各企業の労使の判断にゆだねられており，事業主と労働者代表等との間で適切に選定基準に関する労使協定が締結され，当該選定基準に基づく継続雇用制度が導入された場合においては，同選定基準の内容が公序良俗に反するような特段の事情がある場合は別として，同条違反を理由に当該継続雇用制度の私法上の効力を否定することはできないものとした（同事件控訴審判決・大阪高判平成23・3・25労判1026号49頁も同旨。なお，当該控訴審判決は，「仕事の意欲」，「仕事の質」といった定量的な観察・評価が困難で，本質的に評価者の主観も含めた総合的な判断によらざるを得ない雇用確保措置適用基準中の評価項目について，そのような評価項目を掲げることは組織として許容されるべきものであるから，厳密な客観性までは期し難いものとしてもやむを得ないものというべきであるとしている）。さらに，房南産業事件・横浜地判平成23・10・20（労経速2127号11頁）も，限定的再雇用制度は，使用者が定年退職した従業員を新たに雇用する契約であり，また，労使協定に定められた再雇用の要件は一般的・概括的な内容（「請負業者として専門的な知識・技術，又は豊かな業務経験を有していること」など）であるから，採用者である使用者は，再雇用の要件該当性を判断するにあたって，一定の裁量権を有しているものとしている。

しかし他方で，「直近3年間のインセンティブ評価が標準－中以上」との基準につき，このインセンティブ評価は，勤務成績・態度だけでなく，使用者全

体の営業利益も考慮して決定されるものであり，また各評価項目のウエイトや達成度合の評価基準が設けられておらず，専ら評価者の主観によって評価が決められているから，これを再雇用の判断基準に用いることは高年齢者雇用安定法9条の趣旨に照らし問題があると指摘する裁判例もある（日本ニューホランド（再雇用拒否）事件・札幌地判平成22・3・30労判1007号26頁。ただし，当該事件では，上記基準の違法性は判断されず，労働者が他の再雇用基準を満たしていることは明らかであるとして，使用者の再雇用拒否が不法行為に該当するとされ，その判断は控訴審（札幌高判平成22・9・30労判1013号160頁）でも維持された）。

(e) 再雇用契約の成否

労働者が雇用確保措置適用基準を充足した場合に，当然に再雇用契約が成立するかという問題もあり，この点裁判例の判断は様々である。

まず，高年齢者雇用安定法9条に再雇用を義務づける私法的効力がないこと，再雇用契約が締結された場合に初めて労働契約上の権利が発生することを理由に，再雇用契約の成立を否定したものとして，日通岐阜運輸事件・岐阜地判平成23・7・14（労経速2112号33頁）がある。

他方，具体的な選定基準が規定された就業規則の周知を再雇用契約締結の申込み，労働者による再雇用希望の意思表示を承諾と解したり（津田電気計器事件（第一審判決）・前掲大阪地判平成22・9・30），解雇権濫用法理の類推適用（東京大学出版会事件・東京地判平成22・8・26労判1013号15頁），またはその趣旨に照らし（津田電気計器事件（控訴審判決）・前掲大阪高判平成23・3・25），再雇用拒否を無効とすることにより再雇用契約の成立を認めるものや，再雇用拒否は雇止めに利益状況が類似しているとして雇止め法理（解雇権濫用法理の類推適用）により再雇用拒否の効力を判断するもの（フジタ事件・大阪地判平成23・8・12労経速2121号3頁，ただし，当該事案においては再雇用拒否は有効であるとした）がある。

また，再雇用契約の成立は否定しつつも，再雇用拒否は不法行為に該当するとして，使用者の損害賠償義務を認めるもの（日本ニューホランド（再雇用拒否）事件・前掲札幌地判平成22・3・30）もある（以上，延増拓郎「高年齢者の雇用をめぐる問題と今後の課題」労経速2117号26頁（2011）以下，岩出誠「高年法に基づく再雇用制度での違法な採用拒否の効果」ジュリ1436号119頁（2012）以下）。

(f) 雇用確保措置適用基準の廃止の検討

　なお，平成25年度から公的年金の報酬比例部分の支給開始年齢が段階的に65歳まで引き上げられることから，現状のままでは，無年金・無収入となる者が生じる可能性があるとして，平成24年1月6日，労働政策審議会が厚生労働大臣に対し，①雇用確保措置適用基準は廃止することが適当である，②また，その際，就業規則における解雇事由または退職事由（年齢に係るものを除く）に該当する者について継続雇用の対象外とすることもできるとすることが適当である，③ただし，雇用と年金を確実に接続した以降は，できる限り長期間にわたり雇用確保措置適用基準を利用できる特例を認める経過措置を設けることが適当である等の建議を行っている（厚労省HP，労働新聞2857号（2012））。

　また，これに基づき，雇用確保措置適用基準の廃止等を内容とする高年齢者雇用安定法改正案が平成24年3月9日，国会に提出され，現在審議中である（平成24年4月11日現在）。

●木　原　康　雄●

(10)　会社分割手続上の労働契約承継手続と同手続違反の争訟方法等

　(a)　会社分割法制と労働契約承継法の関係

　会社分割法制は，会社法の施行により，略式手続等の導入も含めてさらに機動的に再編されている。他方，会社分割法制による労使関係への影響については，労働契約関係の権利義務についても，他の権利義務と同様，会社の意思のみにより承継される労働者の範囲を定めることができ，それが分割契約等に記載された場合は，労働者の同意の有無にかかわらず，分割会社から承継会社等に包括的に承継されることになる。つまり，分割により，労働者としての地位および契約内容（労働条件を含む）がともに承継されることになった。すなわち，従前，労働者の個別同意を前提としていた転籍につき（たとえば三和機材事件・東京地決平成4・1・31判時1416号130頁も就業規則の包括的規定による転籍命令権を否定している），分社手続の中で一定の労働者について同意を不要とするなど今までの転籍に関する法理を立法的に覆すなど実務的にも大きなインパクトを持つものであった。そこで，このインパクトを調整すべく会社分割に際する労

働契約や労働協約の承継関係について定めた「会社の分割に伴う労働契約の承継等に関する法律」(以下,「旧承継法」または「旧法」ともいう)が平成12年6月24日に成立し,平成13年4月1日から施行されていたが,平成18年5月商法の全面改正により新たに立法化された会社法の施行に伴い,旧承継法の名称が「会社分割に伴う労働契約の承継等に関する法律」(労働契約承継法)に改称されるとともに,同法および同法施行規則の各条文に会社法の施行に伴う改正がなされている。そして,これに伴い旧承継法の施行規則も改正され(以下は,原則として,改正後の同規則を「承継則」という),「分割会社及び承継会社等が講ずべき当該分割会社が締結している労働契約及び労働協約の承継に関する措置の適切な実施を図るための指針」(平成12年労告127号)も大幅に改正されている(改正18・4・28厚労告343号。以下,原則として,改正後の同指針を単に,「指針」という)。

さらに,会社分割により分割会社の労働者の労働契約を承継会社等に承継させるかどうか等について,労働契約承継法の定める労働者等への事前通知義務を踏まえて,労働者と事前に協議をすることを会社に義務付けることにより,労働者の保護を図るべく,平成12年商法改正附則(以下,「附則」という)が,労働契約承継法2条1項の規定による通知をすべき日までに,承継される事業に従事している労働者と,会社分割に伴う労働契約の承継に関して協議(以下,「5条協議」という)をするものとされている(附則5条1項)。

(b) 5条協議義務違反の効果

(ア) 指針の指摘

5条協議義務違反の効果について,指針は,「協議を全く行わなかった場合又は実質的にこれと同視し得る場合における会社の分割については,分割無効の原因となり得る」としている。

(イ) 下級審裁判例

5条協議義務が尽くされたとされた例として,日本アイ・ビー・エム事件(一審)・横浜地判平成19・5・29 (労判942号5頁),同事件(控訴審)・東京高判平成20・6・26 (労判963号16頁)がある。しかし,「協議を全く行わなかった場合又は実質的にこれと同視し得る場合」でない場合の処理につき同指針は触れていないためそれらの処理が依然問題となった。この点につき,日本ア

イ・ビー・エム事件（控訴審）・前掲東京高判平成20・6・26が、5条協議義務違反があった場合の法的効果について、分割会社が5条協議義務に違反したときは、分割手続の瑕疵となり、特に分割会社が5条協議をまったく行わなかった場合または実質的にこれと同視し得る場合につき、分割の無効原因となり得るものと解されるが、その義務違反が一部の労働者との間で生じたにすぎない場合等に、これを分割無効の原因とするのは相当でなく、5条協議義務違反があった場合には、一定の要件の下に、労働契約の承継に異議のある労働者について、分割会社との間で労働契約の承継の効力を争うことができるようにして個別の解決が図られるべきものである、として、理論的に精緻化したが、以下のようにその無効範囲を限定した。すなわち、同高裁判決によれば、労働者が5条協議義務違反を主張して労働契約の承継の効果を争うことができるのは、会社分割による権利義務の承継関係の早期確定と安定の要請を考慮してもなお労働者の利益保護を優先させる必要があると考えられる場合に限定され、会社分割による労働契約の承継に異議のある労働者は、分割会社が、5条協議をまったく行わなかった場合もしくは実質的にこれと同視し得る場合、または、5条協議の態様、内容がこれを義務付けた規定の趣旨を没却するものであり、そのため、当該労働者が会社分割により通常生じると想定される事態がもたらす可能性のある不利益を超える著しい不利益を被ることとなる場合に限って、当該労働者に係る労働契約を承継対象として分割計画書に記載する要件が欠けていることを主張して、分割会社との関係で、労働契約の承継の効果を争うことができるものと解するのが相当である、としていた。この部分は、後述(ウ)のような観点からすると、法的根拠がなく、実際上もハードルが高すぎ、その判断基準には大きな疑問があった。

(ウ) **最高裁判決による事前協議（5条協議）義務違反の効果への相対的無効範囲の拡大**

5条協議義務違反の効果について、立法担当者の見解によれば、分割手続は重大な瑕疵を帯び、その分割は無効とされることになろう、としている（原田晃治「会社分割法制の創設について―平成12年改正商法の解説（中）」商事法務1565号(2000) 10頁）。つまり、承継労働者のうちのわずか1人との5条協議義務違反により、一般債権者・株主等を含む分割手続全体が無効（絶対的無効）となると

も解し得る。しかし，附則による定めに，かかる高度の対世的な絶対的効果を持たせるのは，いかに立法担当者の見解としても他の手続とのバランス，整合性・合理性を欠くものといわざるを得ない。私見としては，分割にかかわる全労働者との5条協議義務違反があるような場合には，重大な手続上の瑕疵として，そのような解釈も，国会での修正経緯から可能かと思われる。しかし，前述のとおり，逆に「協議を全く行わなかった場合又は実質的にこれと同視し得る場合」でない場合の処理につき同指針は触れておらず，また，日本アイ・ビー・エム事件（控訴審）・前掲東京高判平成20・6・26においてもかかる場合に言及しながら，その適用範囲を極めて限定しているため，それらの処理が依然問題となっていた。そこで，学説は，少なくとも，ごく一部の労働者との5条協議義務違反にとどまる場合は，いわゆる相対的無効として，当該協議義務が遵守されなかった当該労働者との間においてのみ，会社分割法・労働契約承継法上の効果を及ぼし得ないとするか，後述(d)の通知義務違反の場合と同様，当該労働者に選択権（承継・残留の効果を受け入れるか否か）が付与されるものと解してきた（岩出・講義（下）1335頁。同旨，江頭・会社法834～835頁）。

最近，日本アイ・ビー・エム（会社分割）事件（上告審）・最二小判平成22・7・12（労判1010号5頁）は，果たせるかな，かかる学説を概ね受け入れて，「承継法……5条協議の趣旨からすると，承継法3条は適正に5条協議が行われ当該労働者の保護が図られていることを当然の前提としているものと解される。この点に照らすと，上記立場にある特定の労働者との関係において5条協議が全く行われなかったときには，当該労働者は承継法3条の定める労働契約承継の効力を争うことができるものと解するのが相当である。」と判示し，日本アイ・ビー・エム事件（控訴審）・前掲東京高判平成20・6・26の設定した壁を取り払ったのみならず，さらに，労働契約法4条の趣旨を反映したごとく，「5条協議が行われた場合であっても，その際の分割会社からの説明や協議の内容が著しく不十分であるため，法が5条協議を求めた趣旨に反することが明らかな場合には，分割会社に5条協議義務の違反があったと評価してよく，当該労働者は承継法3条の定める労働契約承継の効力を争うことができるというべきである。」と判示し，無効を争う範囲を拡大した。

(エ) 5条協議義務違反により労働契約の承継の有無を争う訴訟方法

　上記(イ)(ウ)のように労働者との5条協議義務違反を理由として会社分割無効を主張し、その効果としての転籍無効や、分割会社における雇用契約上の地位確認を裁判で争う場合に、会社法上では、本来、会社分割の無効の場合の対世的効力の存在から、分割無効の訴えによらなければならないのではないかとの問題がある（旧商法374条の12・374条の28）。前述(ウ)のような相対的無効説が採用できれば、その場面は解決されるが、全面的無効を主張する場合には同様の問題に遭遇する可能性がある。この問題につき、日本アイ・ビー・エム事件（一審）・前掲横浜地判平成19・5・29は、以下のように判示し、旧商法374条の12で定められた会社分割の訴え以外では認められない旨の会社の主張を斥けている。すなわち、「旧商法374条の12、同条の28が会社分割の無効を争うためには会社分割無効の訴えによらなければならないものとし、その提訴権者や提訴期間を制限した趣旨は、会社分割が行われると分割後の分割会社、設立会社等を前提として極めて多数の法律関係が形成されるため、これを早期に確定させ手続の安定を図ることにある。したがって、会社分割の効力の有無を対世的に争う方法としては、分割無効の訴えによらなければならない。しかし、本件で、原告らが会社分割の無効を主張しているのは、会社分割自体の無効確定を求めるものではなく、会社分割の効果として部分的包括承継がされ、承継される営業に主として従事する労働者の労働契約が当然に設立会社に承継されることから、その発生原因である会社分割の無効を主張して承継の効果が発生しないとするものである。そして、分割会社に対して未払賃金債権を有するなど債権者に該当しない限り承継される労働契約の労働者には会社分割無効の訴えの提訴権がないこと、商法等改正法附則5条で義務付けられた協議を全く行わなかった場合又は実質的にこれと同視し得る場合における会社分割については、会社分割の無効の原因となり得るとされていることに照らすと、5条協議の不履行等を理由とする会社分割の無効原因を主張して設立会社との間に労働契約が承継されない旨を主張することは許されると解すべきであり、被告の上記主張を採用することはできない。」と判示しているが、会社法の下でも同様に解され、日本アイ・ビー・エム事件（控訴審）・前掲東京高判平成20・6・26でも維持されている。日本アイ・ビー・エム事件（上告審）・前掲最二小

判平成22・7・12は，この点につきまったく言及していないが，特定の労働者が「承継法3条の定める労働契約承継の効力を争うことができる」とする判示からは，上記判断を前提としていると解される。

前述の相対的無効説が，会社分割の全体的無効事由があるような場合においても展開できること，むしろ，その方が，当事者や会社の全ステークホルダーの利害とも一致した解釈であることを示していると解される（ただし，日本アイ・ビー・エム事件（一審）・前掲横浜地判平成19・5・29の「会社分割の無効事由が認められない限り，会社分割の効果である労働契約の包括承継自体の無効を争う方法はないといわざるを得ない。」との判示は，相対的無効事由と読み替えることになると解される）。

(c) 説明義務違反による損害賠償義務

5条協議義務の内容としての説明責任が不十分な場合，前述のように相対的無効事由となるだけでなく，損害賠償責任を発生する場合がある（EMIミュージック・ジャパン事件・静岡地判平成22・1・15労判999号5頁）。

(d) 通知義務違反と労働契約承継の帰趨

(ア) 労働者への事前通知義務

会社分割における手続違反が労働契約承継に影響を与える場合として，5条協議義務違反や説明義務違反の場合の他に，労働契約承継法上の事前通知義務違反の場合が想定される。この点指針は，下記のように定めている。

「(1) 通知の時期　法第2条第1項及び第2項の労働者又は労働組合への通知は，次に掲げる会社法（平成17年法律第86号）に規定する日のうち，株式会社にあっては，イ又はロのいずれか早い日と同じ日に，合同会社にあっては，ハと同じ日に行われることが望ましいこと。

イ　吸収分割契約等の内容その他法務省令で定める事項を記載し，又は記録した書面又は電磁的記録をその本店に備え置く日

ロ　株主総会を招集する通知を発する日

ハ　債権者の全部又は一部が会社分割について異議を述べることができる場合に，当該分割会社が，会社法に掲げられた事項を官報に公告し，又は知れている債権者に催告する日」

上記指針によれば分割会社は，分割をするときは，承継事業主要従事労働者や指定承継労働者に対して，会社法に規定する一定の日のうち，株式会社にあ

っては，いずれか早い日と同じ日に，合同会社にあっては，ハと同じ日に行われることが望ましい（指針，労働契約承継法2条1項・3項1号），とされている。

(イ) **承継事業主要従事労働者等への事前通知義務違反の効果**

指針では，労働契約承継法2条1項1号本文の承継事業主要従事労働者でありながら，分割契約等にその者が分割会社との間で締結している労働契約を承継会社等が承継する旨の記載がない者が，同法2条1項の会社分割に関する前述の事項を含む事前「通知を適法に受けなかった場合（当該分割会社が当該労働者を当該承継される事業に主として従事していないものとして取り扱い，当該通知をしなかった場合のほか，意図的に当該通知をしなかった場合を含む。）は，当該労働者は，当該効力発生日以後においても，当該承継会社等に対してその雇用する労働者たる地位の保全または確認を求めることができ，また，当該分割会社に対してその雇用する労働者ではないことの確認を求めることができる」とされている。同法2条1項2号の指定承継労働者の場合も同旨で労働契約承継法の解釈論として，従前から，労働者保護の観点からの会社分割法制による特例を定める労働契約承継法の立法趣旨からすれば，指定承継労働者と同様の異議申出権が上記事前通知期限にかかわらず認められるなどが考えられている（学説も同旨。紹介につき，岩出・講義（下）1350頁以下等参照）。

●岩 出 誠●

(11) **付加金——命令の裁量性・除斥期間・労働審判との関係等**

(a) 付加金対象の限定

労働基準法は，裁判所が，解雇予告手当（20条），休業手当（26条），もしくは割増賃金（37条），または年休に対する賃金（39条）を支払わなかった使用者に対して，労働者の請求により，これらの規定により使用者が支払わなければならない金額についての未払金のほか，これと同一額の付加金の支払を命ずることができることを定めている（付加金に関しては，岩出・講義（上）85頁以下，鈴木拓児「付加金」判タ1315号（2010）28頁以下参照）。

(b) 除斥期間

(ア) 2年間の除斥期間

ただし，この請求は，違反のあった時から2年以内にしなければならない（労基法114条ただし書）。この2年は，除斥期間と解されており（東大労研・注釈労基法（下）1083頁〔藤川久昭〕），消滅時効のような中断事由はない。

　(イ)　**過誤ある付加金請求の増額**

　付加金の増額請求につき，付加金請求権は通常の訴訟物とは異なり，また，付加金の額は本体の未払金の額に規定されることから（労基法114条本文），違反時から2年以内に請求された付加金の額が仮に誤って少額で，その後，その未払金額に合致した額に付加金請求を増額したとしても，2年の除斥期間によりその増額が制限されることはないとされる（三和サービス（外国人研修生）事件・名古屋高判平成22・3・25労判1003号5頁）。

　(c)　**付加金請求権の意義・性格・裁量性等**

　付加金支払義務は裁判所の命令によってはじめて発生し（細谷服装事件・最二小判昭和35・3・11民集14巻3号403頁），その支払を命ずる裁判所の判決によって生ずるところ，付加金の付与の有無自体は裁判所の裁量にゆだねられているものの，その減額等の裁量権があるのかについては，法文上は明確でなく，法令の解釈等につき議論の余地がある（東大労研・注釈労基法（下）1085頁〔藤川久昭〕は消極的な態度を示している）。しかし，裁判例は，この点につき，いわば大は小を兼ねるとの一般論からか，特にこの問題点に触れることなく，当然のように柔軟な対応をしており（近時の全額認容例として，近共油業事件・大阪地判平成16・10・15労判883号88頁，大虎運輸事件・大阪地判平成18・6・15労判924号72頁，セントラル・パーク事件・岡山地判平成19・3・27労判941号23頁，東和システム事件・東京地判平成21・3・9労判981号21頁，三和サービス（外国人研修生）事件・前掲名古屋高判22・3・25)，民事再生手続中の減額や（コミネコミュニケーションズ事件・東京地判平成17・9・30労経速1916号11頁），企業もその解決に向け努力している場合や（丸栄西野事件・大阪地判平成20・1・11労判957号5頁），労働基準法の適用につき解釈が微妙で，悪質性もない場合などの事案では付加金が減額されたり（昭和観光事件・大阪地判平成18・10・6労判930号43頁，オフィステン事件・大阪地判平成19・11・29労判956号16頁，日本マクドナルド事件・東京地判平成20・1・28労判953号10頁)，支払命令が出ない場合もある（クリスタル観光バス（賃金減給）事件・大阪地判平成18・3・29労判919号42頁，バズ（美容室副店長）事件・東

Ⅲ●民事通常訴訟

京地判平成20・4・22労判963号88頁，アップガレージ事件・東京地判平成20・10・7労判975号88頁，大林ファシリティーズ（オークビルサービス・差戻審）事件・東京高判平成20・9・9労判970号17頁では「会社は，1審原告らに積極的に時間外労働を求めたわけではないこと，一定の時間外賃金相当分（特別手当）を支払っていることから，付加金の支払を認めるまでの悪質性はないから，1審原告の1審被告に対する付加金請求は理由がない。」とし，最近のトムの庭事件・東京地判平成21・4・16労判985号42頁〔名ばかり管理職たる不良社員の解雇有効例〕でも，「本件事案の内容，審理の経過，その他本件においてみられる諸般の事情に鑑みると，本件について付加金を命ずることは相当でない」として全額不払いとされている)。学説においては，企業の労働基準法コンプライアンスへのインセンティブとして付加金の支払は重大・悪質な労働基準法違反に限定されるとの見解もある（土田・労契法66頁）。しかし，上記のように裁判例が，柔軟な減額調整を認めるのである以上，かかる限定は柔軟な運用を妨げるものとして疑問がある。

(d) 遅延損害金の始期と損害利率

判例は，上記(c)の付加金支払義務の性格を踏まえ，付加金支払義務の始期とその遅延損害金の始期につき，裁判所の命令によってはじめて発生し（細谷服装事件・前掲最二小判昭和35・3・11），その支払を命ずる裁判所の判決の確定によって支払始期が確定するものであり，その後において使用者がこれを支払わないときは，使用者は履行遅滞の責めを免れず，労働者は使用者に対し上記付加金に対する遅延損害金の支払を請求し得る，としている。すなわち，付加金支払義務の始期は付加金支払を認めた判決確定の日であり，その遅延損害金の算定始期は同判決確定の日の翌日となる（江東ダイハツ自動車事件・最一小判昭和50・7・17判時783号128頁）。

次に，判例は，付加金支払義務の性格を踏まえ，付加金の支払義務は，労働契約に基づき発生するものではなく，労働基準法により使用者に課せられた義務の違背に対する制裁として裁判所により命じられることによって発生する義務であるから，その遅延損害金は民事法定利率年5分によるべきものとしている（江東ダイハツ自動車事件・前掲最一小判昭和50・7・17，同旨・新井工務店事件・最二小判昭和51・7・9判時819号91頁）。

(e) 付加金請求と労働審判の関係

なお，前述のように（第Ⅱ編第4章Ⅰ❽(4)），未払残業代請求等の労働審判の申立てにおいては，解釈上は論議の余地はあるが，裁判実務上では，付加金の支払命令は裁判所の判決に限られ，「労働審判は，労働審判委員会が行うものであり（労働審判法20条1項），適法な異議の申立てがなかった場合でも，裁判上の和解と同一の効力を有するにとどまる（同法21条1項）。このため，『裁判所』が支払を『命じる』べき付加金（労働基準法114条）については，その性質上，労働審判の対象外である」として（鈴木・前掲論文29頁），調停ではもちろん審判でも付加金は命じられないとの解釈から付加金の請求は認められていないことに留意されたい（労働審判の実務については，筆者も編集に参加している東弁・実務560頁以下等参照）。

(f) 付加金請求権の除斥期間と労働審判の関係

しかし，付加金請求権には，前述の2年の除斥期間が設けられている関係で（厚労省・労基法（下）1036頁），審判に移行し，異議申立てがある場合，労働審判申立ての時点で裁判の提起があったものとされて（労審法22条1項），除斥期間の適用を排除するため，時間が経過した案件の場合は，労働審判申立段階からの付加金の請求をなすべきである（同旨・鈴木・前掲論文30頁）。

ただし，裁判所により，異なった運用がなされており，未だ，確立した判例があるわけではなく，今後の動向に留意すべきである。

(g) 付加金への仮執行宣言

前述のとおり，付加金支払義務は裁判所の命令によってはじめて発生し，その支払を命ずる裁判所の判決の確定によって支払始期が確定する労働基準法上の義務であるから，その確定前の判決での仮執行宣言は付することができないことになる（理由は異なるが，結論同旨・鈴木・前掲論文29頁）。

(h) 付加金と訴額

前述(b)(イ)のとおり，付加金請求権は通常の訴訟物とは異なり，付加金の額は本体の未払金の額に規定されることから（労基法114条本文），請求された付加金の額が仮に誤っても，その後，未払金額に合致した額に付加金請求を増額が制限されることはないとされている（三和サービス（外国人研修生）事件・前掲名古屋高判平成22・3・25）。そこで，これとほぼ同旨からと解されるが，東京地裁

労働部の訴訟実務では,「付加金は,解雇予告手当等の請求と併せてされる限り,附帯請求として,訴額に参入しない取扱いをしている」(鈴木・前掲論文29頁)。

(i) 付加金支払請求の趣旨

以上を踏まえ,付加金支払の請求の趣旨は,労働審判の場合も例示すると,下記のように記載すべきことになる(山口ほか・審理133頁等参照)。

書式18●請求の趣旨の記載方法

被告(相手方)は,原告(申立人)に対し,金○○万円およびこれらに対する本判決(審判)確定の日の翌日から支払済みまで年5パーセントの割合による金員を支払え。

●岩 出 誠●

第5章 国際労働争訟法

I 海外派遣または国内の外国企業勤務における労働契約関係をめぐる裁判管轄

1 民間企業の場合

(1) はじめに

　海外派遣または国内の外国企業勤務における労働契約関係（以下、「国際的労働契約関係」という）をめぐる紛争の内、裁判管轄の画定については、平成24年5月以降は、後述(3)の改正民事訴訟法が施行され、同法による判断がなされることになる。しかし、同法の条文、たとえば、後述(3)の改正民事訴訟法3条の4第2項で用いられる「個別労働関係民事紛争に係る労働契約における労務の提供の地（その地が定まっていない場合にあっては、労働者を雇い入れた事業所の所在地）」等の具体的判断については、当面は同法に関する裁判例も示されず、その意味を探る意味からも、立法段階の審議資料とともに、従前の裁判例の流れを検討しておく必要と意味がある（なお、国際的な集団的労働関係民事紛争に関しては、労働組合法による不当労働行為救済制度の国際的な適用関係につき中労委（T社ほか）事件・東京高判平成19・12・26労経速2063号3頁は、以下のように判示し、国外の労使紛争には、不当労働行為の救済に関する我が国の労働組合法の規定の適用はないとした。すなわち、①不当労働行為の救済に関する我が国の労働組合法の規定は、我が国に存在する労使関係に対して適用されるものと解するのが相当であり、本件申立ての主張の実質は、結局のところ、国外の労使関係を対象としたものであるから、本件においては、不当労働行為の救済に関する我が国の労働組合法の規定の適用はないというほかないとした原審を相当とし、②労働委員会は、労働組合法20条の権限を行使する行政委員会とし

て同法19条以下の規定により組織されているものであり，不当労働行為に対する救済については，同法7条に規定する使用者の不当労働行為についてのみ，同法27条の12の規定に基づき，同条に定める救済を行う権限を有するものであるから，控訴人組合が主張するILO条約の各規定は，労働委員会が不当労働行為に対する救済を行う根拠とはならないものというべきであり，また，上記各規定の趣旨および内容に照らしても，上記各規定が，労働委員会に対し，本件のような国外の労使関係について労働組合法を適用し，同法27条の12に定める救済を行うべき義務を負わせているものと解することはできないから，上記各規定に基づいて，労働委員会が国外の労使関係を対象とする救済を行うことはできないとし，③本件について我が国の労働組合法の規定に基づく救済を否定することが，市民的及び政治的権利に関する国際規約22条1項および3項および憲法98条2項に違反するものということはできないとしたものである。この判決は，国外の労使紛争には，不当労働行為の救済に関する我が国の労働組合法の規定の適用はないとした先例である）。

(2) 従前の国際労働事件の管轄をめぐる裁判例

国際的労働契約関係をめぐる紛争においては，まず，裁判管轄がどこにあるかが問題となる。裁判例は，概ね，ドイッチェ・ルフトハンザ・アクチェンゲゼルシャフト事件・東京地判平成9・10・1（労判726号70頁）も引用している最高裁判例（最二小判昭和56・10・16民集35巻7号1224頁）に従い（最高裁は，近時の最三小判平成9・11・11民集51巻10号4055頁でも，「どのような場合に我が国の国際裁判管轄を肯定すべきかについては，国際的に承認された一般的な準則が存在せず，国際慣習法の成熟も十分ではないため，当事者間の公平や裁判の適正・迅速の理念により条理に従って決定するのが相当である……。そして，我が国の民訴法の規定する裁判籍のいずれかが我が国内にあるときは，原則として，我が国の裁判所に提起された訴訟事件につき，被告を我が国の裁判権に服させるのが相当であるが，我が国で裁判を行うことが当事者間の公平，裁判の適正・迅速を期するという理念に反する特段の事情があると認められる場合には，我が国の国際裁判管轄を否定すべきである。」として下記法理を再確認している），これを当事者間の公平，裁判の適正・迅速を期するという理念により条理に従って決定するのが相当として，たとえば，使用者が外国に本店を有する外国法人であっても，日本における代表者を定め，国内に営業所を有する以上，使用者を我が国の裁判権に服させる傾向にある（ドイッチェ・ルフトハンザ・アクチェンゲゼルシャフト事件・前掲東京地判平成9・10・1では，「本来国の裁判権はその主権の一作用

としてなされるものであり，裁判権の及ぶ範囲は原則として主権の及ぶ範囲と同一であるから，被告が外国に本店を有する外国法人である場合はその法人が進んで服する場合のほか日本の裁判権は及ばないのが原則である。しかしながら，その例外として，わが国の領土の一部である土地に関する事件その他被告がわが国となんらかの法的関連を有する事件については，被告の国籍，所在のいかんを問わず，その者をわが国の裁判権に服させるのを相当とする場合のあることも否定しがたいところである。そして，この例外的扱いの範囲については，この点に関する国際裁判管轄を直接規定する法規もなく，また，よるべき条約も一般に承認された明確な国際法上の原則もいまだ確立していない現状のもとにおいては，当事者間の公平，裁判の適正・迅速を期するという理念により条理にしたがって決定するのが相当であり，わが民訴法の国内の土地管轄に関する規定，たとえば，被告の居所（民訴法2条），法人その他の団体の事務所又は営業所（同4条），義務履行地（同5条），被告の財産所在地（同8条），不法行為地（同15条），その他民訴法の規定する裁判籍のいずれかがわが国内にあるときは，これらに関する訴訟事件につき，被告をわが国の裁判権に服させるのが右条理に適うものというべきである（最高裁判所第二小法廷昭和56年10月16日判決・民集35巻7号1224頁）。／2　これを本件についてみると，被告は，ドイツ法に準拠して設立され，ドイツに本店を有する会社であるが，日本における代表者を定め，東京都内に東京営業所を有するというのであるから，たとえ被告が外国に本店を有する外国法人であっても，被告をわが国の裁判権に服させるのが相当である。」と判示された）。他の事例としては，英国法に基づき設立され，日本国内に営業所を有しない法人の東京事務所に雇用され，解雇の意思表示を受けた英国人が，解雇無効を理由として，地位保全および賃金仮払いの仮処分を申請した場合につき，本案となり得る賃金請求の義務履行地が日本にも存在すること等に照らし，我が国裁判所が裁判管轄権を有するとしたサッスーン東京事務所事件・東京地決昭和63・12・5（労民集39巻6号658頁），日本に営業所を有する米国法人の日本人従業員が行った不法行為につき，米国からの使用者責任に基づく損害賠償請求の訴えについて，我が国の裁判所に管轄権を認めたピー・エイ・インター・ナショナル事件・東京地判平成7・10・27（判時1572号96頁）等がある。

(3) 改正民事訴訟法による国際裁判管轄の画定
(a) 国際労働関係訴訟への特別規定立法への経緯
(ア) 審議の経緯

以上の裁判例により，概ね，妥当な管轄の処理がなされてきたが，未だ，国際的労働契約関係をめぐる事件で，管轄をめぐり本案前の抗弁が主要な争点となることは続いている。そこで，管轄合意の効力を制限することを含めた国際裁判管轄法制の立法化作業が，国際条約を踏まえながら（検討には，2005年6月30日のヘーグ国際私法会議「管轄合意に関する条約」，民事及び商事事件における裁判管轄及び裁判の執行に関するブリュッセル条約，EC・EFTAの裁判管轄及び判決の執行に関するルガノ条約，民事及び商事事件における裁判管轄及び裁判の執行に関する2001年12月22日の理事会規則（EC）44／2001M，ヘーグ1999年草案，他国の国際裁判管轄に関する立法例等が参考にされたうえで，議論が行われた），法務省で進んでいたところ（立法作業・検討・討議の内容については，法務省HP掲載の平成20年4月社団法人商事法務研究会「国際裁判管轄に関する調査・研究報告書」〔以下，「管轄報告」という〕，平成20年10月17日「国際裁判管轄法制の整備について」をスタートとして，平成22年1月15日までの「法制審議会国際裁判管轄法制部会」議事録と関係資料，その成果としての同日付「国際裁判管轄法制の整備に関する要綱」，解説としては神前禎「消費者契約および労働関係の訴えに関する国際裁判管轄」ジュリ1386号（2009）45頁以下等参照），その成果として，「民事訴訟法及び民事保全法の一部を改正する法律」（以下，「改正民訴法」という）が，平成23年4月20日成立し，同年5月2日公布され，同24年4月1日から施行されている（平成23年12月21日政令404号）。

(イ) 労働関係への特別規定の必要性

この審議の過程で，労働関係の訴えにつき，現行国内裁判管轄については民事訴訟法には特別の規定はなかったが，ブリュッセルⅠ規則等には特別の規定がおかれているところから，労働関係の訴えの国際裁判管轄につき，特別の規定をおくべきか否かが論議された。結論は，「事業主の指揮命令に服する立場にある労働者保護の観点から，労働者がアクセス可能な国で訴訟を行い得るように，労働関係の訴えの国際裁判管轄につき，特別の規定を置くことが相当である」とされた（管轄報告80頁）。

(ウ)　特別の規定の対象となる訴えの定義

さらに，上記(イ)にかんがみ，特別の規定の対象となる訴えは，個別労働関係民事紛争に係る訴えに限定することが相当であるとされ，具体的には，個別労働紛争法1条を参考にして，「労働条件その他労働関係に関する事項についての個々の労働者と事業主との間の紛争（以下「個別労働関係紛争」という。）に係る訴え」とするのが相当であるとされた（管轄報告80頁）。

(b)　労働関係に関する訴えの管轄権の原則

改正民事訴訟法は，前述の管轄報告のとおり，日本の裁判所の管轄権の内，労働関係の訴えの管轄権について「労働契約の存否その他の労働関係に関する事項について個々の労働者と事業主との間に生じた民事に関する紛争（以下「個別労働関係民事紛争」という。）に関する労働者からの事業主に対する訴えは，個別労働関係民事紛争に係る労働契約における労務の提供の地（その地が定まっていない場合にあっては，労働者を雇い入れた事業所の所在地）が日本国内にあるときは，日本の裁判所に提起することができる。」と定めた（3条の4第2項）。

内容的には，前述(2)の従前の判例法理の内容と同様であるが，今後は，その根拠を，不安定な解釈による条理に基づくことなく，明文の根拠をもって画定することになった。

なお，「労務の提供の地」に関して，管轄報告では（81頁），次のような議論を経て，現行条文に結実化されており，以下の論議は，前述(2)の従前の判例法理とともに，その意味を解明する際の参考とされるべきものである。

すなわち，

① 　これを契約上の労務提供地とすると，事業主が労働契約において自己に有利な労務提供地を恣意的に定める危険性もあるから，現実に労務提供をしている地を基準に決するのが相当であるとされた。

② 　一個の労働契約においても，時系列的にみて，労務提供地が変動し得るので，管轄の判断の基準時が問題になるが，事業主は，職務命令により労働者を配置換えすることができるのであるから，恣意的に自己の有利な地に労働者の労務提供地を変えられるのであって，たとえば，未払賃金請求権が請求の目的とされた場合，当該未払賃金請求権発生時の労務提供地だ

けではなく，訴え提起時の労務提供地（退職後の場合は最後の労務提供地）にも管轄が認められると解すべきであるとされた。なお，請求の目的となる権利が発生した後，転々と労務提供地が移動した場合の中間の労務提供地国には，管轄を認める理由はないとされた。

③　同じ時期に複数の労務提供地が存在することもあり得るが，その場合には，どちらの労務提供地にも管轄を認めるべきであるとされた。

④　②および③を併せて考えると，原則としては，請求の目的となる権利の発生した時点における当該権利の発生原因となった労務提供に係る労務提供地に管轄が認められるのが基本であり，それに加えて，現在の労務提供地（これが複数あればそのすべての労務提供地）にも管轄が認められることになるが，このように複数の管轄地が認められても，準拠法の場合のように一つに絞り込む必要性はないのであるから，問題はないとされた。

(c)　事業主から労働者に対する訴えについて

改正民訴法は，管轄報告を受けて，個別労働関係民事紛争に関する事業主からの労働者に対する訴えについては，契約上の債務に関する訴え等の管轄権に関する3条の3の規定は，適用されないこととした（3条の4第3項）。これは，管轄報告の指摘するように（81頁），労働者が被告になる場合には，労働者を厚く保護すべきであり，労務提供地ではなく，住所を管轄原因とすることとされたものと解される。

その結果，明文化されていないが，管轄報告の指摘するとおり（79頁），他の改正民訴法の条文との論理解釈から，個別労働関係民事紛争に係る事業主から労働者に対する訴えについて，日本国内に労働者の住所がないときは，次のいずれかの場合に限り，日本の裁判所に国際裁判管轄が認められることになる。

①　当該訴えが日本の裁判所の専属管轄とされているとき（改正民訴法3条の5）。

②　労働者が応訴したとき（改正民訴法3条の8）。

③　労働者と事業主との間の個別労働関係民事紛争について日本の裁判所の国際裁判管轄を認める管轄の合意が効力を有するとき（改正民訴法3条の7第5項）。後述(d)参照。

(d) 管轄合意の効力への制限

(ア) 一般的管轄合意

一般には，国際紛争についても，当事者が，あらかじめ，書面による合意により，紛争解決の裁判所の国と管轄を合意で決定でき，いずれの国の裁判所に訴えを提起することができるかについて定めることができる（改正民訴法3条の7第1項・2項）。

(イ) 個別労働関係民事紛争に関する特則

しかし，将来において生ずる個別労働関係民事紛争を対象とする上記(ア)の合意については，次に掲げる場合に限り，その効力を認められる，としてその効力が制限されている（改正民訴法3条の7第6項）。

① 労働契約の終了の時にされた合意であって，その時における労務の提供の地がある国の裁判所に訴えを提起することができる旨を定めたもの（その国の裁判所にのみ訴えを提起することができる旨の合意については，次の②に掲げる場合を除き，その国以外の国の裁判所にも訴えを提起することを妨げない旨の合意とみなす）であるとき。

② 労働者が当該合意に基づき合意された国の裁判所に訴えを提起したとき，または事業主が日本もしくは外国の裁判所に訴えを提起した場合において，労働者が当該合意を援用したとき。

あたかも仲裁法附則4条と同旨の規定である（第2編第1章Ⅶ❸参照）。すなわち，将来において生ずる個別労働関係民事紛争について労働契約締結時の合意にゆだねることとすると，労使当事者間の情報の質および量，交渉力の格差から対等の立場での合意が期待し難く，公正でない管轄裁判所が合意されるおそれがあること，また，そのような格差がある中で労働者の裁判を受ける権利の制限にもつながるという問題があることへの懸念からこのような取扱いとされたものである。

(e) 労働審判の特則

(ア) 労働審判法の一部改正

改正民訴法によれば，労働審判法22条1項後段に，下記，下線部分が加筆された（附則6条）。

> 　労働審判に対し適法な異議の申立てがあったときは，労働審判手続の申立てに係る請求については，当該労働審判手続の申立ての時に，当該労働審判が行われた際に労働審判事件が係属していた地方裁判所に訴えの提起があったものとみなす。<u>この場合において，当該請求について民事訴訟法第１編第２章第１節の規定により日本の裁判所が管轄権を有しないときは，提起があったものとみなされた訴えを却下するものとする。</u>

　また，改正民訴法によれば，労働審判法22条２項中に，下記，下線部分が加筆される（附則６条）。

> 　前項の規定により訴えの提起があったものとみなされる事件<u>（同項後段の規定により却下するものとされる訴えに係るものを除く。）</u>は，同項の地方裁判所の管轄に属する。

(イ) 改正の意義

　上記(ア)の改正の意義は，従前の実務を改正民訴法に合わせて明文化したものと評される。筆者の海外企業相手の労働審判の経験においても，実務上，管轄の問題がある場合，使用者側から，管轄権なしとの理由による本案前の抗弁が出ていても，裁判所は管轄権の存否に深入りせず，まずは，調停の成立を目指してきた。今回の上記(ア)の改正は，反対解釈により，日本の裁判所の国際管轄がない場合もそれのみで労働審判の申立てを不受理としたり，調停や審判を出さないことはないことを明示したことになる。

　ただし，かかる国際管轄の問題は，抑制的に運用されるであろうが，事案に応じ，労働審判法24条の「事案の性質に照らし，労働審判手続を行うことが紛争の迅速かつ適正な解決のために適当でないと認めるとき」にあたるものとして24条終了することはあり得る（第２編第４章Ⅰ❼(4)参照）。

2 外国政府機関の場合──主権免除の抗弁への制限法理

(1) 裁判例による主権免除の抗弁への制限法理の形成

(a) 主権絶対免除主義

かつては，長きにわたり，外国政府への我が国での提訴につき，絶対免除主義が採られ，我が国の判例（大決昭和3・12・28民集7巻12号1128頁）もこの立場を明らかにしていた（以下は，後掲・横田基地夜間飛行差止等請求事件最高裁判決の判時および判タの解説およびその引用する文献および同判決の判例評釈である，薬師寺公夫「在日米軍の飛行訓練と国家の裁判権免除」平成14年度重判解〔ジュリ臨増1246号〕(2003) 257頁，酒井一「判批」判評539号〔判時1837号〕(2004) 169頁以下等による）。

(b) 主権免除に関する制限主義の台頭

しかし，20世紀に入って，国家の活動範囲の拡大，社会主義国の出現などに伴い，国家と取引する私人の権利を保護し，それを通じてさらにその種の取引を拡大・発展させる必要が認識され，国家の私法的行為・業務管理的行為についてまで裁判権を免除するのは相当でないとして，制限免除主義に徐々に移行していった（下級審レベルの裁判例では，既に，東京地判平成12・11・30判時1740号54頁が，円建て債券を発行した外国国家機関〔ナウル共和国金融公社〕およびその保証をした外国国家〔ナウル共和国〕の民事裁判権免除につき，制限免除主義を採用するとともに，国家から私人に対してした免除放棄の意思表示を有効と認め，被告らの民事裁判権免除の主張を排斥したうえ，両者に対する請求を認容している）。

制限免除主義は，外国国家に対する裁判権免除に関し，国家の公法的行為・主権的行為と私法的行為・業務管理的行為とを区分し，後者については裁判権免除を認めないという原則である。各国の立法政策等の集積（米国外国主権免除法〔1976年〕，英国国家免除法〔1978年〕および国連による法制化作業〔1978年着手〕の進行）が制限免除主義成立の要因として指摘されている。もっとも制限免除主義が国際慣習法として成立しているか否かについては見解が分かれている（新堂幸司 = 小島武司編『注釈民事訴訟法(1)』（有斐閣，1991）96頁〔道垣内正人〕は「主権免除に関する制限主義は国際慣習法となっている」とするのに対し，山本草二『国際法〔新版〕』（有斐閣，1994）254頁は「なお現状では国際慣習法規として完全に確定するまでには至っていない」とする）。さらに，制限免除主義に立つ場合，その適用の前提とし

て国家の公法的行為・主権的行為 (jure imperii) と私法的行為・業務管理的行為 (juregestionis) とを区別する基準の確定が必要となる。この点については，行為目的説（国家活動の実施の動機・目的を基準に区分する見解）と行為性質説（国家行為の性質ないし結果的に生ずる法律関係を基準に区分する見解）が有力となっている（詳細は山本・前掲書258～260頁参照）。

(c) 横田基地夜間飛行差止等請求事件最高裁判決による制限免除主義の受容

このような中で，最高裁は，横田基地夜間飛行差止等請求事件・最二小判平成14・4・12（民集56巻4号729頁）において，以下のように，傍論ながら，主権免除の原則に対する国際的潮流を踏まえて，制限免除主義を受容するかに読める判示をした。すなわち，判文上は，「外国国家の主権的行為については，民事裁判権が免除される旨の国際慣習法の存在を引き続き肯認することができる」としているだけで，主権的行為以外については触れていないし，大審院の判例を変更する旨の明示的判断は示されていない。しかし，本件の事案自体，絶対免除主義を採るか制限免除主義を採るかで結論を異にするものではないにもかかわらず，あえて外国国家の裁判権免除に関する世界的な潮流に言及して判断を示したものであること，その際，制限免除主義における主権的行為と業務管理的行為の区別の基準である行為性質説および行為目的説の両者の基準を念頭において，本件の外国国家の行為が「その活動の目的ないし行為の性質上」主権的行為である旨を判断していることからすれば，同判決は，外国国家の民事裁判権免除に関し，絶対免除主義を採る大審院の判例を実質的に変更し，制限免除主義への途を開いたものと理解されている（前掲の各解説，判例研究参照）。

(d) 横田基地夜間飛行差止等請求事件最高裁判決から米国ジョージア州（解雇無効確認等請求）事件最高裁判決までの動向

しかるところ，外国政府機関との雇用契約関係をめぐる裁判につきどのように処理すべきかが問われることになる。前述の制限免除主義の立場に立てば，主権的行為と業務管理的行為の区別基準によれば，業務管理的行為に属し，主権免除の適用は受けないものと解される余地が大きいと解される。この点につき，近時のジョージア州（解雇無効確認等請求）事件・東京地中間判平成17・

9・29（労判904号35頁）は，国家の行為に対する民事裁判権の免除について，相対的主権免除主義ではなく制限的主権免除主義を採用すべきであるとしたうえ，労働者が外国国家による解雇の有効性を争い，復職を求める訴訟につき外国国家の主権免除を認めず，労働紛争のうち外国国家への復職を求める訴訟については主権免除の対象となるとするのが国際慣習法となっているとの主張も認めなかった。しかし，その控訴審である米国ジョージア州（解雇無効確認等請求）事件控訴審・東京高判平成19・10・4（労判955号83頁）では，一般的判断基準としては，制限免除主義の法理の適用を踏まえつつ，①米国の連邦構成州は，その独立性や権能において国家と比肩し得る地位を有していることからすれば，外国国家の裁判権免除の享有主体たり得るとし，②原告が，米国の一連邦構成州に対して，雇用契約上の権利を有する地位にあるか否かを訴権の主題としている本訴においては，我が国の裁判所における訴訟判断によって主権的機能を不当に干渉されないという州の権利を優先すべきであると解されるから，本訴において裁判権の免除を主張し得ると解するのが相当であると判断された。同控訴審判決には疑問が多かったところ，果たせるかな（判決の文理上からも，次の(2)の外国等に対する我が国の民事裁判権に関する法律の成立も影響したとも解されるが），米国ジョージア州（解雇無効確認等請求）事件上告審・最二小判平成21・10・16（民集63巻8号1799頁）では，「本件解雇は私法的ないし業務管理的な行為に当たるところ，原審が指摘するところは，我が国が民事裁判権を行使することが被上告人による主権的な権能の行使を侵害するおそれがある特段の事情とはいえないから，被上告人が我が国の民事裁判権から免除されるとした原審の前記判断は，外国国家に対する民事裁判権免除に関する判断を誤った違法なもの」として取り消され原審に差し戻された。

本判決は，論理的には奇異であるが，本件発生後に成立した後述(2)の外国等に対する我が国の民事裁判権に関する法律との関係にも言及しつつ（同判決は，ある意味で，同法の解釈も示したものとも解される），以下のように判示した。すなわち，「(1) 外国国家は，その主権的行為については，我が国の民事裁判権から免除され得るところ，被上告人は，連邦国家である米国の州であって，主権的な権能を行使する権限を有するということができるから，外国国家と同様に，その主権的行為については我が国の民事裁判権から免除され得る。しかし，そ

の私法的ないし業務管理的な行為については，我が国による民事裁判権の行使がその主権的な権能を侵害するおそれがあるなど特段の事情がない限り，我が国の民事裁判権から免除されないと解するのが相当である（最高裁平成15年（受）第1231号同18年7月21日第二小法廷判決・民集60巻6号2542頁参照）。

(2) 前記事実関係によれば，上告人は，極東代表部の代表者との間で口頭でのやり取りのみに基づき現地職員として被上告人に雇用されたものであり，勤務を継続することにより州港湾局の企業年金の受給資格を得ることが可能であるのみでなく，極東代表部には我が国の厚生年金保険，健康保険，雇用保険及び労働者災害補償保険が適用されていたというのであるから，本件雇用関係は，被上告人の公権力的な公務員法制の対象ではなく，私法的な契約関係に当たると認めるのが相当である。極東代表部の業務内容も，我が国において被上告人の港湾施設を宣伝し，その利用の促進を図ることであって，被上告人による主権的な権能の行使と関係するものとはいえない。以上の事情を総合的に考慮すると，本件雇用関係は，私人間の雇用契約と異なる性質を持つものということはできず，私法的ないし業務管理的なものというべきである。

そして，本件解雇は，極東代表部を財政上の理由により閉鎖することに伴い，上記のような雇用契約上の地位にあった上告人を解雇するというものであり，私人間の雇用契約における経済的な理由による解雇と異なるところはなく，私法的ないし業務管理的な行為に当たるものというほかはない。

(3) 原審は，免除条約のうち雇用契約に関する11条の規定についての議論の過程では，個人と外国国家との雇用契約から生ずる訴訟については一般的には裁判権免除の対象とならないが，被用者の『採用，雇用の更新，復職』が訴訟の主題となる場合は，裁判権免除の対象となるとの立場がほぼ一貫して採用されてきており，国際慣習としてほぼ定着しているか，少なくとも国際連合加盟各国で共通の認識となっているものと解するのが相当であるとした上，上告人が雇用契約上の権利を有する地位にあることの確認及び解雇後の賃金の支払を求める本件請求も，同条2(c)の『復職』を主題とする訴訟に当たると解するほかはないと判示する。しかしながら，免除条約が平成16年12月に国際連合総会において採択されるまでに各国代表者の間で行われた議論において

は，労働者が使用者である外国国家に対して金銭的救済を求めた場合に，外国国家は原則として裁判権から免除されないことが共通の認識となっていたところである（当裁判所に顕著な事実であり，その後成立した外国等に対する我が国の民事裁判権に関する法律9条1項，2項3号，4号もこのことを前提としている。）。原審の指摘する免除条約11条2(c)は，雇用関係を開始する場合に関する規定であり，そこにいう『裁判手続の対象となる事項が個人の復職に係るものである』とは，文字どおり個人をその職務に復帰させることに関するものであって，現実の就労を法的に強制するものではない上告人の本件請求をこれに当たるものとみることはできない。解雇が無効であることを理由に，雇用契約上の権利を有する地位にあることの確認及び解雇後の賃金の支払を求める本件請求は，同条2(d)にいう『裁判手続の対象となる事項が個人の解雇又は雇用契約の終了に係るもの』に当たると解すべきであり，この場合は，『雇用主である国の元首，政府の長』等が，『当該裁判手続が当該国の安全保障上の利益を害し得るものであると認める場合』に限り裁判権の免除が認められているところである。

さらに，原審は，本件解雇の『正当事由』の有無について判断するため州港湾局の事務所閉鎖の必要性や被上告人の事業政策，財政状況等について審理することは主権の侵害に当たると判示するが，免除条約においては，上記のとおり，解雇の場合は，政府の長等によって安全保障上の利益を害するおそれがあるものとされた場合に限って免除の対象とされるなど，裁判権免除を認めるに当たり厳格な要件が求められていることに徴しても，原審の指摘するような事情が主権を侵害する事由に当たるものとは認められない。

(4) 前記のとおり，本件解雇は私法的ないし業務管理的な行為に当たるところ，原審が指摘するところは，我が国が民事裁判権を行使することが被上告人による主権的な権能の行使を侵害するおそれがある特段の事情とはいえないから，被上告人が我が国の民事裁判権から免除されるとした原審の前記判断は，外国国家に対する民事裁判権免除に関する判断を誤った違法なものといわざるを得ない。」と。

(2) **外国等に対する我が国の民事裁判権に関する法律**

そこで，以上の判例・裁判例の混沌状況に一定の歯止めをかけるべく，平成

Ⅰ●海外派遣または国内の外国企業勤務における労働契約関係をめぐる裁判管轄 333

21年4月20日，外国等に対する我が国の民事裁判権に関する法律が成立し，「外国等は，この法律に別段の定めがある場合を除き，裁判権（我が国の民事裁判権をいう。以下同じ。）から免除されるものとする。」（同法4条）としたうえで，その別段の定めとして，労働契約につき，次に掲げる9条を置いている。

> 第9条　外国等は，当該外国等と個人との間の労働契約であって，日本国内において労務の全部又は一部が提供され，又は提供されるべきものに関する裁判手続について，裁判権から免除されない。
> 2　前項の規定は，次に掲げる場合には，適用しない。
> 一　当該個人が次に掲げる者である場合
> 　イ　外交関係に関するウィーン条約第1条（e）に規定する外交官
> 　ロ　領事関係に関するウィーン条約第1条1（d）に規定する領事官
> 　ハ　国際機関に派遣されている常駐の使節団若しくは特別使節団の外交職員又は国際会議において当該外国等（国以外のものにあっては，それらが所属する国。以下この項において同じ。）を代表するために雇用されている者
> 　ニ　イからハまでに掲げる者のほか，外交上の免除を享有する者
> 二　前号に掲げる場合のほか，当該個人が，当該外国等の安全，外交上の秘密その他の当該外国等の重大な利益に関する事項に係る任務を遂行するために雇用されている場合
> 三　当該個人の採用又は再雇用の契約の成否に関する訴え又は申立て（いずれも損害の賠償を求めるものを除く。）である場合
> 四　解雇その他の労働契約の終了の効力に関する訴え又は申立て（いずれも損害の賠償を求めるものを除く。）であって，当該外国等の元首，政府の長又は外務大臣によって当該訴え又は申立てに係る裁判手続が当該外国等の安全保障上の利益を害するおそれがあるとされた場合
> 五　訴えの提起その他の裁判手続の開始の申立てがあった時において，当該個人が当該外国等の国民である場合。ただし，当該個人が日本国

> に通常居住するときは，この限りでない。
> 六　当該労働契約の当事者間に書面による別段の合意がある場合。ただし，労働者の保護の見地から，当該労働契約に関する訴え又は申立てについて日本国の裁判所が管轄権を有しないとするならば，公の秩序に反することとなるときは，この限りでない。

　外国等に対する我が国の民事裁判権に関する法律は，平成22年4月1日から施行されている（同法に関しては，道垣内正人「外国等に対する我が国の民事裁判権」ジュリ1387号（2009）58頁参照）。

　したがって，今後の外国政府機関との雇用契約関係をめぐる裁判（法文に即せば，「当該外国等と個人との間の労働契約であって，日本国内において労務の全部又は一部が提供され，又は提供されるべきものに関する裁判手続」）に関しては，外国等に対する我が国の民事裁判権に関する法律によって規整されることとなるが，前述のように，同法の解釈にも言及している（「その後成立した外国等に対する我が国の民事裁判権に関する法律9条1項，2項3号，4号もこのことを前提としている。」などの判示に注目）米国ジョージア州（解雇無効確認等請求）事件上告審・前掲最二小判平成21・10・16なども参酌されて解決が図られることになる。

Ⅱ　国際的労働契約関係の準拠法

❶　はじめに

　平成19年1月1日以降は，国際的労働契約関係の準拠法の確定については，後述❸のとおり法の適用に関する通則法が施行され，同法による判断がなされている。しかし，同法の条文，たとえば，後述の同法12条で多用される「当該労働契約において労務を提供すべき地の法」や「当該労働契約に最も密接な関係がある地の法」の具体的判断においては，現在のところ，同法に関する適切な裁判例も示されておらず，その意味を探るためにも，従前の裁判例の流れを検討しておく必要がある。

Ⅱ●国際的労働契約関係の準拠法

2　従前の「法例」に基づく準拠法画定をめぐる裁判例

(1) 当事者の合理的意思の探求による黙示の合意による画定

　国際的労働契約関係をめぐる紛争では，国際裁判管轄の次に，いかなる国の法規を適用すべきかという準拠法画定の問題が争点となる。法の適用に関する通則法が施行される前においては，労働契約を含む債権契約において明示の準拠法の合意がない場合，直ちに法例7条2項の「当事者ノ意思カ分明ナラサルトキ」にあたるとして行為地法を適用すべきではなく，当事者自治の原則を定めた同条1項に則り，契約の諸事情を考慮して当事者の合理的意思を探求し，黙示の合意を認めるのが裁判例・学説の大勢であり，ドイッチェ・ルフトハンザ・アクチェンゲゼルシャフト事件・前掲東京地判平成9・10・1も同様の見解に立って，「雇用契約の準拠法については，法例7条の規定に従いこれを定めるべきであるが，当事者間に明示の合意がない場合においても，当事者自治の原則を定めた同条1項に則り，契約の内容等具体的事情を総合的に考慮して当事者の黙示の意思を推定すべきである。」として，黙示の合意を認定したものである。控訴審で覆ったが米国ジョージア州（解雇無効確認等請求）事件第一審・東京地判平成18・5・18（労判919号92頁）では，原告と被告米国ジョージア州との間の本件雇用契約締結に際して，その雇用関係に密接に関係している日本の法を，雇用関係をめぐる紛争についての準拠法とする黙示的な合意があったと認められるから，本件の準拠法は日本法とされた。

　法の適用に関する通則法12条3項の「労働契約の成立及び効力について第7条の規定による選択がないときは，当該労働契約の成立及び効力については，第8条第2項の規定にかかわらず，当該労働契約において労務を提供すべき地の法を当該労働契約に最も密接な関係がある地の法と推定する。」がこれを踏まえた規定と解される。

(2) 労務給付地が日本国内に限定されているような場合等

　一般的には，労務給付地が日本国内に限定されているような場合，あるいは，労務給付地は複数国にまたがるものの，人事組織上，当該労働者が日本国内の営業所に所属し，同営業所の就業規則の適用を受け，業務遂行上も同営業

所の指揮命令に従うこととされている場合は，使用者・労働者双方に日本法を準拠法とする旨の意思があると解されることが予想される。

　法の適用に関する通則法12条2項の「前項の規定の適用に当たっては，当該労働契約において労務を提供すべき地の法（その労務を提供すべき地を特定することができない場合にあっては，当該労働者を雇い入れた事業所の所在地の法。次項において同じ。）を当該労働契約に最も密接な関係がある地の法と推定する。」がこれを踏まえた規定と解される。

(3) 具体的労務管理が外国でなされている場合等

　ドイッチェ・ルフトハンザ・アクチェンゲゼルシャフト事件・前掲東京地判平成9・10・1では，国際線の搭乗業務という業務の性質上労務給付地が一国に限定されているとはいえないうえ，労働者らはドイツの本社人事部に所属し，ドイツベースのエアホステスと同様，使用者がドイツの労働組合との間で締結した労働協約（労働協約自治の原則を定めるドイツ労働法の独特の規定に基づくものとされる）によって基本的な労働条件全般が定められており，労働協約の適用を受けない付加手当の導入・増額についても，東京営業所とではなく，ドイツの本社人事部と交渉してきたこと，労働者らに対する具体的労務管理はドイツの本社人事部が行っており，東京営業所はその伝達を行っているにすぎないこと，しかも，使用者において，「ホームベース」は労働協約上も休養時間，休日等の取得場所としての意味しか有しないなどの事情が認定され，これらの事情に照らし，ホームベースが日本であることのみでは，本件雇用契約の準拠法を日本法とする合意が成立していたと推認するには足りないとされた。

　同判決は，以下のように判示している。「本件各雇用契約においては，被告と各原告らとの間で，原告らの権利義務については，社団法人ハンブルグ労働法協会（ＡＶＨ）とドイツ被用者労働組合（ＤＡＧ）及び公共サービス輸送交通労働組合（ＯＴＶ）との間で締結された被告の乗務員に関する労働協約に依拠することが合意されていること，右労働協約により，原告ら被告の乗務員の勤務時間，乗務時間，飛行時間，休憩時間，休日，給与の支給項目，手当，休暇，定年などの基本的な労働条件全般が定められ，また，右労働協約に基づく賃金協約により，給与の支給に関する乗務員の分類・等級，昇給等も定

められていること，右労働協約は，労働協約自治の原則を定めるドイツ労働法に独特の規定に基づくものであり，その内容もドイツの労働法等の法規範に基づいていること，右労働協約の適用を受ける労働条件の交渉は，労働協約により援用されているドイツ経営組織法の規定に基づき，フランクフルト本社の従業員代表を通じてなされていること，本件の付加手当等の右労働協約の適用を受けない個別的な労働条件についても，原告らはフランクフルト本社の客室乗務員人事部と交渉してきたこと，原告らに対する具体的労務管理及び指揮命令は右客室乗務員人事部が行っており，フライトスケジュールの作成はミュンヘンの乗務員配置計画部門で行い，東京営業所はこれらの伝達等をするにとどまり，原告らに対する労務管理や指揮命令を行っていないこと，原告らの給与は雇用契約上ドイツマルクで合意され，ハンブルグにある被告の給与算定部でドイツマルクにより算定され，これにドイツの健康保険料及び年金保険料の各使用者負担分が付加されて支給総額が算定され，この中からドイツの所得税，年金保険料，衣服費を控除した後，残額がドイツマルクで東京営業所に一括して送金され，東京営業所において国外所得として所得税，住民税及び社会保険料が控除された後，手取額が日本円で原告らに送金されていること，原告らに対する募集及び面接試験は日本で行われたが，フランクフルト本社の客室乗務員人事部が東京ベースのエアホステスの募集を決定し，同人事部の担当者が来日して面接試験を行い，採用決定をしたもので，東京営業所のクルーコーディネーターは同人事部が提示した募集条件を充たす者を書類選考するなど補助的に関与したにすぎないこと，原告甲野及び原告丙山はドイツにおいて雇用契約書に署名しており，原告乙川は日本において雇用契約書に署名しているが，署名した雇用契約書は東京営業所を通じて被告のフランクフルト本社客室乗務員人事部に返送しており，原告らの雇用契約はいずれも被告のフランクフルト本社の担当者との間で締結されていることが認められる。

<u>　右に認定した諸事実を総合すれば，本件各雇用契約を締結した際，被告と各原告との間に本件各雇用契約の準拠法はドイツ法であるとの黙示の合意が成立していたものと推定することができる。</u>

3　原告らは，原告らのホームベースの所在地は日本であるから，原告らの労務給付地は日本というべきであり，また，原告らの指摘する事情に照らせば，

本件各雇用契約に密接に関連するのは日本法であり，したがって，準拠法は日本法と解すべきである旨主張する。しかし，……原告らの主たる勤務の内容は搭乗業務であり，成田，フランクフルト等の空港における勤務は待機時間も含めていずれも約2時間程度であって，原告らの勤務の大半は被告の航空機内において，多国間の領土上空を通過しつつ実施されていることが認められ，準拠法についての黙示の意思の推定の関係では，原告らの労務給付地は多国間にまたがっていて，単一の労務給付地というものはないというべきである。また，本件においては，前記のとおり，原告らに対する具体的労務管理及び指揮命令はフランクフルト本社客室乗務員人事部で行われていて，東京営業所は原告らの労務管理を行っておらず，ホームベースは労働協約上も休養時間，休日等の取得場所としての意味しかないこと……が認められ，ホームベースが日本であることのみでは，原告らと被告との間に本件各雇用契約の準拠法を日本法とする合意が成立していたと推認するには足りない。

　さらに，原告らは日本においてミーティング，QC活動，健康診断，救難訓練，広報活動等に従事することがあり……，給与も一旦東京営業所に送金され，所得税，住民税及び社会保険料が控除された後，手取額が日本円で原告らに送金されているが，これらは原告らが日本に居住していることから，被告や原告ら各人の便宜のために実施されているのであって，本件各雇用契約の本質的な要素とは言いがたく，右のような諸事情をもって，本件各雇用契約の準拠法を日本法とする合意が成立していると推認することはできない。」，と。

　なお，労働契約につき，準拠法の黙示の合意を認定した裁判例として，インターナショナル・エア・サービス事件・東京地決昭和40・4・26（労民集16巻2号308頁）（米国カリフォルニア洲法を準拠法とする労働契約に基づき，日本国内に事務所を有する外国法人に雇用され，日本国内において勤務している外国人に対する解雇の効力は，労務の給付地である我が国の労働法を適用して判断すべきであって，この点に関する限り法例7条の適用は排除されるものと解すべきであるとされた），シンガー・ソーイング・メシーン解雇事件・東京地判昭和42・7・9（労民集18巻4号872頁）（日本国内に支店を有する米国ニュージャージー州法人である会社と，同会社に雇用され日本国内において勤務している米国人との間の労働契約が，米国連邦法および米国・ニューヨーク州法を準拠法として指定したものと推認された），シンガー・ソーイング・メシーン社

宅明渡事件・東京地判昭和44・5・14（判時568号87頁）（雇用契約当事者の意思は，米国連邦法および米国・ニューヨーク州法をもって準拠法とするにあったと推認すべきとした），サッスーン東京事務所事件・前掲東京地決昭和63・12・5（英国法に基づき設立され，日本国内に営業所を有しない法人の東京事務所に雇用され，解雇の意思表示を受けた英国人の雇用契約の成立および効力に関する準拠法につき，英国法によれば，1週間前に解雇を予告するかまたは1週間分の賃金相当の予告手当を支払うことにより解雇し得ることとされているにもかかわらず，同社が日本の労働基準法に規定する30日分の賃金相当の予告手当を支払って解雇の意思表示を行っていること，これに，労働者の職種は東京事務所の代表者であって，労務提供地のみが予定されていたこと，契約の締結が英国で行われたのも，労働者が所用でのロンドン訪問中になされたものであること，以上の事実を併せ考えると，当事者は，上記雇用契約の準拠法を日本法とする意思であったと推認するのが相当であるとして，法例7条1項の規定により，上記準拠法を日本法であるとした）などがある。

❸ 法の適用に関する通則法による労働事件の準拠法の画定

　以上の混迷状況や当事者自治の原則に対して一定の歯止めをかけ，準拠法の合意の効力にも制限を加え，労働契約など法律によって経済的弱者の保護が図られている契約類型については，何らかの制約を加えるべきであるとの学説があり，このような立場に立つ立法例もあるところ，平成18年，法例に代わる「法の適用に関する通則法」が成立し，その12条が，次のように，「労働契約の特例」として，任意規定のみならず強行規定の適用に関する労働者の意思表示による特例等を定めている。

　すなわち，原則は，下記の法の適用に関する通則法7条ないし9条により準拠法が判断される。

> （当事者による準拠法の選択）
> 第7条　法律行為の成立及び効力は，当事者が当該法律行為の当時に選択した地の法による。
> （当事者による準拠法の選択がない場合）
> 第8条　前条の規定による選択がないときは，法律行為の成立及び効力は，当該法律行為の当時において当該法律行為に最も密接な関係がある地の法による。
> 2　前項の場合において，法律行為において特徴的な給付を当事者の一方のみが行うものであるときは，その給付を行う当事者の常居所地法（その当事者が当該法律行為に関係する事業所を有する場合にあっては当該事業所の所在地の法，その当事者が当該法律行為に関係する二以上の事業所で法を異にする地に所在するものを有する場合にあってはその主たる事業所の所在地の法）を当該法律行為に最も密接な関係がある地の法と推定する。
> 3　第1項の場合において，不動産を目的物とする法律行為については，前項の規定にかかわらず，その不動産の所在地法を当該法律行為に最も密接な関係がある地の法と推定する。
> （当事者による準拠法の変更）
> 第9条　当事者は，法律行為の成立及び効力について適用すべき法を変更することができる。ただし，第三者の権利を害することとなるときは，その変更をその第三者に対抗することができない。

これに対して，法の適用に関する通則法12条は次のように定められた。

(労働契約の特例)
第12条　労働契約の成立及び効力について第7条又は第9条の規定による選択又は変更により適用すべき法が当該労働契約に最も密接な関係がある地の法以外の法である場であっても，労働者が当該労働契約に最も密接な関係がある地の法中の特定の強行規定を適用すべき旨の意思を使用者に対し表示したときは，当該労働契約の成立及び効力に関しその強行規定の定める事項については，その強行規定をも適用する。
2　前項の規定の適用に当たっては，当該労働契約において労務を提供すべき地の法（その労務を提供すべき地を特定することができない場合にあっては，当該労働者を雇い入れた事業所の所在地の法。次項において同じ。）を当該労働契約に最も密接な関係がある地の法と推定する。
3　労働契約の成立及び効力について第7条の規定による選択がないときは，当該労働契約の成立及び効力については，第8条第2項の規定にかかわらず，当該労働契約において労務を提供すべき地の法を当該労働契約に最も密接な関係がある地の法と推定する。

　しかし，すべての事案で，同条で最も重要な「労働契約に最も密接な関係がある地」の概念自体が定まっていないため一義的には準拠法の画定ができず，同条の推定規定を用いても，準拠法が画定できない場合，前述Ⅱ❷の裁判例も斟酌されてその画定がなされることになるであろう。

Ⅲ　国際的労働契約関係紛争で起こるその他の実務上の留意点

❶　送達・書証・執行判決等

　国際的労働契約関係紛争で起こるその他の実務上の留意点として，上記管轄，準拠法以外にも解決すべき実務上の課題は，外国への送達（民訴法108条），証拠調べ段階での書証への訳文の添付等（民訴則138条），執行段階での執

行判決の取得（民執法24条）等多々ある。

実際には，いずれも，実務的負担の大きな問題である。書証の訳文に例をとれば，たとえば，最近頻発している，長期の非違行為や職務能力不足にメンタルヘルス不調が絡んだ案件についてみると，その行動記録，医学的行動観察，意見書等や，解雇等の処分に至る決定経緯の電子メール，懲戒委員会等の議事録等の膨大な資料の翻訳と，その他，主張書面等の翻訳が必要であり，その手間と費用は，当事者にとって，争訟の解決の仕方，争訟方法（示談か労働審判か訴訟か等）の選択にも大きな影響を与える要素であることを指摘しておく。

❷ 外国在住の労働者からの提訴への対抗策
―― 提訴への担保提供命令の申立て

(1) 訴訟費用の担保提供命令の申立て

労働事件に限らず渉外事件で，外国在住の者からの提訴に対する常套的対抗策として，訴訟費用の担保提供命令の申立てがある（民訴法75条）。

すなわち，原告が日本国内に住所，事務所および営業所を有しないときは，裁判所は，被告の申立てにより，決定で，訴訟費用の担保を立てるべきことを原告に命じなければならず（民訴法75条1項），もし，原告が担保を立てるべき期間内にこれを立てないときは，裁判所は，口頭弁論を経ないで，判決で，訴えを却下することができる（民訴法78条）。そこで，この申立てが多く利用される。民事訴訟法上では，この申立てをした被告は，原告が担保を立てるまで応訴を拒むことができるとされているところから（民訴法75条4項），引き伸ばし策として利用されることもある。ただし，実際の裁判所の運用は，審理の中で，申立ての要否，却下の是非を判断するとして（あたかも労働組合法27条の20の緊急命令の運用に似ている。この点は，第2編第3章Ⅳ❹(4)参照），審理を進めることがあり，安易にこの手段に頼るのは危険である。

なお，この申立ては，担保を立てるべき事由があることを知った後に本案について弁論をし，または弁論準備手続において申述をしたときはできないことに留意する必要がある（民訴法75条3項）。

申立ての基本的書式としては，**書式1**が参考となろう。

書式1 ●訴訟費用の担保提供命令の申立書

平成○○年（ワ）第○○○○号　地位確認等請求事件
原　告　X
被　告　株式会社Y

担保提供命令申立書

平成○○年○○月○○日

○○地方裁判所民事第○部　御中

上記被告代理人　弁護士　甲　野　太　郎

第1　申立ての趣旨
　　原告は，訴訟費用の担保を立てるべきである
　との決定を求める。

第2　申立ての理由
　　頭書の事件につき，原告は，訴訟提起時から現在に至るまで，○×国に住所を有し，日本国に住所を有しない。原告は，仮処審尋や準備手続の期日においては，一時的に日本に入国しているものの，居住はしていない。被告が住所地として示しているものは，原告の知人の自宅住所であり，被告は，当該住所に居住していない。
　　よって，被告は，民事訴訟法75条1項に基づき，原告に担保を立てるよう命じるように申し立てる。
　　なお，この点に関し，被告は，原告の出入国の確認を行うため，調査嘱託の申出を行う。

(2) 申立要件の立証

原告が日本国内に住所，事務所および営業所を有しないことは，訴訟要件ではないため，訴訟費用の担保提供命令を得るためには，被告側に立証責任がある。そこで，原告が，日本国内での住所等を偽装する場合，被告は，入国管理局等に，**書式2**のように調査嘱託を申し出て照会し，外国人出入国記録により，原告の日本と外国との往来の実態等から，居住の実態のないことを示す証拠とすることがある。

書式2●調査嘱託申出書

平成○○年（ワ）第○○○○号　地位確認等請求事件
原　　告　X
被　　告　株式会社Y

調査嘱託申出書

平成○○年○○月○○日

○○地方裁判所民事第○部　御中

上記被告代理人　弁護士　甲　野　太　郎

第1　証明すべき事実
　　　原告が，本訴訟提起時および現在日本国内に住所を有しない事実
第2　嘱託先
　　　〒100-8977　東京都千代田区霞が関1-1-1
　　　法務省
第3　調査事項
　　　原告の平成○○年○○月以降の出入国記録

以　上

事項索引

あ

ILO 条約 321
相手方が作成した議事録 272
相手方が作成した事情聴取書 272
アウトソーシング 36
あっせん 127
　――の性格 62
　紛争調整委員会による―― 47
　労働委員会による―― 61
安全配慮義務 25,297
安全配慮義務違反 295,297
委員会設置会社 30
行き詰り状態 133
異議の申立て 100,186,201
慰謝料 296
　遺族固有の―― 296
移送の裁判 203
一定の時間的場所的拘束 34
一定の担保（保証金等） 226
一般市民法 4
一般労働組合 45
委任型［執行役員］ 31
委任命令 16
違法派遣 11
引用文書 272
訴　え 269
　――の取下げ 243
訴え提起の擬制 201
訴え提起の手数料 239
上積み（補償）規定 120
ADR（Alternative Dispute Resolution） 101
　行政型―― 101
　公的―― 101
ADR 法 102
　――の認証制度 102
応　訴 325
親会社 36

か

概括的に時間外労働時間が認定された例 286
解雇回避努力義務 302
外国国家 330
　――に対する民事裁判権免除に関する判断
　.. 330
戒告処分の無効確認 269
外国人出入国記録 344
外国政府機関との雇用契約関係をめぐる裁判
.... 329,334
外国等に対する我が国の民事裁判権に関する法
律 333,334
解雇権濫用の主張・立証責任 299
解雇権濫用の否定を根拠付ける事実の使用者側
の主張・立証 299
解雇権濫用の評価根拠事実 300
　――について労働者側の再抗弁としての主
　張・立証 299
解雇権濫用の評価を妨げる事実（評価障害事実）
についての使用者側の再々抗弁としての主
張・立証責任 299
解雇権濫用法理 244,299
　――の類推適用 308
解雇権濫用を基礎付ける事実の労働者側の主
張・立証 299
解雇の合理性を基礎付ける具体的理由 300
解雇猶予措置 290
解雇予告手当 315
会社側の労働時間の管理状況 284
会社指定の専門医等の受診 290
会社の機関 31
会社の再雇用基準 307
会社の実質的・現実的支配 39
会社の使用者責任（民法 715 条） 294
会社の職場環境調整義務違反の債務不履行責任
.... 292
会社の分割に伴う労働契約の承継等に関する法

事項索引

律（旧承継法）……………………… 310
会社の本店所在地 ………………………… 240
会社分割に伴う労働契約の承継等に関する法律
　（労働契約承継法）……………………… 310
会社分割法制による労使関係への影響 …… 309
会社分割無効 ……………………………… 313
　──の訴え …………………………… 313
会社法の報酬規制 ………………………… 30
改正高年齢者雇用安定法 Q&A ……………… 305
ガイドライン ……………………………… 15
加害者に何をされたのか，その結果どのような
　損害が生じたのか …………………… 292
格差拡大 …………………………………… 11
隔日勤務 …………………………………… 304
確定判決と同一の効力 …………………… 274
確認訴訟 …………………………………… 267
確認の利益 ………………………………… 267
駆け込み訴え ……………………………… 45
過去になされたタイトル付与の命令の効力の
　確認 …………………………………… 269
過失相殺 …………………………………… 299
過失等と損害との因果関係やそれらの存在を主
　張・立証する必要 …………………… 298
加重的（限定的）要件［労働契約］……… 23
過重労働による健康障害防止のための総合対策
　について ……………………………… 64
仮執行宣言 ………………………… 243,318
仮の地位を定める仮処分 ………………… 225
仮払い賃金の原状回復命令 ……………… 236
仮払いの支払額・期間を限定する傾向 … 230
過　　料 …………………………… 154,163
簡易裁判所 ………………………………… 240
簡易・迅速性［保全処分の手続］……… 225
管轄裁判所 ………………………………… 100
　付加的な── ………………………… 240
関係当事者 ……………………………… 78,85
間接強制 …………………………………… 63
間接事実からの総合的な判定 …………… 177
間接的履行の強制 ………………………… 154
完全失業率 ………………………………… 43
監督官の職権発動を促す端緒 …………… 71
監督権発動の有力な契機 ………………… 66
管理監督者 ………………………………… 284
機械・器具やノウハウの保有 …………… 27

機会均等調停会議 ……………………… 52,77,78
企画業務型裁量労働指針 ………………… 15
期間の定めのない契約と実質的に異ならない状
　態になっていた事実［有期労働契約の雇止め］
　…………………………………………… 303
期間満了による労働契約の終了 ………… 303
起業家志向 ………………………………… 26
企業経営のグループ化 …………………… 36
企業組織の再編 …………………………… 45
企業単位［労働組合］…………………… 45
企業内の自主的紛争解決 ………………… 49
企業の人事労務管理の個別化 …………… 45
企業別労働組合 …………………………… 45
企業名公表制度 ………………………… 77,82
危険の負担 ………………………………… 27
期日指定後1週間以内程度［労働審判］… 188
期日の1週間前の提出［準備書面］…… 252
期日の変更 …………………………… 188,197
基　　準 …………………………………… 15
規制緩和 …………………………………… 5
　──の要請 …………………………… 11
規制手法の変化 …………………………… 6
偽装請負 ………………………………… 38,281
偽装請負的態様で就労中の下請労働者の過労
　自殺に対する発注主・派遣先企業の賠償責
　任 ……………………………………… 296
偽装解散 …………………………………… 39
偽装倒産 …………………………………… 39
起訴命令 …………………………………… 236
規範的要件 ………………………… 244,302
義務違反に該当する事実を主張・立証する責任
　［安全配慮義務違反］………………… 298
義務違反の状況を消滅させた場合［付加金支払
　義務］………………………………… 205
義務の内容の特定［安全配慮義務違反］… 298
義務履行地 ………………………………… 240
休業損害 …………………………………… 296
休業手当 …………………………………… 315
救済命令 …………………………………… 145
　確定した── ………………………… 154
　──の取消訴訟の出訴期間 ………… 166
休職前の軽減措置中の業務ではない本来通常行
　うべき業務基準［復職可否の判断基準］… 289
狭義の労働法 ……………………………… 21

事項索引　347

強行規定の定める事項 … 341
強行規定の適用 … 341
　——に関する労働者の意思表示による特例 … 339
行政機関の保有する個人情報の保護に関する法律に基づく開示請求の手続 … 274
行政協力型［労災行訴への事業主の参加］ … 118
強制執行 … 224, 243
行政指導 … 63
行政上の制裁 … 154
行政処分 … 110
行政訴訟 … 136
行政的措置 … 17
行政内部の意思形成過程に関する情報に係る部分 … 273
行政不服審査法 … 112
共同不法行為者 … 153
業務執行機能 … 31
業務執行権 … 29
業務命令の無効確認 … 269
　——の利益 … 268
業務を執行する執行役員 … 32
緊急調整の決定 … 132
緊急命令 … 169
均衡考慮配慮義務 … 25
均衡待遇調停会議 … 85
金銭解決による終了 … 190
金銭債権の支払を保全するための債務者の財産の現状維持 … 225
金銭等の給付を内容とする合意 … 143
経営者の自宅での外出妨害行為禁止［争議行為の容認例］ … 233
係争物に関する仮処分 … 225
継続雇用制度の導入 … 304
継続する行為 … 138
経費の負担 … 27
契約期間の間のみ仮払いの必要性 … 232
契約終了に対する再抗弁 … 303
契約内容の一方的・定型的決定 … 34
契約に期間の定めが存在した事実 … 302
欠席判決 … 241
決定的動機説 … 178
減額等の裁量権［付加金］ … 316
建　議 … 309

研究発表活動を行うこと［地位保全の決定］ … 230
原材料の搬入作業に対する営業妨害禁止［争議行為の容認例］ … 233
原状回復の裁判 … 236
源泉徴収義務 … 276
限定的再雇用制度 … 307
限定列挙説［解雇］ … 300
原判決に判例に反する判断がある事件その他の法令の解釈に関する重要な事項を含む事件［上告審］ … 278
憲法解釈の誤り［上告審］ … 278
権利濫用 … 25
権利濫用論 … 299
後遺障害逸失利益 … 296
行為性質説 … 329
合意成立率［労働局のあっせん］ … 61
行為目的説 … 329
公益委員［労働委員会］ … 125
公益委員会議 … 142, 144
公益事業 … 130
公開の法廷 … 241
降格前の地位確認及び役職手当 … 269
合議体 … 241
交渉が膠着しているような場合［団交］ … 135
交渉が進展する見込みがなくなっていた場合［団交］ … 133
交渉力格差 … 34
控除前相殺説 … 299
公序良俗に反するもの … 305
更新拒絶権が留保された自動更新の特約［有期労働契約］ … 303
更新拒絶に合理的理由がないことを基礎付ける事実［有期労働契約］ … 303
更新拒絶の合理的理由を基礎付ける事実について主張・立証責任［有期労働契約］ … 303
控　訴 … 277
　——の利益 … 277
控訴理由書 … 278
高等裁判所 … 241
口頭弁論 … 227, 241
口頭弁論終結時の前後 … 274
合同労組 … 45, 123
合同労組事件 … 45

事項索引

——の新規申立件数 ………………… 124
高年齢者雇用安定法改正の趣旨 …………… 305
高年齢者雇用安定法9条の趣旨 …………… 308
高年齢者雇用安定法9条1項に基づく事業主の義務 …………………………………… 307
高年齢者雇用確保措置 ……………………… 304
——によって確保されるべき雇用の形態 … 304
高年齢者等の雇用の安定等に関する法律の一部を改正する法律の施行について ………… 305
抗弁事実 …………………………………… 248
公務員の職務上の秘密 ……………………… 273
——に関する文書 …………………………… 273
合理性[労働事件] ………………………… 244
国外の労使関係を対象とする不当労働行為の救済 …………………………………………… 321
国外の労使紛争 ……………………………… 320
国際慣習法 ……………………………………… 328
国際裁判管轄 ………………………… 322,335
——を認めるの管轄の合意 ………………… 325
労働関係の訴えの—— ………………………… 323
国際裁判管轄法制の立法化作業 …………… 323
国際的な集団的労働関係民事紛争 ……… 320
国際的労働契約関係 ………………………… 320
——の準拠法の確定 ………………………… 334
——をめぐる紛争 ……………………… 321,335
国際労働法 …………………………………… 19
告　示 ………………………………………… 15
5条協議[会社分割] ……………………… 310
5条協議義務違反があった場合の法的効果[会社分割] …………………………………… 311
5条協議義務が尽くされたとされた例[会社分割] …………………………………… 310
5条協議義務の内容としての説明責任が不十分な場合[会社分割] ……………………… 314
個人委託 ……………………………………… 26
個人事業主 …………………………………… 27
個人別出勤表記載 …………………………… 285
国家の公法的行為・主権的行為（jure imperii）……………………………… 328-330,332
個別的労使関係法 …………………………… 3
個別立証 ……………………………………… 181
個別労働関係紛争 ……………………… 47,122,324
——の解決 …………………………………… 49
個別労働関係紛争の解決の促進に関する法律（個別労働紛争法） …………………………… 123
個別労働紛争法 ……………………………… 123
個別労働紛争法1条 ………………………… 324
個別労働関係民事紛争 ………… 186,187,191,324
——に係る事業主から労働者に対する訴え ………………………………………… 325
——に係る労働契約における労務の提供の地 ……………………………………… 320,324
——に関する事業主からの労働者に対する訴え …………………………………… 325
——の迅速，適正かつ実効的な解決の実現 ……………………………………………… 186
個別労働紛争解決制度施行 ………………… 49
雇用確保措置適用基準 ……………………… 304
——の適否 …………………………………… 305
——の廃止 …………………………………… 309
雇用型[執行役員] ………………………… 31
雇用継続への労働者の合理的期待を認め得る場合[有期労働契約の雇止め] ……………… 302
雇用継続を労働者が期待することが合理的であったこと基礎付ける事実[有期労働契約の雇止め] ……………………………………… 303
雇用契約の準拠法を日本法とする意思であったと推認するのが相当 ……………………… 339
雇用国会 ……………………………………… 8
雇用政策立法 ………………………………… 4
混合型[執行役員] ………………………… 31
混合契約 ……………………………………… 22

さ

災害調査復命書 ……………………………… 273
最後陳述 ……………………………………… 142
再雇用拒否が不法行為[高年法9条に基づく雇用継続制度] ………………………………… 308
再雇用契約締結の申込み[高年法9条に基づく雇用継続制度] ………………………… 308
再雇用の要件該当性を判断するにあたって，一定の裁量権[高年法9条に基づく雇用継続制度] ……………………………………… 307
再雇用を義務づける私法的効力[高年法9条に基づく雇用継続制度] ……………………… 308
財産隠匿 ……………………………………… 226
再審査請求[労働保険審査会への] ……… 109

事項索引　　349

──期間 ………………………………… 109
再審査手続［不当労働行為の］……………… 136
再審査の申立て［不当労働行為の］………… 163
再訴禁止の効力 ………………………………… 243
裁判外紛争解決手続の利用の促進に関する法律
　（ADR 法）………………………………… 102
裁判官 …………………………………………… 241
裁判管轄 ………………………………………… 321
──の画定 ………………………………… 320
裁判権の及ぶ範囲 ……………………………… 322
裁判上の和解 …………………………………… 243
──と同一の効力 ………………………… 199
裁判所に提起された労働事件の新受件数 …… 43
裁判所により命じられることによって発生する
　付加金支払義務 ……………………………… 317
裁判所による独自の審査 ……………………… 170
裁判所の判決の確定による付加金支払始期の確
　定 ……………………………………………… 317
裁判長 …………………………………………… 241
債務の本旨に従った履行の提供［復職可否の判
　基準］………………………………………… 288
債務不履行 ……………………………………… 296
債務不履行責任による損害賠償 ……………… 296
債務名義 ………………………………………… 143
裁量権の逸脱 …………………………………… 145
作業上の指揮命令・勤怠管理の有無［社外労働
　者と受入企業の間の黙示の労働契約の成否］
　………………………………………………… 279
差止めを求める仮処分 ………………………… 233
査定に基づく賃金上の差別的取扱いの是正を求
　める救済の申立て …………………………… 138
参考人 …………………………………………… 60
　同一の事業所に雇用される労働者その他の
　　………………………………………………… 85
三者間調停 ……………………………………… 78
暫定性［保全命令に関する裁判］…………… 235
産別単位［労働組合］………………………… 45
参　　与 ………………………………………… 144
自営事業者 ……………………………………… 27
時間の拘束性 ………………………………… 24,28
指揮監督下の労務提供 ………………………… 34
指揮監督・決定権限 …………………………… 37
指揮命令 …………………………………… 22,24
事業者性 ………………………………………… 35

事業譲渡先 ……………………………………… 36
事業所得としての申告 ………………………… 27
事業組織への組入れ …………………………… 34
事業主が職場における性的な言動に起因する問
　題に関して雇用管理上講ずべき措置について
　の指針 …………………………………… 78,295
事業主のために行為をするすべての者 …… 36,37
事業主又は事業の経営担当者その他その事業の
　労働者に関する事項 ………………………… 36
事業場 …………………………………………… 38
時系列表 …………………………………… 194,253
時効中断 ………………………………………… 60
──の効力 ………………………………… 110
自己使用の道具の持込み使用状況 …………… 29
仕事と生活の調和配慮義務 …………………… 25
自己の危険と計算 ……………………………… 28
自己の労働力 …………………………………… 34
事実に関連する事実で重要なもの及び証拠［訴
　状］…………………………………………… 240
事実問題 ………………………………………… 279
支出権限 ………………………………………… 37
自主的解決の原則 …………………………… 77,92
私傷病休職 ……………………………………… 287
事情変更 ………………………………………… 237
──による場合［民事保全法］………… 236
被保全権利に関する── ………………… 237
保全の必要性に関する── ……………… 237
指　　針 ………………………………………… 15
自然（自動）退職又は解雇 …………………… 287
事前準備書類 …………………………………… 66
事前通知義務 …………………………………… 310
下請に対する専属性 …………………………… 29
自宅への面会強要の架電禁止［争議行為の容認
　例］…………………………………………… 233
実効性確保措置 …………………………… 16,17
執行段階での執行判決の取得 ………………… 341
執行文 …………………………………………… 143
執行役 …………………………………………… 30
執行役員の法的性質 …………………………… 31
実質的責任者 …………………………………… 37
実質的賃金支払（賃金決定）の有無［社外労働
　者と受入企業の間の黙示の労働契約の成否］
　………………………………………………… 279
実質的な退職金（ないしは給与）…………… 276

事項索引

実体的な規制 …………………………… 6
指定承継労働者［会社分割］………… 315
指導票 …………………………………… 66
事物管轄 ……………………………… 240
死亡逸失利益 ………………………… 296
私法上の効力 ………………………… 154
司法処理 ………………………………… 64
私法的行為・業務管理的行為（juregestionis）
　………………………………… 328-332
市民的及び政治的権利に関する国際規約22条1項及び3項及び憲法98条2項 ……… 321
市民法理 ………………………………… 3
事務所又は営業所における業務に関する紛争についての当該事務所又は営業所の所在地 … 240
社会的相当性 …………………… 244,283
社会保険の被保険者資格の継続の必要性 …… 230
社外労働者と受入企業の間の黙示の労働契約の
　成否 ………………………………… 279
釈明義務 ……………………………… 270
釈明権 …………………………… 241,270
社長自宅付近での街宣活動禁止［争議行為の容
　認例］ ……………………………… 233
就業機会の確保 ……………………… 230
就業規則上の規定の合理的解釈 …… 300
就業規則の実質的周知 ……………… 282
　　──についての主張・立証 …… 283
就業規則の周知の方法・日時・内容等について
　の記録 ……………………………… 283
就業規則変更後の労働者への周知 … 282
就業規則変更の具体的内容についての配布書類
　……………………………………… 283
就業規則変更の合理的な判断 … 282,283
就業規則変更の必要性と変更内容の比較衡量
　……………………………………… 283
住　所 ………………………………… 325
自由選択主義 ………………………… 110
重大・悪質な労働基準法違反に限定 …… 316
集団的労使関係法 ……………………… 3
集団的労使紛争 ……………………… 122
　　──発生件数 …………………… 122
柔軟性［労働審判制度］ …………… 186
10年以上も遡る格付け行為から生じた格差 … 179
主観的成立要件 ……………………… 177
宿日直の許可権限の不行使 …………… 71

主権の及ぶ範囲 ……………………… 322
守秘義務条項 ………………………… 274
主文［判決書］ ……………………… 243
主文・理由の要旨［審判書］ ……… 200
準拠法画定 …………………………… 335
準拠法の黙示の合意を認定した裁判例 …… 338
準備的口頭弁論 ………………… 241-243
少額訴訟手続 ………………………… 277
小規模（部分的）査定差別事件 … 181,182
昇給に関する考課査定 ……………… 138
承継会社等［会社分割］ …………… 310
承継・残留の効果を受け入れるか否かの選択権
　［会社分割］ ……………………… 312
承継事業主要従属労働者［会社分割］ …… 315
上　告 ………………………………… 277
上告受理の申立て …………………… 278
証拠調べ段階での書証への訳文の添付 …… 341
証拠書類の提出部数 ………………… 195
証拠能力 ……………………………… 242
証拠の証明力の評価 ………………… 243
使用者
　　──概念 ………………………… 40
　　──の指導や警告の不十分［解雇権濫用］
　　　………………………………… 300
　　──の定義 ……………………… 36
　　──の付随義務 ………………… 25
　　──の不動産や預金等の仮差押え …… 226
　　──の不法行為責任 …………… 296
　　労働契約上の── ………… 36,40,279
使用者委員［労働委員会］ ………… 125
使用者からのあっせん申請 …………… 54
使用者側が実労働時間に該当しない部分を特定
　して反証すること ………………… 285
使用者側の一次的な主張・立証責任 …… 282
使用者の労働時間管理・把握義務・責任等を明
　示する判例 ………………………… 285
使用従属関係 ………………………… 21
勝訴の判決［債務名義］ …………… 224
証　人 ………………………………… 142
使用人兼務役員 ……………………… 29
証人尋問 ……………………………… 242
　　──の終了後 …………………… 274
証人等尋問申請書 …………………… 141
傷病の治癒 …………………………… 287

事項索引

証明 …………………………………… 144
証明度 ………………………………… 144
常用雇用 ……………………………… 304
剰余金 ………………………………… 27
将来において生ずる個別労働関係民事紛争を対
　象とする合意［管轄合意］ ………… 326
将来の給付 …………………………… 269
　　口頭弁論終結時以降の—— ……… 269
将来の執行の保全 …………………… 225
条理 …………………………………… 99
職種の消滅 …………………………… 300
職場環境整備（調整）義務 ……… 25,294
職場での上下関係や同僚との支配関係を保つた
　めの抑制 …………………………… 292
職場に関する法律 ……………………… 3
職場のセクハラに関する相談窓口の責任者 … 294
職務上の作為義務 …………………… 71
助言・指導・勧告 …………………… 77,85,92
書証の取調べ ………………………… 242
初審手続［不当労働行為の］ ……… 136
除斥期間 ……………………… 138,179,316
職権調査 ……………………………… 198
処分取消訴訟 ………………………… 113
　　——の出訴期間 ………………… 113
書面による合意［管轄合意］ ……… 326
書面による準備手続 ………………… 242
人員削減の人選の合理性 …………… 302
人員削減の必要性 …………………… 302
信義則 ………………………………… 271
　　——の遵守 ……………………… 25
審級関係にある下級審 ……………… 204
審級制度の存在理由 ………………… 203
審査 …………………………………… 139
　　——の再開 ……………………… 171
審査委員 ……………………………… 139
審査計画 ……………………………… 140
審査決定［労働保険審査会への］ … 109
人事考課上の組合差別 ……………… 178
人事評価基準 ………………………… 307
心証開示 ……………………………… 199
審尋 …………………………………… 198
審尋期日 ………………………… 226,235
審尋時間 ……………………………… 198
迅速性［労働審判制度］ …………… 186

人的従属 ……………………………… 35
審問 …………………………………… 139,163
　　——の再開 ……………………… 142
尋問時間の決定 ……………………… 252
尋問の順番 …………………………… 142
尋問のルール ………………………… 242
尋問申請書 …………………………… 140
尋問予定時間の確認 ………………… 252
審理期間の短縮 ……………………… 140
推定意思 ……………………………… 177
数次請負 ……………………………… 37
成果主義・個別管理 ………………… 182
成果主義人事制度下での立証の困難 … 183
請求の原因［訴状］ …………… 239,240
請求の趣旨［訴状］ ………………… 239
請求の認諾 …………………………… 243
請求の放棄 …………………………… 243
請求の目的となる権利の発生した時点における
　当該請求の理由付け［訴状］ …… 244
請求を特定するのに必要な権利関係の発生原因
　…………………………………… 239
請求を理由づける事実を具体的に記載［訴状］
　…………………………………… 239
制限的主権免除主義 ………………… 330
制限免除主義 ………………………… 328
清算条項 ……………………………… 274
性的な言動を行ったとされる者 …… 78
正当性を欠く争議行為 ……………… 233
整理解雇
　経営不振による—— ……………… 300
　　——4要件の主張・立証責任 … 301
責任の引受け ………………………… 27
セクシュアル・ハラスメント防止措置義務 …… 25
セクハラ行為調査に関する会社側文書 … 272
セクハラ指針 ………………………… 78
セクハラ等苦情相談窓口 …………… 294
セクハラの被害申出後の対応上の責任 …… 78
施行令 ………………………………… 16
セコンドセクハラ責任 ……………… 78
是正（改善）報告書 ………………… 66
是正勧告 ………………………… 63,66
是正勧告書 ……………………… 63,66
是正指導 ……………………………… 66
積極損害 ……………………………… 295

絶対的無効 …………………………… 311
絶対免除主義 ………………………… 328
戦後解放政策 …………………………… 4
前審の裁判 ……………………… 203, 204
宣　誓 ………………………………… 142
専属管轄 ……………………………… 325
専属性の程度 ………………………… 27
専属的下請関係 ……………………… 27
全体的査定差別 …………………… 181
専門家の調停委員 ………………… 100
専門性〔労働審判制度〕…………… 186
占有の移転・処分禁止 …………… 225
前例との均衡〔解雇権濫用〕……… 300
争議行為 ……………………………… 126
送検事例 ……………………………… 64
総合労働相談件数 ………………… 49
総合労働相談コーナー ……… 47, 49, 54
相対的主権免除主義 ……………… 330
相対的無効 ………………………… 312
相対的無効事由 …………………… 314
相対的無効説 ……………………… 313
送　達 ………………………………… 243
　　外国への―― ………………… 341
争点一覧表 ………………………… 253
争点整理の終了段階 ……………… 252
訴　額 ………………………………… 319
即時抗告 ……………………………… 234
即時に取り調べることができる証拠 …… 227, 277
続　審 ……………………………… 163, 278
訴訟参加 …………………………… 118, 168
訴訟手続の中止 ………………… 103, 202
訴状に代わる準備書面 …………… 202
　　――に対する答弁書の提出 …… 202
訴訟の係属を理由に使用者が団体交渉を拒否した事案 ……………………… 132
訴訟の結果により権利を害される第三者 …… 168
訴訟費用の担保提供命令の申立て …… 342
訴訟費用の担保提供命令を得るための被告側の立証責任 ………………………… 344
その行為をした者 ………………… 171
疎　明 ………………………… 144, 226
損益相殺 …………………………… 299
損害賠償請求 ……………………… 296
　　――の対象 ………………… 233

た

第1回期日の審理充実 …………… 188
第一審本案判決言渡し …………… 232
第三者（参考人）の審尋 ………… 235
退職した労働者による懲戒処分の無効確認請求 …………………………… 268
第二会社に対する民法424条の詐害行為取消権に基づく処分禁止の仮処分 …… 226
タイムカード ……………………… 284
代理人 ………………………………… 137
大量観察方式 ……………………… 180
諾否の自由 ……………………… 24, 32
立入検査（調査）……………… 62, 66
他人の雇用 ………………………… 27
短時間勤務 ………………………… 304
団体交渉による保護の必要性 …… 35
団体交渉法制 ……………………… 33
担保を立てることを条件とした仮処分命令取消し ………………………………… 238
地位保全の仮処分 ……………… 226, 228
地位保全の決定 …………………… 230
遅延損害金の算定始期 …………… 317
地方運輸局長（運輸監理部長を含む）…… 53
地方裁判所 ………………………… 240
注意の無効確認 …………………… 269
中央労働委員会 …………………… 124
中間収入 …………………………… 148
懲戒解雇無効確認請求 …………… 269
懲戒処分 …………………………… 267
調　査 ………………………………… 139
　　――の非公開 ………………… 140
調査期日 …………………………… 140
調査義務 ……………………………… 71
調査協力の依頼の通知文 ………… 65
調査嘱託 …………………………… 344
調査資料 …………………………… 272
調　停 ………………………………… 190
調停案 ………………………………… 131
　　――の受諾勧告 ……………… 130
調停委員 ……………………………… 99
調停調書 …………………………… 100
調停に代わる決定 ………………… 100

事項索引

賃金仮払いの仮処分 …………………… 226,228
　——における保全の必要性判断の厳格化 … 230
賃金の最後の支払の時から1年以内 ………… 138
賃金不払事案の処理状況の概要 ……………… 65
陳述書 …………………………………………… 253
通常訴訟 ………………………………… 239,277
通常訴訟手続に移行させる旨の申述 ………… 277
定期監督等における実施件数 ………………… 64
定期監督等の実施結果 ………………………… 64
提訴期間 ………………………………………… 313
提訴権者 ………………………………………… 313
定年退職した従業員を新たに雇用する契約 … 307
定年の定めの廃止 ……………………………… 304
定年の引上げ …………………………………… 304
手続的な規制 …………………………………… 6
手続保障 ………………………………………… 271
転　籍 …………………………………………… 309
　——に関する法理 …………………………… 309
　——無効 …………………………………… 313
電話会議システム ……………………………… 242
　——による審尋 …………………………… 227
東京都労働相談情報センター ………………… 123
当事者が特段の意思表示をしない限り当然更新
　されることが予定されていた事実 ………… 303
当事者間においてされた交渉［労働審判手続申
　立書］ ………………………………………… 188
当事者尋問 ……………………………………… 242
当事者による準拠法の選択 …………………… 340
　——がない場合 …………………………… 340
当事者による準拠法の変更 …………………… 340
当事者の主張［判決書］ ……………………… 243
答弁書［不当労働行為救済］ ………………… 140
独自の事実認定 ………………………………… 170
独身寮に居住していたこと …………………… 230
特定社員 ………………………………………… 107
特定社会保険労務士 …………………………… 104
特定の強行規定を適用すべき旨の意思を使用者
　に対し表示したとき ………………………… 341
特定の労働者との関係において5条協議が全く
　行われなかったとき ………………………… 312
特別事情による場合［民事保全法］ ………… 236
特別労働法 ……………………………………… 19
独立行政委員会 ………………………………… 124
図書館や研究室の利用させることなどを事実上

強制する効果［地位保全の決定］ …………… 230
土地管轄 ………………………………………… 240
都道府県労働委員会 …………………………… 124
都道府県労働局 ………………………………… 55
都道府県労働局長による助言・指導 ………… 47
取消訴訟 ………………………………………… 136
　——で新たに提出された証拠 ……………… 169
　——における審理の対象 …………………… 169
取下書［労働審判］ …………………………… 200
取締役営業部長 ………………………………… 29
取締役報酬 ……………………………………… 30

な

日　報 …………………………………………… 272
日本国内に労働者の住所がないとき ………… 325
日本の裁判所の管轄権 ………………………… 324
入国管理局 ……………………………………… 344
任意退職した元従業員による在職中の出勤停止
　処分の無効確認請求 ………………………… 268
任意の履行 ……………………………………… 274
　——を期待する仮処分 ……………………… 233
人証の確認 ……………………………………… 252
認証紛争解決事業者 …………………………… 103
年休に対する賃金 ……………………………… 315
年金支給開始年齢 ……………………………… 304

は

配置・懲戒等の労働条件の決定の有無［社外労
　働者と受入企業の間の黙示の労働契約の成否］
　………………………………………………… 279
配　転 …………………………………………… 267
配転先で就労すべき労働契約上の義務がないこ
　との確認請求 ………………………………… 268
派遣（請負）元の非独立性［社外労働者と受入
　企業の間の黙示の労働契約の成否］ ……… 279
派遣切り ………………………………………… 11
派遣先と派遣労働者の黙示の労働契約の成否 ‥ 38
派遣制限回避手段 ……………………………… 26
場所的拘束性 ……………………………… 24,28
パターン化した勤務実態の立証 ……………… 285
バックペイ ……………………………………… 146
反組合的な意図ないし動機 …………………… 177

事項索引

判決 ………………………………… 243
　——に影響を及ぼすことが明らかな法令違反
　　……………………………………… 278
　——リスク ……………………………… 274
判決確定までの支払 …………………… 270
判決書 …………………………………… 243
　——の原本 ……………………………… 243
判断の理由［判決書］ ………………… 243
判例違反 ………………………………… 279
判例法理の立法化 ………………………… 5
被害の救済 ……………………………… 146
非訟事件手続法 ………………………… 185
必要的審尋事件 ………………………… 226
被保全権利 ……………………………… 226
　——と請求の基礎の同一 ……………… 237
被申立人 ………………………………… 137
飛躍上告 ………………………………… 277
日雇い派遣労働の禁止 …………………… 11
評価根拠事実 …………………………… 302
評価障害事実 …………………………… 302
評議［労働審判委員会の］ …………… 187
費用負担 ………………………………… 24
広い意味での指揮監督の下 ……………… 35
品質関係基準 …………………………… 307
不意打ち防止要請 ……………………… 144
付加金 …………………………… 205, 315
　——の支払 …………………………… 205
　——の遅延損害金 ……………… 205, 317
付加金支払義務の始期 ………………… 317
付加金支払請求の趣旨 ………………… 319
付加金請求の増額 ……………………… 316
復職可能か否か ………………………… 287
復職可能状態の主張・立証責任 ……… 289
復職にあたって検討すべき従前の職務 … 289
復職不能の立証責任 …………………… 290
不作為の違法判断 ……………………… 294
不支給事由の通報 ……………………… 117
付随性［保全命令に関する裁判］ …… 235
附帯控訴 ………………………………… 277
附帯請求 ………………………………… 319
不調の証明書 …………………………… 101
物件提出 ………………………………… 170
物件提出命令 …………………………… 141
不動産に関する訴訟 …………………… 240

不当労働行為 …………………………… 152
　——の救済に関する我が国の労働組合法の規定 ……………………………………… 320
　——の救済申立件数 ………………… 122
　——の成否に関する判断 …………… 145
不当労働行為意思 ……………………… 176
不服申立前置主義 ……………………… 110
部分的包括承継 ………………………… 313
不変期間 ………………………………… 166
不法行為 ………………………………… 152
　——に基づく損害賠償請求訴訟 …… 240
不法行為責任 …………………………… 295
不法行為地 ……………………………… 240
不利益取扱いの禁止 …………………… 53
分割会社 ………………………………… 310
分割会社及び承継会社等が講ずべき当該分割会社が締結している労働契約及び労働協約の承継に関する措置の適切な実施を図るための指針 ……………………………………… 310
　協議を全く行わなかった場合又は実質的にこれと同視し得る場合における会社の分割 … 310
分割会社からの説明や協議の内容が著しく不十分であるため、法が5条協議を求めた趣旨に反することが明らかな場合 ………… 312
分割手続の瑕疵 ………………………… 311
文書提出命令 …………………………… 271
　——却下例 …………………………… 272
　——の認容例 ………………………… 271
文書の提出により公共の利益を害し又は公務の遂行に著しい支障を生ずるおそれ … 273
紛争解決手続代理業務 ………………… 104
紛争解決手続代理業務試験 …………… 104
紛争調整委員会 …………………… 52, 55
　——への調停申請手続 ……………… 82
紛争調整手続等利用者への不利益取扱い禁止 … 82
紛争の実情に即した迅速，適正かつ実効的な解決 ……………………………………… 184
併合審理 ………………………………… 168
平成12年商法改正附則 ………………… 310
弁護士代理の原則 ……………………… 195
弁護士でない者を代理人として許可［労働審判］ ……………………………………… 195
弁明 ……………………………………… 166
弁論準備手続 …………………… 241, 242

事項索引

法規制 …………………………………… 3
法規整 …………………………………… 3
防　御 ………………………………… 271
報　酬 ………………………………… 24
　　──額の相応な決定 ……………… 27
　　──の労務対価性 ………………… 34
法人格の形骸化 ………………………… 39
法人格否認 ……………………………… 39
法の適用に関する通則法 ……… 334,339
法の適用に関する通則法12条3項 … 335
法律に定められた重大な訴訟手続の違反事由が
　あること［上告審］ ………………… 278
法律問題 ……………………………… 279
法令解釈 ……………………………… 279
保険給付 ……………………………… 295
補佐人 ………………………………… 137
募集・採用［社外労働者と受入企業の間の黙示
　の労働契約の成否］ ………………… 279
補充書面 ……………………………… 189
保証金 ………………………………… 226
補助参加 ……………………………… 168
　　──の利益 ……………………… 119
補助参加人 …………………………… 168
補　正 ………………………………… 241
保全異議 ……………………………… 235
　　──の申立て …………………… 235
保全抗告 ……………………………… 235
保全取消しの申立て ………………… 235
保全の必要性 ………………………… 226
　　──の判断基準の厳格化 ……… 228
保全命令の取消し …………………… 236
保全命令の認可 ……………………… 236
保全命令の変更 ……………………… 236
本案訴訟を提起しない場合等による場合［民事
　保全法］ ……………………………… 236
本案の訴訟物 ………………………… 237
本案判決確定に至るまでの間の暫定的な法律関
　係の形成 ……………………………… 225
本社への調査報告書 ………………… 272

ま

密行性［保全処分の手続］ ………… 226
みなし規定 ……………………………… 11

民間事業者の裁判外紛争解決手続 ………… 101
民事裁判権 …………………………… 333
　　──免除の主張 ………………… 328
民事上の個別労働紛争相談件数 …… 49
民事上の損害賠償責任 ……………… 295
民事訴訟規則 ………………………… 242
民事訴訟法 …………………… 242,324
民事訴訟法及び民事保全法の一部を改正する法
　律 ……………………………………… 323
民事法定利率年5分 ………………… 317
民事保全制度の趣旨 ………………… 225
民法上の和解 ………………………… 62
申立書［不当労働行為救済］ ……… 140
申立人 ………………………………… 137
申し立てられた不服の範囲 ………… 166
黙示の労働契約の成立 ……………… 280
専ら文書の所持者の利用に供するための文書
　………………………………………… 272
元　請 ………………………………… 36
元請負人 ……………………………… 37
元請業者の現場監督 ………………… 37

や

雇い止め ……………………………… 308
有期労働契約の反復更新 …………… 303
有期労働契約法制 ……………………… 9
有償双務諾成契約 …………………… 23
ユニオンショップ制に基づく労働組合からの解
　雇要求 ………………………………… 300
備車運転手 …………………………… 27
要請の無効確認 ……………………… 269
予想される争点［労働審判手続申立書］ … 188
40日の範囲内での審判期日の調整［労働審判］
　………………………………………… 188

ら

利害関係人 ……………………… 135,192
履行勧告 ……………………………… 166
履行報告 ……………………………… 154
立証計画書 …………………………… 140
両罰規定 ……………………………… 37
両立支援調停会議 …………………… 91

稟議書の写し …………………………… 272
臨　検 …………………………………… 66
臨検監督 ………………………………… 66
労災上積み保険・補償制度 …………… 118
労災行訴 ………………………………… 117
労災保険法 ……………………………… 295
労使委員 ………………………………… 144
労使関係調停 …………………………… 99
労使関係の経験則 ……………………… 177
労使関係法研究会 ……………………… 32
労使関係法研究会報告書 ……………… 32
労使協定 ………………………………… 38
労使自治 ………………………………… 306
労使相談センター ……………………… 123
労政事務所 ……………………………… 95
労働委員会の裁量（権） ………… 146,169
労働委員会への争議調整の新規申立件数 … 122
労働委員会への不当労働行為救済事件の係属を
　理由とする団体交渉拒否 …………… 134
労働仮処分 ……………………………… 226
　——の本案化 ………………………… 227
労働関係調整法 ………………………… 126
労働関係の訴えの管轄権 ……………… 324
労働基準監督署の調査への協力 ……… 117
労働基準法上の災害補償責任 ………… 295
労働基準法上の労働者 ………………… 28
労働基準法により使用者に課せられた付加金支
　払義務の違背に対する制裁 ………… 317
労働基準法104条1項の申告 ………… 66
　申告に対する監督官の具体的な監督実施義務
　……………………………………………… 71
労働協約等に協議事項がある場合［整理解雇］
　……………………………………………… 301
労働協約と同一の効力 ………………… 132
労働協約の拡張適用 …………………… 125
労働局，捜査機関，社会保険機関の各関係文書
　……………………………………………… 272
労働組合の資格審査 …………………… 125
労働組合の争議行為 …………………… 233
労働組合の組織率 ……………………… 45
　——の低下 …………………………… 122
労働組合の団体交渉請求権 …………… 232
労働組合の団体交渉を求める地位にあることを
　仮に定める仮処分 …………………… 232

労働組合法上の労働者性の判断基準 ………… 32
労働組合法第16条にいう「労働契約」……… 33
労働組合法による不当労働行為救済制度の国際
　的な適用関係 ……………………………… 320
労働組合法の趣旨 …………………………… 33
労働契約承継法上の事前通知義務違反 … 314,315
労働契約上の従業員たる地位 ……………… 227
労働契約上の付随義務 ……………………… 25
労働契約適用対象の画定 …………………… 40
労働契約と委託，請負の区分基準 ………… 24
労働契約内容の理解促進義務 ……………… 25
労働契約において労務を提供すべき地 …… 341
　——の法 ………………………… 334,337,341
労働契約に最も密接な関係がある地 ……… 341
　——の法 ………………………… 334,337,341
労働契約に最も密接な関係がある地の法以外の
　法である場合 ……………………………… 341
労働契約の終了の時にされた合意［管轄合意］
　……………………………………………… 326
労働契約の成立及び効力 …………………… 341
労働契約の存否その他の労働関係に関する事項
　について個々の労働者と事業主との間に生じ
　た民事に関する紛争［個別労働関係民事紛争］
　……………………………………………… 324
労働契約の特例 ………………………… 339,340
労働契約の内容の変更 ……………………… 282
労働契約法16条 …………………………… 299
労働契約申込み ……………………………… 11
労働国会 ……………………………………… 8
労働災害（労災） …………………………… 295
労働災害総合保険 …………………………… 121
　——の保険料のメリット制 ……………… 121
労働三権 ……………………………………… 13
労働時間等設定改善指針 …………………… 15
労働時間等見直しガイドライン …………… 15
労働事件 ……………………………………… 240
労働市場の構造変化 ………………………… 5
労働市場の国際化 …………………………… 8
労働市場の法 ………………………………… 3
労働者委員［労働委員会］ ………………… 125
労働者が合意を援用したとき［管轄合意］… 326
労働者が職種や業務内容を特定せずに労働契約
　を締結した場合［復職可否の判断基準］… 288
労働者が当該労働契約に最も密接な関係がある

事項索引

地 ································· 341
労働者からのあっせん申請 ············ 54
労働者側の主治医が提出した診断書 ····· 290
労働者側の労働時間の主張・立証責任 ···· 284
労働者供給 ························· 281
労働者災害補償保険審査官 ············ 109
労働者災害補償保険法上の労働者 ······· 28
労働者等協力型［労災行訴への事業主の参加］
 ································· 118
労働者による再雇用希望の意思表示 ······ 308
労働者の業務遂行能力の欠如 ··········· 300
労働者の経済的地位に関する定型的判断 ·· 228
労働者の採用への関与や事実上の給与等の額の
 決定 ······························ 281
労働者の自己健康管理義務 ············ 290
労働者の情報開示等の協力義務 ········ 290
労働者の平素の勤務状況 ·············· 300
労働者の募集及び採用に関する事項 ····· 53
労働者の労働時間を把握・管理する義務 ···· 284
労働者派遣法の趣旨及びその取締法規としての
 性質 ······························ 281
労働者を雇い入れた事業所の所在地 ······ 324
――の法 ·························· 341
労働条件その他労働関係に関する事項について
 の個々の労働者と事業主との間の紛争 ··· 324
労働審判 ······················ 184,186
――の共同申立て ··················· 196
――の対象 ························ 187
――の対象外 ······················ 318
労働審判委員会 ················· 186,191
――の決議 ························ 187
労働審判員 ···················· 186,191
労働審判官 ···················· 186,191
労働審判事件の進行について ·········· 196
労働審判事件の新受件数 ··········· 43,185
労働審判手続 ················· 186,191
――の非公開 ······················ 198
労働審判申立段階からの付加金支払請求 ···· 318
労働政策審議会 ····················· 309
労働争議 ···························· 126
労働争訟法 ··························· 3

労働相談情報センター（旧労政事務所）········ 95
労働訴訟協議会 ······················ 188
労働紛争処理法 ························ 3
労働法による市民法理への修正 ··········· 4
労働法の意義 ··························· 3
労働保険審査会 ················ 109,110
労働保険審査官及び労働保険審査会法 ····· 109
労働保険徴収法のメリット制 ··········· 118
労保審法 ···························· 109
労務給付地が日本国内に限定されているような
 場合 ···························· 335
労務給付地が複数国にまたがるような場合 ··· 335
労務給付地は多国間にまたがり，単一の労務給
 付地というものがない場合 ············ 338
労務供給契約 ························ 22
労務供給の日時・場所についての一定の拘束 - 35
労務提供地 ···················· 324,325
 訴え提起時の―― ·················· 325
 契約上の―― ······················ 324
 現在の―― ······················· 325
 現実の―― ······················· 324
 権利の発生原因となった労務提供に係る――
 ································ 325
 すべての―― ····················· 325
 退職後の場合の最後の―― ··········· 325
 複数の―― ······················· 325
 ――がある国の裁判所 ·············· 326
労務提供の対価 ······················ 29
60歳以上の雇用継続 ·················· 306

わ

和解金（解決金）の性質 ··············· 274
和解調書 ···························· 143
和解の勧告 ·························· 143
和解のタイミング ···················· 274
割合的な労働時間の認定 ·············· 286
割増賃金 ···························· 315
割増賃金請求に係る期間の各労働日の労働時間
 の具体的な主張・立証 ··············· 284

判例索引

大　審　院

大判明治 34・11・8 民録 7 輯 10 巻 17 頁 ……………………………………… 203
大判大正 12・3・15 民集 2 巻 115 頁 ……………………………………………… 203
大判昭和 3・5・17 新聞 2881 号 11 頁 …………………………………………… 203
大決昭和 3・12・28 民集 7 巻 12 号 1128 頁 …………………………………… 328
大判昭和 12・7・2 新聞 4157 号 16 頁 …………………………………………… 203

最高裁判所

最一小判昭和 26・10・18 民集 5 巻 11 号 600 頁 ……………………………… 237
最判昭和 30・3・29 民集 9 巻 3 号 395 頁 ……………………………………… 203
最二小判昭和 35・3・11 民集 14 巻 3 号 403 頁〔細谷服装事件〕 …… 205,316,317
最判昭和 39・9・4 裁判集民事 75 号 175 頁 …………………………………… 203
最三小判昭和 43・4・9 労判 74 号 79 頁 ………………………………………… 172
最大判昭和 43・12・25 民集 22 巻 13 号 3459 頁〔秋北バス事件〕 ………… 283
最三小判昭和 46・6・15 民集 25 巻 4 号 516 頁〔山恵木材事件〕 ………… 178
最二小決昭和 47・2・10 刑集 26 巻 1 号 52 頁〔入善町役場事件〕 ………… 37
最一小判昭和 47・11・9 民集 26 巻 9 号 1513 頁 ……………………………… 267
最二小判昭和 48・3・9 労働法令通信 26 巻 15 号 8 頁〔河村産業事件〕 …… 37
最一小判昭和 49・7・22 民集 28 巻 5 号 927 頁〔東芝柳町工場事件〕 …… 302
最三小判昭和 50・2・25 民集 29 巻 2 号 143 頁〔自衛隊車両整備工場事件〕 … 25,296
最三小判昭和 50・4・25 民集 29 巻 4 号 481 頁〔丸島水門事件〕 ………… 4
最一小判昭和 50・7・17 判時 783 号 128 頁〔江東ダイハツ自動車事件〕 … 205,317
最一小判昭和 51・5・6 民集 30 巻 4 号 437 頁〔CBC 管弦楽団労組事件〕 … 32,34
最二小判昭和 51・7・9 判時 819 号 91 頁〔新井工務店事件〕 ……………… 317
最一小判昭和 52・2・17 民集 31 巻 1 号 50 頁 ………………………………… 113
最大判昭和 52・2・23 民集 31 巻 1 号 93 頁〔第二鳩タクシー事件〕 …… 145,148
最一小判昭和 55・12・18 民集 34 巻 7 号 888 頁〔大石塗装・鹿島建設事件〕… 296,299
最二小判昭和 56・2・16 民集 35 巻 1 号 56 頁〔航空自衛隊芦屋事件〕 …… 298
最二小判昭和 56・5・11 労経速 1083 号 12 頁〔前田製菓事件〕 …………… 30
最二小判昭和 56・10・16 民集 35 巻 7 号 1224 頁 ……………………………… 321,322
最三小判昭和 57・4・27 判例集未登載〔東京労基局長事件〕 ……………… 71
最三小判昭和 58・12・20 判時 421 号 20 頁〔全通新宿郵便局事件最高裁〕 … 153
最三小判昭和 59・4・10 民集 38 巻 6 号 557 頁〔川義事件〕 ……………… 25,297
最三小判昭和 60・3・26 労経速 1252 号 11 頁〔シチズン時計事件〕 ……… 30
最二小判昭和 61・1・24 労判 467 号 6 頁〔紅屋商事件〕 …………………… 181
最三小判昭和 61・7・15 労判 484 号 21 頁 ……………………………………… 133
最一小判昭和 61・12・4 判時 1221 号 134 頁・労判 486 号 6 頁〔日立メディコ事件〕…… 302

最三小判昭和61・12・19 労判487号7頁〔陸上自衛隊朝霞駐屯地事件〕……………………… 298
最三小判昭和63・3・15 民集42巻3号170頁〔宝運輸事件〕……………………………………… 236
最一小判平成3・4・11 労判590号14頁〔三菱重工神戸造船所事件〕…………………………… 296
最三小判平成3・4・23 労判589号6頁〔国鉄団交拒否事件〕…………………………………… 232
最三小判平成3・6・4 民集45巻5号984頁〔紅屋商事事件〕…………………………………… 138
最二小判平成4・2・14 労判614号6頁〔池田電器（取消訴訟）事件〕………………………… 133
最一小判平成7・7・6 民集49巻7号1833頁〔那覇労基署長事件〕…………………………… 113
最一小判平成8・11・28 労判714号14頁〔横浜南労基署長事件〕……………………………… 27
最二小判平成9・2・28 民集51巻2号705頁〔第四銀行事件〕………………………………… 283
最三小判平成9・11・11 民集51巻10号4055頁…………………………………………………… 321
最判平成10・4・9 労判736号15頁〔片山組事件〕……………………………………………… 288
最三小判平成10・9・8 労判745号7頁〔安田病院事件〕………………………………………… 21
最二小決平成11・11・12 民集53巻8号1787頁…………………………………………………… 272
最二小判平成12・3・24 労判779号13頁〔電通事件〕…………………………………………… 119
最一小判平成12・7・17 労判785号6頁〔横浜南労基署長事件〕……………………………… 120
最一小決平成13・2・22 労判806号12頁〔レンゴー事件〕……………………………………… 118
最一小判平成14・4・12 民集56巻4号729頁〔横田基地夜間飛行差止等請求事件〕………… 329
最一小判平成15・9・4 労判858号48頁〔中央労働基準監督署長事件〕……………………… 113
最三小判平成15・10・10 労判861号5頁〔フジ興産事件〕……………………………………… 282
最三小判平成16・7・12 労判875号5頁〔京都市交通局事件〕………………………………… 137
最二小判平成16・12・24 裁判集民事215号1081頁……………………………………………… 267
最二小判平成17・6・3 労判893号14頁〔関西医科大学研修医事件〕………………………… 29
最三小決平成17・10・14 民集59巻8号2265頁〔金沢労基署長（有川製作所）事件〕……… 274
最一小判平成18・7・21 民集60巻6号2542頁…………………………………………………… 331
最一小判平成19・6・28 労判940号11頁〔藤沢労基署長（労働者災害補償保険給付不支給処分取消
　　請求）事件〕…………………………………………………………………………………………… 28
最一小判平成19・7・13 判タ1251号133頁〔川越国際大学（朝日学園）事件〕……………… 269
最一小判平成19・11・16 労判952号5頁〔三菱自動車事件〕…………………………………… 31
最三小決平成21・2・17 労判976号98頁〔中労委（明治乳業）事件〕………………………… 179
最三小決平成21・3・27 労判1035号177頁〔新国立劇場運営財団事件〕………………… 27,32
最二小判平成21・10・16 民集63巻8号1799頁〔米国ジョージア州（解雇無効確認等請求）事件〕
　　…… 330,334
最二小判平成21・12・18 労判993号5頁〔パナソニックプラズマディスプレイ事件〕……… 281
最二小判平成22・5・25 労経速2078号3頁〔小野リース（役員損害賠償請求）事件〕…… 204
最一小判平成22・7・12 労判1010号5頁〔日本アイ・ビー・エム（会社分割）事件〕… 312,313
最一小判平成22・10・14 判時2098号55頁〔愛知学泉大学上告事件〕………………………… 271
最三小判平成23・4・12 労判1026号27頁〔国・中労委（INAXメンテナンス）事件〕… 32,34
最三小判平成23・4・12 労判1026号6頁〔国・中労委（新国立劇場運営財団）事件〕… 32,34
最二小決平成23・9・30 労判1032号98頁〔アテスト（ニコン熊谷製作所）事件〕………… 297
最二小判平成24・2・24 裁判所HP……………………………………………………………… 296

高等裁判所

東京高決昭和32・2・4 下民集8巻2号218頁……………………………………………………… 203

判例索引

東京高決昭和35・2・7 東高民時報11巻2号63頁 ……………………………………… 203
仙台高秋田支判昭和39・10・26 労民集15巻5号1137頁〔秋北バス事件〕……………… 37
名古屋高判昭和47・2・28 判時666号94頁〔河村産業事件〕………………………… 38
東京高判昭和54・7・9 労判323号26頁〔浦和労基署長事件〕……………………… 119
東京高判昭和54・10・29 労民集30巻5号1002頁〔東洋酸素事件〕………………… 301
東京高判昭和56・3・26 労経速1088号17頁〔東京労基局長事件〕………………… 66
東京高判昭和57・10・7 労判406号69頁〔日本鋼管鶴見造船所事件〕…………… 132,134
福岡高判昭和58・6・7 労判410号29頁〔サガテレビ事件控訴審〕………………… 280
東京高判昭和62・2・27 労判505号92頁〔国鉄団交拒否事件〕……………………… 232
東京高判昭和62・3・25 労判506号15頁〔平安閣事件〕…………………………… 302,303
大阪高判平成元・2・21 労判538号63頁〔京都福田事件〕…………………………… 285
広島高岡山支判平成元・10・31 労判591号86頁〔下津井電鉄労組統制処分無効確認等請求控訴事件〕……………………………………………………………………… 63
東京高判平成5・12・22 労判664号81頁〔大映映像ほか事件〕…………………… 280
東京高判平成9・11・20 労判728号12頁〔横浜セクハラ事件〕…………………… 292
大阪高判平成10・2・18 労判744号63頁〔安田病院事件〕………………………… 21
東京高判平成10・9・16 労判749号22頁〔三晃印刷事件〕……………………… 285
東京高判平成12・4・19 労判783号36頁〔中労委(芝信用金庫従組)事件〕…… 179,182
大阪高判平成12・6・30 労判792号103頁〔日本コンベンションサービス事件〕… 285
大阪高判平成13・3・14 労判809号61頁〔全日空退職強要事件〕………………… 288
大阪高判平成13・6・28 労判811号5頁〔京都銀行事件〕………………………… 285
大阪高判平成15・1・30 労判845号5頁〔大阪空港(関西航業)事件〕………… 280
東京高判平成15・4・23 判時1830号146頁〔藤田運輸事件〕……………………… 167
大阪高決平成15・6・26 労判861号49頁〔塚越運送事件〕………………………… 272
東京高決平成15・12・4 労判866号92頁〔住友重機械工業(文書提出命令申立抗告)事件〕… 272
東京高判平成15・12・17 労判868号20頁〔中労委(オリエンタルモーター)事件〕… 182
大阪高判平成16・3・12 労判883号71頁〔愛染学園愛集幼稚園事件〕…………… 269
札幌高判平成16・9・17 労判886号53頁〔恵和会宮の森病院(降格)事件〕…… 179
東京高判平成17・1・19 労判890号58頁〔横浜市学校保健会(歯科衛生士解雇)事件〕… 289
大阪高決平成17・4・12 労判894号14頁〔藤沢薬品工業(賃金台帳等文書提出命令)事件〕… 271
東京高判平成17・4・27 労判896号86頁〔グリーンキャブ事件〕………………… 290
大阪高判平成17・12・1 労判933号69頁〔ゴムノイナキ事件〕…………………… 286
高松高判平成18・5・18 労判921号33頁〔伊予銀行・いよぎんスタッフサービス事件〕… 280
東京高判平成18・6・29 労判921号5頁〔マイスタッフ(一橋出版)事件〕…… 280
広島高判平成18・10・11 労判932号63頁〔JR西日本(可部鉄道部・日勤教育)事件〕… 153
大阪高判平成19・1・18(変更判決19・1・23) 労判940号58頁〔おかざき事件〕… 30
東京高判平成19・3・28 労判938号80頁〔中労委(明治乳業)事件〕…………… 179
東京高判平成19・10・4 労判949号20頁〔住友重機械工業事件〕………………… 179
東京高判平成19・10・4 労判955号83頁〔米国ジョージア州(解雇無効確認等請求)事件〕… 330
大阪高判平成19・10・26 労判975号50頁〔第一交通産業ほか(佐野第一交通)事件〕… 39
東京高判平成19・10・30 労判964号72頁〔中部カラー事件〕……………………… 283
東京高判平成19・11・29 労判951号31頁〔朝日新聞社(国際編集部記者)事件〕… 22
東京高判平成19・12・26 労経速2063号3頁〔中労委(T社ほか)事件〕……… 320
大阪高判平成20・4・25 労判960号5頁〔パナソニックプラズマディスプレイ事件〕… 281

東京高判平成20・6・26 労判963号16頁〔日本アイ・ビー・エム事件〕……………… 310,312,313
東京高判平成20・9・9 労判970号17頁〔大林ファシリティーズ（オークビルサービス・差戻審）事件〕…………………………………………………………………………………………… 317
東京高判平成21・7・28 労判990号50頁〔アテスト（ニコン熊谷製作所）事件〕……………… 297
東京高判平成21・11・4 労判996号13頁………………………………………………………………… 173
名古屋高判平成22・3・25 労判1003号5頁〔三和サービス（外国人研修生）事件〕………… 316,318
東京高判平成22・5・13 労判1007号5頁〔中労委（昭和シェル）事件〕…………………………… 181
札幌高判平成22・9・30 労判1013号160頁〔日本ニューホランド（再雇用拒否）事件〕……… 308
東京高判平成22・12・22 判時2126号133頁〔東日本電信電話事件〕………………………………… 306
大阪高判平成23・3・25 労判1026号49頁〔津田電気計器事件〕…………………………… 307,308
大阪高判平成23・9・30 労判1039号20頁〔日本トムソン事件〕………………………………… 38,281
大阪高判平成24・2・23 判例集未登載……………………………………………………………………… 116

地方裁判所

神戸地判昭和33・1・25 労民集9巻1号91頁〔神戸製鋼事件〕……………………………………… 237
東京地決昭和40・4・26 労民集16巻2号308頁〔インターナショナル・エア・サービス事件〕…… 338
東京地判昭和42・7・9 労民集18巻4号872頁〔シンガー・ソーイング・メシーン解雇事件〕…… 338
東京地判昭和44・5・14 時568号87頁〔シンガー・ソーイング・メシーン社宅明渡事件〕……… 338
千葉地判昭和47・9・2 判タ288号271頁〔動労千葉支部事件〕……………………………………… 237
東京地判昭和51・9・29 労民集27巻5号489頁〔東亜石油事件〕…………………………………… 228
名古屋地判昭和53・7・3 労民集29巻4号481頁〔三菱重工事件〕………………………………… 237
東京地決昭和54・3・27 労経速1010号25頁〔アロマカラー事件〕………………………………… 288
福岡地判昭和55・5・7 労判341号43頁…………………………………………………………………… 113
東京地判昭和56・10・22 判時1030号99頁〔北辰電機製作所事件〕………………………………… 181
東京地判昭和59・1・27 労判423号23頁〔エール・フランス事件〕………………………………… 288
大阪地決昭和59・2・27 労判・速報カード429号31頁〔裕記溶接事件〕…………………………… 228
大津地判昭和59・3・30 労判436号58頁〔滋賀相互銀行事件判決〕………………………………… 153
東京地判昭和61・2・27 労判469号10頁〔国鉄団交拒否事件〕……………………………………… 232
東京地決昭和61・6・9 労判477号21頁〔全学研事件〕………………………………………………… 233
東京地判昭和62・1・26 労判497号138頁〔アサヒ三教事件〕………………………………………… 229
東京地決昭和62・2・20 労判493号51頁〔東京医療生協事件〕………………………………………… 233
岡山地判昭和62・5・27 労民集38巻3＝4号354頁〔下津井電鉄労組統制処分無効確認等請求事件〕…… 63
東京地決昭和62・7・31 労判501号616頁〔三菱重工相模原製作所事件〕………………………… 231
京都地判昭和62・10・1 労判506号81頁〔京都福田事件〕……………………………………………… 285
静岡地富士支決昭和62・12・9 労経速1322号3頁〔ニュートランスポート事件〕………………… 288
東京地判昭和63・12・5 労民集39巻6号658頁〔サッスーン東京事務所事件〕…………… 322,339
東京地判平成元・11・28 労判552号39頁〔テレビ東京事件〕………………………………………… 280
大阪地決平成2・2・2 労判557号27頁〔灰孝小野田レミコン営業妨害禁止事件〕……………… 233
東京地判平成2・5・16 労判563号56頁〔日産自動車（民事・残業差別等）事件判決〕………… 152
東京地決平成4・1・31 判時1416号130頁〔三和機材事件〕…………………………………………… 309
福岡地判平成4・4・16 労判607号6頁〔福岡セクシュアル・ハラスメント事件〕………… 25,294
大阪地決平成4・10・29 労判620号60頁〔船場池田商店営業妨害禁止事件〕……………………… 234

判例索引　　363

名古屋地決平成 5・5・20 判タ 826 号 228 頁………………………………………………… 228
東京地判平成 5・5・31 労判 630 号 77 頁〔大映映像ほか事件〕…………………………… 280
横浜地判平成 7・3・24 労判 670 号 20 頁〔横浜セクハラ事件〕…………………………… 292
東京地判平成 7・10・27 判時 1572 号 96 頁〔ピー・エイ・インター・ナショナル事件〕……… 322
東京地判平成 8・12・25 労判 707 号 20 頁〔東京広告代理店 A 社事件〕………………… 293
東京地決平成 9・1・24 判時 1592 号 137 頁〔デイエフアイ西友事件〕…………………… 228
東京地判平成 9・1・31 労判 716 号 105 頁〔東京セクシュアル・ハラスメント（派遣社員）事件〕
　………………………………………………………………………………………………… 293
佐賀地武雄支決平成 9・3・28 労判 719 号 38 頁〔センエイ事件〕………………………… 280
熊本地判平成 9・6・25 判時 1638 号 135 頁〔熊本バドミントン協会役員事件〕………… 293
東京地判平成 9・10・1 労判 726 号 70 頁〔ドイッチェ・ルフトハンザ・アクチェンゲゼルシャフト
　事件〕………………………………………………………………………………… 321,335,336
大阪地判平成 10・3・9 労判 742 号 86 頁〔佐川急便（全日本港湾労組など）事件〕…… 153
大阪地決平成 10・12・24 労判 76 号 35 頁〔商工組合中央金庫事件〕…………………… 271
京都地決平成 11・3・1 労判 760 号 30 頁〔京ガス事件〕………………………………… 271
仙台地判平成 11・5・24 判時 1705 号 135 頁〔東北大助教授事件〕……………………… 293
大阪地決平成 11・9・6 労判 776 号 36 頁〔住友金属工業事件〕………………………… 272
大阪地決平成 11・10・14 労判 776 号 44 頁〔住友金属事件〕…………………………… 271
東京地判平成 12・2・2 労判 783 号 116 頁〔国民生活金融公庫事件〕…………………… 178
神戸地決平成 12・3・14 労判 781 号 31 頁〔本四海峡バス（団体交渉）事件〕………… 232
東京地決平成 12・4・18 労判 793 号 86 頁〔藤川運輸倉庫事件〕………………………… 231
東京地決平成 12・5・9 労判 800 号 89 頁〔エールフランス事件〕……………………… 229
大阪地判平成 12・9・20 労判 792 号 26 頁〔大阪空港（関西航業）事件〕……………… 280
東京地判平成 12・11・30 判時 1740 号 54 頁……………………………………………… 328
京都地判平成 13・3・22 判タ 1086 号 211 頁〔N 銀行事件〕…………………………… 294
大阪地判平成 13・10・19 労判 820 号 15 頁〔松山石油事件〕…………………………… 285
東京地判平成 14・3・25 労判 827 号 91 頁〔日本経済新聞社（記者 HP）事件〕……… 268
東京地判平成 14・9・3 労判 839 号 32 頁〔エスエイピー・ジャパン事件〕…………… 269
東京地判平成 14・11・11 労判 843 号 27 頁〔ジャパンネットワークサービス事件〕…… 285
東京地判平成 15・2・21 労判 847 号 45 頁〔中央労基署長事件〕………………………… 71
松山地判平成 15・5・22 労判 856 号 45 頁〔伊予銀行・いよぎんスタッフサービス事件〕……… 280
大阪地判平成 15・10・29 労判 866 号 58 頁〔大阪中央労基署長（おかざき）事件〕…… 30
大阪地決平成 15・12・3 労判 865 号 85 頁〔ホンダ運送事件〕…………………… 229,232
神戸地判平成 16・1・14 労判 868 号 5 頁〔全日本検数協会（文書提出命令）事件〕… 271
山口地下関支判平成 16・2・24 労判 881 号 34 頁〔下関セクハラ（食品会社営業所）事件〕…… 294
東京地判平成 16・3・26 労判 876 号 56 頁〔独立行政法人 N 事件〕…………………… 289
東京地判平成 16・3・30 労判 876 号 87 頁〔千葉セクハラ（自動車販売会社）事件〕… 295
大阪地判平成 16・6・9 労判 878 号 20 頁〔パソナ（ヨドバシカメラ）事件〕………… 280
横浜地判平成 16・7・8 労判 880 号 123 頁〔厚木市事件〕……………………………… 294
東京地判平成 16・9・10 労判 886 号 89 頁〔日本システムワーク事件〕……………… 270
大阪地判平成 16・10・15 労判 883 号 88 頁〔近共油業事件〕…………………………… 316
青森地判平成 16・12・24 労判 889 号 19 頁〔青森セクハラ（バス運送業）事件〕… 293,294
神戸地尼崎支決平成 17・1・5 労判 902 号 166 頁〔A 社文書提出命令申立事件〕…… 273
鹿児島地判平成 17・1・25 労判 891 号 62 頁〔宝林福祉会（調理員解雇）事件〕…… 270

東京地判平成17・2・18 労判892号80頁〔K社（カンドー）事件〕……………………………… 288
東京地判平成17・3・31 労判894号21頁〔アテスト（ニコン熊谷製作所）事件〕……………… 296
大阪地決平成17・4・8 労判895号88頁〔B学園事件〕…………………………………… 289,290
高知地判平成17・4・12 労判896号49頁〔マルナカ興業（本訴）事件〕……………………… 270
大阪地判平成17・5・11 労判900号75頁〔JR東海関西支社（配転）事件〕………………… 268
熊本地決平成17・5・25 労判894号88頁〔アイスター事件〕……………………………… 228,230
大阪地決平成17・6・2 労判900号89頁〔生興事件〕……………………………………… 232
東京地判平成17・6・24 労判898号5頁〔マニュライフ生命保険事件〕……………………… 269
大阪地判平成17・7・21 労経速1915号27頁〔ケービーアール事件〕………………………… 30
神戸地明石支判平成17・7・22 労判901号21頁〔ナブテスコ（ナブコ西神工場）事件〕…… 280
東京地判平成17・7・25 労判900号32頁〔マイスタッフ（一橋出版）事件〕………………… 280
東京地判平成17・9・8 労判902号32頁〔NTT年金減額差止訴訟事件〕……………………… 270
東京地判平成17・9・15 労判905号37頁〔国立感染症研究所事件〕………………………… 269
東京地中間判平成17・9・29 労判904号35頁〔ジョージア州（解雇無効確認等請求）事件〕…… 329
東京地判平成17・9・30 労経速1916号11頁〔コミネコミュニケーションズ事件〕………… 316
東京地判平成17・11・22 労判910号46頁〔伊藤忠テクノサイエンス事件〕………………… 268
東京地判平成17・12・28 労判910号36頁〔松屋フーズ（パート未払賃金）事件〕……… 272,285
東京地判平成18・2・23 労判914号38頁〔立川労基署長（ジャムコ〔休業補償〕）事件〕…… 118
大阪地判平成18・3・29 労判919号42頁〔クリスタル観光バス（賃金減給）事件〕………… 316
東京地決平成18・5・17 労判916号12頁〔丸林運輸事件〕………………………………… 231
東京地判平成18・5・18 労判919号92頁〔米国ジョージア州（解雇無効確認等請求）事件〕…… 335
大阪地判平成18・6・15 労判924号72頁〔大虎運輸事件〕………………………………… 316
東京地決平成18・8・9 労判921号89頁〔新生銀行事件〕……………………………… 229,231
東京地判平成18・8・30 労判925号80頁〔アンダーソンテクノロジー事件〕………………… 30
大阪地判平成18・10・6 労判930号43頁〔昭和観光事件〕………………………………… 316
福岡地飯塚支決平成19・1・12 労判939号91頁〔三郡福祉会（虹ヶ丘学園）事件〕……… 231
岡山地判平成19・3・27 労判941号23頁〔セントラル・パーク事件〕………………… 285,316
大阪地判平成19・4・26 労判941号5頁〔パナソニックプラズマディスプレイ事件〕……… 281
横浜地判平成19・5・29 労判942号5頁〔日本アイ・ビー・エム事件〕……………… 310,313,314
大阪地判平成19・6・6 労判952号64頁〔国・中央労基署長（興国鋼線索）事件〕…………… 30
東京地判平成19・6・15 労判944号42頁〔山本デザイン事務所事件〕…………………… 285,286
金沢地決平成19・8・10 労判948号83頁〔北陸大学事件〕……………………………… 229,231,232
大阪地判平成19・11・29 労判956号16頁〔オフィステン事件〕…………………………… 316
大阪地判平成20・1・11 労判957号5頁〔丸栄西野事件〕………………………………… 316
大阪地判平成20・1・25 労判960号49頁〔キャノンソフト情報システム事件〕…………… 290
東京地判平成20・1・28 労判953号10頁〔日本マクドナルド事件〕……………………… 316
東京地判平成20・1・29 労判965号90頁〔国・さいたま労基署長（建設技術研究センター）事件〕
………………………………………………………………………………………………… 30
東京地判平成20・2・26 労判961号87頁〔パシフィック野球連盟（審判員契約）事件〕…… 22
大阪地決平成20・3・28 労判959号164頁〔全日本建設運輸連帯労組関西地区生コン支部（石原産業）事件〕………………………………………………………………………… 233,234
東京地判平成20・4・22 労判963号88頁〔バズ（美容室副店長）事件〕…………………… 316
東京地判平成20・5・27 労判962号86頁〔フォーシーズンズプレス事件〕…………… 285,286
岐阜地判平成20・9・8 労経速2016号26頁〔日通岐阜運輸事件〕………………………… 306

判例索引　365

東京地判平成20・9・10 労経速2026号3頁〔東洋印刷労働組合事件〕…………………… 154
東京地判平成20・10・7 労判975号88頁〔アップガレージ事件〕…………………… 317
東京地判平成20・11・17 労判980号67頁〔国・中労委（竹屋）事件〕…………………… 183
東京地判平成21・1・19 労判996号25頁〔東京都自動車整備振興会事件〕…………………… 269
東京地判平成21・3・9 労判981号21頁〔東和システム事件〕…………………… 316
東京地判平成21・4・13 労判986号52頁〔日本メールオーダー事件〕…………………… 182
東京地判平成21・4・16 労判985号42頁〔トムの庭事件〕…………………… 317
東京地判平成21・4・28 労判993号94頁〔国・亀戸労基署監督官（エコシステム）事件〕………… 63
札幌地決平成21・7・7 労判991号163頁〔釜屋電機（仮処分）事件〕…………………… 230,231,232
福井地決平成21・7・23 労判984号88頁〔ワークプライズ（仮処分）事件〕…………………… 230
甲府地判平成22・1・12 労判1001号19頁〔国・甲府労基署長（甲野左官工業）事件〕…………… 27
静岡地判平成22・1・15 労判999号5頁〔EMIミュージック・ジャパン事件〕…………………… 314
大阪地決平成22・1・20 労判1002号54頁〔東大阪市環境保全公社（仮処分）事件〕…………… 229,232
熊本地判平成22・1・29 労判1002号34頁〔スキールほか（外国人研修生）事件〕…………… 27
札幌地判平成22・3・30 労判1007号26頁〔日本ニューホランド（再雇用拒否）事件〕……… 308
東京地判平成22・4・28 労判1010号25頁〔ソクハイ（バイシクルメッセンジャー）事件〕…… 22,27
横浜地川崎支判平成22・5・18 労判1004号154頁〔伊藤工業（外国人研修生）事件〕………… 27
大阪地判平成22・7・15 労判1014号35頁〔医療法人大生会（割増賃金）事件〕…………… 285
東京地判平成22・8・26 労判1013号15頁〔東京大学出版会事件〕…………………… 308
神戸地判平成22・9・17 労判1015号34頁〔国・西脇労基署長（加西市シルバー人材センター）事件〕…………………… 27
大阪地判平成22・9・30 労判1019号49頁〔津田電気計器事件〕…………………… 307,308
東京地判平成22・10・27 労経速2092号3頁〔論創社事件〕…………………… 134
東京地判平成22・10・27 労判1021号93頁〔全日本海員組合（組合員資格）事件〕………… 233
東京地判平成22・12・1 労経速2104号3頁〔S特許事務所事件〕…………………… 27
東京地判平成23・1・20 労経速2104号15頁〔さいたま労基署長事件〕…………………… 22,27
東京地判平成23・1・21 労判1023号22頁〔セイビ事件〕…………………… 31
東京地決平成23・2・21 労判1030号72頁〔セネック事件〕…………………… 229,232
東京地判平成23・3・3 労経速2105号24頁〔三菱スペース・ソフトウェア事件〕………… 29
東京地判平成23・3・14 労判1030号98頁〔エスエー・SPARKS事件〕…………………… 29
名古屋地判平成23・3・28 労経速2106号3頁〔イナテック事件〕…………………… 281
札幌地判平成23・4・25 労判1032号52頁〔萬世閣（顧問契約解除）事件〕…………… 30,31
名古屋地判平成23・4・28 労判1032号19頁〔パナソニックエコシステムズ（派遣労働）事件〕… 38
東京地判平成23・5・12 労判1032号5頁〔ソフトウェア興業（蒲田ソフトウェア）事件〕… 38
東京地判平成23・5・19 労判1034号62頁〔国・船橋労基署長（マルカキカイ）事件〕…… 31
岐阜地判平成23・7・14 労経速2112号33頁〔日通岐阜運輸事件〕…………………… 308
大阪地判平成23・8・12 労経速2121号3頁〔フジタ事件〕…………………… 308
横浜地判平成23・10・20 労経速2127号11頁〔房南産業事件〕…………………… 307
名古屋地判平成23・11・2 労判1040号5頁〔三菱電機ほか（派遣労働者・解雇）事件〕…… 38

労働委員会命令

中労委命令昭和35・8・1 労働委年報15号30頁〔東京ヘップサンダル事件〕…………… 32
千葉地労委命令平成9・8・7 命令集108集495頁〔藤田運輸事件〕…………………… 146,167

中労委命令平成 23・3・23 労判 1072 号 96 頁〔シオン学園不当労働行為再審査事件〕……………… 179

実務解説　労働争訟手続法

2012年5月23日　初版第1刷印刷
2012年6月5日　初版第1刷発行

廃検止印

Ⓒ編　者　ロア・ユナイテッド法律事務所

発行者　逸　見　慎　一

発行所　東京都文京区本郷6丁目4の7　株式会社　青林書院

振替口座 00110-9-16920／電話 03(3815)5897〜8／郵便番号 113-0033

印刷・シナノ印刷㈱　落丁・乱丁本はお取り替え致します。

Printed in Japan　ISBN978-4-417-01561-1

JCOPY〈(社)出版者著作権管理機構 委託出版物〉
本書の無断複写は著作権法上での例外を除き禁じられています。複写される場合は，そのつど事前に，(社)出版者著作権管理機構（電話 03-3513-6969，FAX 03-3513-6979，e-mail: info@jcopy.or.jp）の許諾を得てください。